国家职业资格培训教材
技能型人才培训用书

汽车修理工（高级）

第 2 版

国家职业资格培训教材编审委员会　组编

卞良勇　主编

机械工业出版社

本书是依据《国家职业标准 汽车修理工》(高级)的知识要求和技能要求,按照满足岗位培训需要的原则编写的。本书的主要内容包括:高级汽车修理工专业知识、编制汽车主要零部件修理工艺卡、汽车维修质量检验、发动机大修、底盘大修、电器设备修理、汽车修理质量检查评定、诊断与排除发动机故障、诊断与排除底盘故障、诊断与排除电器设备故障。本书章首配有培训学习目标,章末配有复习思考题,书末附有知识要求试题、技能要求试题、模拟试卷样例及答案,以便于培训、教学和读者自查自测。

本书主要用作企业培训和职业技能鉴定培训教材,也可作为技工学校、职业院校以及各种短训班的教学用书,还可供有关人员自学使用。

图书在版编目(CIP)数据

汽车修理工：高级/卞良勇主编；国家职业资格培训教材编审委员会组编. —2版. —北京：机械工业出版社,2013.9(2024.1重印)
国家职业资格培训教材. 技能型人才培训用书
ISBN 978-7-111-43537-2

Ⅰ.①汽… Ⅱ.①卞…②国… Ⅲ.①汽车—车辆修理—技术培训—教材 Ⅳ.①U472.4

中国版本图书馆 CIP 数据核字(2013)第 177443 号

机械工业出版社(北京市百万庄大街22号 邮政编码100037)
策划编辑：陈玉芝 责任编辑：陈玉芝 王华庆
责任校对：张玉琴 封面设计：饶 薇
责任印制：郜 敏
北京富资园科技发展有限公司印刷
2024年1月第2版第6次印刷
169mm×239mm·25.75印张·501千字
标准书号：ISBN 978-7-111-43537-2
定价49.80元

电话服务　　　　　　　　　网络服务
客服电话：010-88361066　　机 工 官 网：www.cmpbook.com
　　　　　010-88379833　　机 工 官 网：weibo.com/cmp1952
　　　　　010-68326294　　机 工 官 博：www.golden-book.com
封面无防伪标均为盗版　机工教育服务网：www.cmpedu.com

国家职业资格培训教材(第2版)

编审委员会

主　　任　王瑞祥
副 主 任　李　奇　郝广发　杨仁江　施　斌
委　　员　(按姓氏笔画排序)
　　　　　　王兆晶　王昌庚　田力飞　田常礼　刘云龙
　　　　　　刘书芳　刘亚琴　李双双　李春明　李俊玲
　　　　　　李家柱　李晓明　李超群　李援瑛　吴茂林
　　　　　　张安宁　张吉国　张凯良　张敬柱　陈建民
　　　　　　周新模　杨君伟　杨柳青　周立雪　段书民
　　　　　　荆宏智　柳吉荣　徐　斌
总 策 划　荆宏智　李俊玲　张敬柱
本书主编　卞良勇
本书参编　苏　霆　薛　伟　张恒芳　施玉民　陶莉莉
　　　　　　李厚玉　徐　刚　李孟顺　袁锡仓

第2版 序

在"十五"末期,为贯彻落实"全国职业教育工作会议"和"全国再就业会议"精神,加快培养一大批高素质的技能型人才,机械工业出版社精心策划了与原劳动和社会保障部《国家职业标准》配套的《国家职业资格培训教材》。这套教材涵盖41个职业工种,共172种,有十几个省、自治区、直辖市相关行业的200多名工程技术人员、教师、技师和高级技师等从事技能培训和鉴定的专家参加编写。教材出版后,以其兼顾岗位培训和鉴定培训需要,理论、技能、题库合一,便于自检自测的特点,受到全国各级培训、鉴定部门和广大技术工人的欢迎,基本满足了培训、鉴定和读者自学的需要,在"十一五"期间为培养技能人才发挥了重要作用,本套教材也因此成为国家职业资格鉴定考证培训及企业员工培训的品牌教材。

2010年,《国家中长期人才发展规划纲要(2010—2020年)》、《国家中长期教育改革和发展规划纲要(2010—2020年)》、《关于加强职业培训促就业的意见》相继颁布和出台,2012年1月,国务院批转了"七部委"联合制定的《促进就业规划(2011—2015年)》,在这些规划和意见中,都重点阐述了加大职业技能培训力度、加快技能人才培养的重要意义,以及相应的配套政策和措施。为适应这一新形势,同时也鉴于第1版教材所涉及的许多知识、技术、工艺、标准等已发生了变化的实际情况,我们经过深入调研,并在充分听取了广大读者和业界专家意见的基础上,决定对已经出版的《国家职业资格培训教材》进行修订。本次修订,仍以原有的大部分作者为班底,并保持原有的"以技能为主线,理论、技能、题库合一"的编写模式,重点在以下几个方面进行了改进:

1. 新增紧缺职业工种——为满足社会需求,又开发了一批近几年比较紧缺的以及新增的职业工种教材,使本套教材覆盖的职业工种更加广泛。

2. 紧跟国家职业标准——按照最新颁布的《国家职业技能标准》(或《国家职业标准》)规定的工作内容和技能要求重新整合、补充和完善内容,涵盖职业标准中所要求的知识点和技能点。

3. 提炼重点知识技能——在内容的选择上,以"够用"为原则,提炼出应重点掌握的必需专业知识和技能,删减了不必要的理论知识,使内容更加精炼。

4. 补充更新技术内容——紧密结合最新技术发展,删除了陈旧过时的内容,补充了新的技术内容。

5. 同步最新技术标准——对原教材中按旧技术标准编写的内容进行更新，所有内容均与最新的技术标准同步。

6. 精选技能鉴定题库——按鉴定要求精选了职业技能鉴定试题，试题贴近教材、贴近国家试题库的考点，更具典型性、代表性、通用性和实用性。

7. 配备免费电子教案——为方便培训教学，我们为本套教材开发配备了配套的电子教案，免费赠送给选用本套教材的机构和教师。

8. 配备操作实景光盘——根据读者需要，部分教材配备了操作实景光盘。

一言概之，经过精心修订，第2版教材在保留了第1版精华的同时，内容更加精练、可靠、实用，针对性更强，更能满足社会需求和读者需要。全套教材既可作为各级职业技能鉴定培训机构、企业培训部门的考前培训教材，又可作为读者考前复习和自测使用的复习用书，也可供职业技能鉴定部门在鉴定命题时参考，还可作为职业技术院校、技工院校、各种短训班的专业课教材。

在本套教材的调研、策划、编写过程中，得到了许多企业、鉴定培训机构有关领导、专家的大力支持和帮助，在此表示衷心的感谢！

虽然我们已经尽了最大努力，但是教材中仍难免存在不足之处，恳请专家和广大读者批评指正。

国家职业资格培训教材第2版编审委员会

第1版 序一

当前和今后一个时期,是我国全面建设小康社会、开创中国特色社会主义事业新局面的重要战略机遇期。建设小康社会需要科技创新,离不开技能人才。"全国人才工作会议"、"全国职教工作会议"都强调要把"提高技术工人素质、培养高技能人才"作为重要任务来抓。当今世界,谁掌握了先进的科学技术并拥有大量技术娴熟、手艺高超的技能人才,谁就能生产出高质量的产品,创出自己的名牌;谁就能在激烈的市场竞争中立于不败之地。我国有近一亿技术工人,他们是社会物质财富的直接创造者。技术工人的劳动,是科技成果转化为生产力的关键环节,是经济发展的重要基础。

科学技术是财富,操作技能也是财富,而且是重要的财富。中华全国总工会始终把提高劳动者素质作为一项重要任务,在职工中开展的"当好主力军,建功'十一五',和谐奔小康"竞赛中,全国各级工会特别是各级工会职工技协组织注重加强职工技能开发,实施群众性经济技术创新工程,坚持从行业和企业实际出发,广泛开展岗位练兵、技术比赛、技术革新、技术协作等活动,不断提高职工的技术技能和操作水平,涌现出一大批掌握高超技能的能工巧匠。他们以自己的勤劳和智慧,在推动企业技术进步,促进产品更新换代和升级中发挥了积极的作用。

欣闻机械工业出版社配合新的《国家职业标准》为技术工人编写了这套涵盖41个职业的172种"国家职业资格培训教材"。这套教材由全国各地技能培训和考评专家编写,具有权威性和代表性;将理论与技能有机结合,并紧紧围绕《国家职业标准》的知识点和技能鉴定点编写,实用性、针对性强,既有必备的理论和技能知识,又有考核鉴定的理论和技能题库及答案,编排科学,便于培训和检测。

这套教材的出版非常及时,为培养技能型人才做了一件大好事,我相信这套教材一定会为我们培养更多更好的高技能人才做出贡献!

(李永安 中国职工技术协会常务副会长)

第1版 序二

为贯彻"全国职业教育工作会议"和"全国再就业会议"精神，全面推进技能振兴计划和高技能人才培养工程，加快培养一大批高素质的技能型人才，我们精心策划了这套与劳动和社会保障部最新颁布的《国家职业标准》配套的《国家职业资格培训教材》。

进入21世纪，我国制造业在世界上所占的比重越来越大，随着我国逐渐成为"世界制造业中心"进程的加快，制造业的主力军——技能人才，尤其是高级技能人才的严重缺乏已成为制约我国制造业快速发展的瓶颈，高级蓝领出现断层的消息屡屡见诸报端。据统计，我国技术工人中高级以上技工只占3.5%，与发达国家40%的比例相去甚远。为此，国务院先后召开了"全国职业教育工作会议"和"全国再就业会议"，提出了"三年50万新技师的培养计划"，强调各地、各行业、各企业、各职业院校等要大力开展职业技术培训，以培训促就业，全面提高技术工人的素质。

技术工人密集的机械行业历来高度重视技术工人的职业技能培训工作，尤其是技术工人培训教材的基础建设工作，并在几十年的实践中积累了丰富的教材建设经验。作为机械行业的专业出版社，机械工业出版社在"七五"、"八五"、"九五"期间，先后组织编写出版了"机械工人技术理论培训教材"149种，"机械工人操作技能培训教材"85种，"机械工人职业技能培训教材"66种，"机械工业技师考评培训教材"22种，以及配套的习题集、试题库和各种辅导性教材约800种，基本满足了机械行业技术工人培训的需要。这些教材以其针对性、实用性强，覆盖面广，层次齐备，成龙配套等特点，受到全国各级培训、鉴定和考工部门和技术工人的欢迎。

2000年以来，我国相继颁布了《中华人民共和国职业分类大典》和新的《国家职业标准》，其中对我国职业技术工人的工种、等级、职业的活动范围、工作内容、技能要求和知识水平等根据实际需要进行了重新界定，将国家职业资格分为5个等级：初级（5级）、中级（4级）、高级（3级）、技师（2级）、高级技师（1级）。为与新的《国家职业标准》配套，更好地满足当前各级职业培训和技术工人考工取证的需要，我们精心策划编写了这套《国家职业资格培训教材》。

这套教材是依据劳动和社会保障部最新颁布的《国家职业标准》编写的，

汽车修理工（高级） 第2版

为满足各级培训考工部门和广大读者的需要，这次共编写了41个职业的172种教材。在职业选择上，除机电行业通用职业外，还选择了建筑、汽车、家电等其他相近行业的热门职业。每个职业按《国家职业标准》规定的工作内容和技能要求编写初级、中级、高级、技师（含高级技师）四本教材，各等级合理衔接、步步提升，为高技能人才培养搭建了科学的阶梯型培训架构。为满足实际培训的需要，对多工种共同需求的基础知识我们还分别编写了《机械制图》、《机械基础》、《电工常识》、《电工基础》、《建筑装饰识图》等近20种公共基础教材。

在编写原则上，依据《国家职业标准》又不拘泥于《国家职业标准》是我们这套教材的创新。为满足沿海制造业发达地区对技能人才细分市场的需要，我们对模具、制冷、电梯等社会需求量大又已单独培训和考核的职业，从相应的职业标准中剥离出来单独编写了针对性较强的培训教材。

为满足培训、鉴定、考工和读者自学的需要，在编写时我们考虑了教材的配套性。教材的章首有培训要点、章末配复习思考题，书末有与之配套的试题库和答案，以及便于自检自测的理论和技能模拟试卷，同时还根据需求为20多种教材配制了VCD光盘。

为扩大教材的覆盖面和体现教材的权威性，我们组织了上海、江苏、广东、广西、北京、山东、吉林、河北、四川、内蒙古等地相关行业从事技能培训和考工的200多名专家、工程技术人员、教师、技师和高级技师参加编写。

这套教材在编写过程中力求突出"新"字，做到"知识新、工艺新、技术新、设备新、标准新"；增强实用性，重在教会读者掌握必需的专业知识和技能，是企业培训部门、各级职业技能鉴定培训机构、再就业和农民工培训机构的理想教材，也可作为技工学校、职业高中、各种短训班的专业课教材。

在这套教材的调研、策划、编写过程中，曾经得到广东省职业技能鉴定中心、上海市职业技能鉴定中心、江苏省机械工业联合会、中国第一汽车集团公司以及北京、上海、广东、广西、江苏、山东、河北、内蒙古等地许多企业和技工学校的有关领导、专家、工程技术人员、教师、技师和高级技师的大力支持和帮助，在此谨向为本套教材的策划、编写和出版付出艰辛劳动的全体人员表示衷心的感谢！

教材中难免存在不足之处，诚恳希望从事职业教育的专家和广大读者不吝赐教，批评指正。我们真诚希望与您携手，共同打造职业培训教材的精品。

国家职业资格培训教材编审委员会

前　言

本书第 1 版自 2006 年出版以来，已重印多次，得到了广大读者的认可与好评。但近几年汽车修理技术得到了迅速发展，相关的新工艺、新知识不断涌现。因此，我们对本书第 1 版进行了修订，以使其能更好地满足读者的需求。

本书在修订过程中，以满足岗位培训需要为宗旨，以实用、够用为原则，以技能为主线，使理论为技能服务，并将理论知识和操作技能结合起来，有机地融于一体。本书第 2 版的主要特点是：

（1）内容先进　本书在内容编排上力求结合汽车修理的实际情况，充分重视内容的先进性，尽可能反映与本职业相关联的新技术、新工艺、新设备，并采用法定计量单位和最新名词术语，能充分满足职业资格培训的需要。

（2）最大限度地体现技能培训特色　本书以最新的《国家职业标准　汽车修理工》（高级）为依据，以职业技能鉴定要求为尺度，以满足本职业对从业人员的要求为目标，以岗位技能需求为出发点，确定核心技能模块，编写每一个技能训练单元。

（3）配套资源丰富　本书配有电子课件和相关素材文件，书后附有知识要求试题、技能要求试题、模拟试卷样例并配有答案，以便于教学、培训和读者自查自测。

（4）服务目标明确　本书主要用作企业培训和职业技能鉴定培训教材，也可作为技工学校、职业院校及各种短训班的教学用书，还可供有关人员自学使用。

本书由卞良勇主编，苏霆、薛伟、张恒芳、施玉民、陶莉莉、李厚玉、徐刚、李孟顺、袁锡仓参加编写。

由于编者水平有限，书中难免存在缺点和不足之处，恳请广大读者批评指正！

编　者

目 录

第 2 版序
第 1 版序一
第 1 版序二
前言

第一章 高级汽车修理工专业知识 ·········· 1
第一节 汽车检测与维修设备简介 ·········· 1
一、汽车故障电脑诊断仪 ·········· 1
二、发动机综合检测仪 ·········· 4
三、车轮平衡机 ·········· 5
四、排气分析仪 ·········· 7
五、示波器 ·········· 12
六、喷油泵试验台 ·········· 16
七、汽车电器万能试验台 ·········· 17
八、镗鼓机 ·········· 20
九、前照灯检验仪 ·········· 22
十、制动试验台 ·········· 24
十一、侧滑试验台 ·········· 28
第二节 汽车主要系统的组成与工作原理 ·········· 30
一、电控燃油喷射系统的组成与工作原理 ·········· 30
二、防抱死制动系统的组成与工作原理 ·········· 50
三、安全气囊系统的组成与工作原理 ·········· 57
四、汽车空调系统的组成与工作原理 ·········· 60
五、随车自诊断系统的应用 ·········· 67
复习思考题 ·········· 69

第二章 编制汽车主要零部件修理工艺卡 ·········· 71

第一节　编制零部件修理工艺卡基础知识 ………………………………… 71
　　一、汽车修理工艺和工艺规程 …………………………………………… 71
　　二、汽车修理工艺卡 ……………………………………………………… 72
　　三、汽车修理工艺规程和工艺卡的编制 ………………………………… 75
第二节　编制零部件修理工艺卡专业知识 ………………………………… 76
　　一、汽车零件修复方法 …………………………………………………… 76
　　二、金属材料热处理工艺 ………………………………………………… 89
　　三、表面粗糙度 …………………………………………………………… 91
　　四、汽车主要零件热处理规范制订 ……………………………………… 92
复习思考题 ……………………………………………………………………… 94

第三章　汽车维修质量检验 …………………………………………………… 95
第一节　汽车大修送修标准 …………………………………………………… 95
　　一、汽车修理分类 ………………………………………………………… 95
　　二、汽车和总成送修标志 ………………………………………………… 96
第二节　车辆和总成送修规定 ………………………………………………… 97
　　一、整车送修规定 ………………………………………………………… 97
　　二、总成送修规定 ………………………………………………………… 97
　　三、停驶车辆送修规定 …………………………………………………… 97
　　四、技术档案 ……………………………………………………………… 97
　　五、修理作业范围和深度的确定 ………………………………………… 97
　　六、随车工具及备用品 …………………………………………………… 97
　　七、签订合同 ……………………………………………………………… 97
第三节　汽车大修进厂检验 …………………………………………………… 98
　　一、汽车大修进厂检验程序 ……………………………………………… 98
　　二、汽车大修进厂检验内容 ……………………………………………… 98
　　三、汽车行驶检验 ………………………………………………………… 99
　　四、仪器设备诊断与检测 ………………………………………………… 99
　　五、综合技术评定 ………………………………………………………… 102
　　六、填写入厂检验交接单 ………………………………………………… 102
　　七、签订维修合同 ………………………………………………………… 102
第四节　汽车大修过程检验的一般技术要求 ……………………………… 102
　　一、汽车大修过程检验的重点 …………………………………………… 103

二、认真填写汽车大修工艺过程检验单 …………………… 103
第五节 汽车大修竣工出厂检验程序 ……………………… 104
　一、外部检视 ………………………………………… 104
　二、路试和台架检验 ………………………………… 104
　三、路试后的检查 …………………………………… 105
　四、全车综合性能的检测 …………………………… 105
第六节 汽车竣工出厂规定 ………………………………… 106
复习思考题 …………………………………………………… 106

第四章　发动机大修 …………………………………… 107
第一节　曲柄连杆机构的修理工艺 …………………… 107
　一、气缸体和气缸盖的修理工艺 …………………… 107
　二、活塞组的修理工艺 ……………………………… 114
　三、连杆组的修理工艺 ……………………………… 117
　四、曲轴的修理工艺 ………………………………… 121
　五、曲轴轴承与连杆轴承的修理工艺 ……………… 124
　六、曲轴飞轮组的装配及技术要求 ………………… 126
第二节　配气机构的修理工艺 ………………………… 126
　一、凸轮轴的检修 …………………………………… 126
　二、气门组的检修 …………………………………… 129
　三、液压挺杆的检验 ………………………………… 131
　四、气门油封的更换 ………………………………… 132
第三节　柴油机燃油供给系统的检验与调整 ………… 132
　一、柴油机燃油供给系统主要零部件的检验 ……… 132
　二、喷油泵的调试 …………………………………… 134
　三、发动机喷油提前角的检测与调整 ……………… 137
第四节　润滑系统的修理工艺 ………………………… 137
　一、润滑系统故障的原因与检查方法 ……………… 137
　二、润滑油泵的修理 ………………………………… 142
第五节　冷却系统的修理工艺 ………………………… 144
　一、常见缺陷及原因 ………………………………… 144
　二、冷却水套的清洗 ………………………………… 144
　三、散热器的修理 …………………………………… 145

目录

　　四、水泵的修理 …………………………………………………………… 145
　第六节　发动机电控系统的检修 ………………………………………………… 147
　　一、故障诊断的基本方法 …………………………………………………… 147
　　二、故障诊断的基本程序 …………………………………………………… 148
　　三、发动机电控系统的诊断注意事项 ……………………………………… 148
　　四、发动机电控系统的故障自诊断 ………………………………………… 149
　　五、电控汽油喷射系统主要执行元件的检测 ……………………………… 149
　第七节　发动机的装配与调整 …………………………………………………… 152
　　一、发动机的装配工艺原则 ………………………………………………… 152
　　二、发动机的磨合 …………………………………………………………… 153
　第八节　汽车发动机大修竣工出厂技术条件 …………………………………… 156
　　一、发动机外观 ……………………………………………………………… 156
　　二、发动机装备 ……………………………………………………………… 156
　　三、发动机性能 ……………………………………………………………… 157
　　四、质量保证 ………………………………………………………………… 158
　第九节　发动机大修技能训练 …………………………………………………… 158
　　训练1　检测调整柴油机喷油器 …………………………………………… 158
　　训练2　检测发动机燃油、点火和排放系统 ……………………………… 162
　　训练3　装配发动机总成 …………………………………………………… 168
　复习思考题 ………………………………………………………………………… 174

第五章　底盘大修 …………………………………………………………………… 176
　第一节　变速器的修理工艺 ……………………………………………………… 176
　　一、变速器壳体的变形规律 ………………………………………………… 176
　　二、变速器壳与盖的检修 …………………………………………………… 176
　　三、变速器轴的检修 ………………………………………………………… 177
　　四、变速器齿轮的检修 ……………………………………………………… 178
　　五、同步器的检修 …………………………………………………………… 178
　　六、操纵机构的检修 ………………………………………………………… 179
　　七、其他零件的检修 ………………………………………………………… 180
　　八、变速器检验规则 ………………………………………………………… 180
　　九、分动器的修理及检验 …………………………………………………… 181
　第二节　驱动桥的修理工艺 ……………………………………………………… 181

一、驱动桥的修理技术要求 …………………………………………… 181
　　二、驱动桥的检修 …………………………………………………… 184
　第三节　转向系统的修理工艺 …………………………………………… 186
　　一、汽车前桥及转向系统的修理技术要求 ……………………………… 186
　　二、前桥及转向系统的检修 …………………………………………… 189
　第四节　制动系统的修理工艺 …………………………………………… 193
　　一、制动器的修理技术要求 …………………………………………… 193
　　二、制动器的检验规则 ………………………………………………… 198
　　三、制动器的拆装 ……………………………………………………… 198
　　四、鼓式车轮制动器的检修 …………………………………………… 200
　　五、汽车制动性能的检测 ……………………………………………… 204
　　六、汽车滑行性能的检测 ……………………………………………… 206
　　七、汽车侧滑量的检测 ………………………………………………… 206
　第五节　悬架系统的修理 ………………………………………………… 207
　　一、钢板弹簧非独立悬架的检修 ……………………………………… 207
　　二、螺旋弹簧非独立悬架的检修 ……………………………………… 208
　第六节　车架的修理 ……………………………………………………… 209
　　一、车架检验的内容 …………………………………………………… 209
　　二、车架检验的方法与技术要求 ……………………………………… 209
　第七节　底盘大修技能训练 ……………………………………………… 211
　　训练1　检修手动变速器（三轴）……………………………………… 211
　　训练2　大修液压制动器 ……………………………………………… 216
　　训练3　检修后桥主减速器 …………………………………………… 220
　　训练4　检修液压动力转向器 ………………………………………… 224
　复习思考题 ………………………………………………………………… 227

第六章　电器设备修理 ……………………………………………………… 229
　第一节　充电系统的修理 ………………………………………………… 229
　　一、充电系统故障的诊断方法 ………………………………………… 229
　　二、充电系统的检修 …………………………………………………… 232
　第二节　起动系统的修理 ………………………………………………… 236
　　一、起动系统常见故障的诊断方法 …………………………………… 236
　　二、起动机的大修 ……………………………………………………… 238

三、起动机的性能试验 239
四、起动系统电路的检修 240
第三节 空调系统的修理 241
一、空调系统性能的评价指标 241
二、空调系统性能的诊断参数 241
三、检修空调系统时的注意事项 242
四、空调系统的检修工具 242
第四节 电器设备修理技能训练 248
训练1 测试蓄电池性能 248
训练2 发电机的检修与性能试验 251
训练3 起动机的检修与性能试验 253
训练4 检测空调系统压力 256
复习思考题 261

第七章 汽车修理质量检查评定 262
第一节 车身大修质量检查评定 262
一、评定内容 262
二、评定规则 262
三、评定方法 263
第二节 汽车大修竣工出厂技术条件 263
一、基本要求 263
二、各总成机构要求 264
三、主要性能指标要求 268
四、质量保证 269
复习思考题 269

第八章 诊断与排除发动机故障 270
第一节 发动机不能起动故障的诊断 270
第二节 发动机排放超标故障的诊断 271
第三节 发动机油耗超标故障的诊断 271
第四节 汽油发动机爆燃故障的诊断 272
第五节 发动机动力不足故障的诊断 273
第六节 发动机异响故障的诊断 273

一、发动机连杆轴承异响 …… 274
二、发动机凸轮轴异响 …… 274
第七节 发动机过热故障的诊断 …… 275
第八节 电控发动机怠速不稳故障的诊断 …… 276
第九节 电控发动机加速不良故障的诊断 …… 276
第十节 诊断与排除发动机故障技能训练 …… 277
训练1 诊断与排除发动机不能起动故障 …… 277
训练2 诊断与排除发动机动力不足故障 …… 279
训练3 诊断与排除汽油发动机排放超标故障 …… 281
训练4 诊断与排除发动机怠速不稳故障 …… 283
训练5 诊断与排除发动机过热故障 …… 285
训练6 诊断与排除发动机油耗超标故障 …… 286
训练7 诊断与排除发动机机油消耗超标故障 …… 288
训练8 诊断与排除发动机连杆轴承异响故障 …… 289
训练9 诊断与排除凸轮轴异响故障 …… 291
复习思考题 …… 292

第九章 诊断与排除底盘故障 …… 293

第一节 离合器异响故障的诊断 …… 293
第二节 变速器异响故障的诊断 …… 294
第三节 万向传动装置（后轮驱动）异响故障的诊断 …… 295
第四节 轮胎异常磨损故障的诊断 …… 296
第五节 前轮摆振故障的诊断 …… 297
第六节 液压制动系统制动跑偏故障的诊断 …… 298
第七节 液压制动系统制动力不足故障的诊断 …… 299
第八节 防抱死制动装置失效故障的诊断 …… 299
第九节 诊断与排除底盘故障技能训练 …… 300
训练1 诊断与排除前轮摆振故障 …… 300
训练2 诊断与排除离合器异响故障 …… 302
训练3 诊断与排除变速器异响故障 …… 303
训练4 诊断与排除万向传动装置故障 …… 304
复习思考题 …… 306

目录

第十章 诊断与排除电器设备故障 ... 307
第一节 灯光系统故障的诊断 ... 307
一、灯光系统的组成 ... 307
二、灯光系统的控制 ... 307
三、灯光系统工作电路 ... 308
四、灯光系统故障的诊断方法 ... 308
第二节 空调系统故障的诊断 ... 310
一、空调系统故障的诊断方法 ... 310
二、空调系统故障的诊断与排除 ... 317
第三节 诊断与排除电器设备故障技能训练 ... 319
训练1 诊断与排除空调系统完全不制冷故障 ... 319
训练2 诊断与排除空调系统制冷不足故障 ... 324
复习思考题 ... 329

试题库 ... 330
知识要求试题 ... 330
一、判断题　试题（330）　答案（384）
二、选择题　试题（334）　答案（384）
技能要求试题 ... 356
试题一：检测调整柴油机喷油器 ... 356
试题二：检测发动机燃油、点火和排放系统 ... 357
试题三：装配发动机总成 ... 357
试题四：检修手动变速器（三轴）... 359
试题五：检修后桥主减速器 ... 360
试题六：检修动力转向器 ... 361
试题七：发电机的性能测试与修理 ... 362
试题八：检查空调系统压力 ... 363
试题九：诊断与排除空调系统完全不制冷故障 ... 363
模拟试卷样例 ... 365
一、选择题　试题（365）　答案（385）
二、判断题　试题（378）　答案（386）

参考文献 ... 387

第 一 章

高级汽车修理工专业知识

培训学习目标 通过本章的学习，掌握汽车修理常用检修设备的功能、基本原理和使用方法，掌握汽车主要系统的组成与工作原理，为汽车修理工作打下坚实的基础。

◆◆◆ 第一节 汽车检测与维修设备简介

一、汽车故障电脑诊断仪

汽车故障电脑诊断仪俗称解码器，是维修汽车电子控制装置必备的检测仪器。按检测范围的不同，可将解码器分为通用型和专用型两大类。通用型解码器能检测多个汽车制造商不同年代生产的多种车型，而专用型解码器只能检测某一汽车制造商生产的全部或部分车型。

常用的进口通用型解码器有美国 Snap-on 公司的 MT2500（俗称为红盒子）、美国 SPX 公司的 OTC 等。常用的进口专用型解码器有通用公司的 TECH Ⅱ、福特公司的 NGS5 和 WDS、克莱斯勒公司的 DRB Ⅲ、本田公司的 PGM/HDS、大众公司的 VAG1551/1552 和 VAG5051/5052 等。我国主要生产通用型解码器，且品种较多，主要有 X-431、金奔腾、金德、车博士等。

1. 解码器的功能

解码器的功能包括基本检测功能和特殊测试功能两部分。基本检测功能包括读取故障码和清除故障码。特殊测试功能包括动态数据流测试、执行器测试、功能设置、快速学习（自适应）、数据记录和动态波形显示等。

（1）读取故障码 可将存储在车用电脑中的故障码及其含义显示在屏幕上，以便阅读。

（2）清除故障码　利用解码器，通过简单的操作即可清除存储在车用电脑中的故障码。

（3）数据流测试　利用解码器，可对传感器、执行器的动态参数（如发动机转速、节气门开度、喷油脉冲宽度、车速以及急速开关、空调开关、继电器、挡位状态等）进行实时监测。

（4）动作元件测试　利用解码器，可通过车用电脑使其所控制的部分执行元件执行相应动作，如喷油器喷油、怠速阀运转、电风扇工作等。

（5）系统匹配　利用解码器可对汽车电子控制系统进行基本调整和设置，例如发动机的怠速设定、节气门开度的初始设定、钥匙匹配等。

（6）电脑编码　利用解码器可读出车用电脑版本号，并能对其进行重新编码或重新编程。

（7）其他功能　某些解码器具有万用表、示波器、汽车维修资料库、打印输出和网络升级等功能。

解码器的功能因测试软件的版本而异，也随着被测车系和年款的不同而不同。有的能检测几个系统，有的只能检测一个系统。

2. 解码器的结构

各种解码器的结构相似，通常由主机、电缆、接头、测试卡等组成。OTC—4000E 通用型解码器的结构如图 1-1 所示。

3. 解码器操作范例

下面以检测 GM 车系为例介绍 MT2500E（SCANNER）型解码器的操作。

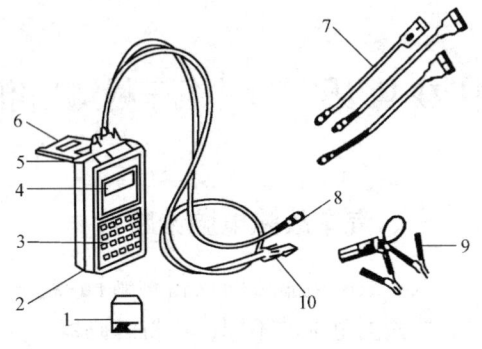

图 1-1　OTC—4000E 通用型解码器的结构
1—测试卡　2—主机　3—键盘　4—显示屏
5—外接口　6—支承架　7—接口电缆
8—主机接口线　9—双钳电源线　10—主机电源线

MT2500E 型解码器及接头如图 1-2 所示。

1）将美国车系的诊断测试卡插入解码器的相应插孔。

2）使用 Power PAC 外接电源或用主机电源线直接与车上的 12V 电源相连，此时不要将数据线缆和检测适配接头连接到汽车的诊断连接器上。

3）左手按住解码器的快速识别按钮，右手转动滚轮，从显示的诊断选项中选择美国车系。

4）选择制造商。

5）从菜单中选择所要检测的系统。

6）按照屏幕提示输入相关的 VIN 码或从解码器的存储器中选择已被识别的

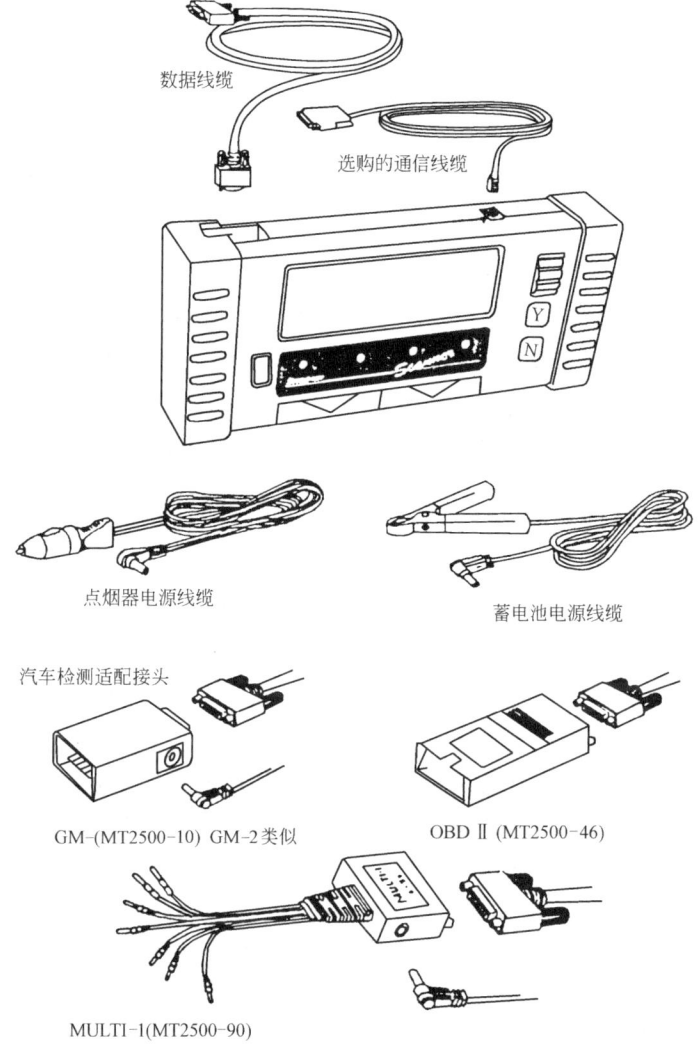

图 1-2　MT2500E 型解码器及接头

相同车型。

7）根据识别后屏幕显示的连接说明选择合适的钥匙并插入检测适配接头，然后将检测适配接头与汽车的检查连接器相连，打开点火开关，屏幕上将显示所选择车型的检测系统菜单。

8）根据所要解决的具体问题选择检测的方式和项目。

9）检测完毕后，退出主菜单，拔下连接在检查连接器上的检测适配接头，拆下数据线和主机电源线。

4. 解码器的使用注意事项

1）测试前应正确选择检测适配接头。这是因为各车型的检查连接器所提供的电源形式不同，有的需要接外接电源，有的不需要接外接电源（如OBD Ⅱ），所以要避免因选择接头不当而烧坏仪器。

2）测试前应先将测试卡插入仪器主机的测试卡接口中，然后再接通电源。

3）仪器的额定电压为12V，检测时蓄电池的电压应为11～14V。

4）关闭汽车上所有的附属电器设备（如空调、前照灯、音响等）。

5）发动机的节气门应处于关闭状态。

6）接通电源，仪器的屏幕会闪烁。若程序未运行或出现乱码现象，则可拔下仪器的数据线并重新连接一次。

7）测试接头和诊断插座应接触良好，以保证信号传输不会中断。

8）测试结束后，应先切断电源，再从主机上拆下数据线和测试卡。

二、发动机综合检测仪

下面以QFC—4型微电脑发动机综合分析仪为例进行介绍。

1. 仪器的主要功能

1）汽油机和柴油机起动电流、起动电压、起动转速及气缸压力的测量（只需用起动机起动发动机并使其运转6s，即可完成2～12缸的气缸压力测量）。

2）汽油机和柴油机点火提前角的测量（用缸压法或闪光法）。

3）汽油机和柴油机配气相位的动态检测（用缸压法或闪光法）。

4）柴油机供油系统的检测（外卡式传感器和串接式传感器配合使用）：判断柴油机喷油状况，根据喷油时的振动波形判断喷油器工作是否正常；测量供油高压压力，判断各缸的供油均匀性。

5）汽油机点火系统的检测（重叠角、闭合角、点火高压的测量）。

6）汽油机单缸动力性的检测（加速时间或功率的测量）。

7）汽油机和柴油机异响的分析：能对各种异响故障波形进行存储、显示、打印，将其与试验得出的标准故障波形进行对比，可判断出主轴承响、连杆轴承响、活塞敲缸响、活塞销响及气门脚响等常见异响故障。

2. 基本工作原理

该仪器采用以微处理器为核心的测量和数据处理系统，使用不同的传感器（点火传感器、电流传感器、电压传感器、油压传感器、缸压传感器、振动传感器、喷油传感器）从发动机的适当部位采集信号。这些信号经过放大和处理后被送往主机，在相应软件的支持下，通过键盘操作可将检测结果通过示波器或数码管显示出来，也可打印输出。

3. 测量前的仪器检查和准备

详见 QFC—4 型微电脑发动机综合分析仪使用说明书。

三、车轮平衡机

1. 车轮平衡机的功能

车轮平衡机不但可以检测车轮动不平衡量的大小和位置，而且可以检测车轮的径向圆跳动和横向摆动量。《营运车辆综合性能要求和检验方法》（GB 18565—2001）要求：凡最大设计车速超过 120km/h 的车辆，其车轮应做动平衡。

依据平衡机测出的数据对车轮的不平衡量进行校正，可改善车轮相对于轮轴的质量分布，使车轮旋转时产生的振动力或作用于轴承上的振动力减小到允许的范围之内。

2. 车轮平衡机的种类

根据车轮是否拆卸，可将车轮平衡机分为离车式和就车式两种；根据主轴布置方式的不同，可将车轮平衡机分为卧式和立式两种。

离车式车轮平衡机（见图1-3）采用卧式结构，其主轴在平衡机上呈水平状态。这种平衡机具有平衡精度高、易于操作等优点，因而被广泛使用。

3. 车轮不平衡的检测原理

车轮不平衡包括静不平衡和动不平衡两种情况。

（1）车轮静不平衡及其检测原理 支起车桥，调整好轮毂轴承松紧度，转动车轮，在其自然停止后，于其离地最

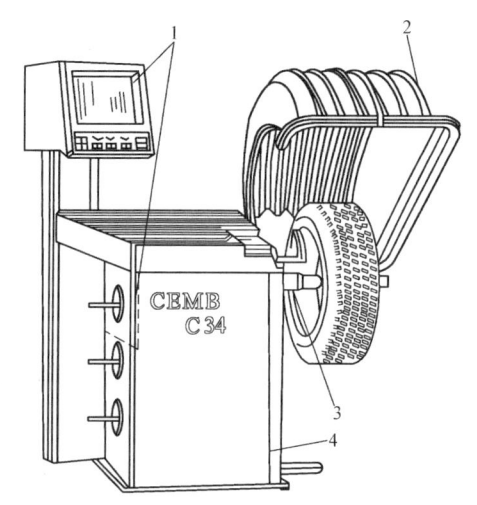

图1-3 离车式车轮平衡机
1—显示与控制装置　2—车轮防护罩
3—转轴　4—机箱

近处做一个标记，然后重复转动试验多次。若车轮停转时所做标记均基本处于离地最近处，则车轮是静不平衡的；若车轮停转时所做标记可停于任一位置，则车轮是静平衡的。利用这一基本原理，即可测得车轮的静不平衡的质量和相位。实质上，静不平衡是因车轮质心与车轮回转中心不重合而造成的。

（2）车轮动不平衡及其检测原理　车轮在转动时会产生离心力，该离心力可分解为一个水平分力和一个垂直分力。在车轮转动一周的过程中，当不平衡质量处于通过车轮旋转中心垂直位置的上、下点时，垂直分力达到最大值，但方向相反，从而引起车轮上下跳动。当不平衡质量处于通过车轮旋转中心水平位置的

前、后点时,水平分力最大,但方向相反,从而引起车轮的前后窜动。对于转向轮,还会形成绕转向主销来回摆动的力矩,从而造成转向轮摆振。当左、右前轮的不平衡质量相互处于180°位置时,左右轮跳动的相位相反,将会引起车身横向摆振,此时前轮摆振最为严重,从而影响汽车行驶时的操纵稳定性。

当静平衡车轮的质量分布相对于车轮纵向对称中心面不对称时,也会造成动不平衡,如图1-4所示。假定 a 点和 b 点上分别有两个质量相同、大小相等但相位相反的质点 m_1 和 m_2,车轮质心与车轮旋转轴心重合,即车轮处于静平衡状态。但当该车轮旋转时,m_1 和 m_2 将分别产生离心力,这两个力大小相等但方向相反,其作用线间的距离为 L。当车轮转动时,由于两个离心力的合力矩不为零而产生一个方向反复变动的力偶 M。这种情况就称为车轮处于动不平衡。当车轮转动时,由于存在力偶 M,且 M 的方向反复变化,因此轮毂轴承将在 M 的作用下产生附加动载荷,从而造成前轮绕转向主销摆振。

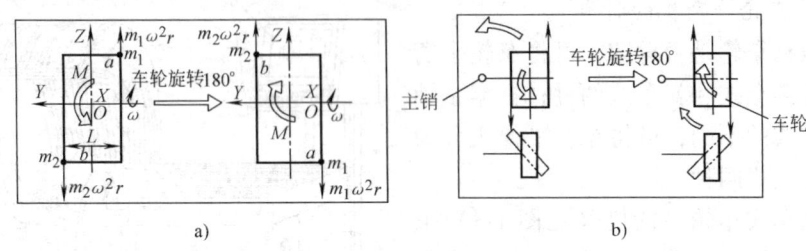

图1-4 车轮的动不平衡
a) 车轮动不平衡受力 b) 车轮动不平衡引起的前轮摆振

在离车式车轮平衡机上平衡车轮时,要先将车轮安装到转轴上。当转轴带动车轮一起旋转时,车轮不平衡所产生的离心力就会以力的形式作用在转轴的支承装置上,只要测出支承装置上所受的力或因此而产生的振动,就可得到车轮的不平衡量及其相位。这就是车轮动不平衡检测的基本原理。

4. 车轮平衡机的使用方法

下面仅介绍离车式车轮平衡机的使用方法。

1) 清除车轮上的泥土、石子和所有旧平衡块。

2) 检查轮胎气压,视情况充至规定值。

3) 根据车轮轮辋中心孔的大小选择合适的锥形块,并将车轮安装到平衡机的转轴上,然后用手拧紧大螺母,如图1-5所示。

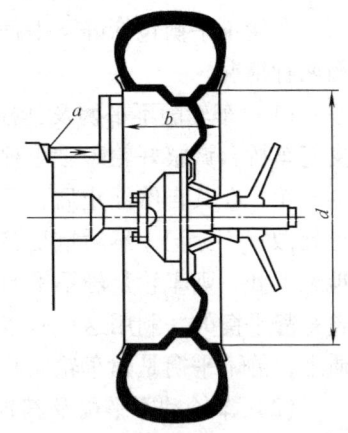

图1-5 车轮在平衡机上的安装
a—轮辋边缘至机箱的距离
b—轮辋宽度 d—轮辋直径

4) 打开电源开关，选择显示尺寸界面。

5) 拉出平衡机上的测量标尺，使其靠在轮辋的内侧外边缘处并保持数秒，直到屏幕上显示"OK"字样，这时 a、d 的数值就已测出，然后用轮辋宽度专用卡尺测量出轮辋宽度 b，并将此数值输入计算机。

6) 放下车轮防护罩，按一下【START】键，车轮开始旋转，在其自动停转后，屏幕上就会显示车轮内外两侧的动不平衡量。

7) 抬起防护罩，用手按照屏幕箭头所指方向转动车轮，直到屏幕中车轮的一侧显示"STOP"字样时停止转动车轮。用脚踩住平衡机下方的制动踏板，在转轴正上方的轮辋边缘加上屏幕上所显示的不平衡质量。用同样的方法在车轮另一侧的相应位置加上屏幕上所显示的不平衡质量。

8) 松开制动踏板，放下防护罩，重新进行轮胎平衡试验。若车轮两侧都显示"OK"字样，则表明已达到设定的动平衡精度，否则要按照屏幕显示的数值和位置重新加装平衡块，直到车轮两侧都显示"OK"字样为止。

9) 抬起防护罩，取下车轮，关闭电源，平衡结束。

四、排气分析仪

汽车排气分析仪是检测点燃式发动机和装用点燃式发动机车辆排气成分含量的仪器。

按能测量的排气成分种类的不同，可将排气分析仪分为两组分（CO、HC）、四组分（CO、HC、CO_2、O_2）和五组分（CO、HC、CO_2、O_2、NO）三种；按测量准确度的不同，可将排气分析仪分为0级、Ⅰ级和Ⅱ级三种。

我国规定采用不分光红外线原理检测汽油车排气中CO、HC、CO_2的含量，采用电化学原理检测汽油车排气中O_2和NO的含量。

1. 不分光红外线（NDIR）汽车排气分析仪

（1）测量的基本原理　汽车排气中的CO、HC、NO和CO_2等气体都具有能吸收一定波长范围红外线的性质，而且红外线被吸收的程度与排气含量之间有一定的关系，如图1-6所示。不分光红外线分析法是根据单原子、双原子（惰性气体）单质气体不吸收红外线，而CO、HC、NO和CO_2在吸收一定波长范围的红外线后发生能量变化的原理来测量排气中各种成分含量的。在各种气体混合在一起的情况下，这种测量方法具有测量值不受影响的特点。

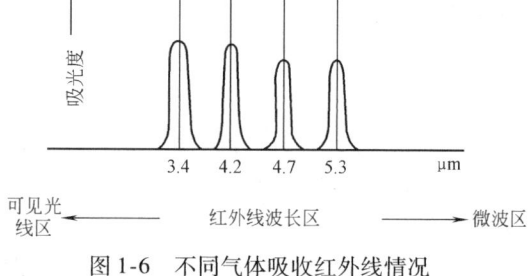

图1-6　不同气体吸收红外线情况

(2) 两组分汽车排气分析仪的组成 根据上述原理制成的不分光红外线 CO 和 HC 排气分析仪如图 1-7 所示。这种仪器由排气取样装置、排气分析装置、排气含量指示装置和校准装置等组成。它从汽车排气管中采集气样，并对其中所含 CO 和 HC 的含量进行连续测量。

1) 排气取样装置：排气取样装置由取样头、滤清器、导管、水分离器和泵等组成。使用时先用取样头、导管和泵从汽车的排气管里采集排气，再用滤清器和水分离器把排气中的炭渣、灰尘和水分除掉，只将纯静的排气送入分析装置。所采集的排气在分析仪内的流动路线如图 1-8 所示。

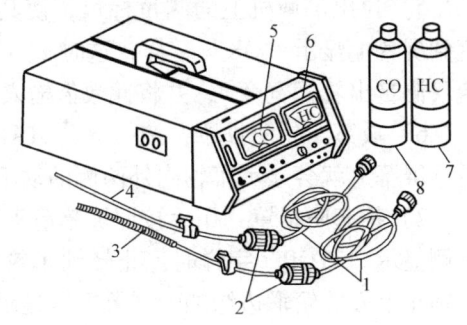

图 1-7 不分光红外线 CO 和 HC 排气分析仪
1—导管 2—滤清器 3—低含量取样探头
4—高含量取样探头 5—CO 指示仪表
6—HC 指示仪表 7—标准 HC 气样瓶
8—标准 CO 气样瓶

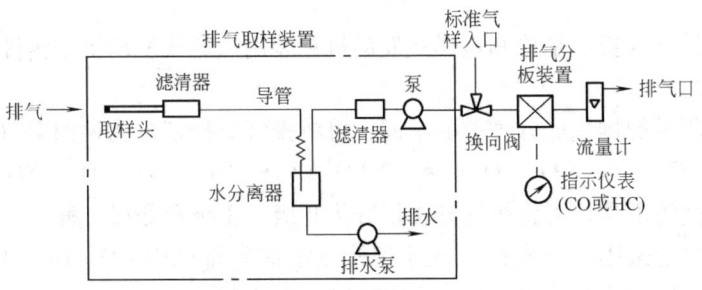

图 1-8 排气在分析仪内的流动路线

2) 排气分析装置：排气分析装置由红外线光源、气样室、旋转扇轮和传感器等组成。该装置按照不分光红外线分析法，从来自取样装置的混有多种成分的排气中测量出 CO 和 HC 的含量，并以电信号形式输送给含量指示装置。

不分光红外线气体分析仪结构原理简图如图 1-9 所示。从两个红外线光源发出的红外线分别通过标准气样室和测量气样室，然后到达测量室。在标准气样室里充有不吸收红外线的 N_2 气体；在测量气样室里充有被测量的排气。测量室由两个分室构成，在两个分室中间装有金属膜式电容微音器作为传感器。为了能够从排气中选出要测量的成分，在测量室的两个分室内分别充入与被测气体相同的气体（在测量 CO 的分析装置内充入 CO 气体；在测量 HC 的分析装置内充入正己烷气体）。

当红外线通过旋转的扇轮断续地到达测量室时，由于通过测量气样室的红外线被所测气体按其含量大小吸收掉了一部分，而通过标准气样室的红外线没有被吸收，这样，在测量室的两个分室内因红外线的能量差别而出现的温度差会使两个分室产生压力差，从而使金属膜片弯曲变形并产生振动，其振动频率与旋转扇轮叶片的转动频率相同。排气中被测气体含量越大（两个分室红外线的能量差越大），金属膜片的弯曲变形程度就会越大。膜片的弯曲变形使电容发生改变，电容的改变又引起电容微音器两端电压的改变，该交变电压信号经放大器放大后被输送到含量指示装置。

3) 排气含量指示装置：排气含量指示装置主要由CO指示装置和HC指示装置组成，如图1-10所示。依据排气分析装置送来的电压信号，在CO指示仪表上显示出以体积百分数（%）为单位的CO含量；在HC指示仪表上显示出以

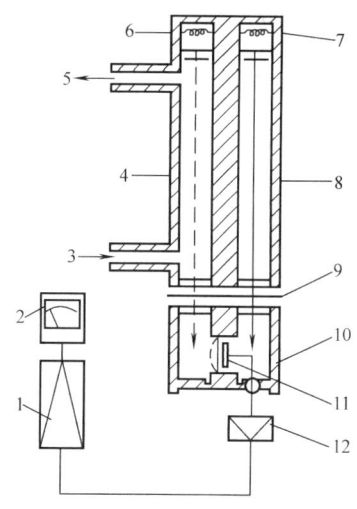

图1-9 不分光红外线气体分析仪结构原理简图

1—主放大器 2—指示仪表 3—排气入口
4—测量气样室 5—排气口 6、7—红外线光源
8—标准气样室 9—旋转扇轮 10—测量室
11—电容微音器 12—前置放大器

正己烷当量体积百万分数（10^{-6}）为单位的HC含量。仪表的指示可利用零点调

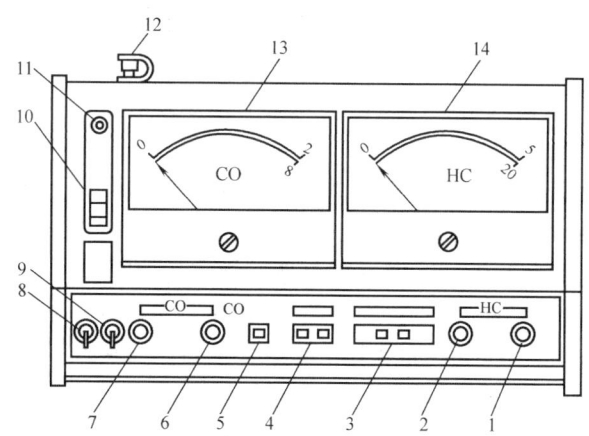

图1-10 不分光红外线CO和HC气体分析仪面板

1—HC标准调整旋钮 2—HC零点调整旋钮 3—HC读数挡位转换开关
4—CO读数挡位转换开关 5—简易校准开关 6—CO标准调整旋钮
7—CO零点调整旋钮 8—电源开关 9—泵开关 10—流量计
11—电源指示灯 12—标准气样注入口 13—CO指示仪表 14—HC指示仪表

整旋钮、标准调整旋钮和读数挡位转换开关等进行控制。此外，还可以通过气流通道一端设置的流量计得知排气通道是否有滤清器脏污等异常情况。

4）校准装置：校准装置是保持分析仪的指示精度，使其显示正确指示值的一种装置。在分析仪上通常设有加入标准气样进行校准的装置和机械的简易校准装置。

① 标准气样校准装置是把标准气样从分析仪单设的一个专用注入口（见图1-10中12）直接送到排气分析装置，再将标准气样含量与仪表指示值相对比的方法进行校准的装置。

② 简易校准装置是用遮光板把排气分析装置中通过测量气样室的红外线挡住一部分，用减少一定量红外线的方法进行简单校准的装置。

2. 汽油车排气污染物的测量方法

国家标准《点燃式发动机汽车排气污染物排放限值及测量方法（双怠速法及简易工况法）》（GB 18285—2005）规定采用双怠速法或简易工况法进行汽车排气污染物的测量。双怠速法排放限值及测量方法作为标准规定的基本方法在全国范围内强制执行。

国家标准《轻型汽车污染物排放限值及测量方法（中国Ⅲ、Ⅳ阶段）》（GB 18352.3—2005）规定了装用点燃式发动机的轻型汽车在常温和低温下排气污染物、曲轴箱蒸发污染物的排放限值及测量方法，装用压燃式发动机的轻型汽车在常温下排气污染物的排放限值及测量方法。其对排放限值的要求更加严格。

（1）双怠速法 双怠速排放标准是指在两种空转转速下进行污染物排放测量的排放标准。这两种空转转速，一种是普通怠速转速，即车辆使用说明书上规定的怠速转速，另一种是高怠速转速。对于高怠速转速，GB 18285—2005 规定为 50% 额定功率转速或制造厂文件中规定的高怠速转速时的工况，并把轻型汽车的高怠速转速规定为（2500±100）r/min，重型汽车为（1800±100）r/min。对于装配三元催化转化器和氧传感器的电喷车辆，要检测排气中的 HC、CO 含量和过量空气系数（λ）（由测量排气中的 O_2 含量给出）。当要求发动机转速为高怠速转速时，λ 值为 1.00±0.03（或制造厂规定的范围）。

双怠速法对汽车排气分析仪的要求为：CO、HC 和 CO_2 的含量采用不分光红外法（NDIR）测量，O_2 的含量采用电化学法测量。排放结果以体积分数表示。

（2）简易工况法 简易工况法包括稳态工况法、瞬态工况法和简易瞬态工况法三种。这三种方法都需要在底盘测功机上按照各自的测试运转循环进行测试，同时用仪器测出排放结果。

稳态工况法由 ASM5025 和 ASM2540 两个工况组成。检测时，经预热的车辆加速至 25km/h，测功机将车辆速度为 25km/h、加速度为 $1.475m/s^2$ 时的输出功率的 50% 作为设定功率对车辆进行加载。在 ASM5025 工况检测结束后，车辆立即加速至40km/h，测功机将车辆速度为40km/h、加速度为$1.475m/s^2$时的输出功率的25%作为设定功率对车辆进行加载。

下面仅以双怠速法为例介绍汽油车排气污染物的测量过程。

1）仪器准备

① 按仪器使用说明书的要求对仪器进行各项检查，特别是对排气取样系统进行泄漏检查。

② 接通电源，使分析仪预热15min（0级、Ⅰ级）或30min（Ⅱ级）以上，达到稳定状态。在5min内不经任何调整，零位及HC、CO、CO_2、O_2的量距读数应稳定在精度要求范围内。

③ 在每次试验前2min内，分析仪器应完成自动调零、环境空气测定和HC残留量的检查。

2）汽车准备

① 进气系统应装有空气滤清器，排气系统应装有排气消声器，且不得泄漏。

② 应在发动机上安装转速仪、点火正时仪、冷却液和润滑油温度计等测量仪器。

③ 应保证取样探头插入排气管的深度不小于400mm，并能将其固定于排气管上。当车辆排气管长度小于测量深度时，应使用排气加长管。

④ 预热发动机，使其冷却液和润滑油温度达到80℃或达到汽车说明书中规定的热车状态。

⑤ 按车辆维修手册的规定调整好发动机的怠速和点火正时。

3）测量方法

① 发动机由怠速工况加速至0.7倍的额定转速，维持60s后降至高怠速状态（即0.5倍的额定转速）。

② 把指示仪表的读数挡位转换开关置于最高量程挡位。

③ 在发动机于高怠速状态维持运转15s后开始读数，读取30s内的最高值和最低值，取其平均值作为高怠速污染物测量结果。对于使用闭环控制电子燃油喷射系统和三效催化转化器技术的汽车，还应同时读取过量空气系数（λ）的数值。

④ 在发动机从高怠速降至怠速状态15s后，读取30s内的最高值和最低值，取其平均值作为怠速污染物测量结果。

⑤ 若为多排气管，则分别取各排气管高怠速和怠速排放测量结果的算术平均值作为测量结果。

⑥ 在检测工作结束后，把取样探头从排气管里取出来，继续使排气分析仪工作5min，以吸入新鲜空气，待仪器指针回到零位后再关闭电源。

五、示波器

示波器是显示被测电信号瞬时值轨迹变化情况的仪器。利用示波器能观察各种不同信号幅度随着时间变化的波形曲线，还可以用它测试各种不同的参数，如电压、电流、频率、相位差、调幅度等。按照工作方式的不同，可将示波器分为模拟示波器、数字示波器和混合示波器。

1. 模拟示波器

模拟示波器的工作方式是直接测量信号电压，并通过从左到右穿过示波器屏幕的电子束在垂直方向描绘电压。模拟示波器的屏幕通常是示波管，即阴极射线管（CRT），依靠化学荧光物质发光。由于示波管内电子运动速度与信号频率成正比，示波管屏幕的亮度与电子束的速度成反比，所以低频波形的亮度高，高频波形的亮度低。此外，利用荧光屏幕的亮度或灰度还容易获得信号的第三维信息。若用屏幕垂直轴表示幅度，水平轴表示时间，则屏幕亮度可表示信号幅度随着时间分布的变化。这种与时间有关的荧光余辉（灰度定标）效应对观察混合波形和偶发波形十分有效。当信号频率超过CRT的写速度时，显示出来的波形过于暗淡，难于观察。

2. 数字示波器

与模拟示波器不同，数字示波器通过模数转换器（ADC）把被测电压转换为数字信息。它捕获的是波形的一系列样值，并对样值进行存储。存储限度是累计的样值能描绘出波形。随后，数字示波器重构波形，通过光栅屏幕或液晶屏幕显示。在数字示波器的显示范围内，可以稳定、明亮和清晰地显示任何频率的波形。常规的数字示波器是数字存储示波器（DSO）。它的显示部分更多地基于光栅屏幕而不是基于荧光屏幕。由于采用非高即低两个状态的数字处理，原则上波形也是"有"和"无"两个显示，所以常规的数字示波器缺少模拟示波器的余辉显示功能，也就不能显示波形在整个时间的幅度分布。

3. 混合示波器

混合示波器（DPO）也称为数模兼合示波器或数字荧光示波器。它能把被测电信号转换为数字信息，然后重构波形，并通过示波管以荧光显示。混合示波器能实时显示、存储和分析复杂信号的三维信号信息，即幅度、时间和整个时间的幅度分布。混合示波器具有屏幕的余辉显示功能，便于观察复杂波形中的微细差别以及出现的频繁程度。

4. 示波器的操作步骤

各种类型的示波器除频带宽度、输入灵敏度等不完全相同外，基本的使用方法都是相同的。下面以美国Snap-On公司生产的MT3500型数字存储式汽车专用示波器为例介绍示波器的使用步骤。

第一章 高级汽车修理工专业知识

（1）连接仪器 按图1-11所示连接仪器和需要测试的元器件。红表笔接信号线，黑表笔接地。

（2）起动仪器 在主菜单中选择"专业示波器"，按下"YES"按钮起动此功能，将在屏幕上显示出所测波形。MT3500型示波器屏幕图标的作用及含义如图1-12所示。

（3）调整电压比例 电压比例也叫量程，是指屏幕垂直方向上显示的每个格子所对应的实际电压值，单位是V/格。量程的大小决定了信号波形的高度，即幅度。量程设定值越低，显示屏上显示的波形就越高。同样信号不同量程的显示情况如图1-13所示。

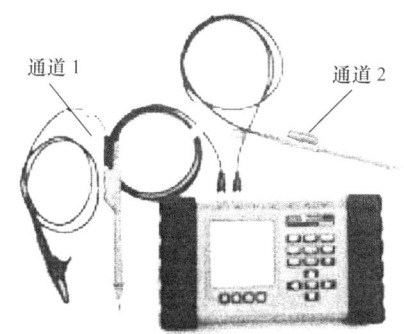

图1-11 MT3500型数字存储式汽车专用示波器

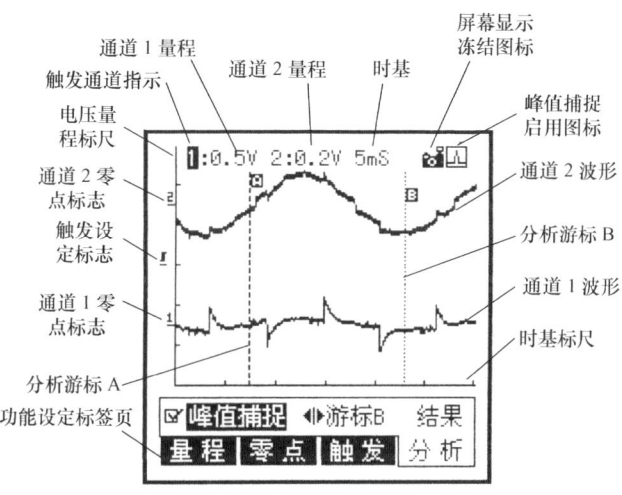

图1-12 MT3500型示波器屏幕图标的作用及含义

按下与功能相对应的"Fn"按钮切换功能选项。按下"F1"按钮选择通道1的量程，此时"量程"标志闪动，如图1-14所示。

使用仪器右下角的左、右方向键将光标移至通道1量程设置处，通过上、下方向键选择量程。

（4）调整时基 时基是指屏幕水平方向上显示的每个格子所对应的实际时间值，单位是s/格。时基

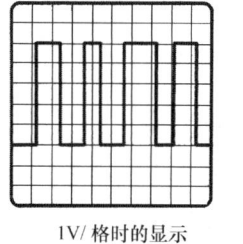
1V/格时的显示

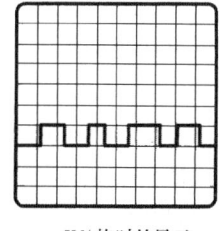
5V/格时的显示

图1-13 同样信号不同量程的显示情况

13

的选择决定了重复性信号在屏幕上显示的频数。同样信号使用不同量程的显示情况如图 1-15 所示。

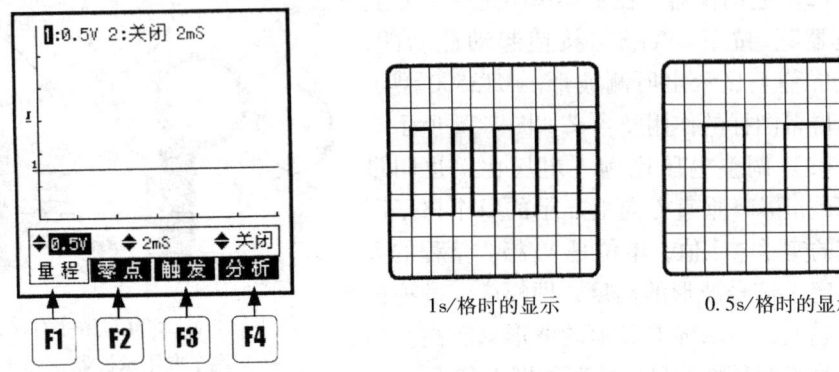

图 1-14　功能按钮 F1～F4 的对应功能
F1—量程　F2—零点　F3—触发　F4—分析

图 1-15　同样信号使用不同量程的显示情况

使用左、右方向键将光标移至通道 1 的时基设置处，通过上、下方向键选择显示的时基。

（5）设置通道 2 的量程和时基　在将通道 1 的量程和时基设置好后，使用左、右方向键将光标移至关闭处，按下"YES"按钮即可关闭 1 通道显示。重复（3）、（4）步骤设置通道 2 的量程和时基。

（6）零点设置

1）通道 1 的零点设置。操作前请确认通道 1 量程选择处于非关闭状态。使用左、右方向键将光标移至通道 1 零点设置处，此时可看到屏幕上的通道 1"零点"标志闪动，然后通过上、下方向键移动零点在屏幕上的显示位置。通道 1 的零点设置如图 1-16 所示。

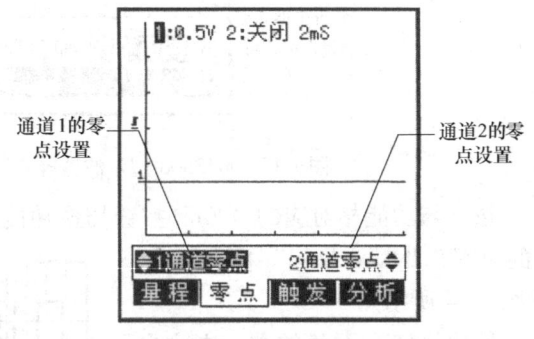

2）通道 2 的零点设置。其设置方法与通道 1 的零点设置方法相同。

图 1-16　零点设置

（7）调整触发参数　触发参数的调整是使信号在屏幕上能稳定显示的前提。触发参数包括触发电平、触发源和触发沿。触发设置如图 1-17 所示。

1）触发沿用于确定示波器显示的波形是以大于触发电平（正触发）还是以小于触发电平（负触发）的电压变化点作为显示起始点（波形切入点）。当触发沿选择不正确时，得到的波形不同。例如，有时测量得到的喷油器波形只显示一部分，这种情况就是触发沿没有选对造成的。使用左、右方向键将光标移至触发沿设置处，通过上、下方向键选择触发沿（上升沿或下降沿）。

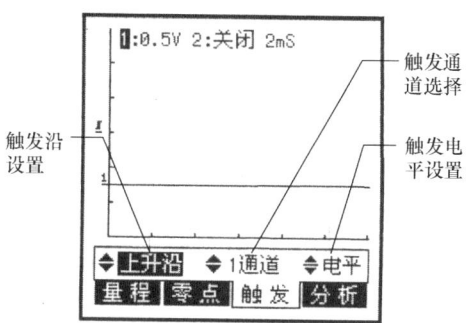

图1-17　触发设置

2）触发源用于设定以哪一通道的信号作为触发信号。使用左、右方向键将光标移至触发通道选择处，通过上、下方向键选择触发通道（1通道或2通道）。

3）触发电平用于调节波形的起始显示电压值，亦即设定屏幕上显示的信号以大于或小于（根据设定的触发沿确定）设定的触发电压为起始显示点。如图1-18a所示，由于设定的触发电平超出了信号的电平范围，示波器无法确定显示的起始位置，因此屏幕上显示的波形左右晃动，无法锁定。如图1-18b所示，由于正确设定了触发电平，因此示波器可以准确地锁定波形。

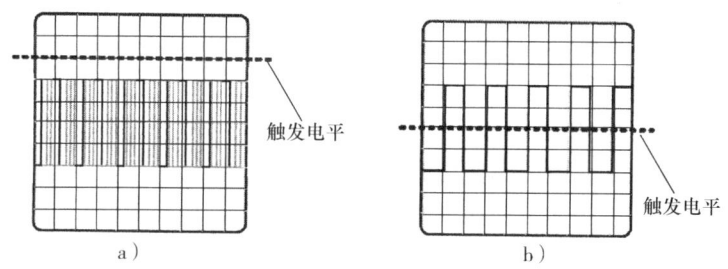

图1-18　同样信号不同触发电平的显示情况
a）触发电平设置不正确　b）触发电平设置正确

在所有设置完成后，屏幕上就会显示被测元件的波形。将其与标准波形对照，即可判断波形是否正常，并可分析故障产生的原因。

（8）自动触发及峰值捕捉　MT3500型示波器具有自动触发功能的可选项。当在测量过程中无法确定如何适当设定触发参数时，启用这一功能，系统将会自动分析信号的特性，自动设置触发电平、触发沿等参数。

MT3500型示波器还具有峰值捕捉功能。在实际测量中，会碰到一些间歇性的故障信号时有时无或是很长时间才会出现一次。这时启用峰值捕捉功能，MT3500型示波器就会根据用户设定的触发条件来等待故障信号的出现。一旦捕捉到符合设定条件的故障信号，MT3500型示波器就会发出蜂鸣声，提示并自动冻结画面的显示。有了这一功能，就不必为了等待一个故障脉冲的出现而长时间盯住示波器屏幕了。

5. 示波器使用注意事项

1）保持仪器及测试连线与汽车的运动部件（如传动带、风扇、齿轮等）有一定距离。

2）禁止使用导电物体使电池的正负电极短路。

3）防止仪器被冷却液、水、油或其他液体弄湿。

4）在进行各种测试前，应首先连接好搭铁线。

5）禁止在没有安装防滑护套的情况下使用仪器。

6）禁止在仪器信号输入端输入超过500V的直流或交流电压。

7）在使用完毕后，应将所有的接头、测试导线及测试夹卸下，并完整保存于包装箱中。

六、喷油泵试验台

1. 喷油泵试验台的功能

1）测试喷油泵的供油始点及供油间隔角度。

2）测试不同转速下喷油泵的各缸供油量和供油均匀性。

3）调速器工作性能的检查及调整。

4）压力补偿性能的测试及检查。

5）分配泵工作性能的测试及调整。

6）冷起动装置及电磁阀性能的检查。

7）分配泵各种转速下回油量的测量。

8）分配泵各种转速下内压的测定。

9）喷油泵密封性能试验。

10）检查输油泵自吸功能。

2. 喷油泵试验台的组成

喷油泵试验台是对柴油机喷油泵进行检测、调整和维修的专用设备，主要由液压无级变速机构、变速箱、量油机构、油路系统和电器系统组成。

（1）液压无级变速机构　它由液压泵、液压马达、管路、吸油阀、偏心调节等部分组成。液压泵将液压油从传动油箱吸出，经管路压送到液压马达，以推动液压马达工作，然后经管道回到液压泵。液压油在这样一个封闭循环系统中工作。

（2）变速器　变速器与液压无级变速机构相连，其从动轴是试验台的输出轴，有两个挡位。

（3）量油机构　用于测量被试喷油泵各缸供油量的机构。它可以左右旋转

180°，其高度可以调节，以适应左、右操纵和不同型号喷油泵调试的需要。

（4）油路系统　油路分为高、低压油路。它由燃油箱、滤清器、燃油泵、加温阀、安全阀、调压阀、管路等组成。供油压力由调压阀调节控制。燃油加热时只需开启加温阀即可。

（5）电器系统　它由主控电路、燃油温度控制系统、数字表等组成。

3. 喷油泵试验台的操作方法

（1）试验台的起动与停机　接通电源后，将调速手柄转动一定位置，使零位压板触及行程开关，按下起动按钮即可起动试验台；停机时，将调速手柄转回原位，在使试验台输出轴停止转动后按下停机按钮即可。

（2）转速的调节　根据需要的转速和方向，选好变速器的挡位。转动调速手柄可改变转速。调速手柄偏转水平角度越大，转速就越高。若手柄在最高转速位置仍需提高转速，则应调节增速手轮。调节调速手柄及增速手轮可以得到正、反转向的任意转速。当增速手轮位置不变时，调节调速手柄可得到不变转矩的不同转速；当调速手柄位置不变时，调节增速手轮可以得到不变功率的不同转速。

（3）燃油的压力调节　燃油压力由调压阀调节。顺时针方向旋转手轮时可在 0.04~0.4MPa 范围内使燃油压力升高；逆时针方向旋转手轮时可在 0.04~0.4MPa 范围内使燃油压力下降。

（4）燃油温度的控制　当燃油温度低于40℃时，可顺时针方向转动加热阀手柄，使燃油温度上升。当燃油温度达到40℃时，应立即关闭加热阀，停止加热。

（5）量油计数操作　在调好转速和供油压力后，根据量油需要将计数选择开关旋到相应次数，然后按一下"清零计数"按钮即可。若重复试验，则必须再按动"清零计数"按钮。若发生故障或中断记数，则按动"计数暂停"按钮；当需恢复计数时，则重复上述动作。

七、汽车电器万能试验台

汽车电器万能试验台是用于汽车电源系统和点火系统中的总成和零部件进行性能检测试验的综合性试验设备。TQD—2型汽车电器万能试验台（见图1-19）通常可试验发电机的初始发电转速、最大发电电压和电流，起动机的空载电压、电流、转速、制动转矩、制动电压和电流，分电器的离心提前角、真空提前角、分电间隔角、电容量，点火线圈的初级电流、电压和跳火距离，起动机电枢线圈的短路、断路试验，电动刮水器、电喇叭等电器设备的性能指标。

TQD—2型汽车电器万能试验台控制面板如图1-20所示。其主要仪表、开关、插座的作用如下：

1）直流电流表1用于指示交直流发电机的发电电流，量程为 -50~50A。

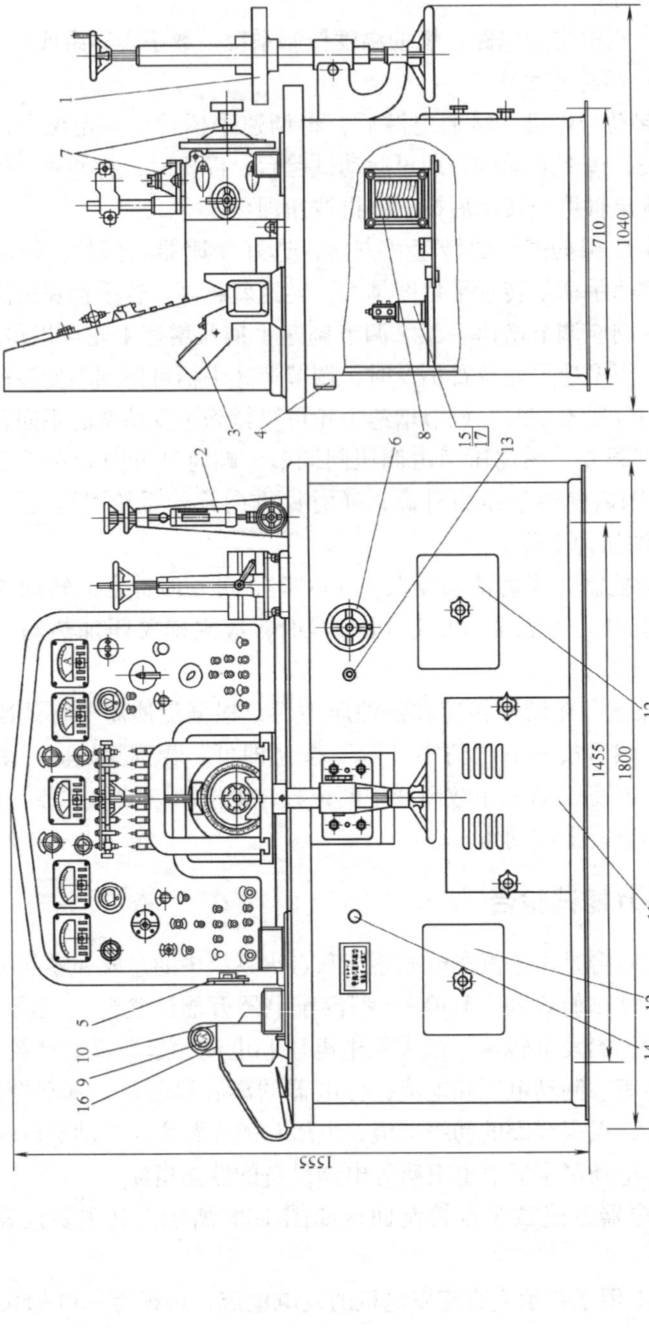

图1-19 TQD—2型汽车电器万能试验台示意图

1—升降龙门夹具 2—起动机制动器 3—电枢感应仪 4—交流电源插座 5—电容测试装置 6—可调电阻器调节手轮 7—调速电动机 8—充电器 9—交流电流表 10—感应仪电流指示灯 11—直流电源（置于盖板内） 12—抽屉 13—起动机制动器按钮 14—真空泵 15—真空泵调节轮 16—感应仪电源开关 17—起动机制动器用大电流磁力开关

2)直流电压表2用于指示交直流发电机的输出电压,量程为0~50V。

3)转速表3用于指示试验台调速电动机转速,有两个刻度盘,量程分别为0~1000r/min和0~5000r/min。

4)直流电压表4用于指示起动机空载或制动试验时的制动电压,量程为0~50V。

5)直流电流表5用于指示起动机空载或制动试验时的制动电流,量程为0~1000A。

6)电容表6用于指示分电器、喇叭、发电机、收音机等使用的电容器的电容量,量程为0~0.5μF。

7)交流电压表7的量程为0~15V。

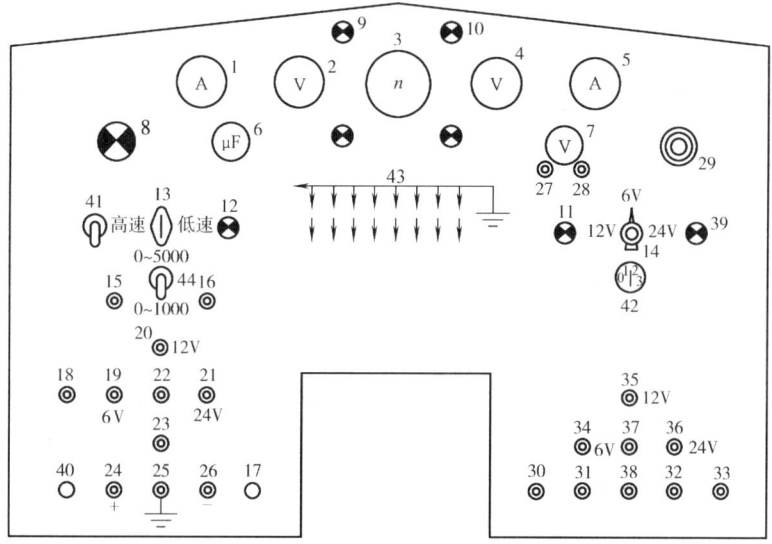

图1-20 TQD—2型汽车电器万能试验台控制面板

1—直流电流表(0~±50A) 2—直流电压表(0~50V) 3—转速表
4—直流电压表(0~50V) 5—直流电流表(1000A) 6—电容表(0~0.5μF)
7—交流电压表(0~15V) 8—氖灯 9—调速电动机转速高低指示灯
10—总交流电源指示灯 11—充电器电源指示灯 12—电容器测试装置电源指示灯
13—调速电动机转速转换开关 14—充电电压转换开关 15—电容器绝缘插座 16—电容量插座
17—电容器插座 18—通路检验插座 19—6V插座 20—12V插座 21—24V插座
22—电流表插座 23—电阻器插座 24—"+"插座 25—搭铁插座 26—"-"插座
27、28—交流电压表插座 29—点火线圈高压端插座 30—点火线圈初级"+"插座
31—调速电动机内断电器插座 32—调节器电枢插座 33—调节器电池插座 34—6V插座
35—12V插座 36—24V插座 37—电压表插座 38—起动机接线插座
39—直流电源指示灯 40—电喇叭按钮 41—电容测试装置电源开关
42—充电器电源开关 43—三针放电装置 44—转速表量程转换开关

8）氖灯 8 用于检验电容器。此灯闪一下即灭表示电容器正常，常亮则表示电容器击穿短路，不亮则表示电容器断路。

9）调速电动机转速转换开关 13 在图 1-20 所示位置为零位，可转向高速或低速挡位，转速指示分别与转速表 3 的高低速刻度盘相对应。

10）充电电压转换开关 14 有 6V、12V、24V 三挡。

八、镗鼓机

镗鼓机是用于镗削汽车制动鼓、制动蹄片的专用设备。镗鼓机也叫光鼓机，有卧式和立式两大类。卧式镗鼓机的机体强度高，输出功率大，加工精度和效率较高，因而被广泛使用。

1. 卧式镗鼓机的结构

卧式镗鼓机也叫卧式制动鼓专用车床，如图 1-21 所示。其主要由机身、主传动机构、进给机构、液压夹紧机构和控制系统组成。主传动原理图如图 1-22 所示。电动机通过传动带驱动蜗杆副，然后经三速齿轮变速器得到三种不同的主轴转速。

卧式镗鼓机的液压传动系统如图 1-23 所示。通过手柄操纵转阀 4，可实现自动夹紧、自动进给、自动让刀和快速退刀等多种功能。

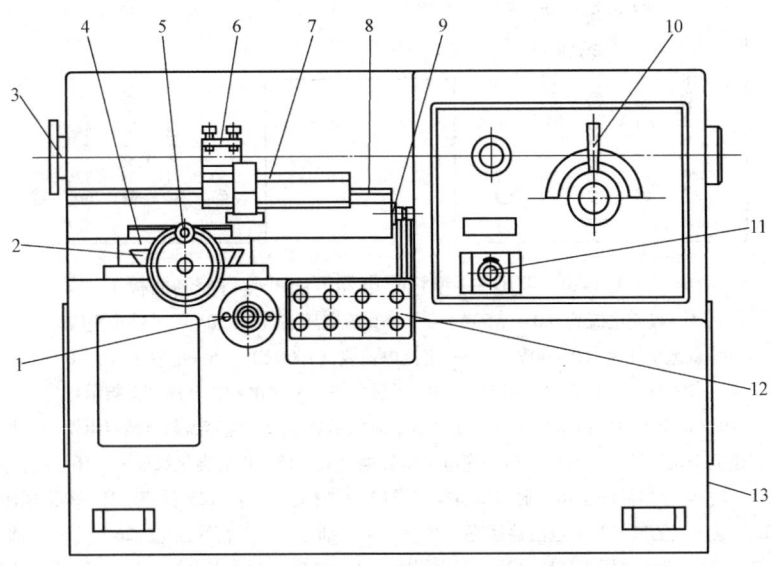

图 1-21 卧式制动鼓专用车床
1—转阀换向手轮　2—进刀导轨　3—主轴　4—进刀托板　5—进刀手柄　6—刀架
7—进给托板　8—进给导轨　9—进给液压缸　10—主轴变速手柄
11—进给调速手柄　12—控制板　13—床身

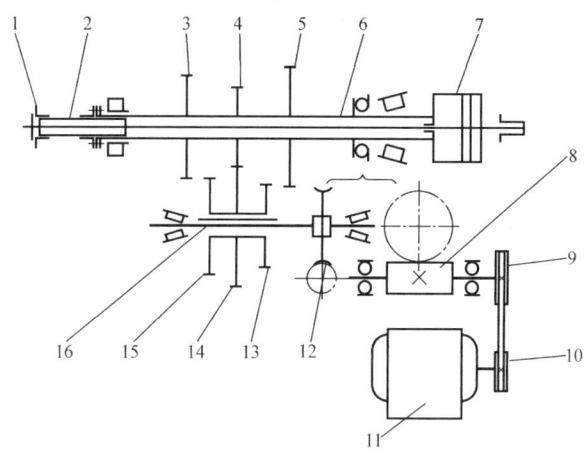

图 1-22 主传动原理图

1—定位夹紧套 2—接轴 3、4、5、13、14、15—齿轮 6—主轴 7—夹紧液压缸
8—蜗杆 9、10—带轮 11—电动机 12—蜗轮 16—花键轴

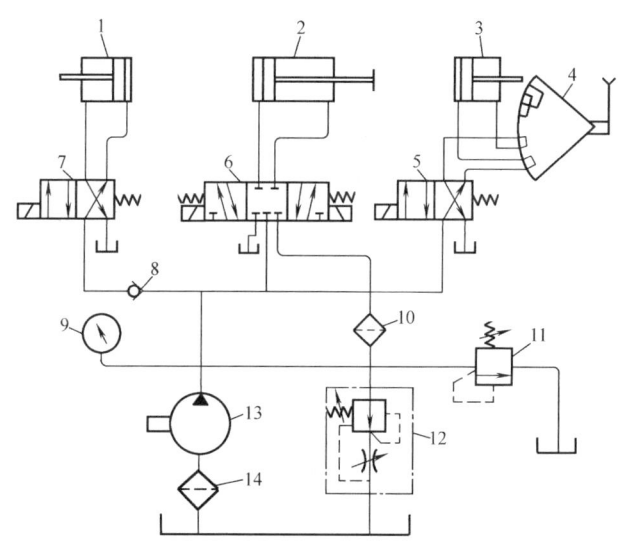

图 1-23 卧式镗鼓机的液压传动系统

1—夹紧液压缸 2—进给液压缸 3—让刀液压缸 4—转阀 5、7—二位四通电磁换向阀
6—三位五通电磁换向阀 8—单向阀 9—油压表 10—精过滤器
11—溢流阀 12—调速阀 13—液压泵 14—过滤器

2. 镗鼓机的使用方法

1) 开机。接通电源主开关,起动液压泵,并预热5min。

2) 制动鼓的夹紧。将夹紧旋钮置于松开位置,然后在接轴上安装制动鼓。

将夹紧旋钮置于夹紧位置,于是夹紧液压缸1(见图1-23)中的活塞在换向阀7(见图1-23)的控制下推动主轴孔中的推杆,使装在接轴2(见图1-22)上的定位夹紧套张开,从而自动夹紧制动鼓。

3)使用自动进给装置。先调整刀架上的挡铁与行程开关的相对位置,使之与工件的进给量相适应,然后将自动进给旋钮置于"自动"位置。

4)对刀。按进给按钮"左",使刀架快速前进,然后摇动手轮对刀。若需快速退刀,则可按进给按钮"右"。若需改变进刀速度,则可通过调速阀12(见图1-23)予以调节。

5)根据制动鼓的直径和材料选择纵向进给速度和横向背吃刀量。

6)根据选定的镗削规范,通过摇动手轮实现横向进给,然后逐刀镗削,直至达到所需尺寸和精度要求。

7)在镗削工作完成后,将夹紧旋钮置于"松开"位置,即可取下制动鼓。

九、前照灯检验仪

1. 前照灯检验仪的检测原理

前照灯检验仪是用来测量前照灯发光强度和光轴偏斜量的仪器。

(1)发光强度的检测原理 发光强度检测原理如图1-24所示。把光电池3与光度计1连接起来,按规定的距离使前照灯照射光电池,光电池就会根据前照灯的发光强度产生相应的电流,驱动光度计指针动作,从而指示出前照灯的发光强度。

(2)光轴偏斜量的检测原理 光轴偏斜量检测原理如图1-25所示。有四块光电池$S_上$、$S_下$、$S_左$和$S_右$,在$S_上$和$S_下$之间接有上下偏斜指示计,在$S_左$和$S_右$之间接有左右偏斜指示计。打开前照灯,四块光电池各自产生电流,$S_上$和$S_下$、$S_左$和$S_右$的电流差值分别使上

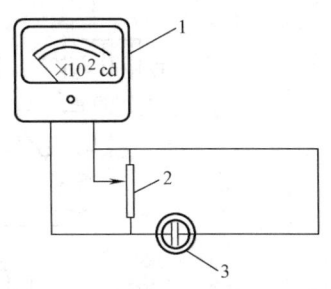

图1-24 发光强度检测原理
1—光度计 2—可变电阻 3—光电池

下偏斜指示计和左右偏斜指示计动作,从而指示出光轴偏斜量。

光电池受光面向左下方偏斜受光的情况如图1-26所示。这时上下偏斜指示计的指针向下偏斜,左右偏斜指示计的指针向左偏斜。

2. 前照灯检验仪的组成

根据结构特征与测量方法的不同,可将前照灯检验仪分为聚光式、屏幕式、投影式和自动追踪光轴式等几种类型。不管如何分类,前照灯检验仪都由接受前照灯光束的受光器、使受光器与汽车前照灯对正的校准装置、前照灯发光强度指示装置、光轴偏斜方向和偏斜量指示装置以及支柱、底板、导轨、汽车摆正找准

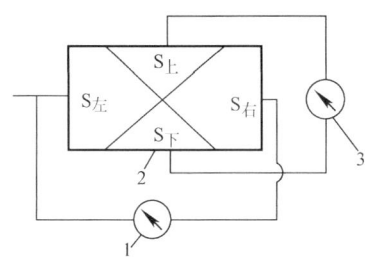
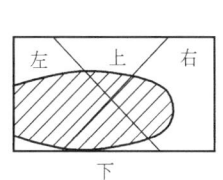
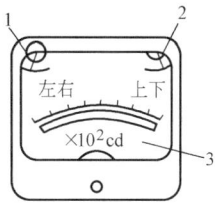

图1-25　光轴偏斜量检测原理
1—左右偏斜指示计　2—光电池
3—上下偏斜指示计

图1-26　光电池受光面向左下方偏斜受光的情况
1—左右偏斜指示计　2—上下偏斜指示计　3—光度计

装置等组成。由于自动追踪光轴式前照灯检验仪能利用受光器自动寻找主光轴的位置，并检测发光强度和光轴偏斜量，因此在微机联网的自动检测线上得到了广泛应用。自动追踪光轴式前照灯检验仪如图1-27所示。检验时，要将检验仪放在前照灯前方3m的检测距离处。

3．自动追踪光轴式前照灯检验仪的使用

（1）检验前的准备工作

1）检验仪的准备

① 在不受光的情况下，调整前照灯检验仪光度计和光轴偏斜指示计指针的机械零点。

② 检查聚光透镜和反射镜的镜面上有无污物，若有，则应用软布或镜头纸擦拭干净。

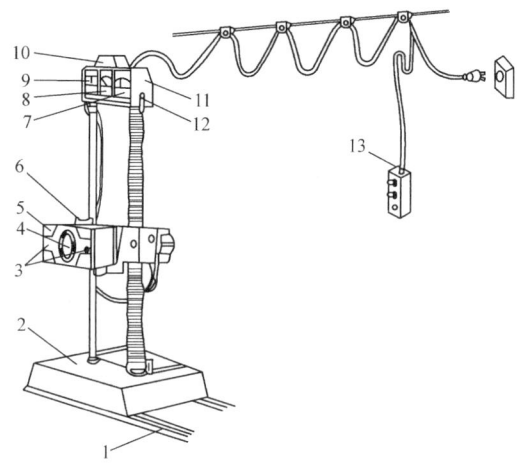

图1-27　自动追踪光轴式前照灯检验仪
1—导轨　2—控制箱　3—光电池　4—聚光透镜
5—受光器　6—汽车摆正找准器　7—上下偏斜指示计
8—光度计　9—左右偏斜指示计　10—在用显示器
11—电源开关　12—熔断器　13—控制盒

③ 检查水准器的技术状况。若水准器无气泡，则应进行修理；若气泡不在红线框内，则可用水准器或垫片进行调整。

④ 检查导轨是否粘有泥土等杂物，若有，则应将其清除。

2）被检车的准备

① 清除前照灯上的污垢。

② 轮胎气压应符合原厂规定。

③ 汽车蓄电池应处于充足电的状态。

(2) 前照灯发光强度和光轴偏斜量的检验

1) 使被检车尽可能与导轨保持垂直方向驶近检验仪，并使前照灯与检验仪的受光器相距3m。

2) 用汽车摆正找准器使检验仪与被检车对正。

3) 打开前照灯，接通检验仪电源，用控制器上的上下、左右控制开关调整检验仪的位置，使前照灯光束照射到受光器上。

4) 按下控制器上的测量开关，受光器随即追踪前照灯光轴，根据光轴偏斜指示计和光度计的指示值，即可得出被测前照灯的光轴偏斜量和发光强度。

十、制动试验台

制动试验台是检测汽车制动性能的专用设备，主要用于测量车轮制动力、车轮阻滞力、驻车制动力和制动协调时间等制动性能参数。

1. 制动力检测原理

汽车制动时的制动力取决于制动器制动力和车轮与地面间的附着力中的较小者。其中，制动器的制动力取决于制动系统的压力和车轮制动器的技术状况，而车轮与地面间的附着力是由车轮垂直载荷和轮胎与地面间的附着系数决定的。

利用测力式制动试验台在轮胎支承面具有高附着系数的前提下测出制动全过程中车轮所受制动力的反作用力——轮胎对试验台支承装置的作用力，通过分析计算，给出制动系统技术状况的评价结果。

目前应用较广泛的是测力滚筒式制动试验台，其制动力检测原理如图1-28所示。将被检车的车轮置于两个滚筒之间，用电动机通过减速器驱动滚筒旋转从而带动车轮旋转。当车轮制动时，车轮给滚筒一个与其旋转方向相反的力，该力的大小与滚筒对车轮的制动力相等。此力由浮动的电动机减速器壳体和杠杆传给测力秤，并由测力秤的指示表显示出来，从而测出车轮的制动力。

2. 测力式制动试验台的组成

按车轮支承形式的不同，可将测力式制动试验台分为滚筒式和平板式两种。

(1) 滚筒式制动试验台　滚筒式制动试验台有单轮式、单轴式和双轴式三种。单轴测力滚筒式制动试验台由框架、驱动装置、

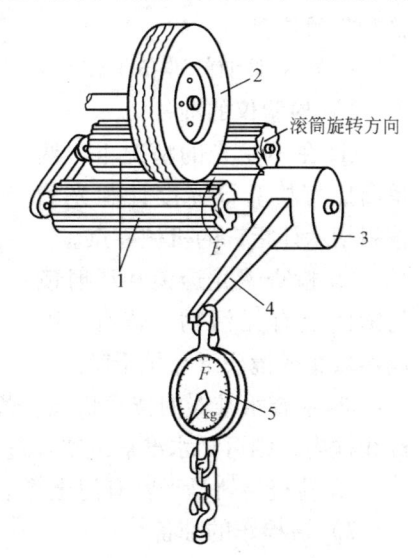

图1-28　制动力检测原理
1—滚筒　2—车轮　3—电动机减速器
4—杠杆　5—测力秤

滚筒装置、测量装置、举升装置和指示与控制装置等组成，如图1-29所示。

1) 驱动装置。驱动装置由电动机、减速器（或扭力箱）、传动链条等组成。电动机通过减速器减速增扭后驱动主动滚筒，主动滚筒又通过链传动驱动从动滚筒。减速器与主动滚筒共用一根轴，其壳体处于浮动状态。当车轮制动时，该壳体能绕轴摆动，可把制动力矩传给测力杠杆。

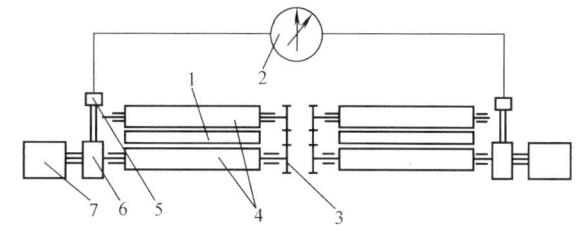

图1-29 单轴测力滚筒式制动试验台
1—举升装置 2—指示装置 3—链传动 4—滚筒装置
5—测量装置 6—减速器 7—电动机

2) 滚筒装置。滚筒装置由四个滚筒组成，左右各一对，单独设置。被测车轮置于两滚筒之间。滚筒相当于一个活动路面，用来支撑被检车轮并在制动时承受和传递制动力。有的滚筒制动试验台在主、从动滚筒之间还设置一个直径较小，既可自转又可上下摆动的第三滚筒，其上带有转速传感器。第三滚筒的作用是：检测时，控制装置一旦接收到从第三滚筒上的转速传感器送出的车轮制动器抱死信号，即可控制滚筒立即停转，防止轮胎被剥伤。

3) 测量装置。测量装置由测力杠杆和传感器等组成。测力杠杆一端与减速器壳体连接，另一端与测力传感器相连。测力传感器的形式很多，如油压式、自整角电机式、电位计式、差动变压器式和电阻应变片式等。测力传感器能把测力杠杆的移动或压力变成电信号，送入指示与控制装置。

4) 举升装置。举升装置由举升器、举升平板和控制开关等组成。当汽车驶入或驶出时，需用举升器将举升平板托起，使汽车平稳地出入两滚筒之间，减少冲击。举升器有液压式、气压式和电动式等形式。

5) 指示与控制装置。指示装置有电子式和微机式两种，目前多为微机式，其指示装置多配以数字式显示器。控制装置有手动式和微机式两种，目前多采用微机式，可由微机计算和显示检测结果。

汽车制动试验台微机式指示与控制装置主要由放大器、模数转换器（A/D）、数模转换器（D/A）、继电器、微机、显示器和打印机等组成，如图1-30所示。在键盘和脚踏开关的控制下，由微机控制举升装置的升降，滚筒电动机的转动与停止，测力传感器信号的采集、存储和处理。指示与控制装置不仅能指示左右车轮的制动力，而且能输出左右车轮制动力的和与差、车轮阻滞力、制动协调时间和制动释放时间，并能将检测结果与检测标准对照，给出技术状况评价结果。

由于制动力诊断的标准是以单轴制动力和单轮制动力占轴重的百分比为依据的，因此有些测力式滚筒制动试验台带有内藏式轴重测量装置。

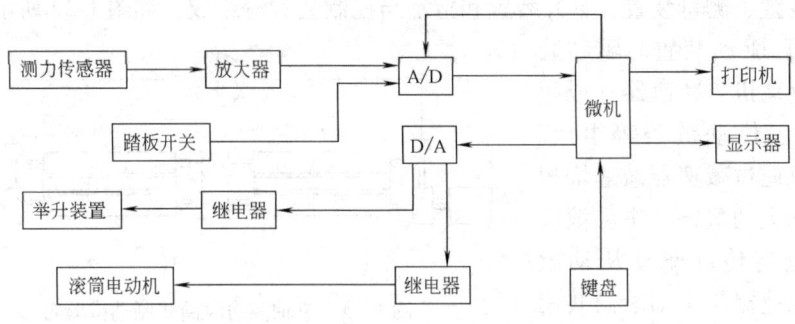

图 1-30 微机式指示与控制装置框图

（2）平板式制动试验台　平板式制动试验台是一种低速动态惯性式制动试验台，有单轮式、单轴式和双轴式三种。双轴平板式制动试验台主要由引板、测试平板、过渡板、控制和显示装置组成，如图 1-31 所示。该试验台的测试平板共有 4 块，每块测试平板的结构均相同，如图 1-32 所示。一次制动试验可同时检测 4 个车轮的制动力和轮重以及悬架的工作状况。这种制动试验台是利用汽车在测试平板上的实际紧急制动过程来测定汽车的前、后轮制动力的。

检测时，汽车以 5～10km/h 的速度驶上平板，然后置变速器于空挡并紧急制动。汽车的惯性将通过车轮在平板上附加一个与制动力大小相等方向相反的作用力。此力使平板沿纵向位移，经传感器测出各车轮的制动力后，由指示装置显示出检测结果。

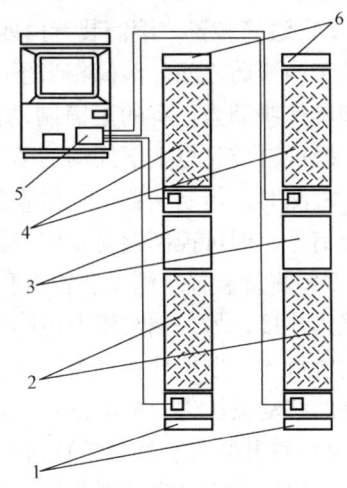

图 1-31　双轴平板式制动试验台
1—前引板　2—前测试平板　3—过渡板
4—后测试平板　5—控制和显示装置
6—后引板

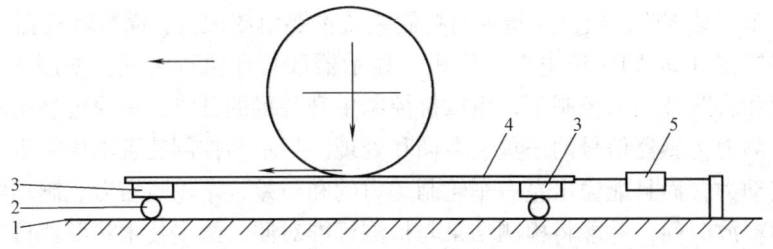

图 1-32　测试平板结构示意图
1—底版　2—钢球　3—压力传感器　4—平板　5—拉力传感器

第一章　高级汽车修理工专业知识

与滚筒式制动试验台相比,平板式制动试验台具有结构简单、检测过程更接近实际行驶中的制动状况以及检测效率较高的特点,但也存在测试重复性差、占地面积大、需要助跑车道和不安全等缺点。

3. 制动试验台的使用

(1) 滚筒式制动试验台的使用方法

1) 打开试验台指示与控制装置上的电源开关,并按使用说明书的要求预热至规定时间。

2) 如果指示装置为指针式仪表,则应检查指针是否在零位,否则应予以调整。

3) 检查并清洁试验台滚筒表面。

4) 核实汽车各轴轴荷,不得超过试验台额定轴荷。

5) 检查汽车轮胎是否粘有泥、水、沙、石等杂物,若有,则应予以清除。

6) 检查汽车轮胎气压是否符合汽车制造厂的规定,若不符合,则应调整至规定值。

7) 升起试验台举升器,使汽车尽可能沿垂直于滚筒轴线的方向驶入试验台,并使车轮处于两滚筒之间,先测前轴,再测后轴。

8) 在汽车停稳后,将变速杆置于空挡位置,完全放松驻车制动器,然后把脚踏开关套在制动踏板上。

9) 降下举升器,至轮胎与举升器完全脱离为止。

10) 若试验台带有内藏式轴重测量装置,则应在此时测出轴荷。

11) 起动电动机,使滚筒带动车轮转动,先测出车轮阻滞力。

12) 用力踩下制动踏板,滚筒通常试验台在 1.5~3.0s 后或第三滚筒发出信号后自动停转,读取检测结果。

13) 升起举升器,驶出已测车轴,驶入下一车轴,按上述方法检测制动力。

14) 当与驻车制动相关的车轴在试验台上时,在制动踏板完全放松的情况下,用力拉紧驻车制动手柄,在滚筒自动停转后,读取驻车制动性能的检测结果。

15) 在车辆所有的行车制动及驻车制动性能检测完毕后,升起举升器,将汽车驶出试验台。

16) 切断试验台电源。

(2) 平板式制动试验台的使用方法

1) 打开试验台指示与控制装置上的电源开关,并按使用说明书的要求预热至规定时间。

2) 检查并清洁试验平板表面。

3) 核实汽车各轴轴荷,不得超过试验台额定轴荷。

4) 检查汽车轮胎是否粘有泥、水、沙、石等杂物,若有,则应予以清除。

5) 检查汽车轮胎气压是否符合汽车制造商的规定,若不符合,则调整至规定值。

6）使被检车辆以 5~10km/h 的车速驶上试验台，当前方指示灯闪亮时，驾驶人施以紧急制动。

7）使汽车重新起步，当指示灯再次闪亮时，立即拉紧驻车制动手柄，然后再起步驶离试验台。

8）切断试验台电源。

十一、侧滑试验台

汽车侧滑试验台是用于检测汽车前（后）轮的前束与外倾角配合是否适当的动态检测专用设备。我国使用最多的是滑动板式侧滑试验台。

1. 侧滑试验台的结构

滑动板式侧滑试验台通常由测量装置、指示装置和报警装置等组成。按滑动板数量的不同，可将侧滑试验台分为单板式和双板式两种，目前多用双板式侧滑试验台。

1）测量装置。测量装置由框架、左右两块滑动板、杠杆机构、回位装置、滚轮装置、导向装置、锁止装置、位移传感器及信号传递装置等组成。测量装置能测出前轮侧滑量并将其传给指示装置。

工作原理：由于两滑动板相互牵连，因此在侧向力的作用下，滑动板只能在左右方向上做等量位移（向内时均向内，向外时均向外），而在前后方向上不能位移。当前束过大（IN）时，滑动板向外侧滑动；当前束过小（OUT）时，滑动板向内侧滑动；当侧向力消失时，在回位装置的作用下两滑动板回到零点位置；当关闭锁止装置时，两滑动板被锁止。

按滑动板位移量传递给指示装置方式的不同，测量装置可分为机械式和电气式两种。

① 机械式测量装置是把滑动板与指示装置机械地连接在一起，通过连杆和L形杠杆等零件把滑动板位移量直接传递给指示装置的一种测量装置，如图1-33所示。

② 电气式测量装置是把滑动板的位移量通过位移传感器变成电信号，再经过放大处理而传输给指示装置的一种测量装置。位移传感器有自整角电机式、电位计式和差动变压器式等多种形式。

2）指示装置。指示装置有机械式和电气式两种。指示装置把测量装置传递来的滑动板侧滑量，按指示刻度的一格代表汽车每行驶1km侧滑1m的比例显示在刻度盘上。前（后）轮正前束（IN）和负前束（OUT）方向均刻有7格以上的刻度线。因此，当滑动板长度为1000mm，单边滑动板侧滑量为1mm时，指示装置将指示1格刻度。这样，检测人员从指示仪表上就可获得前（后）轮侧滑

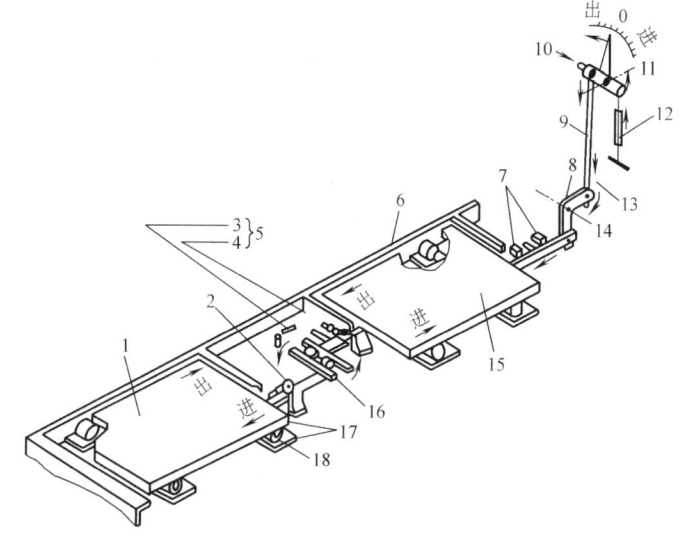

图 1-33 机械式测量装置

1—左滑动板 2—导向滚轮 3—回位弹簧 4—摆臂 5—回位装置 6—框架 7—限位开关
8—L 形杠杆 9—连杆 10—刻度放大倍数调整器 11—指示机构 12—调整弹簧
13—零位调整装置 14—支点 15—右滑动板 16—双销叉式曲轴 17—轨道 18—滚轮

量的定量数值，并根据指针偏向 IN 或 OUT 的方向确定出侧滑的方向。

指示装置的刻度盘上除用数字和符号标明侧滑量和侧滑方向外，有的还用颜色和文字将刻度盘划分为三个区域，即侧滑量在 0~3mm 范围内为绿色，表示良好（GOOD）；侧滑量在 3~5mm 范围内为黄色，表示可用；侧滑量在 5mm 以上为红色，表示不良（BAD）。

3）报警装置：为便于快速表示检测结果是否合格，当侧滑量超过规定值（5 格刻度）时，侧滑试验台的报警装置就会根据测量装置的限位开关等传感器发出的信号，用蜂鸣器或信号灯的形式报警，无须再读取指示仪表上的数值。

目前，侧滑试验台的电气式指示装置多用单片机进行数据采集和处理，同时具有对检测结果进行分析、判断、存储、打印和数字显示等功能，因而具有操作方便、运行可靠、抗干扰性强等优点。

2. 侧滑试验台的使用方法

不同型号的侧滑试验台，其使用方法有所区别，但通常都应进行如下工作：

（1）检测前的准备

1）在断电情况下，检查仪表指针是否指在零位上。接通电源，晃动滑动板，待滑动板晃动停止后，察看指针是否仍在零位。若指针失准，则可用零点调整螺钉或零点调整游丝对仪表进行校零。

2）检查试验台及周围场地有无润滑油、石子、泥土等杂物，若有，则应将其清除干净。

3) 检查各种导线有无因损伤而造成接触不良的部位，必要时进行修理或更换。

4) 被测试车轮的气压应符合原厂规定。

5) 检查并清除轮胎上的油污、水渍和嵌入的石子、杂物等。

(2) 检测方法

1) 拔出滑动板的锁止销，接通电源。

2) 汽车以 3~5km/h 的速度垂直驶向试验台，使前轮平稳通过滑动板。

3) 在前轮完全通过滑动板后，从指示装置上观察侧滑方向（注意区别正、负前束）并读取或打印侧滑量最大值。

4) 在检测结束后，切断电源，并锁止滑动板。

对于后轮没有定位要求的汽车，可根据汽车后轮驶过滑动板时滑动板的滑动方向和滑动量判断后轴是否变形和轮毂轴承是否松旷。对于后轮有定位要求的汽车，可同前轮一样测出侧滑量，也可用四轮定位仪进行后轮前束、外倾的检测。

3. 使用注意事项

检测时应注意，不允许超过侧滑试验台额定载荷的汽车驶上试验台，以防压坏和损伤侧滑试验台机件；不准汽车在侧滑试验台上转向或制动，以防扭伤测量机构。

◆◆◆ 第二节　汽车主要系统的组成与工作原理

一、电控燃油喷射系统的组成与工作原理

1. 电控燃油喷射系统的组成

汽油发动机的电控燃油喷射系统由进气系统、燃油供给系统和电子控制系统三部分组成。

(1) 进气系统　各种车型的进气系统不完全相同，但通常都由空气滤清器、空气流量计（或进气压力传感器）、节气门体、进气歧管、怠速控制阀及进气增压装置等组成，如图1-34 所示。进气系统的作用是提供、控制和计量发动机工作时所需的清洁空气，并将空

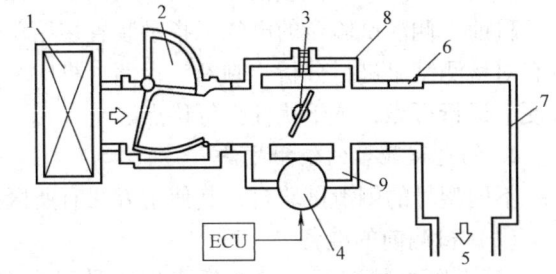

图 1-34　进气系统

1—空气滤清器　2—空气流量计　3—节气门　4—怠速控制阀
5—至气缸的空气　6—进气总管　7—进气歧管
8—节气门体　9—旁通气道

气均匀地提供到各个气缸。

（2）燃油供给系统　燃油供给系统通常由汽油箱、电动汽油泵、汽油滤清器、输油管、燃油分配管、燃油压力调节器和喷油器等组成。其作用是提供燃油喷射所需要的具有一定压力和流量的燃油，并在电脑的控制下定时定量地由喷油器将燃油喷入进气歧管或节气门前方（缸内直喷除外），以便与空气混合形成可燃混合气。

按有无回油，可将燃油供给系统分为有回油系统和无回油系统两种。

图 1-35 所示为有回油燃油供给系统。其显著特点是有一根与燃油压力调节器相连的真空管，同时存在从发动机舱到油箱的回油管。

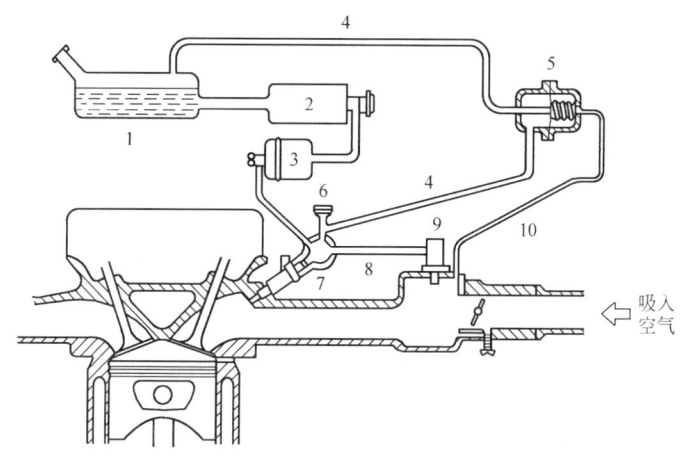

图 1-35　有回油燃油供给系统

1—汽油箱　2—电动汽油泵　3—汽油滤清器　4—回油管　5—燃油压力调节器
6—汽油压力缓冲器　7—喷油器　8—输油管　9—冷起动喷嘴　10—真空管

图 1-36 所示为丰田 1996 款 RAV4 乘用车的无回油燃油供给系统。其显著特点是燃油压力调节器无真空管接口，同时去掉了从发动机舱到油箱的回油管。事实上仍有一根回油管连接在燃油压力调节器和油箱之间，只不过很短。

（3）电子控制系统　电子控制系统由传感器、电子控制单元（俗称电脑或 ECU）和执行器三部分组成，如图 1-37 所示。其作

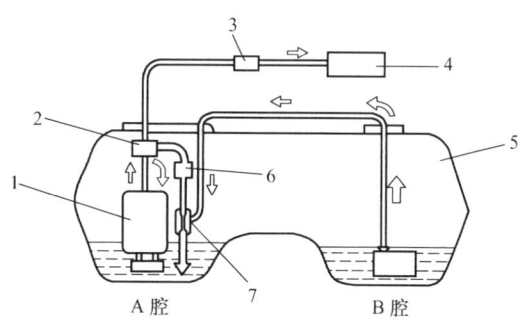

图 1-36　丰田 1996 款 RAV4 乘用车的
无回油燃油供给系统

1—电动汽油泵　2—燃油压力调节器　3—燃油滤清器
4—接发动机　5—燃油箱　6—回油滤清器　7—引射泵

用是采集发动机的各种工况信号,经运算、处理、判断,确定并实施最佳喷油量、喷油正时和最佳点火正时控制。

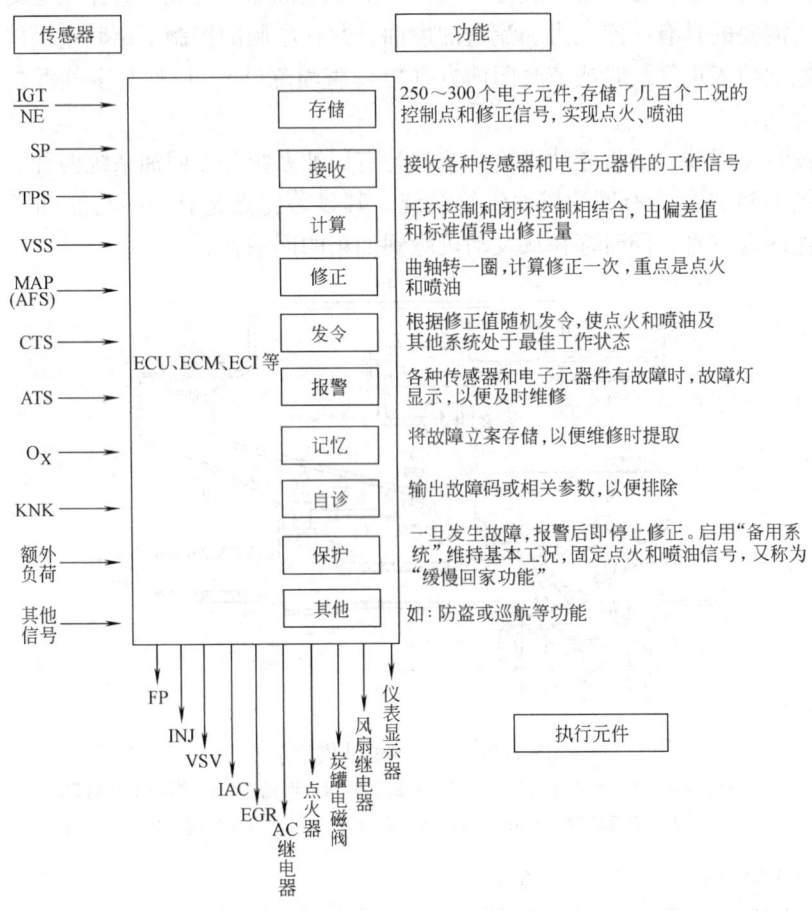

图 1-37 电子控制系统的功能

ECU 是电控燃油喷射系统的控制核心,它实际上是一台微型计算机,一方面接收来自传感器的信息,另一方面完成对这些信息的处理并发出相应指令,控制执行器的工作。

传感器是感知信息的部件,用于将物理量转换成电信号并传给 ECU,ECU 据此了解发动机的工作状况和车辆运行状况。

执行器负责执行 ECU 的各项指令,将 ECU 发出的电信号转换为具体的物理作用,实现对发动机的控制。

2. 空气供给系统主要装置的工作原理

(1) 空气流量计 空气流量计是计量发动机吸入空气量的装置。按计量原理的不同，空气流量计分为体积流量型（L型）、质量流量型（H型）和速度密度型（D型）三种。

1）体积流量型。体积流量型空气流量计测出的是发动机吸入空气的体积流量，并以电信号的形式输送给ECU，ECU还要参考空气温度才能计算出空气质量（体积乘以密度）。这种类型的空气流量计主要有翼片式和卡门涡流式。其中，卡门涡流式又分为超声波测量式和反光镜式两种。

2）质量流量型。质量流量型空气流量计可直接测量进入气缸的空气质量流量，并将其转换成电信号输送给ECU。按结构的不同，其分为热线式和热膜式两种。

3）速度密度型。速度密度型空气流量计是以进气歧管压力为基础，结合发动机转速和空气温度来计算空气质量的。其主要传感器是进气绝对压力传感器。

进气绝对压力传感器安装在节气门后方的进气管上，用于测量进气歧管负压。按测量原理的不同，进气绝对压力传感器可分为半导体压敏电阻式、膜盒式、电容式和表面弹性波式等，最常用的是半导体压敏电阻式。

（2）节气门体　节气门体位于进气歧管的前方，用于安装节气门、节气门位置传感器、怠速空气控制阀，并有各种真空连接管和加热水道等，如图1-38所示。

1）节气门位置传感器。节气门位置传感器由节气门轴驱动，用于检测节气门的开度和开关速度，并将其转换为电信号传给ECU，ECU据此判定发动机的负荷和驾驶人的意图。

节气门位置传感器主要有线性可变电阻式、线性可变电阻与开关组合式、霍尔式三种。目前广泛采用的是线性可变电阻式和霍尔式。

2）怠速控制阀。怠速控制阀是ECU用于控制发动机怠速转速的执行组件。按工作原理的不同，可将怠速控制阀分为步进电动机式、占空比式（电磁阀）和节气门直动式三种。

① 步进电动机式。步进电动机是一种由脉冲信号控制的可以改变旋转方向和转动角度的电动机，有多种形式，常见的有永磁式和可变磁阻式。

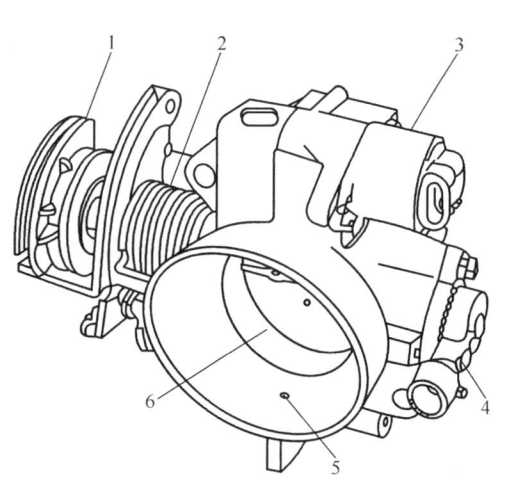

图1-38　节气门体
1—节气门拉线固定盘　2—节气门回位弹簧
3—怠速空气控制阀　4—节气门位置传感器
5—进气入口　6—节气门

图1-39所示为永磁式步进电动机的内部结构。它有两个定子线圈,每一个定子线圈均被导磁材料制成的爪极所包围。此步进电动机的工作范围为0~255个步进级,在5.3圈内即可使步进电动机所控制的怠速旁通道截面积从最小变化到最大。

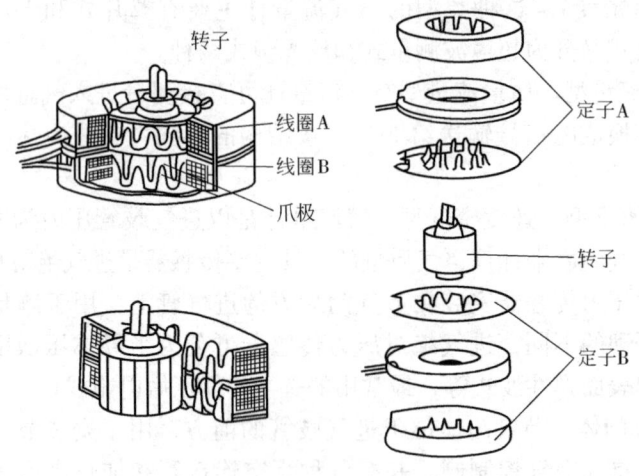

图1-39 永磁式步进电动机的内部结构

② 占空比式。占空比式怠速控制阀有两种形式:旋转滑阀式和直线移动式。

图1-40所示为旋转滑阀式怠速控制阀的结构。其电路连接图如图1-41所示。定子为永磁式,转子铁心上绕有两组匝数相同但绕向相反的电磁线圈。ECU向L_1和L_2绕组提供固定频率的占空比信号,驱动转子旋转以控制怠速。

占空比是一个周期内通电时间与周期的比率(变化范围为0~100%)。如果L_1和L_2线圈通电的占空比有差别,则转子就会向占空比大的线圈所确定的磁力方向转动。如果L_1和L_2线圈通电的占空比相等,则两个线圈会因为产生大小相等但方向相反的电磁力矩而使转子保持静止不动。转子的转动会增加或减小旁通空气道的截面积,从而使怠速转速发生改变。

3) 怠速旁通气道和怠速调整螺钉。除节气门直动式怠速控制系统外,发动机怠

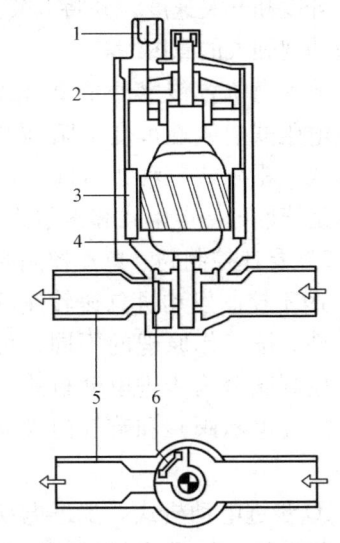

图1-40 旋转滑阀式怠速控制阀的结构
1—电接头 2—外壳 3—永久磁铁
4—电枢 5—空气旁通道
6—旋转滑阀

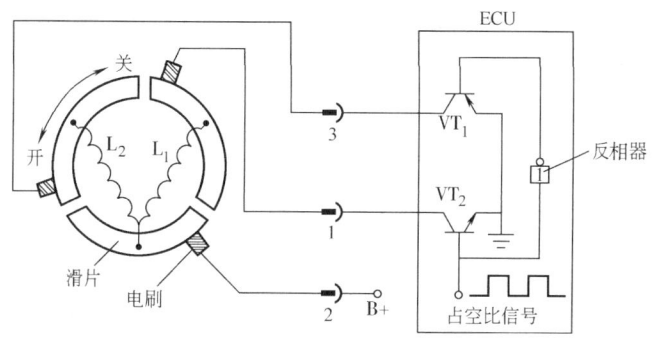

图 1-41 旋转滑阀式怠速控制阀电路连接图

速运转时的节气门都是关闭的。为维持发动机的怠速运转,必须经过怠速旁通空气道,使一定量的空气从节气门的前方到达节气门后方的进气歧管中,如图 1-42 所示。利用怠速调整螺钉可以改变怠速旁通空气道的截面积,从而改变发动机的怠速转速,并以此作为怠速控制阀调节范围不足的补充调节。

(3) 谐波增压系统 当前的燃油喷射发动机常采用声控进气系统(Acoustic Control Induction System, ACIS)(此系统也称为谐波增压系统或进气惯性增压系统),以充

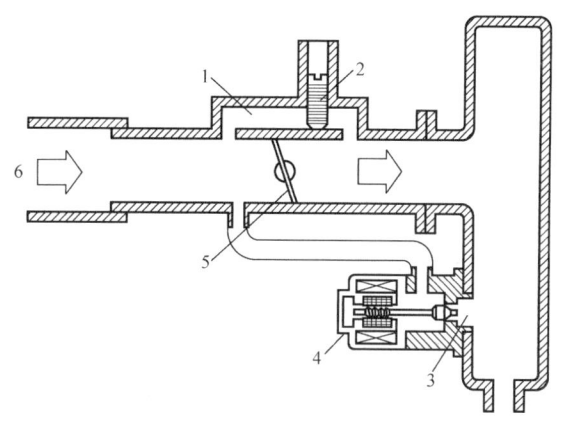

图 1-42 怠速旁通气道和怠速调整螺钉
1—旁通气道 2—怠速调整螺钉 3—旁通气孔
4—怠速控制阀 5—节气门 6—进气气流

分利用气流惯性产生的压力波来提高进气效率,达到提高发动机功率和转矩的目的。

按照进气系统固有频率改变方法的不同,可将谐波增压装置分为可变进气管长度和可变进气管容积两种类型。

1) 可变进气管长度谐波增压装置。奥迪 A6 乘用车 V6 发动机可变进气管长度谐波增压装置由谐波增压电磁阀、风门、进气歧管长进气道和短进气道等组成,如图 1-43 所示。

多路径进气歧管由两节不同长度和不同直径的进气管道合并而成。当发动机低速运转时,进气通过细长管道,有助于形成进气涡流,增加输出转矩。当发动机高速运转时,进气通过粗短的管道,有助于减少进气阻力,提高发动机功率。

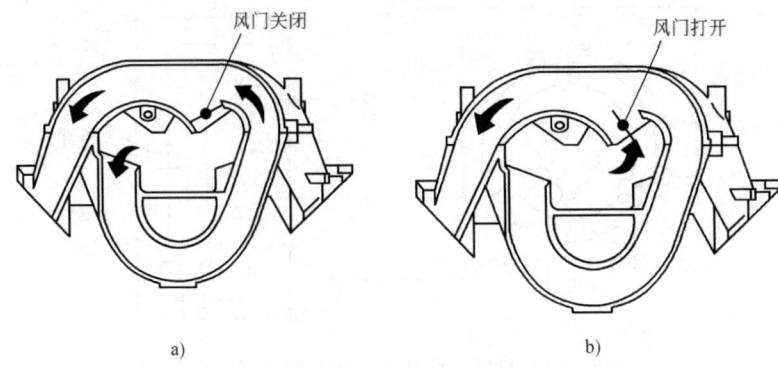

图 1-43 奥迪 A6 乘用车 V6 发动机可变进气管长度谐波增压装置
a) 风门关闭 b) 风门打开

2) 可变进气管容积谐波增压装置。皇冠3.0乘用车L6发动机可变进气管容积谐波增压装置如图1-44所示。当空气室出口的控制阀关闭时，进气管内的脉动压力波传递长度为空气滤清器到进气门的距离。这一距离较长，以满足发动机中低速工况形成气体动力增压的要求。当控制阀打开时，接通真空罐，打开进气增压控制阀。由于大容量空气室的参与，致使进气压力波不能在空气室出口与进气门间传播，缩短了压力波的传播距离，以满足发动机高速工况气体动力增压的要求。由此可见，可变进气管容积谐波增压系统的进气管长度虽不能改变，但由于在进气管中部增设了一个大容量的空气室和真空拉力器，可实现压力波路线长度的改变，从而兼顾了低速和高速的进气增压效果。

3. 燃油供给系统主要装置的工作原理

燃油供给系统的简要工作过程为：燃油被电动汽油泵从油箱中吸出并加压，经过燃油滤清器滤清后送到喷油器，系统压力由燃油压力调节器加以调节，多余的燃油经回油管流回油箱。

(1) 油箱　因车型和油箱安装位置的不同，油箱有不同的形状。但为了降低汽油的振荡，在油箱底部通常都设有隔板。在某些车辆的油箱中还设立一个小油池，并将汽油泵置于小油池中。这样可在汽油不足时，防止由于汽车转弯或倾斜而引起油泵周围汽油的流动，使油泵吸入空气而产生气阻。

(2) 电动汽油泵　根据安装位置的不同，可将电动汽油泵分为油箱内装式和油箱外装式两类。现在普遍使用油箱内装式电动汽油泵。

电动汽油泵主要由直流电动机和液压泵组成。直流电动机部分大同小异，主要区别在液压泵部分。根据液压泵结构的不同，电动汽油泵可分为滚柱式、齿轮式、涡轮式和叶片式四种。

1) 滚柱式电动汽油泵属于容积式汽油泵，其工作原理如图1-45所示。

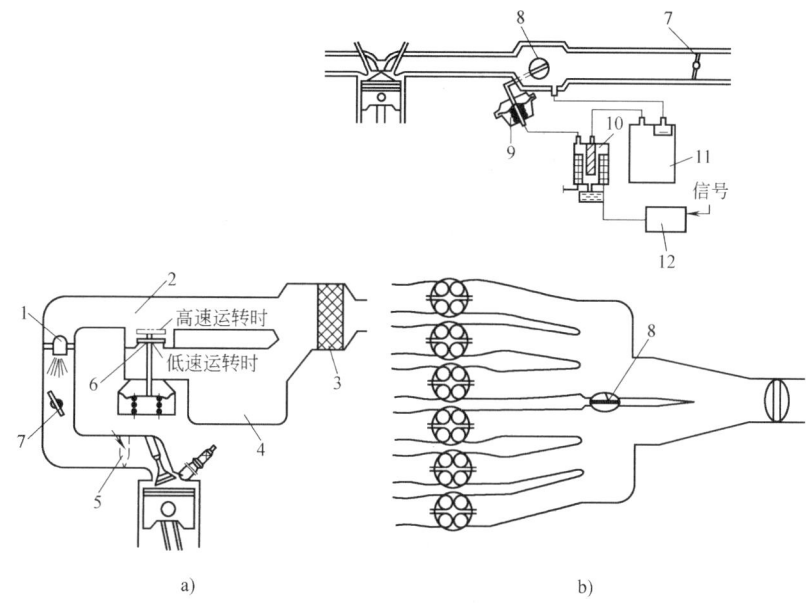

图 1-44 皇冠 3.0 乘用车 L6 发动机可变进气管容积谐波增压装置
a) 工作原理 b) 控制原理
1—喷油器 2—进气道 3—空气滤清器 4—空气室 5—涡流控制气门 6—控制阀
7—节气门 8—进气增压控制阀 9—真空马达 10—真空电磁阀 11—真空罐 12—ECU

2) 涡轮式电动汽油泵的结构和工作原理如图 1-46 所示。汽油泵的压力不是因容积变化而产生的,而是由涡轮叶片和液体分子之间反射出来的脉冲在通道全长上建立起来,并使液体在涡轮运输途径和通道内产生旋流而产生的。

3) 齿轮式电动汽油泵的结构和工作原理如图 1-47a 所示。它属于容积式汽油泵。

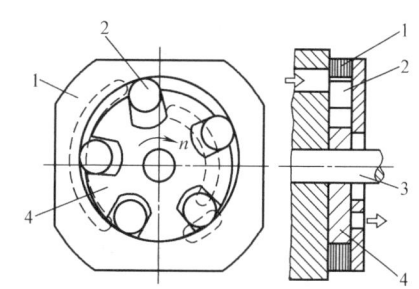

图 1-45 滚柱式电动汽油泵的工作原理
1—泵体 2—滚柱 3—轴 4—转子

4) 叶轮式电动汽油泵的结构和工作原理如图 1-47b 所示。虽然叶轮上的叶片形状和排列方式(叶片沿叶轮呈辐射状,且不等距)与涡轮式电动汽油泵不同,但工作原理和特点是相同的。在压力和效率方面,叶轮式电动汽油泵优于涡轮式电动汽油泵。

5) 为提高汽油泵的泵油压力,降低输油压力的脉动,在现代汽车上大多采用双级电动汽油泵,如图 1-48 所示。这种汽油泵由初级泵和主输油泵组成。两个泵轴向串联,相互独立,由同一个直流电动机驱动。初级泵通常采用叶轮式电

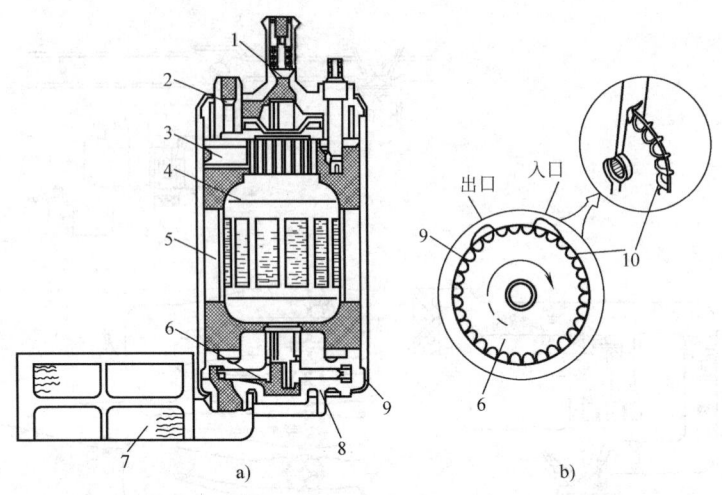

图 1-46 涡轮式电动汽油泵的结构和工作原理
a）结构 b）工作原理
1—单向阀 2—卸压阀 3—电刷 4—电枢 5—磁极 6—涡轮
7—滤网 8—泵盖 9—壳体 10—叶片

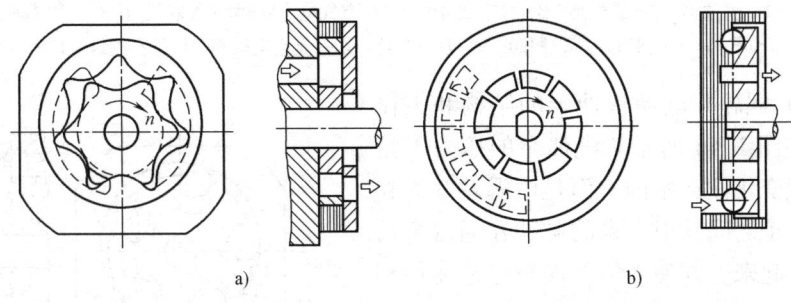

图 1-47 齿轮式和叶轮式电动汽油泵的结构和工作原理
a）齿轮式 b）叶轮式

动汽油泵或涡轮式电动汽油泵，主输油泵通常采用齿轮式电动汽油泵或涡轮式电动汽油泵。初级泵主要用于分离汽油蒸气，主输油泵则用于提高汽油压力。

（3）燃油滤清器 燃油滤清器安装在电动汽油泵之后，可以滤除燃油中的杂质，保证喷油器不被堵塞。常用的燃油滤清器大部分为铁壳或铝壳密封式，体积较大，其内部装有纸质双层袋状卷筒式滤芯。

（4）燃油分配管 燃油分配管大多是由钢或铝制成的方形管或圆形管，用于安装喷油器、压力调节器以及脉动缓冲器。它的容积较大，可起到储油、蓄压和稳压的作用。

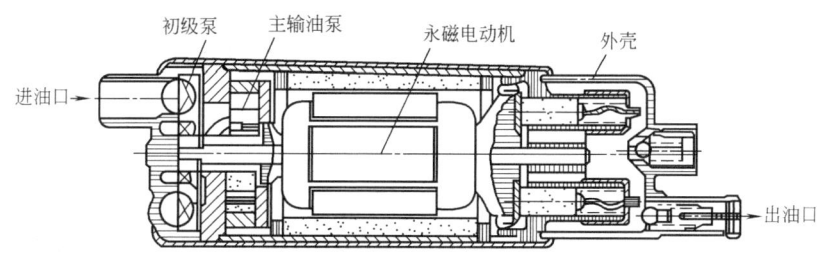

图 1-48　双级电动汽油泵

（5）燃油压力调节器　燃油压力调节器的结构如图 1-49 所示。

燃油压力调节器多安装在燃油分配管的一端或电动汽油泵上。对于有回油燃油供给系统，其目的是使燃油分配总管内的燃油压力与进气歧管内的压力差保持恒定（通常为 250kPa），这样喷油器的喷油量就只决定于喷油持续时间。对于无回油燃油供给系统，其可保持供油压力恒定（通常为 350kPa）。

对于有回油燃油供给系统，当发动机工作时，进气歧管负压将附加在燃油压力调节器的弹簧室内。由于弹簧的预紧力是定值，因此进气歧管负压越高，阀门打开得就越早，燃油分配总管内的压力就越低。节气门开度与燃油压力的关系如图 1-50 所示。

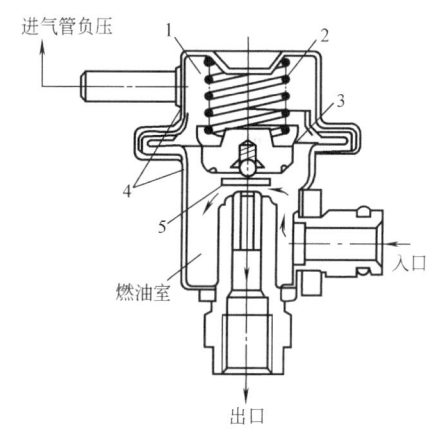

图 1-49　燃油压力调节器的结构
1—弹簧室　2—弹簧　3—膜片
4—壳体　5—阀

（6）喷油器　电控燃油喷射系统中所使用的喷油器都是电磁式喷油器。在 ECU 提供的脉冲信号控制下，喷油器可将一定压力的燃油定时定量地喷于进气门的前方（多点喷射）或喷于节气门前方（单点喷射）。按喷油器中喷油阀形式的不同，可将喷油器分为轴针式、球阀式和片阀式；按进油部位的不同，可将其分为顶部进油式和腰部进油式；按驱动方式的不同，可将其分为电压驱动型和电流驱动型。

电压驱动型喷油器的电磁线圈阻值

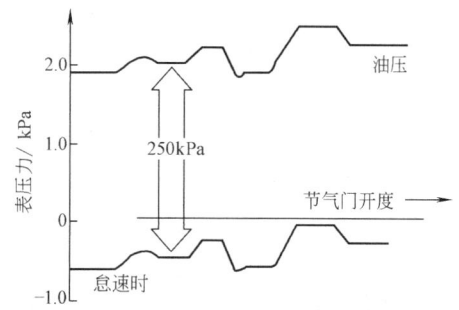

图 1-50　节气门开度与燃油压力的关系
[燃油压力 = 250kPa + 进气歧管负压]

较高，通常为 12~16Ω，多用在多点喷射系统中。电流驱动型喷油器的电阻值较低，通常为 1~4Ω，多用在单点喷射系统中。电流驱动型喷油器若用在多点喷射系统中，则必须串接限流电阻。

1）轴针式喷油器。轴针式喷油器由电磁线圈、衔铁、针阀、回位弹簧和滤网等组成，如图 1-51 所示。这种喷油器的喷口不易堵塞，工作可靠，但雾化质量欠佳。

2）球阀式喷油器。它与轴针式喷油器的主要区别在于将实心针阀改为短的空心球阀，球阀的质量轻、定心好，所以具有随动性好、灵敏度高的优点。球阀式喷油器的阀座上通常制有 1~6 个小孔，压力燃油经小孔喷出后可得到良好的雾化效果，不足之处是易堵塞。

3）阀片式喷油器。其喷油阀为片状结构，阀座为孔式，如图 1-52 所示。这种喷油器具有动态流量范围大、耗电少、抗堵塞能力强的优点。

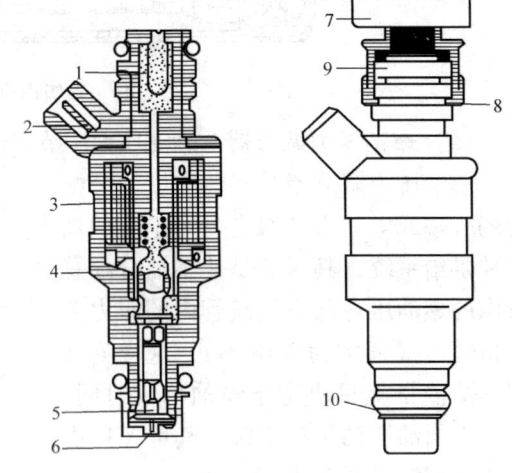

图 1-51　轴针式喷油器

1—滤网　2—电接头　3—电磁线圈　4—衔铁　5—针阀　6—喷油轴针　7—燃油分配管　8—保险夹头　9—上密封圈　10—下密封圈

4）单点喷射系统用喷油器。前述三种喷油器大多用于多点燃油喷射系统中。单点燃油喷射系统将一只或两只电磁喷油器安装在节气门的上方。

单点喷射系统所用喷油器的结构如图 1-53 所示。它采用腰部进油方式，是一种电流驱动型喷油器。

4. 电子控制系统主要装置的工作原理与系统控制

（1）部分传感器和开关的结构与工作原理　在输入 ECU 的信息中，有一些是模拟信号，有一些是数字信号。大部分传感器输出的是模拟信号，而开关输出的则是数字信号。下面简要介绍其余传感器和开关的结构与工作原理。

1）曲轴和凸轮轴位置传感器。曲轴和凸轮轴位置传感器通常安装在曲轴前端的正时盖上，有的安装在曲轴后端的飞轮壳上或装于分电器内。有时曲轴位置传感器和凸轮轴位置传感器分别安装，是两个不同的传感器。曲轴位置传感器用于检测发动机的转速和各缸活塞的位置，是电子控制系统中最重要的传感器之一；凸轮轴位置传感器用于检测基准缸活塞的位置，故也称为上止点传感器。ECU 根据发动机转速和负荷信号可以确定基本喷油量和基本点火提前角，根据

第一章 高级汽车修理工专业知识

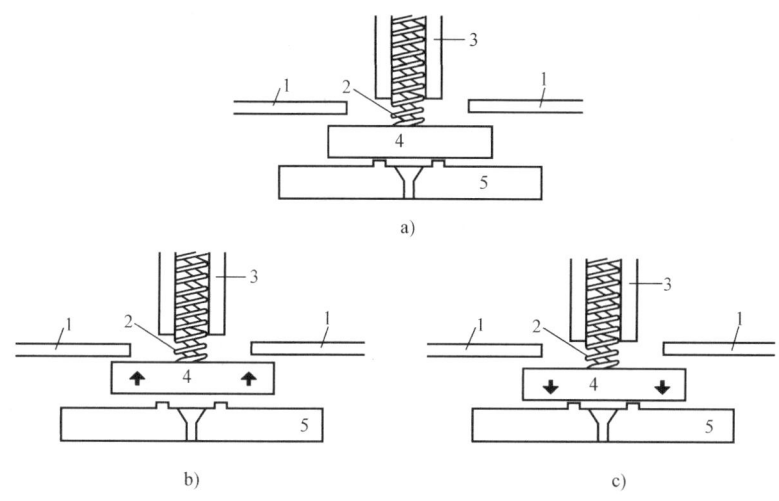

图1-52 阀片工作情况

a) 阀片静止在阀座上 b) 阀片抬离阀座直至抵住挡圈 c) 阀片离开挡圈直至阀座

1—挡圈 2—弹簧 3—铁心 4—阀片 5—阀座

上止点位置信号可以确定喷油和点火正时以及喷油和点火的顺序。曲轴位置传感器是一个主传感器,它出故障后发动机就熄火或无法起动(与控制策略有关,有的车辆能起动,但起动困难)。

常用的曲轴和凸轮轴位置传感器有三种,即磁电式、霍尔式和光电式。

2)车速传感器。车速传感器通常安装在变速器壳上,由变速器的输出轴驱动,用于检测车辆行驶速度。ECU据此修正喷油量和点火正时以及控制怠速转速等。

车速传感器主要有磁电式、霍尔式、光电式和簧管式四种。

3)氧传感器。氧传感器安装于排气管上,用于测量排气中的氧含量,并以电压信号的形式传给ECU,ECU据此修正喷油量,使混合气的含量在正常工况下始终保持理论空燃比。只有这样,才能保证三效催化转换器对发动机排气中的CO、HC和NO_x有最高的转化率,

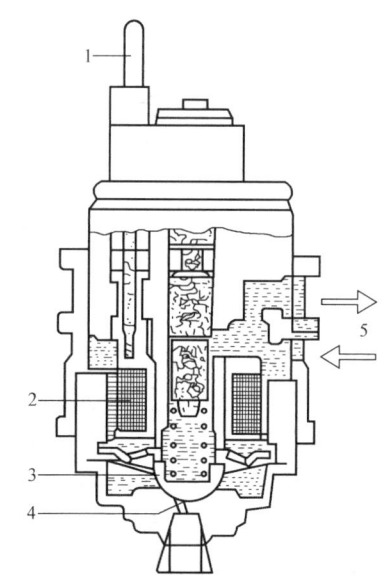

图1-53 单点喷射系统所用喷油器的结构

1—电接头 2—电磁线圈 3—球形阀
4—斜置喷油孔 5—燃油流向

达到排气净化的目的。最常用的氧传感器有氧化锆式和氧化钛式，它们只能检测空燃比 14.7:1 附近比较狭窄的范围内排气中的氧含量。为适应发动机的超稀薄燃烧（空燃比为 20:1）控制要求，许多车辆装用宽频带氧传感器（也称为稀混合比传感器）。这种传感器是氧化锆型氧传感器的扩展型。

4) 冷却液温度传感器。冷却液温度传感器通常为负温度系数（NTC）热敏电阻式，安装在气缸体或气缸盖上，用于检测冷却液的温度。ECU 据此修正燃油喷射量和点火正时等。

5) 进气温度传感器。进气温度传感器通常安装在进气管道上或空气流量计内部，为负温度系数热敏电阻式，可将空气温度以电压信号的形式传给 ECU，ECU 据此修正燃油喷射量和点火正时等。

6) 起动开关。在发动机起动时，冷却液的温度和空气流速都比较低，燃油雾化不良，需提供浓的混合气才有利于起动。当点火开关转动到起动位置时，点火开关或起动继电器会向 ECU 提供一个高的电压信号，ECU 再结合发动机转速即可判定发动机处于起动状态，从而加浓混合气。

7) 动力转向压力开关。动力转向压力开关通常安装在转向助力泵或动力转向器的高压管路上。当发动机怠速运转且汽车转向时，ECU 收到这个开关信号后会增加燃油喷射量并提高怠速转速，以弥补因发动机负荷增加而引起的转速下降。

8) 空调开关。当空调开关接通时，ECU 将得到一个空调请求信号，这意味着将增加一个额外负荷，除非节气门全开或自动变速器处于换挡期间，ECU 将允许空调压缩机电磁离合器接通，并在电磁离合器接通之前提高怠速转速，以防止因空调压缩机工作而造成发动机怠速降低甚至熄火。

9) 停车空挡开关。停车空挡开关通常安装在自动变速器上，由换挡轴驱动。ECU 利用这个信号可以区分变速器是处于停车挡（P 位）或空挡（N 位），还是处于行车挡（D/R 位），并据此控制燃油喷射量和点火正时以及怠速转速等。

另外，从安全角度考虑，通常将停车空挡开关串联于线路中，只允许自动变速器在停车或空挡时才能起动发动机。

(2) ECU 及其电源电路　ECU 的作用是采集和处理各种传感器的输入信号，并根据发动机的工作要求（喷油量、点火提前角等）进行控制运算，最后输出相应的控制信号，以控制各执行器的工作，达到快速、准确、自动控制发动机工作的目的。由于汽油发动机工作状态的快速多变，要达到预期的控制效果，响应速度就成为 ECU 的主要指标。所以汽车 ECU 通常采用 32 位计算机，一些高级车辆已经开始采用 64 位计算机。

ECU 的电源电路主要由主继电器和点火开关组成，如图 1-54 所示。通常提供给 ECU 的电源电路有两条：一条来自由点火开关控制的主继电器，它是 ECU 工作的主电源；另一条直接来自蓄电池，它是 ECU 记忆部分的电源，不受点火开关的控制。

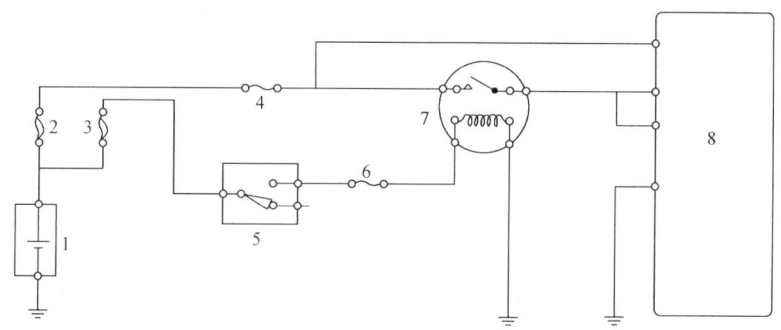

图 1-54　ECU 的电源电路
1—蓄电池　2—主熔丝　3—点火熔丝　4—ECU 熔丝　5—点火开关
6—继电器熔丝　7—ECU 继电器　8—ECU

（3）电动汽油泵的控制　电动汽油泵的控制电路主要有转速信号（n_e）控制式和油泵 ECU 控制式两种形式。目前最常用的是转速信号控制式，如图 1-55 所示。当打开点火开关而不起动发动机时，主继电器触点因其线圈通电而闭合，并向油泵继电器提供电源。大功率晶体管 VT 在发动机 ECU 内部定时电路的控制下导通，保持线圈 L_1 通电并持续 2s，于是油泵继电器触点闭合，汽油泵工作 2s。若 2s 内 ECU 接收不到发动机转速信号 n_e，则大功率晶体管 VT 将截止，油泵继电器触点断开，油泵停止工作。当点火开关转动到起动位置时，油泵继电器触点因其线圈 L_2 通电而闭合，电动汽油泵工作。如果在起动期间能接收到曲轴位置

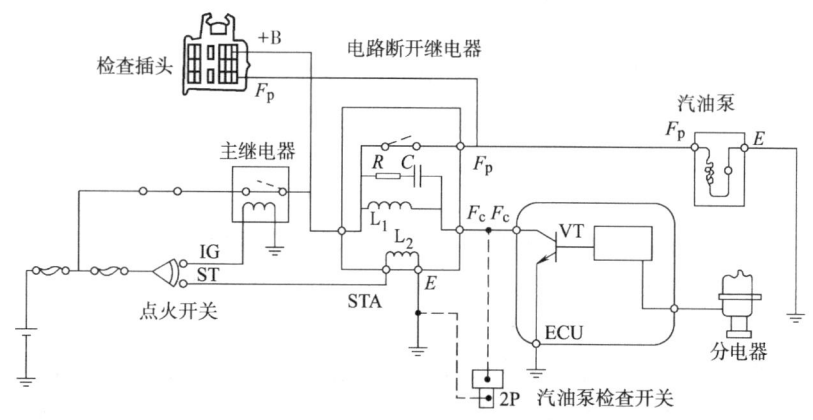

图 1-55　转速信号控制式电动汽油泵的控制电路

传感器或凸轮轴位置传感器的信号，ECU 就会使油泵继电器的控制线圈 L_1 导通，于是在油泵继电器的触点臂上附加了一个电磁吸力，即使点火开关由起动位置回到正常工作位置，油泵继电器的触点也不会断开，汽油泵持续工作。

(4) 燃油喷射控制　燃油喷射控制是 ECU 的主要控制功能，包括喷油正时控制和喷油量控制两个方面。

1) 喷油正时控制。对于电控汽油喷射发动机而言，汽油喷射是间歇性的，但按照喷射时刻和次数的不同可分为同步喷射和异步喷射两类。同步喷射是指在预定的曲轴转角完成规定时间和次数的喷射；异步喷射是一种为满足特殊工况要求而在两个同步喷射脉冲之间增加一次或几次脉冲宽度相同的短脉冲的喷射方式。通常急加速时的临时性喷射采用的就是异步喷射。按喷射时序可将燃油喷射分为同时喷射、分组喷射和顺序喷射三种基本类型。它们对喷油正时的要求各不相同。

① 同时喷射。早期生产的电控汽油喷射发动机大多采用同时喷射方式。所有的喷油器并联在一起，ECU 根据曲轴位置传感器和凸轮轴位置传感器送入的基准信号即可适时控制大功率晶体管的导通和截止，从而控制各喷油器电磁线圈同时通电和断电，实现各缸喷油器同时喷油和停止喷油。喷油器的每次喷射只提供发动机每个工作循环喷油量的 1/2，即所谓半油量喷射。这样，在发动机的一个工作循环内，各缸喷油器均喷射两次。除基准缸的第一次喷射为正时喷射外，其他缸的各次喷射均为储存式喷射。

② 分组喷射。多个喷油器分成两组或多组，ECU 按组别分别控制喷油器，每组喷油器同时喷射，而不同组别的喷油器交替喷射。在发动机的每个工作循环内，每个喷油器只喷油一次。

③ 顺序喷射。在发动机的每个工作循环内，各缸喷油器都轮流喷射一次，并且每缸的喷油器均在各缸进气行程终了前的一定角度开始喷射。就像火花塞点火一样，是按照特定的顺序依次进行的。

2) 喷油量的控制。对于有回油燃油喷射系统，由于喷油器两端的汽油压力差保持恒定，因此 ECU 对喷油量的控制就表现为对喷油器喷射持续时间的控制，目的是使发动机燃烧时的空燃比符合要求。

在没有装配氧传感器的电控汽油喷射系统中，ECU 只能按预先设定的程序计算并控制喷油量，而不考虑其控制结果。这种控制称为开环控制。

在装有氧传感器的电控汽油喷射系统中，在发动机起动后经过一定的时间，氧传感器达到正常工作温度，ECU 即可根据氧传感器的反馈电压自动修正燃油喷射量，使混合气的空燃比始终保持在理想范围内。这种控制称为闭环控制。

为了满足发动机各种工况的要求，ECU 采用闭环控制和开环控制相结合的方式对燃油喷射量进行控制。ECU 对燃油喷射量的控制可分为两大类：一是发动机起动喷油控制；二是发动机起动后的运转喷油控制。

① 起动喷油控制。通常，当起动发动机且发动机转速低于400r/min时，ECU判定为起动状态并按起动程序控制喷油。此时ECU根据发动机冷却液温度、进气温度、转速计算出一个固定的燃油喷射量而不参考空气流量计信号，以使发动机能顺利起动。起动时的燃油喷射量通常是由ECU通过延长喷油器的喷油时间或增加异步喷射次数来实现的。

当采用速度密度空气计量方式的电喷发动机起动时，ECU仅根据发动机转速、节气门开度、冷却液温度、进气温度计算喷油脉冲宽度，而不参考进气压力传感器信号。

② 运转喷油控制。在发动机运转过程中，ECU主要根据进气量和发动机转速来计算喷油量。此外，ECU还要参考节气门开度、发动机冷却液温度、进气温度等运转参数来修正喷油量，以提高控制精度。由于ECU要考虑的运转参数很多，为了简化ECU的计算程序，通常将喷油量分成基本喷油量、修正喷油量和增量三个部分，并分别计算，然后再将三个部分叠加在一起，作为总喷油量来控制喷油器喷油。

a. 基本喷油量：基本喷油量是ECU以标准大气压（101kPa）和20℃时的空气温度为基准，根据发动机每个工作循环的进气量，按照理论空燃比计算出来的。其计算公式为

$$基本喷油量 = (进气量/发动机转速) \times 比例常数$$

从公式中可以看出，当发动机转速一定时，基本喷油量与发动机的进气量成正比；当进气量一定时，基本喷油量与发动机转速成反比。所以说空气流量计和发动机转速传感器是电喷系统中最重要的两个传感器。在速度密度系统中，ECU是根据进气压力、进气温度和发动机转速来计算基本喷油量的。空气流量计、曲轴位置传感器和节气门位置传感器是电喷系统的三大主传感器，任何一个出现问题，发动机马上有反应。

b. 修正喷油量：修正喷油量是ECU根据进气温度、大气压力、蓄电池电压等实际运行条件，对基本喷油量进行的适当修正，以使发动机在各种不同的运转条件下都能获得最佳浓度的可燃混合气。

c. 喷油增量：喷油增量是在一些特殊工况下（如暖机、大负荷、急加速等）为加浓混合气而增加的喷油量。加浓的目的是使发动机获得良好的使用性能，如起动性、加速性、平顺性等。

③ 断油控制。断油控制是ECU为满足发动机运转中的一些特殊要求而暂时中断燃油喷射的一种控制方法，可分为减扭断油控制、超速断油控制和急减速断油控制。

a. 减扭断油控制：在装有电控自动变速器的车辆上，变速器自动升挡前会

首先向发动机 ECU 发送一个降低转矩的请求信号。发动机 ECU 接收到这一信号后会暂时中断个别气缸的喷油，以降低发动机的输出转矩，从而减轻换挡时的冲击，此即为减扭断油控制。

b. 超速断油控制：超速断油控制是指发动机转速超过允许的最高转速时，为防止机件损坏，减少燃油消耗量和排气污染，由 ECU 自动中断燃油喷射的一种保护性措施。

有些车辆还具有超速行驶断油功能，其目的是限制车辆最高行驶速度，以确保安全。其工作原理与发动机超速断油控制基本相同。

c. 急减速断油控制：在汽车高速行驶过程中突然松开加速踏板，发动机转速不会很快下降，而是在汽车惯性的带动下高速旋转。由于此时节气门已关闭，进入气缸的空气很少，负压突然增大，会使汽油蒸发速度加快，从而造成混合气的瞬时变浓。为减少排气污染和降低燃油消耗量，并尽快减速，ECU 会在此时自动中断燃油喷射，直至发动机转速下降到 ECU 程序中设定的一个较低转速时（通常为 1200r/min）再恢复燃油喷射。

（5）反馈控制　反馈控制又称为闭环控制，是 ECU 利用氧传感器信号对燃油喷射量进行智能修正的控制方式。氧传感器可对发动机每一瞬间的排气中的氧含量进行检测，ECU 据此可以判断出上一工作循环的喷射量是否为理想值。如果不是理想值，ECU 会在下一工作循环对喷油量进行修正，以使混合气浓度始终保持在理想范围内。这种控制方式可以进一步提高喷油量的控制精度，并可消除由于制造加工误差和使用老化带来的影响。

在发动机运行过程中，并不是任何时刻、任何工况下氧传感器的反馈控制都在进行。实际上，ECU 是通过开环和闭环两种方式对喷油量进行控制的。通常在发动机暖机、急加速、大负荷以及节气门全开的情况下，ECU 采用开环方式控制燃油喷射；在正常温度下的怠速、加速、减速工况，ECU 采用闭环方式控制燃油喷射。

（6）怠速控制　怠速控制通常包括起动后的控制、暖机过程的控制、负荷变化时的控制和减速时的控制等。怠速控制的实质是对怠速时空气量的控制，而怠速时的燃油喷射量是由 ECU 按实际进气量和既定空燃比进行控制的。

怠速空气量的控制方式有两种：一种是控制节气门旁通道的空气流量；另一种是直接控制节气门的开度。

1）起动时的控制。在发动机起动时，ECU 首先根据冷却液温度确定目标怠速转速，然后让怠速阀工作，以使节气门开度或怠速旁通道的截面积达到预定值，以利于起动。

2）暖机控制。在暖机过程中，随着冷却液温度的上升，ECU 不断命令怠速控制阀减小开度，使发动机转速逐渐降低。当温度达到 80℃时，暖机控制过程结束，发动机达到正常怠速状态。

3) 减速时的控制。节气门的突然关闭会引起进气歧管内积存燃油的过度蒸发，从而造成排气污染严重。此时 ECU 就需要进行减速断油控制，同时利用怠速控制阀增加进气量以减少燃油蒸发和增加燃烧过程所需要的氧气，使排气污染程度降低。

4) 反馈控制。在发动机怠速运转时，ECU 不断将实际转速与目标转速相比较，如果超过一定值（通常为 ±25r/min），ECU 就会命令怠速阀工作，使实际转速等于目标转速。当再次出现差别时，ECU 会重复以上控制，如此循环。

5) 发动机负荷变化时的控制。在发动机怠速运转时，若 ECU 收到空调开关接通的信号，则会首先命令怠速阀工作，以提高怠速转速，然后接通空调，这样可防止发动机因额外负荷加大而熄火。

在转动转向盘或自动变速器变速杆离开 P/N 位置时，会使发动机负荷增加。这些额外负荷的增加会使发动机怠速下降，于是 ECU 立即命令怠速阀工作，以提高怠速转速。同理，当这些额外负荷消失时，ECU 会命令怠速阀降低怠速转速。

在发动机怠速运转时，开前照灯、电风扇运转、空调压缩机离合器接合等造成的电负荷增加会使蓄电池电压降低。此时 ECU 会自动提高发动机的怠速转速，以提高发电机的输出功率。

6) 学习控制。ECU 通过学习可以记忆各种工况下所需的怠速阀位置，此信息存储于 ECU 的存储器中。当 ECU 电源断开时，这些信息将会丢失，导致怠速失控，为此 ECU 需要重新学习。作为步进电动机式怠速阀，学习的方法因车而异，但都是从怠速阀的最小和最大位置主动控制和记忆中确定怠速控制阀的具体位置的。

(7) 排气再循环（EGR）控制 EGR 控制是在一定条件下，将发动机排出的一部分气体引入进气系统，使之与混合气一起进入气缸燃烧，以降低氮氧化物（NO_x）排放量的控制方法。通常用排气再循环率（即 EGR 率）来表示排气再循环的控制量。

$$EGR 率 = [排气再循环气体流量/(吸入空气量 + 排气再循环气体流量)] \times 100\%$$

EGR 率对发动机的动力性、经济性和排放性能影响较大。所以必须根据发动机工况要求对 EGR 率进行合理控制（EGR 率通常为 15%~20%）。

现代汽车均由发动机 ECU 根据冷却液温度、节气门位置、空气流量和发动机转速等信号控制 EGR 的工作。当发动机冷却液温度低于 50℃、怠速或小负荷运转（转速小于 1000r/min）、高速运转（转速大于 4500r/min）以及突然加速或减速时，ECU 会取消 EGR 控制，以保证发动机的性能。

EGR 系统按控制方式的不同可分为间接控制式和直接控制式。间接控制式 EGR 系统可分为电磁真空阀控制式和电磁空气阀控制式两种；直接控制式 EGR 系统可分为电磁阀组合控制式和单电磁阀控制式等。

1）间接控制式 EGR 系统

① 电磁真空阀控制式 EGR 系统。电磁真空阀控制式 EGR 系统如图 1-56 所示。当发动机冷却液温度达 50℃，节气门开度达 25% 以上，转速在 1000r/min 以上时，ECU 指令 EGR 电磁阀工作，使进气管负压到达 EGR 控制阀膜片的上方，吸引膜片上移而带动锥阀打开 EGR 通道，将一部分排气导入进气系统。EGR 控制阀的开度由 ECU 提供给 EGR 电磁阀的占空比决定。

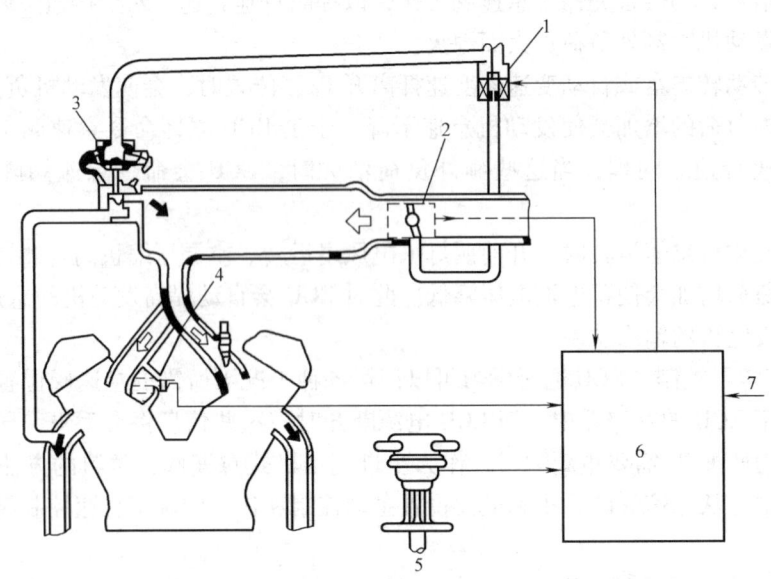

图 1-56　电磁真空阀控制式 EGR 系统
1—EGR 电磁阀　2—节气门开关　3—EGR 控制阀　4—冷却液温度传感器
5—曲轴位置传感器　6—ECU　7—起动信号

② 电磁空气阀控制式 EGR 系统的工作原理与电磁真空阀控制式 EGR 系统相同，不同的是 EGR 控制阀膜片上方的进气管负压是由 ECU 通过控制电磁空气阀的占空比来实现的。

2）直接控制式 EGR 系统

① 直线型 EGR 阀。直线型 EGR 阀的结构如图 1-57 所示。当发动机工作时，ECU 根据冷却液温度、节气门位置和空气流量确定 EGR 阀的位置并控制 EGR 阀工作。同时，ECU 还通过针阀位置电位计的反馈信号来确定 EGR 针阀的实际位置，并与 ECU 的设定值相比较。若设定位置与实际位置之差超过一定数值，则

ECU 就会调节 EGR 针阀的位置，使其与设定值相一致。其控制过程是一个反馈控制过程。

② 数字型 EGR 阀。它由三个电磁阀共同控制 EGR 率。三个电磁阀均为常闭开关阀，当电磁线圈通电时，针阀升起，可使排气进入进气歧管。每个电磁阀孔口直径大小不同，可构成八种通道截面组合，因而可以较精确地控制 EGR 率。

（8）燃油蒸发污染控制 电子控制活性炭罐式燃油蒸发污染系统主要由活性炭罐、控制电磁阀、蒸气分离阀以及相应的蒸气回收管路和真空管路组成，如图 1-58 所示。

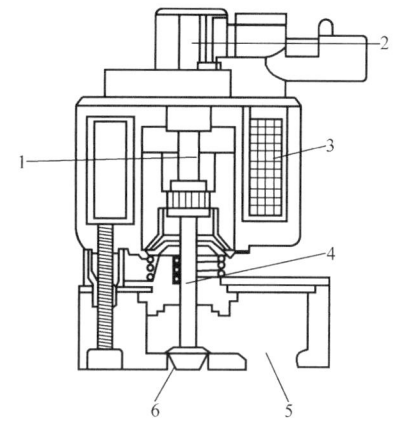

图 1-57 直线型 EGR 阀的结构
1—电枢总成 2—针阀位置传感器
3—线圈总成 4—针阀
5—大节流孔 6—小节流孔

当发动机停止工作时，油箱里的汽油蒸气会通过蒸气分离阀进入活性炭罐，蒸气中的汽油分子会吸附在活性炭表面。在发动机运转到冷却液达到一定温度，且电喷系统进入闭环工作状态后，ECU 就会以占空比的方式控制真空电磁阀工作。在进气歧管真空的作用下，空气经活性炭罐下方的孔口进入，使吸附在活性炭表面的汽油分子重新蒸发，并随着空气一起被吸入进气管，于是活性炭恢复吸附能力。

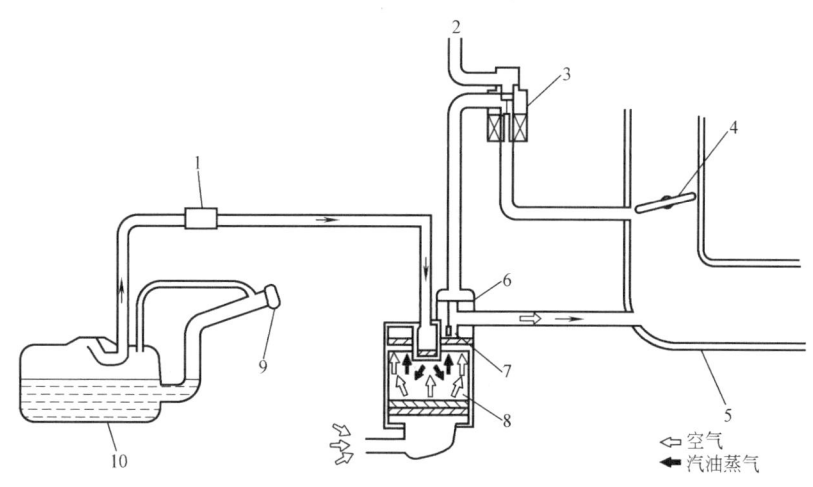

图 1-58 电子控制活性炭罐式燃油蒸发污染系统的结构
1—单向阀 2—接节气门缓冲器 3—炭罐控制真空电磁阀 4—节气门 5—进气歧管
6—排放控制阀 7—定量排放小孔 8—活性炭罐 9—油箱盖（附真空泄放阀） 10—油箱

二、防抱死制动系统的组成与工作原理

1. 防抱死制动系统的组成

防抱死制动系统（ABS）由轮速传感器、电控单元（ECU）、ABS 警告灯、制动压力调节装置和常规制动系统等组成，如图1-59所示。

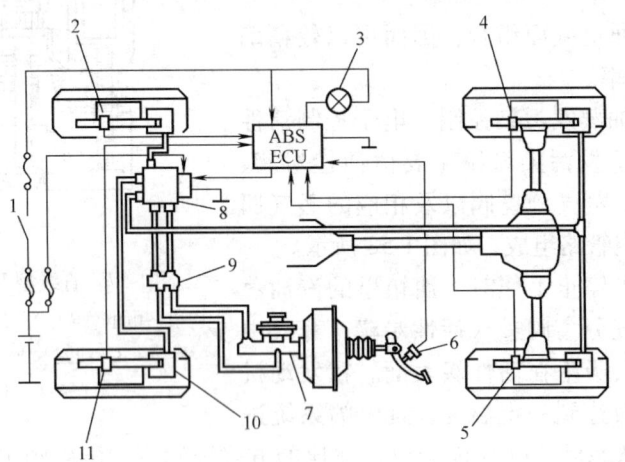

图1-59 ABS 的组成

1—点火开关 2、11—前轮转速传感器 3—ABS 警告灯 4、5—后轮转速传感器
6—制动灯开关 7—制动主缸 8—制动压力调节装置 9—比例调节阀 10—制动轮缸

2. ABS 的作用

ABS 的作用是提高汽车制动效能和制动时的方向稳定性。

3. ABS 的分类

(1) 按工作介质分

1) 气压式。ECU 控制进入制动轮缸气体的压力，以达到防抱死制动效果。

2) 液压式。ECU 控制进入制动轮缸制动液的压力，以达到防抱死制动效果。

(2) 按组合形式分

1) 整体式。整体式 ABS 的制动主缸和制动压力调节装置组合为一体，结构紧凑，管路少，但成本较高，多用于高级乘用车，例如德国戴维斯公司生产的MK—Ⅱ型。

2) 分离式。分离式 ABS 的制动主缸和制动压力调节装置分开布置，各自独立，布置形式灵活，应用较广泛，例如德国博世公司生产的 BOSCH ABS 2 系列。

(3) 按通道和传感器数分

1) 四通道式（H 型）。有四个轮速传感器，四个车轮的制动压力可以单独

调节。

2）三通道式（Y型）。有三通道四传感器和三通道三传感器之分。两个前轮的制动压力单独调节，两个后轮按选低原则一起调节。

（4）按控制方式分

1）预测控制式。所谓预测控制式是预先规定控制参数和设定值等控制条件，然后根据检测的两种实际参数与设定值比较，对制动过程进行控制。根据控制参数的不同，预测控制式又可分为以车轮减速度，以车轮滑移率，以车轮减速度和加速度，以车轮减速度、加速度和滑移率为控制参数4种形式。目前，多数汽车的ABS采用以车轮减速度、加速度和滑移率为控制参数的控制方式。

2）模仿控制式。所谓的模仿控制式，是在控制过程中记录前一控制周期的各种参数，再按照这些参数规定出下一个周期的控制条件。

4. ABS主要部件的结构

（1）轮速传感器　轮速传感器的作用是检测车轮的运动状态，并将其转变成电压信号输送至ECU。目前，常用的轮速传感器多为磁电式和霍尔式。

（2）控制单元（ECU）　ECU是ABS的控制核心。其作用是接收各轮速传感器和其他传感器、开关的输入信号，并对这些信号进行比较、分析、放大和判断处理，然后通过精确计算，得出制动时车轮的速度与减速度、参考车速及参考滑移率等，并按照特定的控制逻辑向执行组件发出控制指令，使汽车获得最佳的制动效果。此外，ECU还对ABS的工作状态进行检测和监控，并具有报警、自诊和保护功能。典型的ABS的ECU内部电路框图如图1-60所示。

（3）制动压力调节装置　制动压力调节装置是ABS中的主要执行组件，通常安装在制动主缸和制动轮缸之间，主要任务是执行ECU的控制指令，通过电磁阀、油泵或蓄能器自动调节制动轮缸的制动压力，从而实现对滑移率的控制。

1）ABS的调压方式

① 变容调压。变容调压是间接控制制动轮缸压力的压力调节方式。其调压装置主要由储液泵、蓄能器、二位二通电磁换向阀和调压缸等组成。在ABS工作时，压力调节装置首先将制动主缸和轮缸隔离，然后通过改变调压缸的容积来控制制动轮缸中制动液的压力。当调压缸容积增大时，轮缸压力减小；当调压缸容积减小时，轮缸压力增大。

② 循环调压。循环调压是直接控制制动轮缸压力的调节方式。其调压装置主要由回流泵、三位三通电磁换向阀和储液器等组成。在ABS工作时，制动主缸和轮缸相通，串联在制动主缸和轮缸之间的三位三通电磁换向阀可控制制动轮缸中制动液的流向。当制动液流向制动主缸或储液器时，可使制动液压力减小；当制动液流向制动轮缸时，可使制动液压力增大。这种调压方式代表了ABS的发展方向。

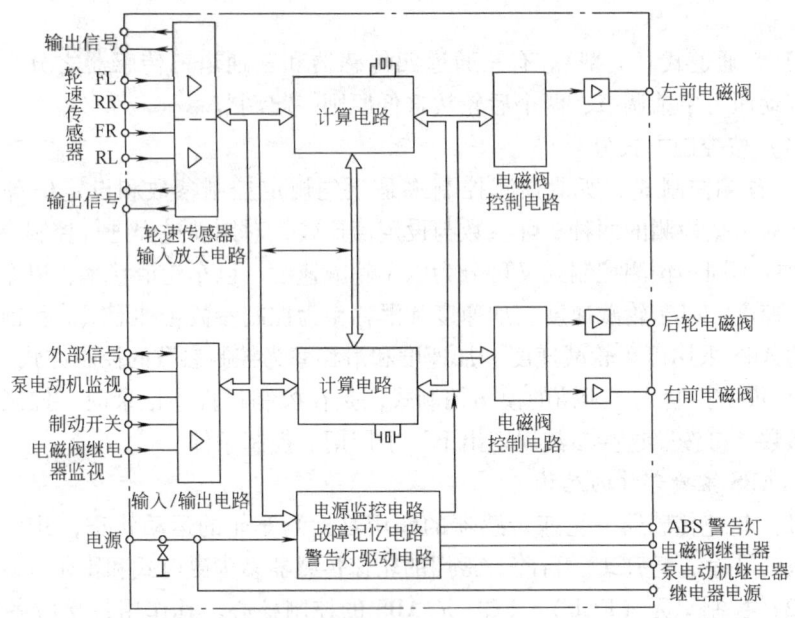

图 1-60 典型的 ABS 的 ECU 内部电路框图（四传感器三通道系统）

2）制动压力调节装置的主要部件。下面以循环调压式 ABS 为例介绍制动压力调节装置主要部件的结构。

① 三位三通电磁换向阀。三位三通电磁换向阀多用在循环调压式 ABS 中。其结构如图 1-61 所示。ABS 的 ECU 通过改变电磁换向阀的工作电流，可实现制动压力的降低、保持和升高三种工作状态。

② 储液器和回流泵。储液器主要用来暂时储存 ABS 减压过程中从制动轮缸流回的制动液，同时对回流制动液的压力波动具有一定的稳定作用。回流泵由直流电动机和柱塞泵两部分组成，在 ABS 工作时，负责将储液器中的制动液泵回制动主缸。储液器和回流泵的结构简图如图 1-62 所示。

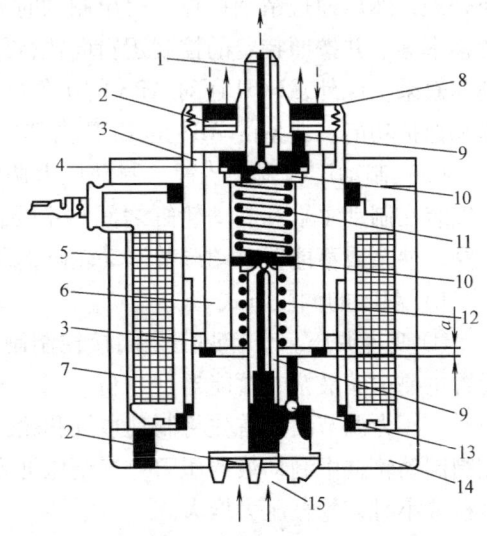

图 1-61 三位三通电磁换向阀的结构
1—回液口 2—滤芯 3—非磁性支承环 4—回液球阀
5—进液球阀 6—衔铁 7—电磁线圈 8—出液口
9—阀座 10—压板（上、下）11—副弹簧
12—主弹簧 13—单向阀 14—阀盖 15—进液口
a—衔铁移动间隙

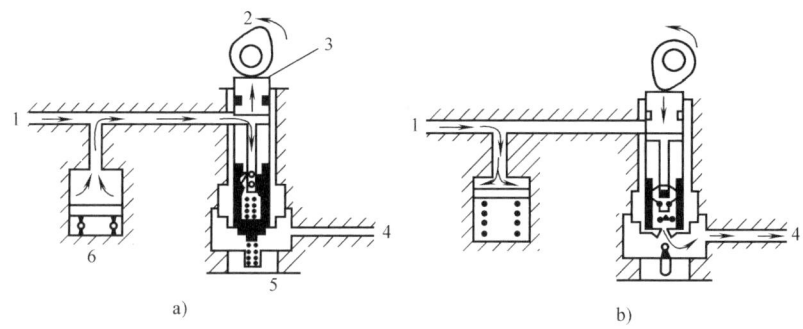

图 1-62 储液器和回流泵的结构简图
a) 柱塞上行时吸油 b) 柱塞下行时出油

1—来自制动主缸 2—电动机驱动的凸轮 3—油泵柱塞 4—流向制动主缸 5—油泵 6—储液器

（4）ABS 警告灯 ABS 警告灯安装在仪表板上，通常为黄色，主要用于报警和故障自诊。当 ABS 正常时，打开点火开关，ABS 警告灯闪亮几秒后自动熄灭。若打开点火开关或行车过程中 ABS 警告灯常亮，则表明 ABS 出现故障，此时 ABS 将不再起作用，但车辆仍具有常规制动功能。在诊断 ABS 故障时，可通过 ABS 警告灯的闪烁输出故障码。

另外，在仪表板上还有一个红色的制动警告灯（BRAKE），用于指示常规制动系统的故障。当驻车制动器没有放松、制动液位过低、蓄能器的压力过低时，都会使该灯点亮，此时危险性较大，不能继续行驶。

（5）ABS 的控制电路 典型的 ABS 控制电路如图 1-63 所示。

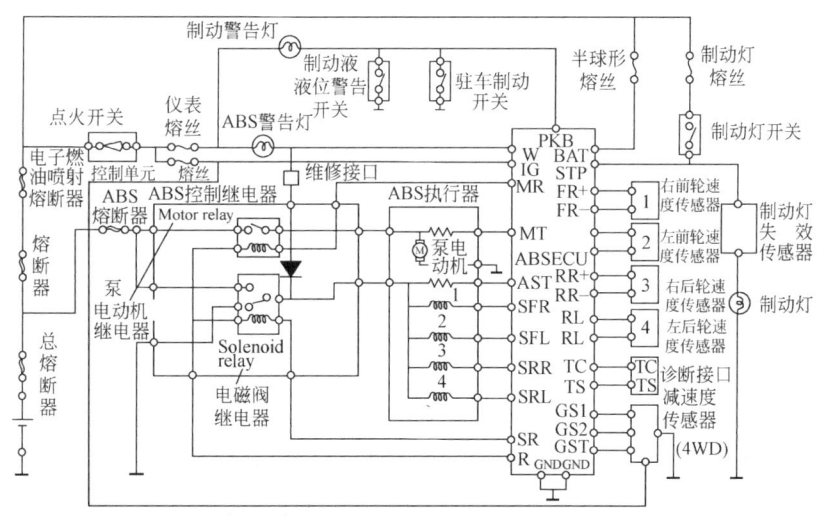

图 1-63 典型的 ABS 控制电路

1—右前轮电磁阀 2—左前轮电磁阀 3—右后轮电磁阀 4—左后轮电磁阀

5. ABS 的工作过程

下面以循环调压式 ABS 为例介绍其工作过程。

(1) 常规制动 常规制动时的 ABS 工作示意图如图 1-64 所示。当轻踩制动踏板时，制动主缸中的制动液压力升高，经管路、三位三通电磁换向阀的 A 口和 C 口到达制动轮缸，实现制动。由于车轮没有抱死的趋势，因此 ABS 不工作。此时电磁换向阀不通电，电磁换向阀的 A 口保持打开状态，而 B 口保持关闭状态，回流泵也不工作。1 号单向阀可防止制动液流入泵中。当放松制动踏板时，制动轮缸中的制动液通过电磁换向阀的 C 口和 A 口以及 3 号单向阀流回制动主缸。3 号单向阀的作用：一是快速解除制动，二是在电磁换向阀堵塞或损坏时回油，防止制动不能解除。

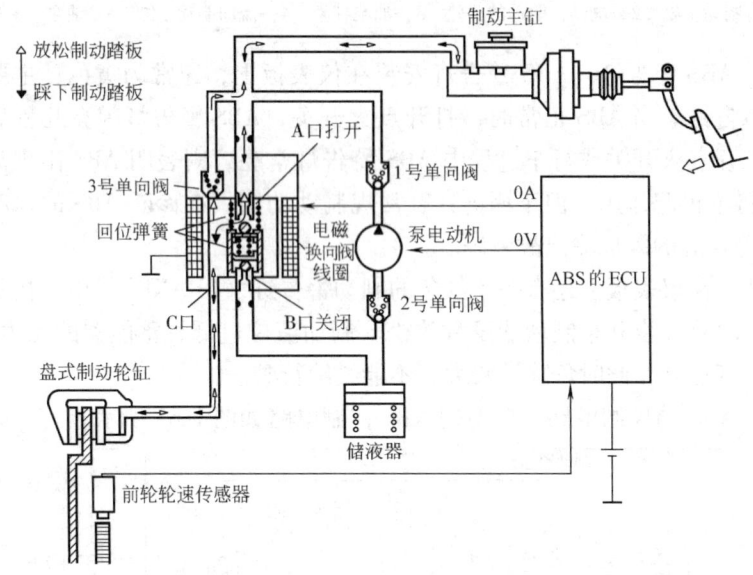

图 1-64 常规制动时的 ABS 工作示意图

(2) 紧急制动 在紧急制动过程中，ABS/ECU 根据制动开关和轮速传感器的信号确定 ABS 是否投入工作。当判定四轮中的任一车轮即将抱死时，ABS 的 ECU 即发出控制信号，使电磁换向阀和回流泵工作，调节该轮的制动液压力。ABS 的 ECU 根据需要进行降压、保压和升压三种状态的压力循环调节。其调节频率可达 10~12 次/s。

1) 降压（或称减压）状态。当 ABS 的 ECU 判定某一车轮即将抱死时，输出 5A 的电流到三位三通电磁换向阀，使阀芯克服两个弹簧的弹力而向上移动，从而使 A 口关闭、B 口打开。这样制动轮缸中的制动液即可通过电磁换向阀的 C 口和 B 口流入储液器中，从而推动储液器活塞下移，于是压力迅速降低。与此同时，ABS 的 ECU 控制回流泵工作，将储液器中的制动液泵回制动主缸。由于此时电磁换向阀的 A 口关闭，1 号和 3 号单向阀也关闭，因此制动主缸中的高压制动液就不能流入制动轮缸。回流泵工作的结果是该轮制动轮缸中的制动液压力进一步下降，制动力减小，从而达到防止该轮抱死的目的。压力降低时的 ABS 工作示意图如图 1-65 所示。

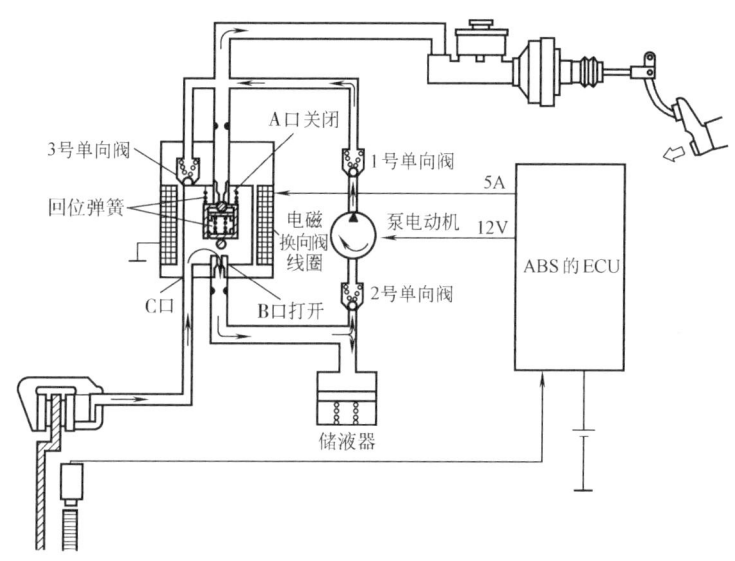

图 1-65 压力降低时的 ABS 工作示意图

2）保压状态。当 ABS 的 ECU 判断车轮的滑移率处于最佳状态时，即进行保压控制。此时 ABS 的 ECU 将电磁换向阀的工作电流由 5A 降为 2A，于是阀体向下移动至中间位置，其结果是 A 口和 B 口都关闭，制动轮缸中的压力既不能升高也不能降低，即形成保压状态。压力保持时的 ABS 工作示意图如图 1-66 所示。

3）升压状态。当 ABS 的 ECU 判定滑移率超出规定范围而需要增加制动力时，便切断电磁换向阀的工作电流，使电磁换向阀在弹簧作用下完全回位。其结果是 A 口打开，B 口关闭。这样，制动主缸中的制动液通过 A 口和 C 口进入制动轮缸，使制动压力升高，制动力增大。压力升高时的 ABS 工作示意图如图 1-67 所示。

6. ABS 的工作特性

1）ABS 工作的前提是制动开关闭合信号送至 ABS 的 ECU，否则 ABS 不投入工作。

2）ABS 只有在车速超过一定值时才工作，此值通常为 6~15km/h。

3）ABS 只有在车轮趋于抱死时才会工作。在车轮趋于抱死前，制动过程与常规制动过程相同。

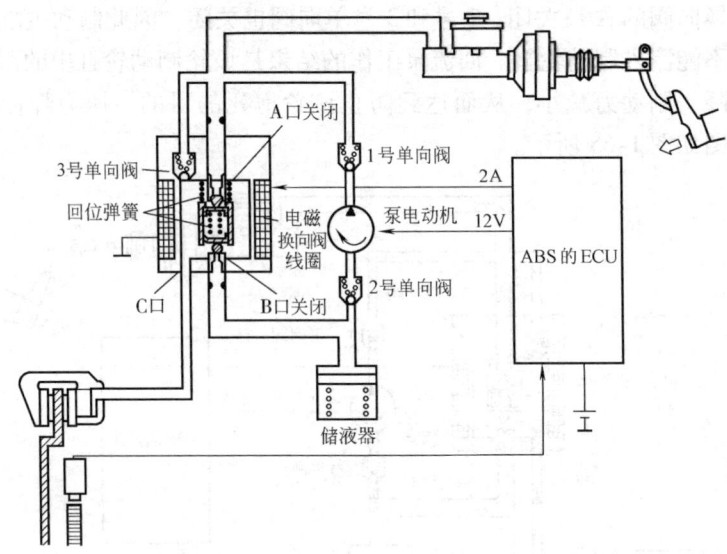

图 1-66 压力保持时的 ABS 工作示意图

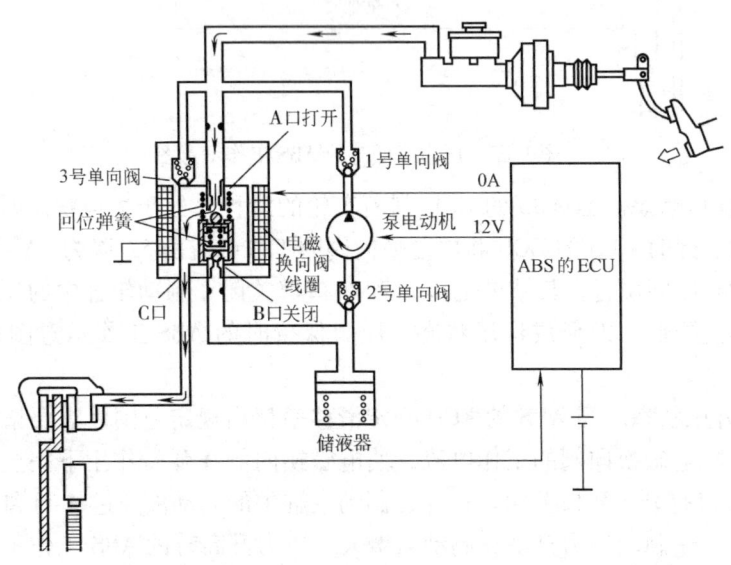

图 1-67 压力升高时的 ABS 工作示意图

4) 在 ABS 工作时,制动踏板有明显的反弹感是正常现象。

5) 在打开点火开关后,若 ABS 警告灯亮几秒后熄灭,则表明 ABS 正常(未检测到故障)。有些车辆的回流泵或供能泵在点火开关打开时会短暂工作,也属于正常现象。

6) ABS 只负责防止紧急制动时的车轮抱死,前后轮制动力的分配仍由 ABS 的比例阀来完成(具有 EBD 功能的 ABS 除外)。

7）当 ABS 的 ECU 检测到 ABS 出现故障时，会点亮 ABS 警告灯，并储存相应的故障码，同时停止 ABS 的工作。此时车辆只具有常规制动能力，紧急制动时车轮可能出现抱死现象。

三、安全气囊系统的组成与工作原理

1. 安全气囊系统的作用

安全气囊系统（SRS）主要包括座椅安全带及其收紧机构和安全气囊两部分。安全带是汽车上最有效的被动安全保护装置，安全气囊则是安全带的辅助装置。在汽车发生碰撞时，只有两部分同时起作用，才能有效保护乘员不受伤害。

汽车与汽车或汽车与障碍物之间的直接碰撞称为一次碰撞。在一次碰撞后，车速将急剧下降。在惯性力的作用下，驾乘人员会继续向前运动，并与车内构件发生碰撞，这种碰撞称为二次碰撞。

安全气囊旨在一次碰撞和二次碰撞之间的短暂时间（约 120ms）内，在驾乘人员与车内构件之间迅速形成一个气垫，使驾乘人员的头部与胸部压在充满气体的气囊上，利用自身的阻尼作用和背面排气孔的排气节流作用来吸收人体惯性力产生的动能，达到保护人体的目的。

SRS 按气囊的数目可分为单气囊、双气囊和多气囊系统，按气囊的作用可分为正面气囊和侧面气囊系统等。

2. SRS 的组成

SRS 主要由碰撞传感器、ECU、气囊组件、电器连接件等组成，如图 1-68 所示。

（1）传感器 在 SRS 中，通常设有 2~4 只碰撞传感器，分别安装在车身前部和中部，也有的车型安装在 SRS 的 ECU 内。其作用是检测车辆碰撞时的减速度或惯性

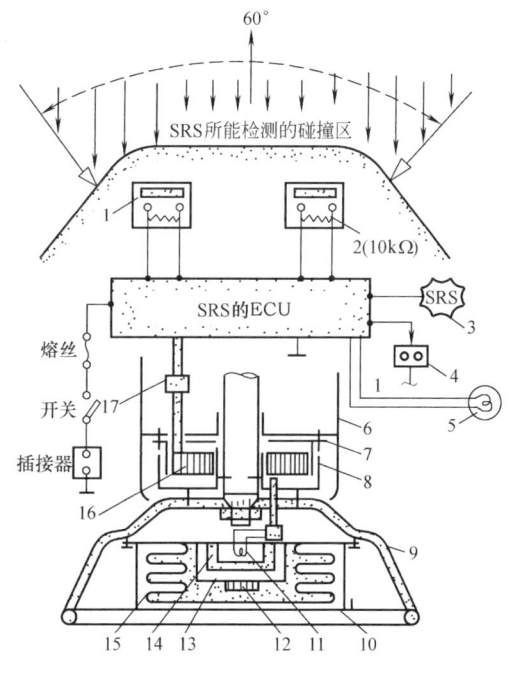

图 1-68 SRS 的组成

1—碰撞传感器 2—自检监控电阻 3—SRS 警告灯
4—检查插接器 5—乘客侧气囊 6—转向机外罩
7—螺旋电缆盒底座 8—螺旋电缆盒上盖
9—转向盘 10—气囊盒盖 11—电热引爆管
12—滤网 13—产气物质 14—点火药
15—气囊 16—螺旋电缆 17—控制线束

力,并将信号送至SRS的ECU。碰撞传感器或SRS的ECU外壳上都有朝前的安装标记,不可装错。

碰撞传感器按结构的不同可分为滚球式、卷簧式、水银开关式、电阻应变式和压电效应式,按功能的不同又可分为碰撞烈度传感器和安全防护传感器。

碰撞烈度传感器简称为碰撞传感器,主要负责检测碰撞的激烈程度,SRS的ECU据此信号判断是否发生了碰撞以及是否需要引爆气囊。

安全防护传感器是SRS必不可少的部件之一,通常安装在SRS的ECU内。其作用是防止碰撞传感器短路而造成气囊误爆。SRS的ECU根据安全传感器的信号判断是否发生了碰撞。通常安全传感器接通电路所需的减速度值比碰撞传感器的要小一些。只有当安全传感器电路接通时,才能给气囊点火器供电。也就是说,只有安全传感器与任意一只碰撞传感器同时导通,气囊才会引爆。

(2) SRS的ECU SRS的ECU是SRS的控制中枢,主要由电压保护和调节电路、备用电源电路、引爆控制电路、安全传感器电路和报警自诊断电路组成。SRS的ECU根据碰撞传感器和安全传感器发出的信号,经逻辑判断后,确定是否发生了碰撞。当判定发生了碰撞且达到一定程度时,立即输出点火指令,引爆气囊。此外,SRS的ECU还具有监控、保护、报警和自诊断功能。

报警自诊断电路在点火开关打开后即进入系统自检状态。若系统正常,则仪表板上的SRS警告灯闪亮6s后自动熄灭,进入预备工作状态;若系统存在故障,则SRS警告灯会常亮,以提醒驾驶人立即维修。

(3) 气囊组件 气囊组件是一个不可分解、一次性使用的总成,主要包括气囊、点火器、气体发生器等组件。驾驶人侧的气囊组件通过螺栓固定在转向盘中央的底板上,可随转向盘一同转动。前排乘员气囊组件则安装在其座椅正前方的仪表台上。

1) 气囊。气囊通常由尼龙布制成,内表面涂有树脂层,以加强密封。早期的气囊背面或顶部制有2~4个排气孔,在人体压向气囊时排气而起到缓冲作用。其排气持续时间通常小于1s。近年研制出了一种能呼吸的新型气囊,气囊上没有排气孔,而是靠气囊本身的孔隙排气。气囊的充气时间通常为30ms,充气压力可达160kPa。

2) 点火器。点火器安装在气体发生器内部的中央位置,主要由引爆剂、电热丝、药筒等组成。其主要作用是:当引爆控制电路向电热丝输出引爆电流时,电热丝迅速红热而点燃引爆剂,从而使药筒内的压力和温度急剧升高,于是气体发生器内的充气剂受热分解而释放出大量氮气(N_2),并经滤网过滤和冷却后喷入气囊。

3) 气体发生器。气体发生器主要由壳体、充气剂和过滤器组成,起充气、过滤和冷却作用。壳体一般为铝质,上面有若干个充气孔。过滤器为一个多层金属滤网，起冷却和过滤渣粒的作用。目前，充气剂多采用叠氮化钠片状合剂，通过改变其数量可调节气体发生器的充气压力。

4）电器连接件。SRS 的电器连接件包括线束、插接器和螺旋电缆，多采用黄色，以区别于其他系统。插接器多采用导电性和耐久性良好的镀金端子，并设计有防止误爆机构、双重锁定机构和电路连接诊断机构。由于气囊组件随着转向盘一同转动，因此为了保证点火器导线的可靠连接，普遍采用螺旋电缆的连接方式。螺旋电缆制成扁平带状绝缘线束，盘旋安装在电缆盒中，有 10～15 圈。其一端固定，另一端可随着转向盘转动。

3. SRS 的工作原理

SRS 的工作原理如图 1-69 所示。当汽车发生前方规定角度范围内的高速碰撞时，SRS 的 ECU 根据碰撞传感器和安全传感器的信号，经过逻辑判断后，立即向 SRS 气囊组件内的点火器发出点火指令，通过电热丝点燃引爆剂，迅速产生大量热能，使充气剂受热分解，释放大量氮气充入气囊。其动作过程如下：

1）在碰撞约 10ms 后，SRS 达到引爆极限，气囊引爆，但此时驾驶人尚未动作。

2）在碰撞约 40ms 后，气囊完全充满，驾驶人向前移动，安全带起作用，吸收大部分动能。

3）在碰撞约 60ms 后，驾驶人头部和胸部压向气囊，气囊在气体压力和人体压力下排气，利用排气孔的节流作用进一步吸收人体与气囊之间弹性碰撞产生的动能。

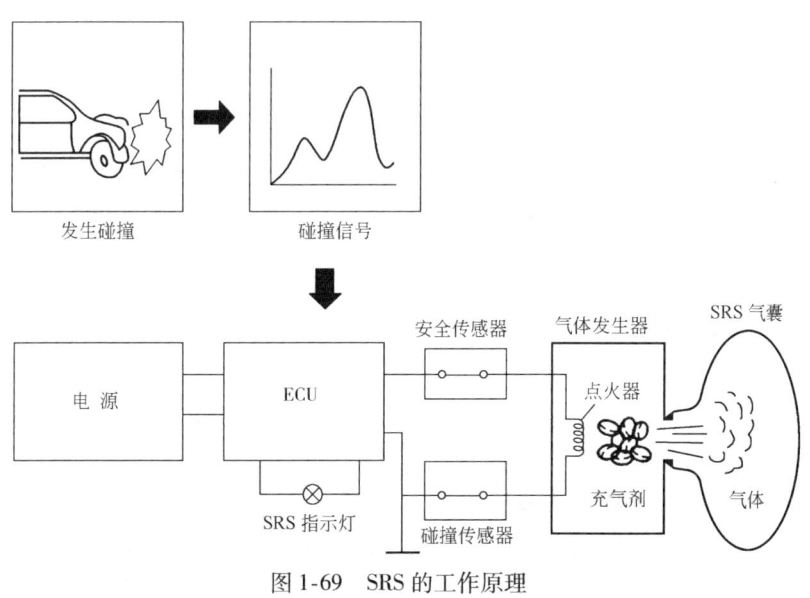

图 1-69　SRS 的工作原理

4)在碰撞约110ms后,大部分气体已从气囊中逸出,驾驶人身体上部回到座椅靠背上。

5)在碰撞约120ms后,碰撞危害解除,车速降低至零。

4. SRS的有效范围

SRS并非在所有碰撞情况下都起作用。对于正面SRS,只有在汽车正前方±30°角范围内发生碰撞且纵向减速度达到设定值时,气囊才会引爆,而在下列任一条件下,气囊不会引爆:

1)当汽车正面碰撞超过正前方±30°范围时。

2)当汽车遭受横向碰撞时,主副气囊不会引爆,但侧气囊如果达到引爆条件则可以引爆。

3)当汽车遭受后方碰撞时。

4)当汽车绕纵向轴线侧翻时。

5)当纵向减速度未达到设定值时。

6)当汽车正常行驶、正常制动或在不平的路面上行驶时。

7)当SRS发生故障而报警时。

四、汽车空调系统的组成与工作原理

汽车空气调节系统(Air Control System)用来控制车内的温度、湿度以及清洁度,通常由暖风装置、冷气装置、通风装置和控制装置组成。

1. 暖风装置

汽车用暖风装置使用的热源有三种:一种是发动机冷却液产生的高温能量;第二种是流经发动机机体的热风;第三种是独立的燃烧器燃烧产生的热能。

目前,小型汽车暖风装置所用的能量大多来自发动机的冷却液,称为余热水暖式暖风装置,主要由暖风水阀、暖风散热器、鼓风机、风道系统和操纵机构组成,如图1-70所示。暖风装置中的暖风散热器与冷气装置的蒸发器一起安装在车内的塑料壳体中。

余热水暖式暖风装置工作原理如图1-71所示。当打开暖风水阀时,就有高温冷却液流经暖风散热器,同时将热量传给车厢内的空气。通过调节暖风水阀开度、室内外空气

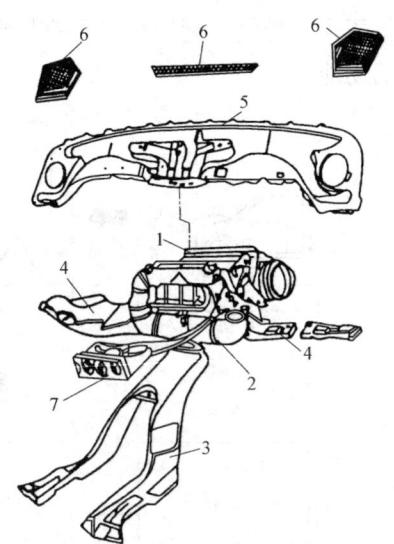

图1-70 小型汽车的暖风装置
1—加热器 2—环形风道 3—后暖风风道
4—吹脚风道 5—除霜风道 6—除霜喷嘴
7—操纵机构总成

第一章 高级汽车修理工专业知识

循环风量和室内空气流动方向,即可控制驾驶室内的温度和湿度。

2. 冷气装置

液体蒸发变成气体时,会从周围环境吸收热量而产生制冷效应。空调系统的冷气装置正是利用制冷剂在低压下吸取热量而汽化,使被冷却对象降温,然后在高温状态下把热量传给周围介质而冷凝成液体,如此周而复始地通过状态的变化而达到热量交换的目的,实现制冷的。

现在车用空调系统的制冷方式很多,有蒸气压缩式、吸收式、空气压缩式等。汽车的制冷方式主要采用蒸气压缩式。

蒸气压缩式空调系统的制冷剂(如R134a)是在封闭管道内循环流动的,在制冷过程中只与外界环境进行能量的交换,没有物质的交换,如图1-72所示。

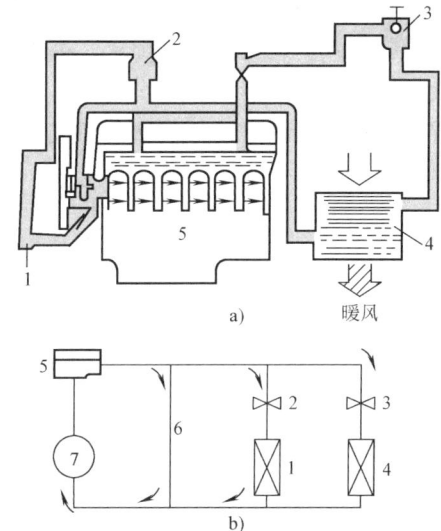

图1-71 余热水暖式暖风装置工作原理
a) 系统循环图 b) 管路循环图
1—散热器(水箱) 2—节温器 3—暖风水阀 4—暖风散热器 5—发动机
6—旁路 7—水泵

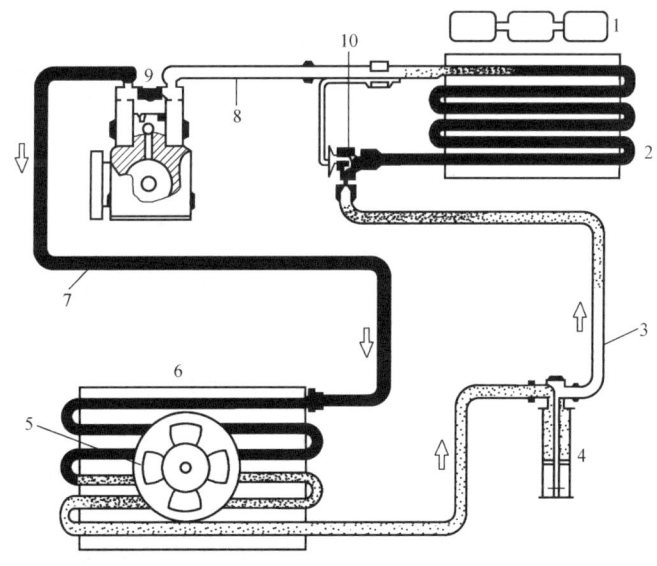

图1-72 空调制冷系统、冷热力循环流程图
1—风机 2—蒸发器 3—液管 4—储液干燥器 5—风扇 6—冷凝器
7—排气管 8—吸气管 9—压缩机 10—膨胀阀

(1) 冷气装置的基本组成　冷气装置主要有两类：一类是孔管式；另一类是膨胀阀式。无论是哪种形式，都由空调压缩机（带电磁离合器）、冷凝器、储液干燥器或积累器（气液分离器）、膨胀阀或孔管、蒸发器和高、低压管路等组成。恒温膨胀阀式冷气装置的组成如图 1-73 所示。

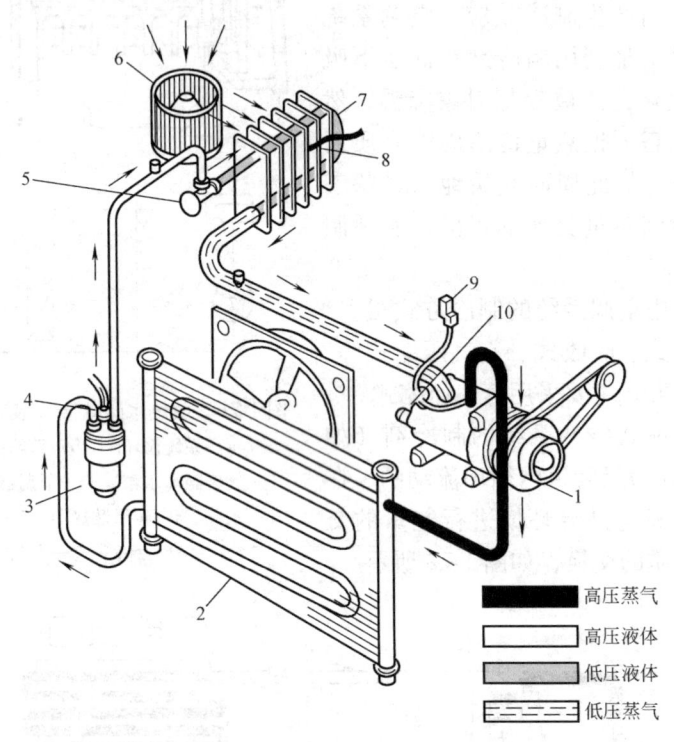

图 1-73　恒温膨胀阀式冷气装置的组成
1—压缩机　2—冷凝器　3—储液干燥器（收集碎屑，去湿）　4—A/C 压力开关
5—膨胀阀（需要计量进入蒸发器的制冷剂的量）　6—鼓风机风扇　7—蒸发器（吸收热量）
8—蒸发器温度传感器　9—隔热器（当压缩机温度过高时，断开压缩机离合器电路）
10—减压阀（当压力过高时，泄掉部分制冷剂）

(2) 冷气装置主要总成的作用　空调压缩机是制冷剂循环流动的动力源。其作用是吸入蒸发器内的气态制冷剂，并将其加压成为高压高温气体（约 80℃，1.5MPa）后送到冷凝器中。冷凝器的作用是将压缩机排出的高温高压气态制冷剂的热量，利用车外低温空气及冷却风扇的冷却作用散发到车外空气中，使制冷剂变为液体（约 50℃，1.5MPa）。储液干燥器的作用是吸收制冷系统中的水分，滤除杂质和储存部分液态制冷剂。膨胀阀的作用是根据蒸发器的制冷负荷自动调节制冷剂的流量，以达到控制车内温度的目的，另外在压缩机停止工作时还可以防止制冷剂倒流。蒸发器的作用是吸收车内的热量，将制冷剂由液体变为气体。

(3) 制冷循环过程

1) 压缩过程。压缩机从蒸发器中吸入低温低压气体制冷剂，并将其压缩成高温高压的气体，然后送入冷凝器。

2) 冷凝过程。进入冷凝器的高温高压气态制冷剂与环境空气进行热交换，放出热量。当制冷剂的温度降至40~50℃时便开始凝结成液体。

3) 喷雾过程。高压液体制冷剂流经具有节流作用的膨胀阀时，由于体积的急剧膨胀会形成低压、低温的雾状制冷剂。

4) 蒸发过程。由膨胀阀喷出的低压、低温雾状制冷剂在蒸发器内继续吸收蒸发器周围空气中的热量而蒸发，同时这部分空气被冷却。

在压缩机运转过程中，上述4个过程不断循环，即可达到降低车内空气温度的目的，而包含在空气中的水蒸气由于温度的降低成为液态水被排出车外，同时达到降低空气湿度的目的。

3. 通风装置

汽车空调的通风装置有自然通风和强制通风两种。通常乘用车用的冷、暖空调系统共用通风装置。通风装置由风箱及风门挡板组成，如图1-74所示。通风装置的作用是根据需要输出不同方向、不同风量的清洁空气。

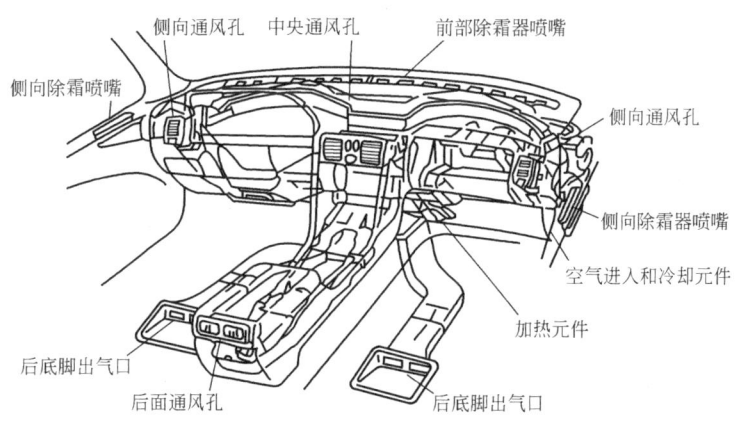

图1-74 空调通风系统的结构

空调的通风路径如图1-75所示。为了把经过空调处理的风吹向所需要的位置，在仪表板的左右及中部、后排乘员前部和侧面、乘员脚下等部位设有通风口。为了除去玻璃上的霜雾，在风窗玻璃处也设有多个除霜器喷嘴。

如图1-75所示，鼓风机用来将车外或车内的空气吹向蒸发器，风门1用来控制外气与内气的转换，空气混合挡板2用来控制车内空气的温度（最冷、适中、最暖），风门挡板3、4、5、6、7用来控制车内空气的流动分配情况。这些挡板不是分别工作的，而是保持一定的关系，进行连动工作。当风门3打开时，

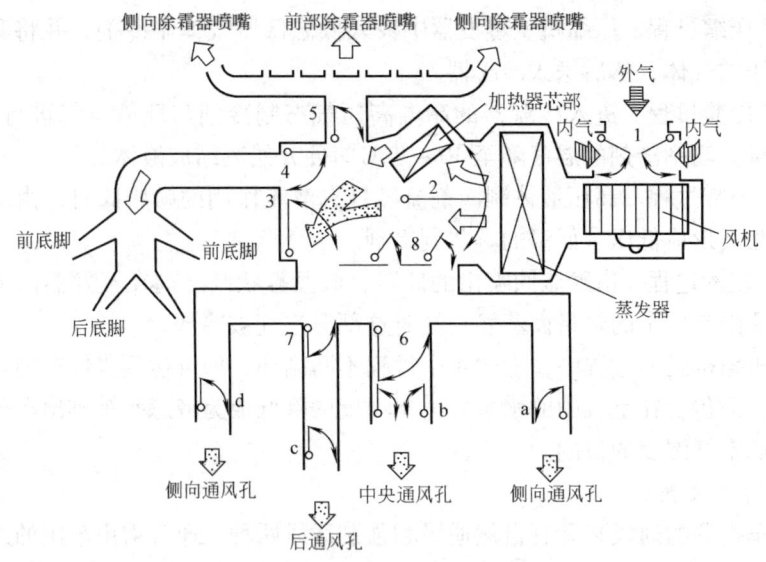

图 1-75 空调的通风路径

向中央、旁侧及后面通风口吹风。当风门 4 打开时，向前后座脚下吹风。当风门 5 打开时，向风窗玻璃及门窗吹风除霜。风门挡板 8 在炎热天气、驻车状态需要急速冷却时打开，以增加冷风量。此外，图 1-75 中 a～d 挡板是乘员按照自己的爱好可手动开关的辅助风门挡板。

4. 控制装置

为了保证空调系统能协调一致地工作，避免损坏并与整车性能匹配，必须装备一些必要的开关与安全保护组件。基本电气控制组件包括空调系统 A/C 电源开关、电磁离合器、鼓风机转速开关、变阻器、各种温度开关、高低压力开关、速度控制开关、各种继电器及冷却风扇工作开关等，用于控制空调压缩机、鼓风机、风门、冷却风扇等的工作。当蒸发器温度低于 3℃、环境温度低于 5℃，或系统高压高于 2.8MPa、低压低于 0.25MPa 时，控制装置使压缩机停止工作。

自动空调系统由传感器、ECU 及执行器组成。传感器可将有关信息传输给 ECU；执行器是按照 ECU 发出的有关指令进行运转工作的伺服系统；ECU 则通过对传感器的信号和驾驶人预调信号的处理、计算、比较，输出不同的电信号，控制各执行机构工作，使车内空气质量满足舒适性的要求。同时，ECU 接收到有关执行器的反馈信号（位移电位计）后，进一步精确控制车内空气温度和湿度等。大多数自动空调系统是一个一体化设计的综合装置，可以单独获得冷风、暖风，以及进行通风除霜和使被调空气先降温再除霜等。

5. 空调系统的控制电路与控制原理

（1）普通空调系统的控制电路与控制原理

1）压缩机电磁离合器的控制。电磁离合器是由空调开关 A/C、压力保护开关、温度控制开关、鼓风机风扇开关、过热保护开关等串联控制的，如图 1-76 所示。只要满足工作条件，这些开关将接通电磁离合器继电器线圈接地电路，于是电磁离合器继电器触点闭合，电磁离合器工作。

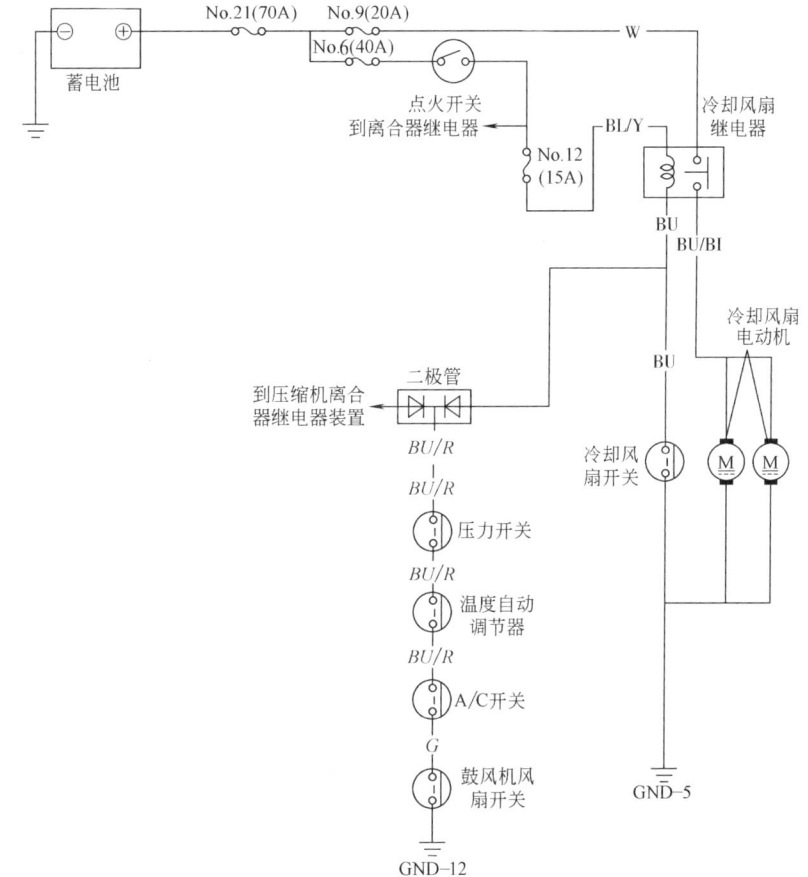

图 1-76　普通空调压缩机控制电路

2）鼓风机转速的控制。鼓风机转速的控制可分为有级转速控制和无级转速控制两种。有级转速控制的鼓风机电路用一个电阻器来控制电动机的运转速度，如图 1-77a 所示。无级转速控制的鼓风机电路采用改变晶体管基极电流的方式控制鼓风机的运转速度，如图 1-77b 所示。

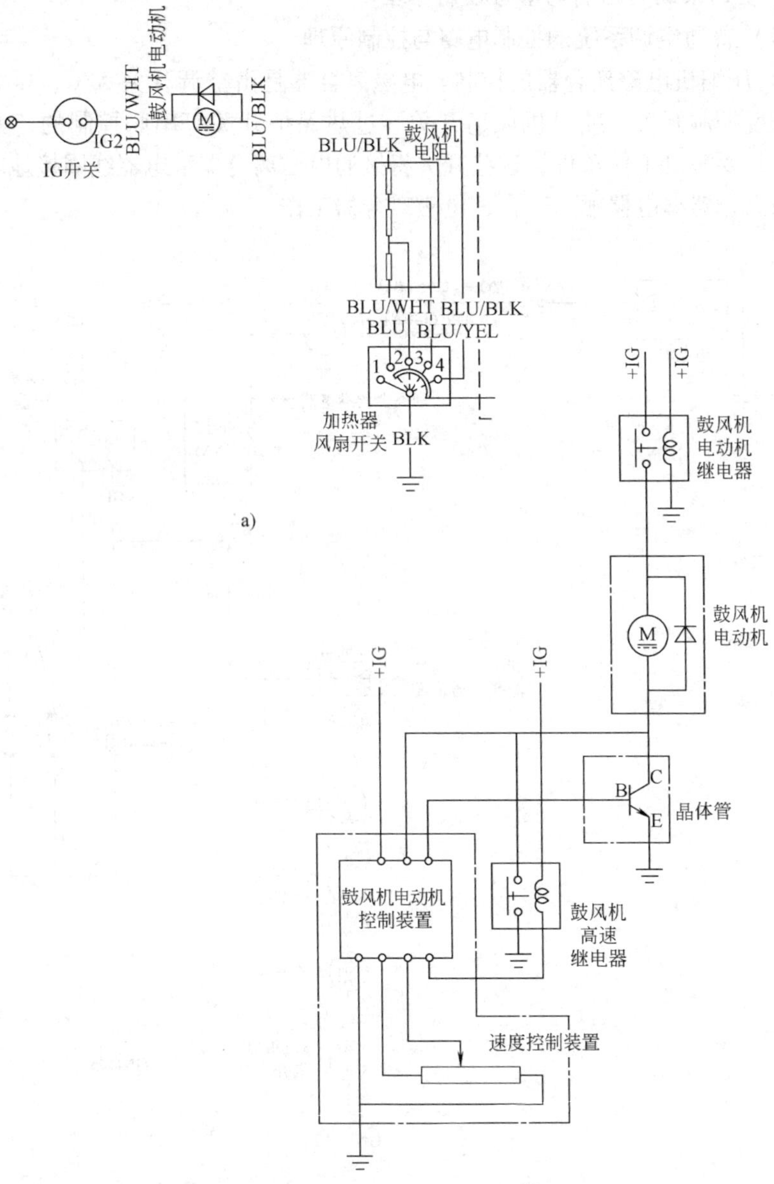

图 1-77 鼓风机转速控制的电路图
a) 有级控制　b) 无级控制

3)发动机的控制。在发动机怠速工作时打开空调,会加大发动机的负荷,引起怠速转速的降低,这就需要通过怠速控制阀提高怠速转速,以保持怠速的稳定。当发动机急加速、大负荷或自动变速器换挡时,也需要自动切断压缩机的工作，以保证汽车有足够的动力或减轻换挡冲击。当发动机冷却液温度过高（通常为120℃）时，需要停止压缩机的工作，以保护发动机。

（2）自动空调系统控制功能

1）性能控制。按照乘员的需要实现车内温度、风量、运转方式、换气量等的自动控制。

2）节能控制。主要有压缩机运转速度及运转时刻控制；压缩机排气量控制；随温度的变化进行内、外换气的自动切换，自动转入经济运行；根据发动机转速、冷却液温度变化、汽车的有关性能变化等自动切断压缩机电磁离合器电源等。

3）安全报警。制冷剂不足、压力过高或过低、温度过高或过低、电磁离合器打滑时的报警。

4）故障诊断存储。自动空调系统具有自诊断功能。当空调控制系统发生故障时，ECU 将故障部位用故障码的形式存储起来，在修理时可以通过空调控制面板或解码器读出故障码，以帮助维修人员排除故障。

5）显示功能。能显示环境温度、设定温度、控制温度、控制方式、运转方式等。

五、随车自诊断系统的应用

1. 随车自诊断系统

（1）OBD—Ⅰ 1994 年以前，各汽车制造商在其生产的装有各种电子控制系统的车辆上通常都装有随车自诊断系统（On Board Diagnostic，OBD）。其诊断插座、故障码的位数和含义、读取方法、故障诊断的内容等因车辆制造商和车种的不同而有较大差别。这就给汽车维修带来了许多不便，即使选用综合型解码器，也要配备多种接口、适配器和测试卡。将具有上述特征的自诊断系统称为OBD—Ⅰ诊断系统。

（2）OBD—Ⅱ 美国汽车工程学会（SAE）于 1994 年提出了汽车微机控制系统的 OBD—Ⅱ诊断标准。该标准已被国际环保机构（EPA）及美国加州资源协会（CABB）认证许可，并为美国、日本、欧洲国家的汽车制造商所采用。

OBD—Ⅱ将故障诊断插座的形式、故障码的位数和含义、读取方法等均作了统一，并加强了数据流的检测功能。目前几乎全部车辆都采用 OBD—Ⅱ。

依据 OBD—Ⅱ标准设计的汽车微机控制系统在下述各方面是一致的：

1）采用同一规格的诊断插座。OBD—Ⅱ诊断插座统一为 16 孔，如图 1-78 所示。各插孔代号的意义如下：

4#——直接在车身上搭铁；5#——信号回路搭铁（故障码触发）；16#——电源＋B；2#、10#——美规车参数资料输出；7#、15#——欧规车参数资料输出；1#、3#、6#、8#、9#、11#、12#、13#、14#——各车型、各系统代码的触发或输出插孔（有的车系短接触发后 ECU 和 ECT 同时闪故障码，有的车系需单独跨接触发）。

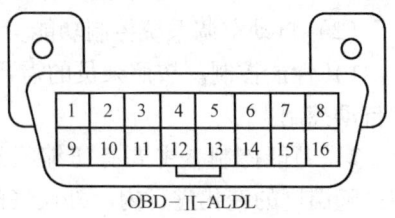

图 1-78 第二代随车自诊断检查插接器

2）采用统一的故障码。

① 故障码的组成。SAE 规定的 OBD—Ⅱ故障码有 5 位。第一位是英文字母，第二到第五位是数字，如 P1352。每一个故障码均有不同的含义。

② 故障码的含义

a. 故障码的第 1 位代表测试系统。OBD—Ⅱ故障码第 1 位的意义见表 1-1。

表 1-1　OBD—Ⅱ故障码第 1 位的意义

故障码的第一位	测 试 系 统
P	发动机、变速器
C	底盘
B	车身
U	网络通信

b. 故障码的第 2 位代表故障码的定义者。0 为 SAE 统一制订的故障码，1～9 为各汽车制造商自行定义的故障码。

c. 故障码第 3 位代表 SAE 定义的故障范围。OBD—Ⅱ故障码第 3 位的意义见表 1-2。

表 1-2　OBD—Ⅱ故障码第 3 位的意义

1	燃油或进气系统	6	ECU 或输出控制组件
2	燃油或进气系统	7	变速器控制系统
3	点火系统	8	变速器控制系统
4	排放控制系统	9	SAE 预留部分
5	怠速控制系统	0	SAE 预留部分

d. 故障码第 4、5 位为各汽车制造商原厂故障码。

③ SAE 故障码的特点。OBD—Ⅱ故障码 P0000～P0999 为 SAE 统一规定部分（代码表从略），具有分类细、定义准确、覆盖面宽的特点。

3）采用统一的诊断模式。

4）可由解码器直接读出和清除故障码。

2. 故障的判定方法

当电子控制系统工作时,正常的输入、输出信号是在规定范围内变化的。当某一电路出现异常或输入了 ECU 不能识别的信号时,ECU 就判定这一电路产生了故障。判定方法通常有时域判定法、值域判定法、逻辑判定法和功能判定法四种。

3. 故障码的读取

按照是否使用专用仪器可以将故障码的读取方法分为两种:一种是人工读取;另一种是仪器读取。人工读取方法主要适用于 OBD—Ⅰ系统,而仪器读取方法既可适用于 OBD—Ⅰ系统,也可适用于 OBD—Ⅱ系统。随着解码器的普及,仪器读取方法已逐渐取代人工读取方法而成为主流。

4. 故障码的清除

故障码的清除方法有三种:人工清除、仪器清除和自动清除。

(1) 人工清除 通常是拔下相应的电控系统(如 ECU、ECT、ABS、SRS 等)的熔断器或直接拆下蓄电池负极连接线并保持 20s 以上。拆蓄电池负极连接线的方法虽然可以清除故障码,但是 ECU 中存储的怠速学习值、换挡自适应值、节气门定位值以及收音机密码等可能同时被清除,必须进行相应的驾驶学习、解码器设定和密码输入才能恢复,应特别注意。

(2) 仪器清除 可将解码器与诊断插座相连,按照仪器的指示操作,即可清除各种电控系统中所存储的故障码,而无需拆卸蓄电池负极连接线。仪器清除是一种安全、彻底的清除方式。

(3) 自动清除 某些车辆在故障排除后,如果未再次出现相同的故障,那么存储在 ECU 内部的相应故障码会在点火开关经 50~80 次开关循环(发动机必须起动)后被自动清除。

复习思考题

1. 解码器有哪些功能?使用时应注意什么?
2. 发动机综合检测仪有哪些功能?
3. 简述车轮不平衡检测的基本原理。
4. 简述双怠速法测量汽油车尾气排放的过程。
5. 喷油泵试验台的功能有哪些?
6. 电器万能试验台的功能有哪些?
7. 简述镗鼓机的使用方法。
8. 前照灯检验仪的类型有哪几种?自动追踪式前照灯检验仪如何使用?
9. 简述滚筒式制动试验台的使用方法及注意事项。
10. 简述侧滑试验台的使用方法。

11. 电控燃油喷射系统由哪三部分组成？各部分的作用是什么？
12. 空气供给系统由哪些部件组成？其工作过程如何？
13. 空气流量计按其计量原理可分为哪几种类型？
14. 简述燃油压力调节器的工作原理。
15. 电动汽油泵有哪几种？各有什么优缺点？
16. 曲轴位置传感器有哪几种类型？它们有哪些作用？
17. 喷油量包括哪三部分？基本喷油量由什么决定？
18. 排气再循环系统在什么情况下投入工作？
19. 简述 ABS 的组成、作用和基本工作过程。
20. ABS 的工作特性有哪些？
21. 简述 SRS 的基本工作过程。
22. 简述安全气囊的组成及故障警告灯的正常显示情形？
23. 空调系统由哪几个装置组成？冷气装置主要总成的作用是什么？
24. 余热水暖式暖风装置是如何工作的？
25. 简述冷气装置的基本组成及制冷循环过程。
26. 何为 OBD—Ⅱ？OBD—Ⅱ有什么特点？
27. OBD—Ⅱ故障码的编码有什么特点？各位的含义是什么？

第 二 章

编制汽车主要零部件修理工艺卡

 **培训学习目标** 通过本章的学习,能够编写汽车主要零部件修理工艺卡。

◆◆◆ 第一节 编制零部件修理工艺卡基础知识

一、汽车修理工艺和工艺规程

1. 汽车修理工艺

汽车修理工艺是指利用生产工具按一定的要求修理汽车的方法,是在修理汽车的过程中积累起来,并经过总结的操作技术经验和技巧。

2. 汽车修理工艺过程

汽车修理工艺过程是由许多工序组成的,是汽车修理的各种作业(解体、清洗、修制、换件、装配、检验、磨合等)按一定的方式组合并顺序、协调进行的过程。根据生产过程内容的繁简程度,工艺过程又划分为许多工序(在大的工序内,又可分为若干工步)。

汽车大修工艺过程一般包括进厂检验、外部清洗、汽车及总成的拆卸、零件清洗、零件检验分类、零件修理、总成装配、总成试验、汽车总装、出厂检验等。

3. 工序

工序是在一个地点由工人(或一组工人)对一个零件(或一组零件)所连续完成的工艺过程的一部分。工序是工艺过程的基本组成部分,也是生产计划的基本单元。设备负荷的计算、必需的工作量和工人技术等级的确定以及工具的配备等都是以工序为依据的。

4. 汽车修理工艺规程

一种生产对象的工艺过程有多种方案,通过对各种情况的分析(如工效、质量、成本等）而在这些方案中选定的某一具体生产条件下最科学合理的方案，将其内容用条文、图表等形式确定下来并写成的技术文件就是汽车修理工艺规程。通常情况下，工艺规程只是提出总的目标要求，并不具体写明每一工序如何操作。它是技术管理中重要的技术文件，一般作为技术档案保存在技术部门。

二、汽车修理工艺卡

1. 汽车修理工艺卡的概念

汽车修理工艺卡是按不同的作业范围（如清洗、检验、加工、装配），根据工艺规程所规定的内容，用简明的文字、表格或工作图等形式表达出来的技术文件。它既是工艺规程的具体体现，也是具体安排和指导生产的依据，还是工艺规程进入生产的执行部分。卡片上要较详细地写明各工序的技术要求、操作要点及步骤，以便送达车间，用其组织和指导生产。

2. 汽车修理工艺卡的种类

汽车修理工艺卡的种类繁多，内容繁杂，目前我国尚无统一定型的格式，可由企业自定。按照工种或作业性质的不同，汽车修理工艺卡通常分为拆卸工艺卡、装配工艺卡、技术检验工艺卡（包括综合技术检验工艺卡、零件技术检验工艺卡）、零件修复工艺卡和调试工艺卡等。有些零件或总成的检、修、装、调、试工艺卡，也采用综合工艺卡的形式。

（1）装配工艺卡　装配工艺卡的格式和主要内容见表2-1。通常将其分为汽车装配工艺卡、总成装配工艺卡和组合件（活塞连杆组）装配工艺卡等。

表2-1　装配工艺卡的格式和内容

企业名称				装配工艺卡		卡号	
（装配工作图）				装配名称	厂牌	第　页	
						共　页	
				说明：			
工序号	工种	作业名称	操作要点及技术要求	设备	工具	量具	工序时间	备注

（2）技术检验工艺卡　按照检验的类别可将技术检验工艺卡分为综合技术检验工艺卡和零件技术检验工艺卡两种。

1）综合技术检验工艺卡。综合技术检验工艺卡的格式和内容见表2-2。它适用于总成、组合件（如活塞连杆组）、机构系统（如制动系统、配气机构）等的综合性技术检验。在卡片的"检验项目"栏内,应逐项注明检验项目名称(如曲轴主轴承径向间隙、连杆轴承轴向间隙、飞轮轴向圆跳动、气缸压缩压力等)。

表2-2 综合技术检验工艺卡的格式和内容

企业名称						卡号		
检验名称		厂牌		车别		修别	第 页	共 页
检验项目	技术要求	检验方法	检 验		检验结论	作业时间	备 注	
			量具	仪器				

2)零件技术检验工艺卡。零件技术检验工艺卡通常是每件一卡,其格式和内容见表2-3。零件技术检验工艺卡适用于零件修复前的检验分类和零件修复过程的检验。零件修复前的技术检验工艺卡可以不填写卡片的"工序号",而零件修复过程的技术检验工艺卡必须按修理工艺过程顺序填写"工序号"。

表2-3 零件技术检验工艺卡的格式和内容

企业名称			零件技术检验工艺卡				卡片编号	
(检验部位图)			零 件					
			名称	厂牌	编号	材质	力学性能	第 页
								共 页
			说明:					
工序号	工种	图上号码	技术要求	检验方法	检 验		检验结论	工序时间	备 注
					量具	仪器			

(3)零件修复工艺卡 零件修复工艺卡通常也是每件一卡,其格式和内容见表2-4。对于简单零件的制配,也可将其作为零件机械加工工艺卡。

汽车修理工艺卡的格式多种多样,以上几种形式仅供参考,也可以将以上工艺卡的名称和内容作适当改变,做成其他类型的工艺卡。例如,装配工艺卡(见表2-1)修改后可用作拆卸、调试工艺卡;零件修复工艺卡(见表2-4)修改后可用作孔形零件的镗削、磨削工艺卡等。

表 2-4　零件修复工艺卡的格式和内容

企业名称					零件修复工艺卡				卡片编号	
（工艺图）					零件					
					名称	厂牌	编号	材质	力学性能	第　页
										共　页
					说明：					
工序号	工种	图上号码	工序名称	操作要点及技术要求	设备	工具、模具夹具、刀具	量具	焊条牌号	工序时间	备注

3. 汽车修理工艺卡的内容

汽车修理工艺卡的内容应根据工艺特点而定，通常包括工序号、工位图和技术要求几个主要方面。

（1）工序号　工序号是按作业顺序编排的序号。在修理工艺卡片中，此序号还包含工艺过程程序。

（2）工作图　工作图用于指明零件或总成的作业部位，以便按照指明的部位工作，如检验图和装配图。应在工作图上用引线注明其损伤部位或配合副的公差、间距、角度及方位等的相互位置。对操作方法，应用简图表明工件对设备、夹具、工具、量具及仪器等在操作中的相互位置或操作方法。

（3）技术要求　主要包括以下内容：

1）工艺规范。工艺规范主要是指用于工艺方面的数据，如切削加工的切削用量、零件清洗溶液的成分、热处理的温度及力学性能等有关数据。

2）技术规范。技术规范主要是指零件的尺寸（如公称尺寸、允许磨损尺寸、极限磨损尺寸等）、表面粗糙度及精度、配合副的公差等。

3）性能条件。性能条件是指装配中某部位承受的压力、转矩和工作性能等。

4）报废条件。报废条件是指零件损伤达到无法修复程度的具体规定。

5）设备、工夹具。应在每一作业项目（工序）中指明所使用的设备、夹具、工具、量具和仪器等的名称及必要的型号。

6）材质。材质是指工件所用材料的种类、型号及尺寸等。

7）工序时间。工序时间是指完成每一工序所需的连续作业时间。根据时间长短，工序时间用"min"或"h"计算。为了便于安排生产计划和考核，最好分定额工时和实际工时。

8）力学性能。力学性能通常指零件的表面硬度。

工艺卡是法定性工艺文件，编好后由检验员签字并报有关单位批准。批准单位盖章（或签字）后在注明的执行日期生效。若需要修改，则必须经有关部门批准。

三、汽车修理工艺规程和工艺卡的编制

1. 汽车修理工艺规程的制订原则

由于汽车修理企业的生产规模、生产条件和承修车型不同，因此没有统一的工艺规程。各地、各企业应根据各自的具体情况研究、编制、借鉴、实施、总结和积累各种整车、总成以及零部件修理的工艺规程。在确定工艺规程的过程中，应遵循以下原则：

（1）技术先进性　为了使工艺技术具有先进性，应该学习国内外的先进经验，结合本企业现有的设备条件和技术水平，既要有长远规划性，又能适应目前技术水平，并可能发挥创新的积极性。

（2）经济合理性　在保证产品质量的前提下，应尽量降低修理成本，挖掘技术潜力修旧利废。例如，零件机械加工工艺的制订，必须充分注意选定合理的加工基准及切削用量，使切削用量为最小，保证质量，以增加零件可修复的加工次数（如镗缸、磨曲轴），延长零件的使用寿命。

（3）改善劳动和安全条件　在制订工艺时，必须注意降低工人的劳动强度和改善工人的劳动条件，注意噪声和排污标准，消除各种公害，还要保证安全操作规程的完善和落实，保证人身、工件和机具不受损害。特殊安全问题除在操作工艺本身上作合理安排外，必要时还应附加特别注意事项。

2. 制订汽车修理工艺规程的注意事项

1）凡容易使工件产生变形的工序，应尽量安排在最前面，避免最后因变形而浪费加工工料。热加工（如热铆、堆焊、热喷涂）、冷压加工（如镶套、校正）等加工应力大（如工件受夹持和切削应力大）的工序，应尽量安排在精加工或定型加工的前面。

2）对表面精度和粗糙度要求高的工序，应尽量安排在后面，以免精加工表面在工件移动、运输过程中受到损伤。

3）工件钻孔应在平面切削加工之后进行，尽量不要在斜面上钻孔，以免钻斜。

4）在各工序间，工件运输的路程和次数应为最短和最少，这样可以减少运载工具，降低劳动强度。

5）工序之间的工人活动不能相互干扰。

6）尽量采取流水作业。流水工序应紧密配合流水节奏（时间节拍），若因

局部工作量过重而无法进行流水作业，则应对相应工组（工位）进行调整，可进行技术革新或提高其机械化程度。

3. 汽车修理工艺卡的编制程序

在编制汽车修理工艺卡时，首先要检测待修零件有无外部损伤和隐伤，然后准确测量待修零件的几何公差，对照技术标准确定最佳修复方法和修理尺寸以及修复后应达到的技术标准。在充分考虑技术上的先进性、经济上的合理性，兼顾修理质量、生产成本以及劳动条件和安全条件的基础上，结合本企业实际情况（生产纲领、技术水平、设备情况），确定修复工序和工艺规范。

◆◆◆ 第二节 编制零部件修理工艺卡专业知识

一、汽车零件修复方法

1. 汽车零件修复方法的种类

汽车零件修复方法主要有机械加工、焊接、振动堆焊、电镀、刷镀、金属喷涂、电火花加工以及粘结等。

按照零件的缺陷特征，可将修复方法分为磨损零件的修复、变形零件的修复，以及裂纹、破损零件的修复。

（1）磨损零件的修复　磨损零件的修复方法基本上可以分为两类：一是对已磨损零件进行机械加工，使其恢复正确的几何形状和配合特性，并获得新的几何尺寸；二是利用堆焊、喷涂、电镀和刷镀等方法对零件的磨损部位进行增补，或采用胀大（缩小）镦粗等压力加工方法增大（或减小）磨损部位的尺寸，然后再进行机械加工，恢复其基本尺寸、几何形状及规定的表面粗糙度。

（2）变形零件的修复　变形零件的修复可采用压力校正法、火焰校正法和敲击校正法。

（3）裂纹、破损零件的修复　零件上的裂纹、破损等损伤缺陷采用电弧焊、钎焊或机械加工等方法进行修理。

2. 零件修复方法的选择

选择零件的修复方法时主要考虑技术上的先进性、工艺上的合理性、质量上的可靠性、经济上的合算性，另外，还要考虑各种修复方法的修复层厚度、性能，零件本身的结构、形状、尺寸和热处理对修复的影响，零件的磨损情况，工作条件对修复的要求等。

3. 汽车零件的机加工修复

零件的机械加工就是零件表面的切削加工，即通过机床的车、铣、刨、磨、镗等机械加工工艺和钳工的锯、锉、钻、铰、刮、研等手工加工工艺,使零件恢复原来的设计和技术要求。

机械加工修复法是零件修复中最基本、最重要和最常用的修复方法,主要包括修理尺寸法、镶套修复法、局部更换修复法和转向翻转修复法。

(1) 修理尺寸法 修理尺寸法是修复配合副零件磨损的一种方法,是将待修配合副中的一个零件利用机械加工的方法恢复其正确的几何形状并获得新的尺寸(修理尺寸),然后选配具有相应尺寸的另一配合件,恢复配合性质的一种修理方法。气缸体、曲轴大都采用此种方法修理。

在修复零件时,在其材料强度和结构允许的范围内,可将修理尺寸分为若干级,每级级差不完全相同,但以0.25mm为级差的最多。汽车主要零件修理尺寸分级表见表2-5。

表2-5 汽车主要零件修理尺寸分级表 (单位:mm)

级别 名称	1	2	3	4	5	6	7	8	9
气缸套外径 (气缸承孔)	+0.25	+0.50	+0.75	+1.00	(+1.25)	(+1.50)	—	—	—
活塞直径 (气缸直径)	+0.25	+0.50	+0.75	+1.00	+1.25	+1.50	—	—	—
活塞环直径	+0.25	+0.50	+0.75	+1.00	+1.25	+1.50	+1.75	—	—
活塞销直径	+0.04	+0.08	+0.12	(+0.16)	—	—	—	—	—
曲轴轴颈直径	—	-0.25	-0.50	-0.75	-1.00	-1.25	-1.50	-1.75	—
曲轴轴承内径	-0.10	-0.25	-0.50	-0.75	-1.00	-1.25	-1.50	-1.75	-2.00
转向主销直径	+0.08	+0.12	+0.06	+0.20	(+0.24)	—	—	—	—

注:( )内的数值是不常用的尺寸。

通常只对不便于更换的基础件(如气缸体、曲轴、前轴等)按修理尺寸法进行机加工修复,而容易更换的配合件(如活塞、轴瓦、衬套、销轴等)则予以更换。

零件磨损后的每次修理都需要加工到最接近的一级修理尺寸,直到最后一级修理尺寸。当磨损超过最后一级修理尺寸时,由于受到零件强度和结构合理程度的限制,不允许再用修理尺寸法修复,只能采用镶套、堆焊、喷焊、电镀等方法恢复到零件的基本尺寸。

为了防止零件间的混淆,应在零件的非工作表面上标注分级尺寸或其代号。在修理时,应先核对分级记号。若无记号或记号不清,则应查阅零件的标准尺寸并测出其实际尺寸,两者差值的绝对值就是零件的修理尺寸。

在修理零件时,可按式(2-1)确定其修理尺寸。

$$d_x = 2(\rho\delta + c) \tag{2-1}$$

式中 d_x——新的一级修理尺寸（mm）；

ρ——磨损不均匀系数，根据经验应在 0.6~0.9 之间；

δ——实际测得的零件最大磨损量（mm）；

c——加工余量（mm），取决于机床和操作者，通常在 0.10~0.20mm 之间。

对于磨损较少或尺寸较小的零件，其修理尺寸也可以不考虑磨损不均匀系数，而直接按式（2-2）确定。

$$d_x = \delta + c \tag{2-2}$$

若计算出的修理尺寸 d_x 不是标准分级，则应将其圆整到下一分级上。同组零件应为同级修理尺寸，修理尺寸应根据其中磨损量最大的部件确定。

例如，现测量出某六缸发动机各气缸最大磨损量依次为 0.38mm、0.33mm、0.35mm、0.31mm、0.33mm、0.37mm，原气缸为标准尺寸，求该发动机镗缸时的修理尺寸。

解：根据 $\qquad d_x = 2(\rho\delta + c)$

δ 取最大值 0.38mm，ρ 取中值 0.7，c 取小值 0.10mm，代入得

$$d_x = 2 \times (0.7 \times 0.38\text{mm} + 0.10\text{mm}) = 0.732\text{mm}$$

查阅表 2-5 可知第三级修理尺寸为 0.75mm，所以应将 $d_x = 0.732$ 圆整到 0.75mm，即加大到第三级修理尺寸。还应说明，在镗缸过程中，为了避免因测量、计算不准或系数选择不当及其他原因而镗不出所选的修理尺寸，通常先加工磨损量最大的气缸，以免走弯路。

修理尺寸法不但使各级修理尺寸标准化（加大了加工余量，使可修理次数减少），可以提高零件的互换性，便于加工配件和修理，而且能大大延长复杂零件和基础件的使用寿命，简便易行，经济性好，因而广泛应用于曲轴、凸轮轴、气缸、转向节主销孔等的修理。

(2) 镶套修复法 镶套修复法是先在零件的磨损部位进行圆整加工，然后用过盈配合的方式镶上新的薄壁套，使零件恢复其基本尺寸的方法。只要零件修复后的强度和结构允许，均可采用镶套修复法修复。气缸体作为发动机的重要基础件可采用此种方法修复。

镶套配合分为轻级过盈配合、中级过盈配合和重级过盈配合。通常轻级过盈配合的过盈量为 0.02~0.05mm，如 H6/r5、H7/r6；中级过盈配合的过盈量为 0.05~0.15mm，如 H7/s6、H8/s7；重级过盈配合的过盈量超过 0.15mm，如 H7/u6、H8/u7。镶套过盈量的选择应合适，必要时要经过强度计算。

镶套材料要根据镶套部位的工作条件来选择。高温下工作的部位，其镶套材料应与基体一致或相近，另外要求镶套材料的热稳定性要好。例如，镶发动机气

门座圈时，应选用灰铸铁、耐热钢或与基体一样的材料。

过盈量与两镶套件的加工精度和表面粗糙度、直径大小、工作表面长度、壁厚、表面硬度等有关。一般来说，当加工精度较高和表面粗糙度较小、直径较大、壁厚较厚、长度较长、材料硬度较高时，两者的过盈量可相对下降一些，但这些影响一般不应超过0.02mm。

在镶套之前，应仔细检查并测量两镶件的尺寸公差、几何公差和表面粗糙度（应满足技术要求），并对零件的圆度、圆柱度做好记号。除按工艺要求镶套外，可让轴的小尺寸端先压入孔的大尺寸端，且两镶件的椭圆长短轴方向一致，这样可使两镶件在镶压过程中先松后紧，容易压入。此外，两镶件的镶入端应有15°~30°的倒角。在做好表面清洁工作后，有些镶件还应涂一层润滑油或密封胶。

在压入过程中，应注意压入件是否歪斜，压力是否正常。

对于精密零件或过盈量较大零件的镶套，还应采取必要的工艺来帮助镶压。例如，外圈零件采用喷灯加热或机油煮热，内圈零件则采用液态氮降温等。

镶套修复法具有能恢复较多的磨损量、修复过程中不需要高温加热、工艺简单、修复成本低的优点，主要用于修复气缸套、气门座圈、气门导管、飞轮齿圈、变速器轴承孔、后桥和轮毂壳体中滚动轴承的配合孔，以及壳体零件上磨损的螺纹孔和各类型的轴端、轴颈等。

（3）局部更换修复法　对于有多个工作面的汽车零件，由于各工作表面在使用中磨损不一致，当某些部位损坏时，其他部位尚可使用，为防止浪费，可采用局部更换法。例如，半轴花键部分的修复可采用此方法。

局部更换法就是将零件需要修理（磨损或损坏）的部分切去，重制这部分零件，再用焊接或螺纹联接方式将新换上的部分与零件基体连在一起，经最后加工，恢复零件原有性能的方法。

局部更换法主要用于修复半轴、变速器第一轴或第二轴、变速器盖及轮毂等，其修理工艺较复杂。

（4）转向和翻转修理法　转向和翻转修理法是将零件的磨损或损坏部分翻转一定角度，利用零件未磨损部位恢复零件工作能力的一种修复方法。

转向和翻转修理法常用来修复磨损的键槽、螺栓孔和飞轮齿圈等，其应用受到零件结构条件的限制。

4. 汽车零件的焊接修复

焊接修复是借助于电弧或气体火焰产生的热量，使焊丝金属融化熔合在本体金属上，以填补零件的磨损和恢复零件的完整性。

焊接修复是汽车修理中广泛使用的一种零件修理方法，具有能增大零件的尺寸、焊层厚度易控制、设备简单、修复成本低的优点，普遍用于修复零件（如气缸体、变速器壳、主减速器壳等）的磨损、破裂、断裂等缺陷。

根据使用的热源不同可将焊接分为气焊和电焊，而根据熔剂层的不同，可将电焊分为焊条电弧焊和振动堆焊。下面介绍几种典型的焊接方法。

(1) 振动堆焊　振动堆焊是焊丝以一定的频率和振幅振动的脉冲电弧焊，是机械零件修复中广泛应用的一种自动堆焊方法。其实质是在焊丝送进的同时，使其按一定频率振动，造成焊丝与工件周期地起弧和断弧，电弧使焊丝在较低电压（12~20V）下熔化，并稳定均匀地堆焊到工作表面。振动堆焊的主要特点是堆焊层厚，结合强度高，工件受热变形小，故常用于修复一些轴类零件，如曲轴、凸轮轴等。

1) 振动堆焊参数的选择。振动堆焊参数主要包括电源电压、极性、电路电感、堆焊电流、堆焊速度，焊丝的振动频率、振幅、送丝速度、焊丝伸出长度、焊丝与工件位置、焊丝牌号和直径、焊嘴冷却强度等。正确选择堆焊参数是获取稳定堆焊过程和良好堆焊质量的基本条件。

2) 堆焊层的性质

① 硬度及耐磨性。振动堆焊层的硬度是不均匀的，这是由于后一焊滴对前一焊滴，或后一圈焊道对前一圈焊道有回火作用。大量振动堆焊修复的曲轴装车使用表明，这种软硬相间的组织并不影响其耐磨性。

② 结合强度。堆焊层与基体的结合强度高达5MPa。这是由于堆焊层与基体的结合是冶金结合，比喷涂修复层的结合强度高得多，使用中很少有脱落、掉块现象。

③ 疲劳强度。由于振动堆焊层与基体金属间有很大的内应力，因此堆焊修复后疲劳强度降低较多，通常可达40%。因此，受冲击负荷较大的柴油机曲轴、合金钢及铸铁曲轴不应采用振动堆焊修复。

3) 其他堆焊修复法。蒸气保护下的振动堆焊、二氧化碳气体保护焊及埋弧焊的原理与振动堆焊相同，只不过是为了改善焊层的性能，减少焊层中的气孔、裂纹和夹渣。堆焊过程是在气体或焊剂保护下的一种振动堆焊，在此不再详述。

(2) 焊条电弧焊　焊条电弧焊是利用普通电弧作为热源，以焊条为填充金属材料，采用手工操纵焊条进行焊接的方法。

1) 焊条电弧焊的特点及适用范围。焊条电弧焊具有设备简单、操作方便、焊接强度高、施焊速度快、生产率高、零件变形小等优点，故广泛应用于碳素钢、合金钢及铸铁等金属材料的不同厚度、不同位置的焊接。在汽车修理中，焊条电弧焊主要用来修复零件的裂纹、破裂和折断等。

焊条电弧焊存在焊缝硬而脆、塑性差、可加工性比气焊差，且在焊接应力作用下易产生裂纹或焊缝剥离等缺点。为保证焊修质量，必须在工艺上采取措施。

2) 焊条电弧焊工艺

① 预热保温。对于较大的零件应进行预热和焊后保温，以减小焊接应力和

防止裂纹的产生。

② 焊前准备。当母材的材质较差时，为了防止焊接时裂纹的延伸和提高焊补强度，应在裂纹两侧钻止裂孔。止裂孔的直径应根据板厚来确定，通常为 $\phi 3 \sim \phi 5$ mm。对于裂纹较深的工件，为了保证焊条金属与基体金属很好地熔合，应在工件裂纹处开坡口，可以全部或部分地除去裂纹部分的金属。

③ 施焊。施焊时，要采取小电流、分段、分层和趁热锤击方法，以减小焊接应力和变形，并限制母材金属成分对焊缝的影响。

采用小电流的基本原则是在保证焊透的前提下尽量选择小电流。采用分段焊是为了减少焊接应力和变形。焊接时，一次施焊长度不要过长，焊完一段后，应趁热从弧坑开始锤击焊缝，直到温度下降到 40~60℃ 时为止，然后再焊下一段。锤击的目的是消除焊接应力，砸实气孔，提高焊缝的致密性。当工件较厚时，要采用分层焊。采用分层焊时可用较细的焊条，较小的焊接电流，使后焊的一层对先焊的一层有退火软化作用，可以改善焊缝的力学性能，还可改用低碳钢焊条填满坡口，以节约贵重焊条。如果工件的裂纹从边缘向中心延伸，则施焊时要从里向外焊，以减小应力和变形。

④ 焊后检查。零件焊完后，应检查有无气孔、裂纹，焊缝是否致密、牢固，若有缺陷，则应采取必要的补救措施。

（3）气焊　气焊就是氧乙炔火焰焊接。气焊的火焰热量较电焊分散，工件受热变形大，生产率较低，且焊接质量不如电焊。但气焊的熔池冷却速度慢，焊缝开头、结尾的焊透程度易控制，能做到焊缝金属与基材相近似。同时由于设备简单，不受电源限制，方便灵活等，所以气焊的用途较广，主要用于碳素钢、合金薄板件的焊接，还可用于有色金属和铸铁的补焊。对于发动机缸体的裂纹、气门座孔内的裂纹、曲轴箱内的裂纹、气缸体上平面的裂纹以及变速器壳体裂纹等，常采用气焊的加热减应焊方法。

1）加热减应焊。加热减应焊又称为对称加热焊，即补焊时对选定的减应区进行加热，以减少焊补时的应力和变形。

2）加热减应焊的原理。焊接有孔零件裂纹时的加热减应区如图 2-1 所示。如果直接焊接裂纹处而不加热减应区，那么焊后焊缝很可能被拉断，即使不被拉断，零件也会产生较大的变形。如果在减应区加热，焊缝与减应区在受热时一起膨胀，冷却时又一起收缩，就会大大减小焊接应力。

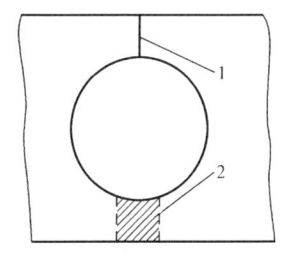

图 2-1　焊接有孔零件的裂纹时的加热减应区

1—裂纹　2—加热减应区

3）加热减应区的选择原则与检验。加热减应焊的关键在于正确选择减应区。选择减应区的原则如下：

① 减应区应选在裂纹的延伸方向。

② 减应区应选在零件棱角、边缘等强度较大处。

减应区的选择是否适当，可通过加热检验。当减应区加热到500~700℃时，若零件上待补焊的裂缝胀大1~1.5mm，则说明加热减应区选择合理。如果加热时裂纹反而变得紧密，则说明减应区选择不当。焊接时，减应区的加热温度不得低于400℃，以免降低减应作用，但也不能超过750℃，以免引起零件金相组织的变化。

4) 焊接工艺

① 焊前准备。当焊接部分厚度在6mm以上时，要开90°~120°的V形坡口。若所焊部位厚度在15mm以上，则应开X形坡口。

② 施焊要点。施焊火焰应用粗弱碳化焰或中性焰，加热区应用氧化焰。施焊方向应指向减应区。

施焊时，先熔化母材，再添加焊丝，并随时用焊丝清除杂质，以防气孔和夹渣。施焊应一次完成，避免反复加热而造成应力过大。补焊完成后仍需加热减应区至700℃才能停止。

5. 汽车零件的喷涂与喷焊修复

(1) 喷涂 以某种热源将粉末或线状材料加热到熔化或熔融状态后，用高压、高速气流将其雾化成细小颗粒并喷射到经过准备的零件表面上，以形成一层覆盖层的过程称为喷涂。喷涂可以喷金属，也可以喷非金属，生产中常用金属喷涂。金属喷涂涂层的结合过程是熔化的金属微粒在塑性状态下，通过强烈撞击嵌塞到零件表面上的过程。

根据熔化金属所用热源的不同，金属喷涂可分为电喷涂、气体火焰喷涂、高频电喷涂、等离子喷涂、爆炸喷涂等。

由于气体火焰喷涂具有设备简单、操作简便、应用灵活、噪声小等优点，因此在汽车零件修理中应用最广，主要用于修复曲轴、凸轮轴、气缸等。

喷涂层性能与很多因素有关，如粉末材料、喷涂工具、喷涂工艺等，尤其是所选用的材料不同，其喷涂层性能各异。

喷涂工艺过程包括：喷涂前工作表面的准备、喷涂（喷打底层和工作层）和喷涂层加工。

(2) 喷焊 喷焊是利用高速气流将用氧乙炔焰加热熔化的自融合金粉末喷涂到准备好的零件表面上，并经过再一次重熔处理形成一层薄而平整呈焊合状态的表面层（喷焊层）的过程。它可使工件表面具有耐磨、耐蚀、耐热及抗氧化的特殊性能。喷焊与喷涂工艺相似，可达到堆焊的效果。

喷焊层由于具有高的结合强度和好的耐磨性，目前被广泛用于修复阀门、气门、键槽、凸轮等零件。

氧乙炔喷焊工艺通常为：工件表面准备→喷前预热→喷涂粉末→重熔处理→冷却→精加工等几道工序。

6. 汽车零件的胶粘修复

胶粘修复是应用胶粘剂将两个物体或损坏的零件牢固地粘结在一起的一种修复方法，常用于修复车身零件，粘补水箱、油箱和其他壳体上的穿孔和裂纹，也可用于粘结制动蹄、离合器摩擦片和缸体的堵漏等。

胶粘修复的特点是：工艺简单、设备很少、成本低，不会引起变形和金属组织的变化。

胶粘的基本原理：两粘件依靠胶粘剂渗入粘件表面凹凸不平的空隙中固化后产生的机械镶嵌作用，胶粘剂分子间的相互吸引及其与粘件分子的相互扩散作用，胶粘剂与粘件化学反应产生的化学键作用而连接在一起。换句话说，胶粘是机械力、分子力和化学键共同作用的结果。

胶粘剂的种类很多，汽车修理中常用的有机胶粘剂有环氧树脂、酚醛树脂、厌氧胶、高强度胶粘剂等，常用的无机胶粘剂是氧化铜胶粘剂。

（1）有机胶粘剂

1）有机胶粘剂的组成。有机胶粘剂由粘料、固化剂、增塑剂、稀释剂、填料和促进剂等组成。其中，粘料和固化剂是必不可少的，其余成分可根据需要添加。

① 粘料。粘料是有机胶粘剂的基本成分，它包括合成树脂（酚醛、环氧树脂、有机硅、聚丙烯酸酯、聚酰胺等）或合成橡胶（丁腈橡胶、聚硫橡胶、氯丁橡胶）以及它们的混合体。其中，以环氧树脂的应用最广，下面以它为例加以说明。

环氧树脂是人工合成高分子树脂状有机化合物，是一种相对分子质量为300～7000的线性树脂，两端有环氧基，能与多种材料的表面形成化学键而产生较大的粘结力。

环氧树脂的主要使用性能指标是环氧值，即每100g环氧树脂含有环氧基的当量数。环氧值高的树脂相对分子质量小，在常温下是黄色油状液体，粘度较小。这类树脂使用方便，粘结强度较大，且受温度变化的影响较小，适宜作胶粘剂。环氧值低的树脂分子量大，在常温下是青铜色固体状胶块，可用于灌注和作涂料。常用作胶粘剂的环氧树脂牌号以环氧值从高到低排列顺序为618#、6101#、634#、637#和644#。牌号靠前者粘度小，使用方便，适宜于室温固化；牌号靠后者粘度大，耐温、耐冲击，韧性有所提高。

环氧树脂胶粘剂具有粘结力强、固化收缩小、耐油、耐酸、耐腐蚀、电绝缘性好、使用方便，可粘结各种金属与多种非金属等优点。其缺点是固化后较脆、韧性差、不耐碱、不耐高温，适合在150℃以下工作。

② 固化剂。固化剂也叫硬化剂，是胶粘剂的主要成分。环氧树脂本身不能固化，只有加入适量固化剂才能与固化剂化合，使分子的线性结构变成立体网状结构。环氧树脂固化后成为热固性物质，温度升高时不软化和熔化，同时也不溶于有机溶剂，化学稳定性特别好，既耐酸又耐油。

固化剂有室温固化剂和加温固化剂。采用较多的室温固化剂是乙二胺，加入量为6%～8%（体积分数），在室温下放置24h即可固化。常用的加温固化剂是邻苯二甲酸酐，加入量为25%～30%（质量分数）。加入加温固化剂的环氧树脂在室温固化极慢，粘结工件需加温到150℃左右，并保温4h后才能固化。

③ 增塑剂。加入增塑剂的目的是增加环氧树脂胶的塑性。增塑剂的加入量要适当，多了会降低粘结强度和绝缘性，过多会使胶粘剂长时间不能固化。常用的增塑剂有邻苯二甲酸二丁酯和磷酸二苯酯。

④ 填料。加入填料的目的是改善粘结后的力学性能、耐热性、电绝缘性和节约树脂用量。

填料有金属粉末和非金属粉末，其添加量视需而定，但不得过多，否则会影响粘结强度。若要提耐热性能，则可添加石棉、瓷粉；若要提高绝缘性，则可添加石英、胶木和瓷粉；若要增加强度，则可添加铜粉、铁粉。

当用铸铁粉粘壳体类裂纹时，铸铁粉用量为树脂重量的10%～20%，但在填补铸铁件缺陷时，可用到树脂重量的300%。石棉粉、石英粉、氧化铝粉在粘补裂纹时的用量为树脂重量的10%～20%。玻璃丝或玻璃布用作粘补气缸的填料时应是无碱的。

⑤ 稀释剂。稀释剂用来降低胶粘剂粘度，以便操作时延长其使用时间。

常用的稀释剂有丙酮、甲苯、二甲苯等。它们只溶解树脂，不参加与固化剂的化学反应，因此用量不限，不需多加固化剂，但应注意在固化前应完全挥发。

甘油环氧树脂、环氧丙烷苯基醚是活性溶剂。它们参与固化剂的化学反应，因此要多加固化剂。这两种稀释剂前者用量为环氧树脂胶用量的20%，后者为环氧树脂用量的10%～15%。每100g这两种稀释剂所需另加的固化剂，相当于150g环氧树脂所需的固化剂用量。

⑥ 促进剂。为了加速固化和降低固化温度，可以适当加入促进剂，如四甲基二氨基甲烷、间苯二酚等。

2）环氧树脂胶粘工艺

① 粘前准备工作。清洁粘结工件表面，以除去油污、锈渍、水分。裂纹表面需开60°坡口，端部需钻止裂孔，粘结面需磨出金属光泽。在批量生产时，需进行表面化学处理，并应用盐酸、马日夫盐进行磷化处理。

② 涂胶。工件最好加热至40℃，将调和好的胶粘剂均匀涂抹在裂缝表面，并检查是否有气泡。若有气泡，则在气泡处捣实，使胶粘剂高出平面1.00～

1.50mm，再用夹具夹紧粘结面。

③ 固化。可按加入固化剂的性质确定固化温度和时间。若分阶段固化，则应先低温后高温，以防止加温固化时析出气泡而呈多孔状。若常温下固化，则不要移动被粘工件，夹具不得松动，待固化完毕后方可取下。

3）酚醛树脂粘结。酚醛树脂是由酚醛类物质在催化剂中经缩合而得到的一类树脂。它可以单独使用，也可以和环氧树脂混合使用。

酚醛树脂有较高的粘结强度，耐热性好，但其脆性较大，不耐冲击。汽车修理中常用它来粘结制动蹄片及离合器摩擦片。

4）厌氧胶粘结

① 厌氧胶。厌氧胶在空气中存放时呈液体状，在与空气中的氧隔绝后，逐渐固化而产生粘结力，故称其为厌氧胶。

液体状的厌氧胶对裂缝的渗透性较好，通常只需采用薄铜皮、玻璃纸等与胶水同时粘在一起，隔绝表面的空气并设法断绝裂缝内的空气即可产生粘结力，故操作工艺简单，适用于不经常拆卸螺母的紧固防松，或用于管螺纹联接接头及平面凸缘接合面的耐压、密封、防漏，还可用于滚动轴承内外环的固定及填充堵塞漏隙和裂缝等。厌氧胶的粘结强度大，特别是对钢制零件。对于气缸体、变速器壳等箱体类零件的裂缝可就车粘结，而不需解体。

厌氧胶有 262、271、301、302、322、352、510、515、567、569 等多种牌号。

② 厌氧胶粘结工艺

a. 表面准备。清除表面油污、锈渍和水分，开坡口，钻止裂孔，并在止裂孔中用铜铆钉铆接，最后使粘结面露出金属光泽。

b. 涂粘过程。用毛笔将胶粘剂涂于裂缝上，并在裂缝两侧轻敲，以加速胶液渗透，然后用比裂缝长的铜片或玻璃纸（一面涂胶）遮住裂缝，使其与空气隔绝，室温固化24h后，掀起铜皮或玻璃纸的一角，观察胶液固化程度，用手摸无粘性时即可。

（2）无机胶粘剂　无机胶粘剂多以磷酸、氢氧化铝和氧化铜按一定比例调制而成，又称为氧化铜粘结剂。

在调制氧化铜粘结剂时，可将纯的氧化铜（粒度为320目）和无水磷酸放在铜片上用竹片调匀，待拉出 7~10mm 的丝时，即可使用。两粘件间的氧化铜粘结剂生成磷酸铜并吸收水分后，会形成结晶水化物而固化，与硅酸盐水泥类似。由于生成磷酸铜的化学反应是放热反应，为防止因调制量过多发生冒烟固化而无法使用，每次调制时氧化铜粉的量为10g，磷酸的量为2.5mL。

氧化铜粘结剂耐热性好（耐热温度为 600~900℃），固化过程中体积略有膨胀，宜采用槽接或套接，适用于缸体上平面、气门室裂纹、管接头防漏等粘结。其缺点是粘结脆性大，耐冲击能力差。

(3) 胶粘修复方法的选择 对于胶粘修补的零件，应根据其损坏程度、承受的载荷以及工作温度与环境等情况选择粘结修复方案，如确定粘结方法、接头形式、表面处理方法等。

(4) 保证胶粘质量的因素 保证胶粘质量的因素很多，其中以胶粘前的表面准备最为重要，它是决定粘结强度的关键。粘结表面要做到无油、无锈，并要有一定的粗糙度以增加粘结面的机械连接作用。此外，对强度要求较高的重要零件，还应进行表面化学处理，这样才能保证较高的粘结强度。

粘结的接头形式对胶粘强度影响很大。当用环氧树脂胶作胶粘剂时，其抗剪强度和抗拉强度比较好，而抗剥离和冲击强度低。因此在设计接头形式时，不仅要增加粘结面积，以提高强度，而且应对粘结件受力情况进行分析，使其尽可能少受剥离和冲击力，而多受剪切力和拉力。

对于有些损坏的部位，为了提高粘结强度，应采取辅助加强措施，如贴布层或钢板，镶嵌燕尾槽、销钉及金属扣键等。

胶粘剂配方比例要准确，涂胶要均匀迅速。胶层厚度应控制在 $0.1 \sim 0.25$ mm 范围内，太厚或太薄都会影响粘结强度。固化温度和时间要适当，并施加适当的压力（用夹具夹紧）。

7. 汽车零件的电镀修复

电镀是将金属工件浸入电解质（酸类、碱类、盐类）溶液中（刷镀则不浸入），以工件为阴极通以直流电，在电流作用下，溶液中的金属离子（或阳极溶解的金属离子）析出，沉积到工件表面上，形成金属镀层的过程。

根据零件的结构特点和使用特性，目前用来修复磨损零件的金属电镀工艺有镀铁、镀铬和镀铜等。例如，气缸、活塞销、转向节主销等可采用此种修理方法。

电镀工艺过程为：镀前处理、电镀及镀后处理。

8. 汽车零件的刷镀修复

刷镀又称为涂镀，是应用电化学原理，在金属表面局部有选择地快速沉积金属镀层，以恢复零件表面性能的方法，主要用于磨损量不大的轴类零件（如曲轴、活塞销等）的修理。

(1) 刷镀的基本原理 将接于电源正极的刷镀笔周期性地浸蘸或浇注专用刷镀液，并使其与接于电源负极的工件表面接触并有相对运动，镀液中的金属离子在电场力的作用下会向工件表面迁移，不断还原并沉积在工件表面而形成镀层。随着时间的延长和通电量的增加，镀层逐渐增厚，直至达到需要的厚度。

(2) 刷镀的特点

1) 刷镀在低温下进行，基体金属性质几乎不受影响，热处理效果不会改变。镀层具有良好的力学性能和化学性能。它与基体金属的结合强度高于常规的槽镀和金属喷涂。

2) 由于不需要镀槽，所以工艺适用范围大，工件尺寸不受限制，可以在不解体或半解体的条件下快速修复零件，用于对轴、壳体、孔类、花键槽、轴瓦、平面类及不通孔、深孔等零件的修复。

3) 在大电流密度及高离子浓度下，仍能获得均匀、致密的镀层。镀层沉积速度快、耗电少、成本低。一台设备可镀多种金属和合金，同一零件又可获得不同程度的镀层。镀层的厚度可控制在 ±0.01mm，适用于修复精密零件。

4) 刷镀适用于局部修复，一次只能修复一个零件，对大面积和大批量零件的修复不如槽镀。

5) 设备简单，操作安全，对环境污染小。

9. 汽车零件的校正

汽车零件在使用中会因残留应力、外载荷、温度或事故等而产生变形。变形的主要形式是弯曲、扭曲和翘曲。零件校正的目的就是消除零件的变形，以恢复零件的正确形状。

零件校正方法有压力校正、敲击校正和火焰校正三种。

（1）压力校正　压力校正是以外加的静载荷使零件产生变形的校正方法，一般金属零件均可采用。例如，连杆弯曲、气门杆弯曲、工字梁弯曲和扭曲以及车架、驾驶室等的变形等都可进行压力校正。

1) 压力校正的方法。压力校正方法有两端校正法和三点校正法两种。

① 两端校正法。固定零件的一端，在其另一端施加一个反弯矩或反转矩而使零件校正。例如，连杆弯曲和扭曲、离合器从动盘钢片翘曲等，均可采用两端校正法校正。

② 三点校正法。按需要将轴类零件的两端分别支撑在 V 形块上，下置一个百分表，当对两 V 形块间的轴类零件上方某处施加压力时，零件就会产生与原变形方向相反的弯曲变形，其变形量由百分表读出。零件的变形量不仅与压力有关，而且与支撑距离有关。为了防止作用点处的局部变形，应用软金属做垫衬。三点校正法通常用来校正弯曲变形，特别是轴类零件的弯曲变形。

2) 压力校正的措施。常温下金属的塑性会使晶粒处于不稳定状态，而在卸去校正压力后，将有一部分晶粒恢复原来的变形状态，且会产生与校正方向相反的变形。针对这种弹性和弹性后效的影响，在零件压力校正时，应采取以下措施：

① 要"矫枉过正"。校正时零件所产生的反向变形量必须远远大于原来的变形量，也就是说要"矫枉过正"。反变形量通过试验确定（与零件的形状、材料和刚度有关），通常中碳钢零件的压力校正变形量为弯曲量的 10 倍左右。

② 延长加载时间。零件加压后不卸压，而是保持几小时甚至一两天的时间。

③ 进行时效处理。零件校正后，必须放置一段时间（数天或数十天），以进行自然时效。也可进行人工时效，即将校压零件均匀加热至 150～200℃，并保温若干小时，以消除内应力。

压力校正的优点是工艺简单，并可获取较大的变形量。但对于有轴肩的轴类零件，由于凸肩处应力过大，降低了轴的疲劳强度，容易在轴肩处出现裂纹，为此，可采用一些辅助措施，如加热与时效处理或者多次校正等，但不宜盲目增加校正量。

（2）敲击校正　仅用来校正曲轴弯曲变形。这种方法是采用专用的球锤轻敲曲柄臂，使曲柄臂受敲一面逐渐伸张而发生变形，从而带动曲轴轴心线产生位移，达到校正的目的。

敲击校正的特点：不存在压力校正的缺点，其优点是校正的稳定性好，校正的精度高（可达 0.02mm），生产率高，疲劳强度不受影响。

（3）火焰校正　是用氧乙炔焰对变形零件（主要是弯曲）进行局部快速加热，并辅以浇注冷却水快速冷却，靠加热部位的冷却应力作用来校正零件的方法。

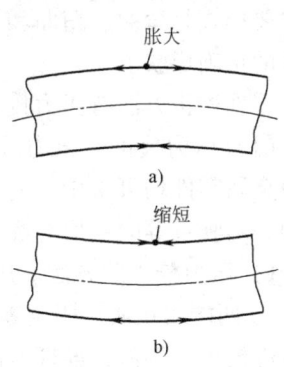

图 2-2　火焰校正的应力及变形
a）一点加热时　b）冷却时

如图 2-2 所示，当工件凸起点温度迅速上升时，表面金属膨胀使工件向下弯曲，上层金属受压应力，在高温下产生塑性变形。假设它本来要膨胀 0.10mm，但由于受周围冷金属限制，最终只膨胀了 0.05mm，另外 0.05mm 产生了塑性变形。待冷却后，零件仍然要收缩 0.10mm，但由于已产生塑性变形的 0.05mm 无法收缩，那么上表层就缩短了 0.05mm，这就对原有的下弯量起到了校正作用。

火焰校正效率较高，变形稳定，对疲劳强度影响较小。

10. 汽车零件的表面强化

零件的表面变形强化是零件的一种典型表面改进技术。它是利用金属塑性变形的特点，在外力作用下使金属组织结构发生改变，而又不破坏金属整体的加工方法。

表面变形强化的原理是预先用外力使金属表面产生塑性变形，从而在零件表面预加一定的压应力，以抵消工作时交变应力作用下产生的拉应力。表面变形强化的主要方法有射丸、滚压、挤压等。

（1）射丸表面强化　射丸有喷丸和抛丸两种形式。喷丸是用 400～500kPa 的压力来压缩空气，将小铁丸高速喷向零件表面；抛丸是用旋转的圆盘将小铁丸抛向零件表面。喷丸适合于单件或小批量生产，多用于零件内孔、圆角、键槽的

第二章 编制汽车主要零部件修理工艺卡

局部强化。抛丸适合于大批量自动化生产。

曲轴上的曲柄圆角、连杆、气门弹簧、片状钢板弹簧、半轴等都可以采用射丸法强化，以延长它们的使用寿命。

（2）滚压强化　滚压是用很硬的滚子对零件表面进行滚压，使零件形成紧密的冷作硬化层，并减小零件的表面粗糙度，从而使零件表面得到强化，通常用来加工轴类零件表面，但也可用于内孔表面的加工。在进行外圆柱表面滚压时，对刚性不足的零件，为防止轴弯曲，可采用多滚子滚压。

（3）挤压强化　挤压强化仅用于内孔的加工。它是利用与孔形状相吻合的挤刀（或滚珠）推或拉被加工的孔，使其达到一定尺寸精度或表面粗糙度的强化方法。

挤压过盈量的大小与材料、工件孔径和壁厚有关。挤压时必须正确选择过盈量。过盈量太小，表面粗糙度和精度达不到要求；过盈量过大，表面会产生刮伤和拉毛。挤压中还需要加润滑剂，如挤压钢用润滑油加少量石墨，挤压青铜用稀润滑油，挤压铝合金用肥皂水等。

二、金属材料热处理工艺

金属材料热处理工艺一般包括加热、保温、冷却三个过程。有时只有加热和冷却两个过程。这些过程互相衔接，不可间断。

加热时，零件暴露在空气中，常常发生氧化、脱碳（即钢铁零件表面碳含量降低），这对热处理后零件的表面性能有很不利的影响。因此，金属应在可控气氛或保护气氛中、熔融盐中和真空中加热，也可用涂料或包装方法进行保护加热。

加热温度是热处理工艺的重要工艺参数之一，选择和控制加热温度是保证热处理质量的主要步骤。

冷却也是热处理工艺过程中不可缺少的步骤。冷却方法因工艺不同而不同，主要是控制冷却速度。一般退火的冷却速度最慢，正火的冷却速度较快，淬火的冷却速度最快。

金属热处理工艺大体可分为整体热处理、表面热处理、局部热处理和化学热处理等。根据加热介质、加热温度和冷却方法的不同，每一大类又可区分为若干不同的热处理工艺。同一种金属采用不同的热处理工艺，可获得不同的组织，从而具有不同的性能。

（1）整体热处理　整体热处理是对工件整体加热，然后以适当的速度冷却，以改变其整体力学性能的金属热处理工艺。钢铁整体热处理大致有退火、正火、淬火和回火四种基本工艺。

退火是将工件加热到适当温度，根据材料和工件尺寸采用不同的保温时间，然后进行缓慢冷却，目的是使金属内部组织达到或接近平衡状态，获得良好的工艺性能和使用性能，或者为进一步淬火做组织准备。

正火是将工件加热到适宜的温度后在空气中冷却。正火的效果与退火相似，只是得到的组织更细，常用于改善材料的切削性能，也有时用于对一些要求不高的零件进行最终热处理。

淬火是将工件加热保温后，在水、油或其他无机盐、有机水溶液等淬火冷却介质中快速冷却。淬火后工件变硬，但同时变脆。

回火是将淬火后的工件在高于室温而低于710℃的某一适当温度进行长时间的保温，再进行冷却，目的是降低工件的脆性。

退火、正火、淬火、回火是整体热处理中的"四把火"。其中，淬火与回火关系密切，常常配合使用，缺一不可。

为了获得一定的强度和韧性，把淬火和高温回火结合起来的工艺称为调质。某些合金淬火形成过饱和固溶体后，将其置于室温或稍高的适当温度下保持较长时间，以提高合金的硬度、强度或电磁性能等，这样的热处理工艺称为时效处理。把压力加工形变与热处理有效而紧密地结合起来进行，使工件获得很好的强度与韧性相配合性能的方法称为形变热处理；在负压气氛或真空中进行的热处理称为真空热处理。它不仅能使工件不氧化，不脱碳，保持处理后工件表面光洁，提高工件的性能，而且可以通入渗剂进行化学热处理。

（2）表面热处理 表面热处理是只加热工件表层，以改变其表层力学性能的金属热处理工艺。为了只加热工件表层而不使过多的热量传入工件内部，使用的热源必须具有高的能量密度，即在工件的单位面积内给予较大的热能，使工件表层或局部能短时或瞬时达到高温。表面热处理的主要方法有激光热处理、火焰淬火和感应淬火，常用的热源有氧乙炔或氧丙烷等火焰、感应电流、激光和电子束等。

（3）化学热处理 化学热处理是改变工件表层化学成分、组织和性能的金属热处理工艺。化学热处理与表面热处理不同之处是后者改变了工件表层的化学成分。化学热处理是将工件放在含碳、氮或其他合金元素的介质（气体、液体、固体）中加热，保温较长时间，从而使工件表层渗入碳、氮、硼和铬等元素。渗入元素后，有时还要进行其他热处理工艺，如淬火及回火。化学热处理的主要方法有渗碳、渗氮、渗金属、复合渗等。

热处理是机械零件和工模具制造过程中的重要工序之一。大体来说，它可以保证和提高工件的各种性能，如耐磨、耐蚀性能等，还可以改善毛坯的组织和应力状态，以利于进行各种冷、热加工。例如，白口铸铁经过长时间退火处理可以获得可锻铸铁，提高塑性；齿轮采用正确的热处理工艺，使用寿命可以比不经热处理的齿轮成倍或几十倍地提高。另外，价廉的碳素钢通过渗入某些合金元素可具有某些价高的合金钢性能，可以代替某些耐热钢、不锈钢；工模具则几乎全部需要经过热处理才可使用。

三、表面粗糙度

1. 表面粗糙度的概念

表面粗糙度是指零件的加工表面上具有的较小间距和峰谷所组成的微观几何形状特性。它是一种微观几何误差，也称为微观不平度。表面粗糙度应与形状误差（宏观几何形状误差）和表面波度区别开。通常，波距小于 1mm 的属于表面粗糙度，波距在 1~10mm 的属于表面波度，波距大于 10mm 的属于形状误差。

2. 表面粗糙度的评定

（1）评定基准　为了合理、准确地评定被测表面的粗糙度，需要确定间距和幅度两个方向的评定基准，即取样长度、评定长度和轮廓中线。

1）取样长度。用于判别具有表面粗糙度特征的一段基准线长度。取样长度应根据零件实际表面的形成情况及纹理特征，选取能反映表面粗糙度特征的那一段长度，量取取样长度时应根据实际表面轮廓总的走向进行。

2）评定长度。评定轮廓所必需的一段长度，它可包括一个或几个取样长度。由于零件表面各部分的表面粗糙度不一定很均匀，在一个取样长度上往往不能合理地反映某一表面粗糙度特征，故需在表面上取几个取样长度来评定表面粗糙度，取样长度通常为 5 个。

3）轮廓中线。轮廓中线是具有几何轮廓形状，并划分轮廓的基准线，也就是用以评定表面粗糙度参数值的给定线。基准线有两种：轮廓最小二乘中线和轮廓算术平均中线。

① 轮廓最小二乘中线。它是指在取样长度内，使轮廓线上各点的纵坐标值的平方和为最小的线。

② 轮廓算术平均中线。具有几何轮廓形状，在取样长度内与轮廓走向一致的基准线。

（2）评定参数　国家标准 GB/T 3505—2009 从表面微观几何形状的幅度、间距等方面的特征，规定了相应的评定参数，以满足机械产品对零件表面的各种功能要求。

1）评定轮廓的算术平均偏差 Ra 是指在一个取样长度内轮廓偏距绝对值的算术平均值。Ra 值的大小能客观地反映被测表面微观几何特性。Ra 越小，说明被测表面微小峰谷的幅度越小，表面越光滑；反之，说明被测表面越粗糙。

2）轮廓的最大高度 Rz 是在一个取样长度内，最大轮廓峰高和最大轮廓谷深之和的高度。

3）轮廓单元的平均宽度 RSm 是指在一个取样长度内粗糙度轮廓单元宽度的

平均值。对 RSm 需要辨别高度和间距。若未另外规定，则省略标注的高度分辨力为 Rz 的 10%。省略标注的间距分辨力为取样长度的 1%，上述两个条件都应满足。

4) 轮廓的支承长度率 Rmr（c）是指在给定水平位置上轮廓的实体材料长度与评定长度的比率。

在以上四个参数中，评定轮廓的算术平均偏差 Ra 和轮廓的最大高度 Rz 是幅度参数，是标准中规定必须标注的参数，称为基本参数。轮廓单元的平均宽度 RSm 和轮廓的支承长度率 Rmr（c）称为幅度参数的附加参数。其中，前者是反映间距特性的参数，后者是反映形状特性的参数。附加参数不能单独在图样上注出，只能作为幅度参数的辅助参数注出。

四、汽车主要零件热处理规范制订

1. 变速器齿轮热处理工艺

常用的 20CrMnTi 钢制汽车变速器齿轮的加工和热处理工艺路线为：下料→锻造（或堆焊修复）→正火→机械加工→局部镀铜→渗碳→淬火→低温回火→喷丸→磨齿（精磨）。

20CrMnTi 钢制汽车变速器齿轮热处理工艺曲线如图 2-3 所示。齿轮毛坯在机械加工前需正火，以利于切削加工，保证齿形合格。20CrMnTi 的渗碳温度为 920℃，渗碳层厚度为 1.2~1.6mm，渗碳时间约 7h。渗碳后，自渗碳温度预冷到 870~880℃直接油淬，然后 200℃低温回火 2~3h。经以上处理后的齿面硬度可达到 58~62HRC，具有很高的耐磨性；心部硬度为 33~48HRC，也具有高强度和足够的冲击韧度。

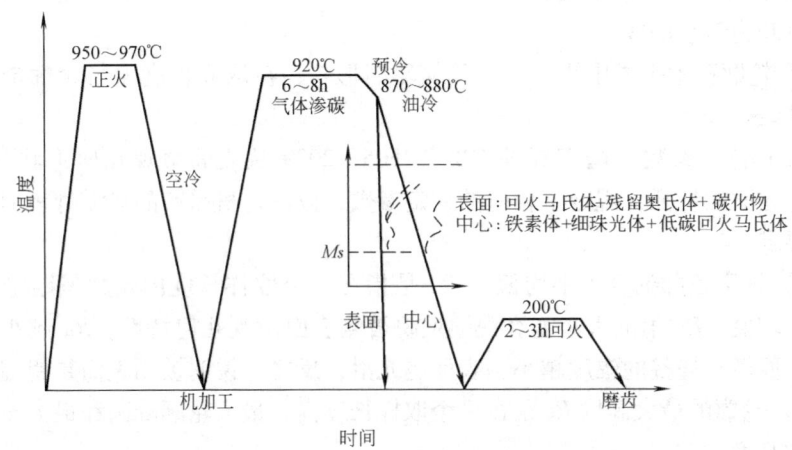

图 2-3　20CrMnTi 钢制汽车变速器齿轮的热处理工艺曲线

2. 曲轴热处理工艺

常用的 QT600-3 球墨铸铁曲轴的加工和热处理工艺路线为：铸造（或堆焊修复）→正火→高温回火→机械加工→高频感应淬火。

QT600-3 球墨铸铁曲轴热处理工艺曲线如图 2-4 所示。正火的目的是获得高强度的珠光体球墨铸铁。正火的方法是将曲轴加热至 880~950℃，保温 1~2h，然后出炉空冷。由于正火时冷却速度大，常会在铸件中引起一定的内应力，故在正火后再进行一次消除应力的高温回火。回火温度为 500~600℃，保温 1~3h，而后空冷。曲轴经机械加工后再进行高频感应淬火。经高频感应淬火后轴体硬度为 240~300HBW，轴颈表面硬度应不小于 55HRC。

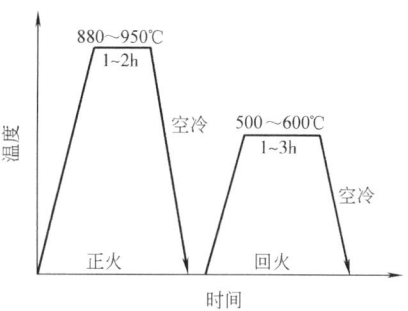

图 2-4 QT600-3 球墨铸铁曲轴热处理工艺曲线

3. 变速器壳体热处理工艺

常用的 HT250 灰铸铁变速器壳的加工和热处理工艺路线为：铸造（或焊接修复）→高温退火→机械加工。

HT250 灰铸铁变速器壳的热处理工艺曲线如图 2-5 所示。铸件表面或焊接后的表面，由于冷却速度快而硬度高，不利于切削加工。为了降低硬度，改善切削性能，必须对变速器壳体进行高温

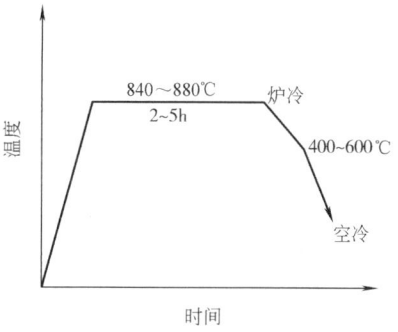

图 2-5 HT250 灰铸铁变速器壳的热处理工艺曲线

退火。退火方法是将变速器壳体加热到 840~880℃，保温 2~5h，而后随炉缓慢冷却至 400~600℃，再置于空气中冷却。

4. 凸轮轴热处理工艺

常用的钢制发动机凸轮轴的加工和热处理工艺路线为：下料→锻造（或堆焊修复）→正火→机械加工→局部镀铜→渗碳→淬火→低温回火→喷丸→磨削（精磨）。

钢制发动机凸轮轴的热处理工艺曲线如图 2-6 所示。凸轮轴在机械加工前需正火，以利于切削加工。钢制凸轮轴的渗碳温度为 920℃，渗碳层厚度为 1.2~1.6mm，渗碳时间约 7h。渗碳后，自渗碳温度预冷到 870~880℃直接油淬，然后 220℃下低温回火 2~3h。经以上处理后的表面硬度可达到 58~60HRC，具有很高的耐磨性，其心部也具有高强度和足够的冲击韧度。

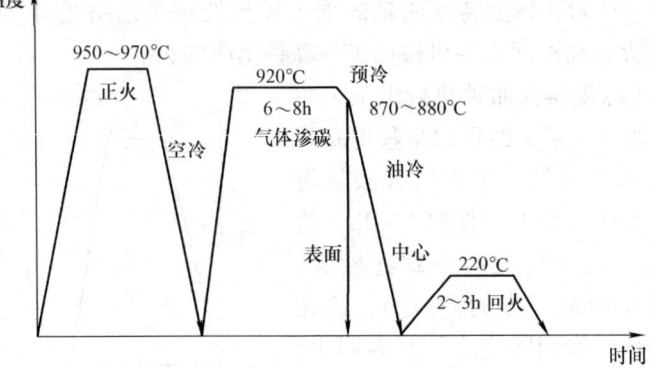

图 2-6　钢制发动机凸轮轴的热处理工艺曲线

复习思考题

1. 何谓汽车修理工艺规程？
2. 简述汽车修理工艺卡的种类、格式和内容。
3. 简述汽车修理工艺规程制订的原则和注意事项。
4. 如何编制汽车修理工艺卡？
5. 发动机气缸一般采用何种修理方法？
6. 金属热处理工艺过程和内容有哪些？
7. 什么是正火？
8. 什么是表面粗糙度？
9. 表面粗糙度的评定基准和评定参数有哪些？
10. 简述变速器齿轮的热处理工艺。

第 三 章

汽车维修质量检验

培训学习目标 通过本章的学习,掌握车辆和总成送修规定、汽车大修送修标准、汽车大修进厂检验程序及内容、汽车大修过程检验的一般技术要求和汽车大修竣工出厂检验规定。

◇◇◇ 第一节 汽车大修送修标准

一、汽车修理分类

我国把汽车修理分为四级,即车辆大修、总成大修、车辆小修和零件修理。

1. 车辆大修

车辆大修是新车或经过大修后的车辆,在行驶规定里程(或时间)后,经过检测诊断和技术鉴定,用修理或更换车辆任何零部件的方法,恢复车辆的完好技术状况,完全或接近完全恢复车辆寿命的恢复性修理。其目的是恢复汽车的动力性、经济性、可靠性和原有装备,使汽车的技术状况和使用性能达到规定的技术条件。

车辆维修时应遵照修理在前,更换在后的原则,以保证其经济性。有条件的单位可以采用总成互换法进行大修,以提高车辆完好率和利用率。

2. 总成大修

总成大修是车辆的总成经过一定使用里程(或时间)后,用修理或更换总成任何零部件(包括基础件)的方法,恢复其完好技术状况和寿命的恢复性修理。

在总成的基础件变形与磨损后,必须通过整形、修理工艺恢复其精度,以保证总成的装配质量。

3. 车辆小修

车辆小修是用修理或更换个别零件的方法，保证或恢复车辆工作能力的运行性修理，主要是消除车辆在运行过程或维护作业过程中发生或发现的故障或隐患。

4. 零件修理

零件修理是对因磨损、变形、损伤等而不能继续使用的零件进行的修理。

零件修理要考虑经济合理和技术可靠原则。零件修理是修旧利废、节约原材料、降低维修费用的重要措施。凡有修理价值的零件，都应予以修理。

二、汽车和总成送修标志

1. 整车大修送修标志

（1）汽车大修送修标志　客车以车厢为主，结合发动机总成；货车以发动机总成为主，结合车架总成或其他两个总成符合大修条件。

（2）挂车大修送修标志

1）挂车车架（包括转盘）和货箱符合大修条件。

2）定车牵引的半挂车和铰接式大客车，按照汽车大修标志与牵引车同时进厂大修。

2. 总成大修送修标志

（1）发动机总成　气缸磨损圆柱度误差达到 0.175~0.25mm 或圆度误差已达到 0.050~0.063mm（以其中磨损量最大的一个气缸为准）；最大功率或气缸压力较标准降低 25% 以上；燃料和润滑油消耗量显著增加。

（2）车架总成　车架断裂、锈蚀、弯曲、扭曲变形逾限，大部分铆钉松动或铆钉孔磨损，必须拆卸其他总成后才能进行校正、修理或重铆方能修复。

（3）变速器（分动器）总成　壳体变形、破裂、轴承承孔磨损逾限，变速齿轮及轴恶性磨损、损坏，需要彻底修复。

（4）后桥（驱动桥、中桥）总成　桥壳破裂、变形，半轴套管承孔磨损逾限，减速器齿轮恶性磨损，需要校正或彻底修复。

（5）前桥总成　前轴裂纹、变形，主销承孔磨损逾限，需要校正或彻底修复。

（6）客车车身总成　车厢骨架断裂、锈蚀、变形严重，蒙皮破损面积较大，需要彻底修复。

（7）货车车身总成　驾驶室锈蚀、变形严重、破裂，或货厢纵、横梁腐朽，底板、挡板破损面积较大，需要彻底修复。

◆◆◆ 第二节 车辆和总成送修规定

一、整车送修规定

整车送修时，应具备行驶功能，装备齐全，不得拆换。

二、总成送修规定

总成送修时，应在装合状态，附件、零件均不得拆换和短缺。

三、停驶车辆送修规定

肇事车辆或因特殊原因不能行驶和短缺零部件的车辆，在签订合同时，应作出相应的规定和说明。

四、技术档案

车辆和总成送修时，应将车辆和总成的有关技术档案一并送交承修单位。

五、修理作业范围和深度的确定

车辆和总成送修时，其修理作业范围和深度，应根据车辆检测诊断的结果，结合驾驶人的反映和技术档案，在进行综合技术评定后确定。

任何单位和个人的运输车辆，都应严格按有关规定，根据其修理作业范围送到交通运输管理部门认定的相应级别的修理厂进行修理，严禁送到无经营许可证的修理厂进行修理，以确保车辆的维修质量。

大修车辆进厂时要按照汽车大修送修标准或总成大修送修标准严格进行检验，并认真填写大修入厂检验交接单。

六、随车工具及备用品

不属于汽车附件者，应由送修单位自行保管。

七、签订合同

车辆和总成送修时，承修方应与送修方签订合同，商定送修要求、修车日和质量保证期等。合同签订后承托双方必须严格执行。

第三节 汽车大修进厂检验

汽车大修进厂检验主要是对车辆或总成进行外部测试，必要时进行简单的不解体检测诊断和路试，以准确评价和掌握汽车技术状况，验证报修项目的准确性。

送修车辆应先进行技术鉴定，根据鉴定结果，适时安排维修，以避免超前维修或失修。

一、汽车大修进厂检验程序

汽车大修进厂检验程序通常包括汽车资料查询、汽车外部检视、汽车行驶检验、仪器设备检测诊断、综合技术评定、填写入厂检验交接单、签订维修合同七个步骤。

二、汽车大修进厂检验内容

1. 汽车资料查询

汽车大修进厂时，应向送修方详细查询送修车辆的送修原因，查阅汽车技术档案（包括车辆运行记录、维修记录、检测记录、总成修理记录等），听取驾驶人的反映（包括汽车动力性、异响、转向、制动及油料消耗等），以便充分掌握车辆技术状况变坏的主要特征，为进一步进行有针对性的检测诊断和综合技术评定打下良好的基础。

2. 汽车外部检视

（1）检查车容　检视汽车的完整性，装备是否齐全，外部有无损伤和渗漏。

（2）检查基础件　如气缸体、变速器壳、前桥、后桥、车架等有无明显裂纹、变形和损坏等。

（3）检查安全机构　如转向、传动、制动等机构是否有松旷、变形、缺损、渗漏等现象。

（4）轮胎　察看轮胎有无异常磨损现象，若有，则应查明原因。

（5）车内部　检视车厢、驾驶室、门窗、座椅、内饰件等有无损伤、变形、短缺等现象。

（6）全车涂装　检视油漆表面有无损伤、脱落、开裂、变色及表面缺陷。

（7）电器设备　检视全车线路是否规范，仪表、照明、信号装置、起动机、发电机、蓄电池等电器设备有无短缺、损伤、失效等现象。

三、汽车行驶检验

1. 发动机运行情况的检验

听察有无异响，各级运转速度是否稳定，排气是否有异常现象，机油压力和冷却液温度是否正常。

2. 汽车起步情况的检验

检查离合器是否有打滑、发抖和分离不彻底现象，变速器是否有挂挡困难或发响现象。对于自动变速器，还要检查换入 D 位和 R 位时是否冲击，起步时是否打滑，换挡迟滞时间是否过长。

3. 汽车行驶情况的检验

检查制动性能是否良好，转向是否灵活，有无跑偏现象，变速器是否跳挡和乱挡；车速高时，传动轴和后桥是否有不正常响声，各轴承及密封部位是否有发热和渗漏现象；电器、仪表、信号灯、空调等是否工作正常。对于自动变速器，要检查换挡点是否准确，换挡是否冲击，各挡有无打滑、异响现象，强制降挡功能和变矩器离合器的锁止功能以及发动机的制动作用是否正常，自动变速器油的温度是否过高等。

4. 对客车车身的检验

通过路试检查车桥、车架是否有断裂现象。

四、仪器设备诊断与检测

通过以上三个步骤的检查后，即可定性判定送修车辆的技术状况，但对于某些故障，还不能准确判定其性质和部位，所以需要利用不解体检测设备对送修车辆各总成和部件的实际运行工况进行定性或定量检测诊断，以准确评价和掌握汽车的技术状况，预先发现潜在的故障与隐患，查明故障的部位、原因和严重程度。不解体检测诊断不但安全、迅速、准确，而且可以降低汽车修理工作量和材料消耗，提高维修作业的效率，保证维修质量，是汽车维修业今后的发展方向。

1. 汽车各总成、机构的诊断参数

（1）发动机总体的诊断参数　发动机功率、底盘输出功率、进气歧管负压、油耗、排气污染物浓度等。

（2）发动机主要机构的诊断参数　气缸压缩压力、曲轴箱窜气量、气缸漏气率、发动机异响、配气相位等。

（3）起动系统的诊断参数　起动电流、起动电压和起动转速等。

（4）点火系统的诊断参数　点火提前角、闭合角、重叠角、点火电压、火花持续时间以及初级电流等。

（5）供油系统的诊断参数　燃油压力、油耗、空燃比、排气污染物浓度等。

(6) 润滑系统及主要机械系统的诊断参数　润滑油压力、润滑油透光度、分散性质系数、润滑油内金属杂质含量等。

(7) 冷却系统的诊断参数　冷却系统压力、水泵流量、节温器开启和关闭温度以及升程等。

(8) 常规电器设备的诊断参数　元器件的电压、电流、电阻和电容等。

(9) 汽车电子控制系统的诊断参数　故障码、数据流、执行器状态、电子信号的电压、电流以及波形等。

(10) 传动系统的诊断参数　离合器打滑率、传动系统游动角度、传动系统异响等。

(11) 转向系统的诊断参数　转向盘转向力和自由转动量、动力转向系统油压等。

(12) 制动系统的诊断参数　制动力、阻滞力、制动协调时间、制动距离、制动减速度等。

(13) 行驶系统的诊断参数　车轮定位角度、侧滑量、悬架和转向系统游隙等。

(14) 汽车前照灯的诊断参数　发光强度和光轴偏斜量等。

(15) 车速表的诊断参数　车速表的误差等。

(16) 汽车底盘测功　底盘输出功率、驱动力等。

2. 仪器设备的检测内容

(1) 发动机动力性的检测　发动机动力性是汽车性能最基本的诊断参数，可用发动机输出的有效功率来评估。通常用底盘测功机先测出驱动轮的输出功率（底盘输出功率），然后换算成发动机功率，计算出的发动机最大功率应不低于标定功率的75%。也可用无负荷测功仪或发动机综合测试仪先检测出单缸功率或各缸功率平衡。例如，四缸发动机要求转速为1200r/min时的单缸转速降应大于90r/min，各缸转速降差值不应超过25%，否则就需要进行发动机大修。

(2) 汽车油耗的检测　通常采用容积式油耗计或重量式油耗计在底盘测功机上或路试测量汽车的油耗。

(3) 发动机密封性的检测　发动机密封性包括气缸密封性和进气密封性。气缸密封性可首先用普通气缸压力表或电子气缸压力测量仪检测气缸压缩压力，然后用曲轴箱窜气量检验仪测量曲轴箱窜气量，或用气缸漏气量检验仪检测气缸漏气量作为辅助诊断手段。若气缸压力低于原厂规定标准值的75%，曲轴箱窜气量和气缸漏气量均高于原厂规定的极限值，则需要进行发动机大修。

进气密封性可用真空表检测。因为进气歧管负压可以反映进气管的密封状况、气缸和活塞组的磨损情况、排气管的畅通程度、配气机构的技术状况以及点火性能和空燃比的好坏，所以它就成为诊断发动机整体性能的重要参数之一，被广泛利用。若发动机怠速时进气歧管负压为57~71kPa，则表明发动机密封性正常。

（4）发动机起动系统的检测　可用发动机综合测试仪测量起动电流、起动电压和起动转速来判断蓄电池和起动机以及发动机气缸密封性的好坏。

（5）发动机点火系统的检测　使用汽车示波器或发动机综合分析仪检测发动机点火系统的初、次级波形，对照原厂维修手册即可准确判断点火系统各部件的技术状况和故障原因。

（6）发动机异响的诊断　人工诊断带有片面性，不太准确，而利用发动机异响诊断仪可以迅速准确地诊断出活塞销响、活塞敲缸响、连杆轴承响和主轴承响等故障的确切部位和程度。

（7）发动机燃油供给系统的检测　可用油压表检测供油系统压力，用喷油泵试验台检测供油开始时刻、供油间隔角、喷油提前角和调速器特性，用喷油器校正仪检测喷油压力、喷射锥角、雾化质量和喷油干脆程度。对于柴油机，可用发动机综合分析仪检测高压油管中的燃油压力变化波形等。通过对这些诊断参数的测量，即可确定燃油供给系统的技术状况。

（8）发动机润滑系统的检测　可用压力表检测润滑系统压力，用滤纸油斑检验光度计检测润滑油的分散性，用油质不透明度分析仪检测润滑油的污染程度，用油质分析仪检测润滑油的介电常数以确定润滑油的污染程度和污染物的性质等。通过对这些诊断参数的测量，即可确定发动机润滑系统的技术状况。

（9）发动机冷却系统的检测　可用气缸漏气量检验仪或压力表检测冷却系统的压力和密封性，用水泵流量试验台检测水泵的流量，用游标卡尺和温度计检测节温器的性能等。通过对这些诊断参数的测量，即可确定冷却系统的技术状况。

（10）汽车电子控制系统的检测　可用解码器对电喷发动机、电控自动变速器、ABS、SRS等电子控制系统进行检测，并将数字万用表和波形检测设备的检测作为辅助手段，即可确定汽车电子控制系统的技术状况。

（11）传动系统的检测　可用离合器频闪灯检测离合器的打滑情况，用传动系统游动角度检验仪检测传动系统各装置的游动角，用异响诊断仪诊断传动系统异响，在底盘测功机上进行滑行试验以确定传动系统的传动效率等。通过对这些诊断参数的测量，即可确定传动系统的技术状况。

（12）转向系统的检测　可用转向盘转向力矩检测仪检测转向盘转向力和自由转动量，用前轮定位仪或四轮定位仪检测定位角度和前轮最大转向角，用油压表检测动力转向系统油压等。通过对这些诊断参数的测量，即可确定转向系统的技术状况。

（13）制动系统的检测　评价制动系统制动性能常用的三个指标是制动效

能、制动效能的恒定性和制动时的方向稳定性。通常用滚筒式或平板式制动试验台测出制动协调时间、车轮制动力和阻滞力,以确定制动系统的技术状况。

(14) 行驶系统的检测 可用汽车悬架和转向系统间隙检查仪检测汽车悬架性能,用前轮定位仪或四轮定位仪检测车轮定位角度,用侧滑试验台检测前(后)轮侧滑量,用车轮动平衡仪检测车轮动不平衡量等。通过对这些诊断参数的测量,即可确定转向系统和悬架系统相关部件的技术状况。

(15) 汽车前照灯的检测 可用前照灯检验仪对前照灯的发光强度和光轴偏斜量,以确定前照灯的技术状况。

(16) 车速表的检测 可用车速表试验台检测车速表的技术状况,分析车速表出现误差的原因。

(17) 排放系统的检测 可用压力表、真空表、数字万用表、解码器等对曲轴箱强制通风系统、燃油蒸发控制系统、排气再循环系统和废气涡轮增压系统进行检测,以确定排放系统的技术状况。

五、综合技术评定

在汽车资料查询、汽车外部检视、汽车行驶检验、仪器设备诊断与检测后,即可按照汽车大修或总成大修送修标准,对送修车辆的完整性和技术状况进行综合技术评定,确定出比较明确的修理项目,估算出修理工时和配件费用以及修竣时间。

六、填写入厂检验交接单

将汽车外部检视、汽车行驶检验、仪器设备诊断与检测和综合技术评定的有关内容分别逐项填入汽车大修进厂检验单内,由承修方和托修方代表确认并签字后生效,即可作为接车验收的依据和维修生产的指导。

七、签订维修合同

承托双方商定好送修要求、修理内容、修竣时间和质量保证期以及违约赔偿责任等具体事宜后,即可签订维修合同。在维修合同签订后,承托双方必须严格遵守和认真履行。

◈◈◈ 第四节 汽车大修过程检验的一般技术要求

汽车大修过程检验又称为工序检验,是对组成汽车的各总成和零件大修过程所做的质量鉴定。过程检验的目的是实现大修过程的质量控制,防止将不合格的零部件或总成装配到汽车上，也是大修竣工检验合格的前提。在汽车大修过程中，对影响大修质量的主要修理项目都必须进行检验，并按技术要求认真做好记录，为汽车竣工出厂检验提供依据。

一、汽车大修过程检验的重点

1. 零件的分类

对重要零件，要按照技术标准严格进行检验分类，做到不漏检。

2. 零件质量的检验

对修竣或购进的零件，要按照技术标准严格检验，确保零件质量。

3. 总成装配质量的检验

在总成装配过程中，操作者要按工序和工步的技术要求认真操作，检验员要严格监督和控制装配质量。对重要的间隙、力矩、啮合印痕、吃合面积、径向圆跳动、端面圆跳动、几何公差等，主修人要认真自检，在自检合格后，交检验员检验。

4. 总成试验

对可以单独试验的小总成，要按技术标准进行性能试验，以保证大总成的装配质量。

二、认真填写汽车大修工艺过程检验单

汽车大修工艺过程检验单是汽车在大修过程中，由汽车修理工或检验技术人员对总成及零部件按其在修理过程中的工艺顺序所进行的技术鉴定记录。

1. 汽车整车大修工艺过程检验单

汽车整车大修工艺过程检验单主要包括发动机及离合器修理工艺过程检验单，前桥及转向系统修理工艺过程检验单，后桥修理工艺过程检验单，变速器及分动器修理工艺过程检验单，传动轴及万向节修理工艺过程检验单，车架悬架及车轮修理工艺过程检验单，车身修理工艺过程检验单，汽车电器、仪表和线路修理工艺过程检验单，汽车制动系统修理工艺过程检验单等。

2. 修理工艺过程检验单的内容

修理工艺过程检验单的内容包括进厂编号，厂牌，车型，各总成的型号、号码，检验项目，检验结果记录，检验结论，处理意见，主修人及检验员签章及日期等。

3. 过程检验单的填制要求

检验单中的字迹应清晰，项目齐全、完整，填写真实、正确，检验项目、名词术语和计量单位应符合国家及行业有关标准以及相关车辆修理技术文件的规定。

第五节 汽车大修竣工出厂检验程序

汽车大修竣工检验包括路试前的外部检视、路试及台架检验、路试后的检查（并清除故障）以及全车综合性能的检测四个阶段。汽车修竣后必须按照《汽车大修竣工出厂技术条件》以及其他现行相关标准进行严格检验。首先进行外部检视，然后进行路试和台架检验，经路试后的检查并排除故障后，送交汽车综合性能检测站进行检测。检测合格的车辆由维修企业签发汽车大修出厂合格证后才准予出厂。

一、外部检视

对于修竣的车辆，在静态下通过外部检视来检查其外部技术状况、装备完整情况、各总成和仪表的工作情况。

外部检视的主要内容包括油漆补修涂装质量，各总成装备是否完整齐全，车轮定位情况，车轮轮距，前后轴距，转向盘游动量，离合器、制动踏板自由行程，驻车制动器的工作状况，灯光信号标志、有效光照、喇叭音质，仪表及指示值，后视镜，电器线路、各管路、插头的连接与牢靠状况，全车润滑油、冷却液、制动液、电解液的加注与密封状况，轮胎换位与充气，发动机、散热器、驾驶室、车厢、底盘的密封、紧固、锁止技术状况。外部检视结果要逐一填表登记。

二、路试和台架检验

在车辆外部检视完成后，应按照技术标准，采用台架检验和路试检验的方法对汽车修理质量进行全面检验。其目的是检查发动机与底盘的工作情况，并消除检验中未发现的缺陷，以保证汽车的修理质量。

汽车路试检验应在平坦、干燥、清洁的高级或次高级路面，长度和宽度适应测试要求，纵向坡度不大于1%的直线道路上往返进行。测试数据取平均值。汽车路试检验流程如图3-1所示。

汽车路试检验主要包括以下内容：
1) 起步性能的检验。
2) 转向性能的检验。
3) 变速器换挡状况的检验。
4) 驻车制动性能和车轮制动性能的检验。
5) 传动轴、驱动桥工作情况的检验。

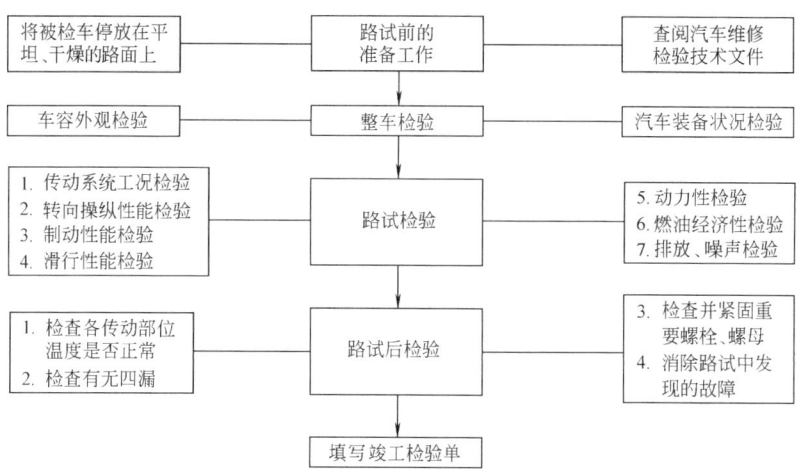

图 3-1　汽车路试检验流程

6）滑行性能试验。

7）动力性的检验。

8）燃料经济性的检验。

9）加速性能的检验。

10）冷却液和发动机油的液位、温度与压力的检测。

11）异响、最大噪声的检验。

12）排气污染情况的检验。

13）灯光、信号、仪表指示值的检测。

14）发动机各工作状况的检验。

三、路试后的检查

1）检查制动盘、制动鼓、轮毂、变速器壳体、驱动桥壳体、传动轴中间轴承、齿轮油、机油、冷却液等的温度是否正常。

2）检查全车各部位的密封状况。

3）再次检查各重要部位（如转向系统、传动系统、悬架、中间传动轴、轮毂等）螺栓、螺母的紧固锁止状况。

4）检查轮胎气压。

四、全车综合性能的检测

在汽车大修竣工，经外部检视合格后，维修企业可利用不解体检测诊断设备在路试中和路试后对车辆进行检查调整并排除故障，然后对车辆进行综合性能检测。若维修企业不具备综合性能检测能力，则可委托相应级别的综合性能检测站进行检测。《汽车运输业车辆综合性能检测站管理办法》规定，A级站和B级站出具的检测结果证明可以作为维修单位维修质量的证明。维修企业可根据检测站出具的检测合格报告签发汽车大修竣工出厂合格证。

◆◆◆ 第六节 汽车竣工出厂规定

根据交通部第13号令《汽车运输业车辆技术管理规定》，汽车修竣出厂应符合下列规定：

1) 在送修汽车或总成修竣检验合格后，承修单位应签发出厂合格证，并将技术档案、维修技术资料和合格证一并移交托修方。

2) 在汽车或总成修竣出厂时，不论送修时的装备（附件）状况如何，都应按照有关规定配备齐全，发动机应安装限速装置。

3) 接车人员应根据合同规定，就汽车或总成的技术状况和装备情况等进行验收，当发现有不符合竣工要求的情况时，承修单位应立即查明，及时处理。

4) 托修方必须严格执行汽车走合期的规定，在质量保证期内因维修质量而发生故障或提前损坏时，承修单位应优先安排，及时排除，免费维修。

复习思考题

1. 汽车修理如何分级？每一级是如何定义的？
2. 简述汽车大修的送修标志。
3. 简述发动机大修的送修标志。
4. 简述变速器总成的送修标志。
5. 整车送修有哪些规定？
6. 简述汽车大修进厂检验程序。
7. 简述汽车大修进厂检验内容。
8. 汽车大修进厂检验中的汽车行驶检验内容有哪些？
9. 汽车大修进厂检验中的仪器设备检测内容有哪些？
10. 汽车整车大修工艺过程检验单主要包括哪些检验单？
11. 汽车大修过程检验的重点有哪些？
12. 简述汽车大修竣工检验程序。
13. 汽车竣工出厂有哪些规定？

第 四 章

发动机大修

培训学习目标 掌握发动机曲柄连杆机构、配气机构、润滑系统、冷却系统各组成部分的检验方法和修理工艺，以及发动机装配与调整方法、柴油机燃料供给系统的检验与调整方法、汽车发动机大修竣工出厂技术条件。

◇◇◇ 第一节 曲柄连杆机构的修理工艺

一、气缸体和气缸盖的修理工艺

1. 气缸的磨损规律

发动机气缸的技术状况直接影响汽车的动力性、经济性及其他性能。气缸的磨损程度也是判断发动机是否需要大修的主要依据之一。

发动机气缸的工作环境十分复杂和恶劣，如高温、高压、润滑不良、化学腐蚀、冷热交替、载荷交变等。气缸磨损的原因也极其复杂，但气缸磨损仍然有一定规律。气缸磨损规律可用缸壁轴线方向上的磨损图来表示，如图 4-1 所示。

图 4-1a 是汽缸未磨损时的情况。图 4-1b 是正常的磨损图。沿气缸轴向纵截面看，气缸磨成上大下小的不规则锥形。最大磨损部位处于活塞上止点位置第一道活塞环相对应的缸壁处。活塞环接触不到的上口几乎没有磨损，形成一个明显的台阶（俗称缸台）。原因是活塞在到达上止点附近时，气环受到燃气压力作用并以很高的压力比压向气缸，摩擦面的相对滑动接近为零，润滑油难以形成保护油膜，致使气缸表面的磨损程度加大，形成台阶。气缸中部的润滑条件较好，磨

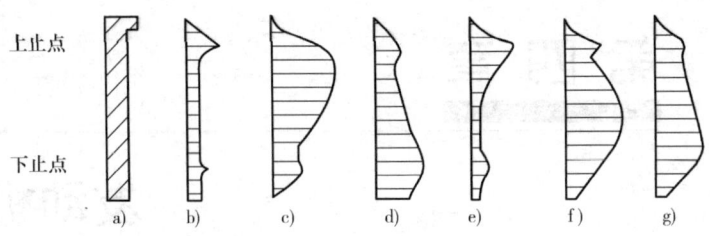

图 4-1 气缸的磨损规律

损较小且不易形成台阶。气缸油环在下部的润滑环境也非常恶劣,磨损量也相对大一些。

图 4-1c 是发动机长期工作在多尘的环境下,进气时吸入大量的尘埃或严重的积炭磨料磨损图。尘埃从上部被吸入,积炭在上部形成,所以气缸上部磨损量较大,磨损的最大量在上止点的下部,形成中间大、两头小,类似"腰鼓形"的磨损。

图 4-1d 是润滑油中含有大量的金属碎屑或尘埃等杂质的磨损图。飞溅在缸壁上的润滑油在重力的作用下自下而上分布,致使缸壁的下部磨损严重。

图 4-1e 是熔着磨损图。在缸壁上止点第一环处的磨损量是正常磨损量的许多倍,摩擦面呈现金属熔融的状态,边缘呈现不规则、不均匀的沟痕。

图 4-1f 是低温频繁起动或使用高硫燃料的腐蚀磨损图。在上止点第一环处的磨损量超过正常磨损量的 1~2 倍,气缸中部的磨损量是正常磨损量的 4~6 倍。这是因为气缸的腐蚀磨损较大,剥落下来的金属微粒在活塞运动的较大区域发生了严重的磨料磨损。

图 4-1g 是发动机长期在冷却液温度过低的状态下造成的缸壁磨损图。这是因为缸套下部的冷却液温度较低,所以下部的磨损量较大。

发动机工作时造成气缸磨损的实际情况是复杂多变的,上述各种磨损往往同时存在且相互影响。例如,气缸的上部腐蚀磨损产生的杂粒会引起气缸中部的磨料磨损,致使活塞环和缸壁磨损严重,影响气缸的密封性,破坏气缸的正常润滑,温度过高,又会造成熔着磨损。

气缸沿圆周方向的磨损也是不均匀的,一般形成不规则的椭圆形,其磨损量往往相差 3~5 倍,最大磨损量在气缸轴向磨损量最大的横截面上,最大径向磨损区往往接近进气门对面。

2. 气缸体的变形规律

气缸体在使用过程中发生变形的现象是普遍存在的,也有一定的规律性。气缸体与气缸盖的结合面往往产生翘曲变形;气缸体上下平面在螺纹孔周围易产生

第四章 发动机大修

凸起;螺纹承受很高的燃烧压力作用而发生变形。气缸体的最大变形发生在中间轴承孔附近。

3. 气缸盖的变形规律

气缸盖与气缸体的结合面往往发生翘曲变形,主要原因是气缸盖螺栓拧紧力矩过大,在螺纹孔周围产生凸起,冷却水道孔边缘处易产生腐蚀等。

4. 气缸体的检修

(1) 气缸体裂纹的检修

1) 气缸体裂纹的检验。气缸体产生裂纹的部位与其自身的结构有关。不同车型的气缸体易裂部位也不尽相同,但大多数发生在冷却水道的薄壁处以及应力集中部位。在维修中,气缸体与气缸盖的明显裂纹可直观检查,细微和内部裂纹常用水压试验法、磁力探伤法和渗透法进行检测。

渗透法的检测原理是:在被检查的零件表面涂上渗透液,使之渗透到零件表面的裂纹中,然后将表面多余的渗透液除去,再在零件表面涂上一层显示剂,将裂纹中残存的渗透液吸出,从而显示出裂纹的部位。

渗透法有着色法和荧光法之分。着色法是在渗透液中加入显示性较强的红色染料,在白色的显示剂衬托下能清楚地将裂纹显示出来。荧光法是在渗透液中加入荧光物质,在喷涂显示剂后,若零件表面有裂纹,则用紫外线照射时,裂纹中残存的荧光物质能发出明亮的荧光,从而查出裂纹所在部位和形状。

2) 气缸体裂纹的修理方法。气缸体裂纹的常见修理方法有环氧树脂胶粘法、补钉法、补板法、补焊法和堵漏剂法。

① 环氧树脂胶粘法。见本书第二章有关内容。

② 补钉法。这是修补气缸体、气缸盖的一种老方法,适用于受力不大、强度要求低和裂纹范围较小的平面部位。其操作步骤如下:

A. 在裂纹两端钻 $\phi2 \sim \phi3mm$ 的止裂孔。

B. 沿裂纹每隔 $4 \sim 5mm$ 钻一个 $\phi2 \sim \phi3mm$ 的通孔,然后攻螺纹(一般是锥形螺纹),螺纹不直接攻穿。

C. 将纯铜螺钉的螺纹部分涂白漆后拧入,在高出 $1.5 \sim 2mm$ 处切断。

D. 在每个间隔处钻孔、攻螺纹、拧紧螺钉、填满裂纹、切断。

E. 锤打高出的部位。

F. 修平,必要时辅以锡钎焊,以防渗漏。

③ 补板法。当气缸体外部平面部位产生裂纹时,可采用此方法修理。方法是:先将裂纹部位刨去约 3mm,再在玻璃纤维布和钢板(与刨削部位尺寸相同)表面涂环氧树脂胶粘剂,然后依次将它们粘贴在裂纹刨削部位,并攻螺纹,用 M6 螺钉固定。

④ 补焊法。当气缸体的破裂发生在受热较大、较弯的部位时,应采用补焊

法（常用气焊、焊条电弧焊、氩弧焊和二氧化碳气体保护焊），并采用加热减应法、热焊法消除焊接过程中的内应力和热变形。

气焊、焊条电弧焊适用于铸造零件，氩弧焊适用于铝合金铸造零件。

⑤ 堵漏剂法。当气缸体受力较小的部位有微小裂纹、砂眼、疏松等缺陷时，可用缸体堵漏剂堵补。将100g堵漏剂倒入气缸盖出水口中，装好节温器，加足清水，并将0.3MPa的高压空气导入冷却系统以增大水压，使堵漏剂充满水套各缝隙，以利于粘结胶合。3～5天后，可放出堵漏剂溶液，注入清水。

(2) 气缸体螺纹孔的检修　在发动机修理作业中，由于拆装不当或螺纹在工作中磨损而造成螺纹损坏的均可采用镶套法修理。如果螺纹周围及螺栓紧固部位附近龟裂现象严重，应更换缸体。

1）螺纹损伤检验。通常用目测或将螺栓旋入螺孔的方法进行检验。气缸体螺孔螺纹损伤不得多于一牙。

2）螺纹的修理方法。用镶套法修理时，将损坏的螺纹孔扩大，并按规定攻出螺纹，然后装入有外螺纹的螺栓套。螺栓套的内螺纹尺寸应与原螺纹孔的螺纹尺寸相同，外螺纹尺寸则应与螺纹孔扩大后攻制的螺纹尺寸相同，必要时在螺套外侧加止动螺钉，以防螺套松动。

对于某些损伤的螺纹孔，也可以扩大加工成修理尺寸的螺纹，然后配用加大的台阶形螺柱。

(3) 气缸磨损的检修

1）气缸磨损的检验。气缸磨损量可用量缸表和外径千分尺测量。用量缸表测量气缸的圆度误差和圆柱度误差时，通常沿气缸轴线方向测量气缸上下不同的三个截面，即活塞在上止点时第一道活塞环下边沿对应的缸壁位置、气缸中间位置、气缸下边缘向上 10～20mm 位置。每个截面测出其直径的最大值和最小值，然后算出圆度误差和圆柱度误差。圆度误差为同一截面不同方向直径最大值和最小值之差的1/2；圆柱度误差为不同截面直径最大值与最小值之差的1/2。对于多缸发动机，应以误差最大气缸的圆度误差和圆柱度误差为准。圆度误差和圆柱度误差中的任何一个超过大修标准时，都应大修发动机。

2）气缸磨损的修理方法。气缸磨损的修理方法有修理尺寸法和镶套法两种。

进口汽车的气缸经修理后应符合原厂技术要求。国产汽车的气缸经修理后应符合下列技术要求：

① 镶装干式气缸套的承孔内径应为原设计尺寸或同一级修理尺寸（见表4-1）。承孔表面的粗糙度值不大于 $Ra3.2\mu m$，圆柱度公差为 $0.01mm$。气缸套与承孔的配合过盈量应符合原设计规定，无规定时，通常为 $0.05～0.10mm$。有凸缘的气缸套，其配合过盈量可采用 $0.05～0.07mm$；无凸缘的气缸套，其配合过盈

量可采用 0.07～0.10mm。气缸套上端面应不低于气缸体上平面，也不得高出 0.10mm。

表 4-1　气缸体修理尺寸　　　　　　（单位：mm）

加大尺寸 / 分级 / 修理部位	0	1	2	3	4	5	6	7	8
气缸套承孔内径	0	0.50	1.00	1.50	—	—	—	—	—
气缸或气缸套内径	0	0.25	0.50	0.75	1.00	1.25	1.50	1.75	2.00
进排气门座圈承孔内径	0	0.30	0.50	0.70	—	—	—	—	—
气门导管承孔内径	0	0.20	0.40	0.60	—	—	—	—	—

注：1. 各级修理尺寸仍采用原设计规定尺寸的极限偏差。
　　2. 粗线内尺寸仅适用于柴油机。

② 湿式气缸套承孔的内径应为原设计尺寸或同一级修理尺寸（见表 4-1）。湿式气缸套与承孔的配合间隙为 0.05～0.15mm，安装后气缸套上端面应高出气缸体上平面，并应符合原设计规定（通常为 0.05～0.15mm）。

③ 同一气缸体各气缸或气缸套的内径应为原设计尺寸或同一级修理尺寸（见表 4-1），缸壁表面粗糙度值不大于 $Ra0.8\mu m$。干式气缸套的气缸圆度公差为 0.005mm，圆柱度公差为 0.0075mm；湿式气缸套的气缸圆度公差为 0.0125mm。

（4）气缸体变形的检修

1）气缸体基准面的检修

① 气缸体基准面的检验。气缸体上平面的平面度在维修前后都要进行检验，通常用直尺和塞尺检验。任意 50mm×50mm 平面的平面度可用平面度检验仪进行检验，如图 4-2 所示。气缸体下平面的平面度可在平板上用塞尺检验。

国产汽车气缸体上平面和气缸盖下平面的平面度公差见表 4-2。

② 气缸体基准面的修理方法。气缸体平面产生翘曲变形超过允许限度后，应采用刮研法或机加工法修理。

A. 刮研法。气缸体平面变形较小时可用刮刀刮平。上平面螺纹孔周围的凸起可用磨石、平面砂轮推磨，或用细锉刀修整。

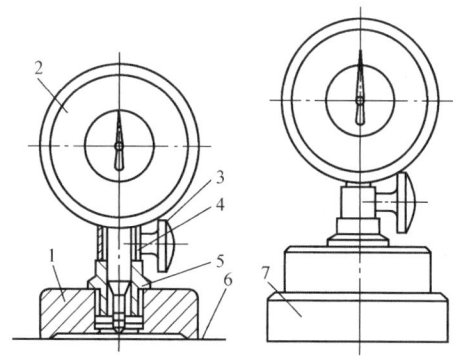

图 4-2　平面度检验仪
1—底座　2—百分表　3—锁紧螺栓　4—锁紧套
5—表座　6—被检平面　7—调零规

表4-2 国产汽车气缸体上平面和气缸盖下平面的平面度公差

(单位：mm)

测量范围	气缸体长度	铸铁		铝合金	
		气缸体上平面	气缸盖下平面	气缸体上平面	气缸盖下平面
		—	顶置气门式	—	顶置气门式
任50mm×50mm	—	0.05	0.025	0.05	0.05
整个平面	≤600	0.15	0.10	0.15	0.15
	>600	0.25	—	0.35	—

B. 磨削法或铣削法。这种方法适用于变形量较大，且设备条件允许的情况。磨削法主要用于铸铁缸体，而铣削法既适用于铸铁缸体，也适用于铝合金缸体。修后的气缸体主轴承孔轴线到缸体上平面的距离应符合原厂技术要求。国产汽车气缸体各结合面，经加工后的表面粗糙度值应不大于 $Ra3.2\mu m$；汽油发动机气缸体上平面到曲轴轴承承孔轴线的距离不小于原设计基本尺寸 0.44mm。

2）气缸体主轴承座孔、凸轮轴轴承座孔的检修

① 气缸体主轴承座孔、凸轮轴轴承座孔的检验。当检验主轴承孔的同轴度时，应先将主轴承盖及气缸体主轴承孔清洗干净，再将轴承盖（拆去轴承片）正确地安装到气缸体上，并按标准力矩拧紧螺栓，然后用内径百分表测量主轴承孔的圆度误差和圆柱度误差，确认其符合原设计标准后才可以检验主轴承孔的同轴度。通常主轴承座孔的圆度和圆柱度误差对于铸铁缸体不大于 0.01mm，对于铝合金缸体不大于 0.015mm。

常用的气缸体主轴承孔同轴度检验仪如图 4-3 所示。它以气缸体两端主轴承承孔的公共轴线为基准，在两端承孔内装上定心套，再将定心轴安装在定心套内，然后在定心轴上安装检测仪本体、等臂杠杆及百分表。检测时，使等臂杠杆的球形触头触及被测孔的表面，转动心轴时，如果承孔不同轴，等臂杠杆的球形触头便产生径向移动，其移动量经等臂杠杆传给百分表，便可测出该孔的同轴度误差。对不同的承孔进行检测，便可得到各道承孔的同轴度误差。

气缸体的曲轴、凸轮轴轴承承孔的同轴度误差应符

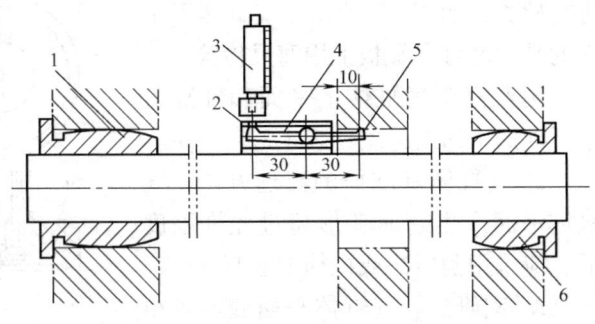

图4-3 气缸体主轴承孔同轴度检验仪
1—定心轴套 2—本体 3—百分表
4—等臂杠杆 5—球形触头 6—定心轴

合原设计规定。凡能用减磨合金补偿同轴度误差的,以气缸体两端曲轴轴承承孔公共轴线为基准,所有曲轴轴承承孔的同轴度公差为 0.15mm;以气缸体两端凸轮轴轴承承孔公共轴线为基准,所有凸轮轴轴承承孔的同轴度公差为 0.15mm。

当无同轴度检验仪时,也可用标准杆(或镗瓦机镗杆)和塞尺进行检查,如图 4-4 所示。

② 气缸体曲轴、凸轮轴轴承承孔修理方法。气缸体的曲轴、凸轮轴轴承承孔的同轴度误差不符合原设计规定时,应采用镗削或拉削加工方法进行修理。

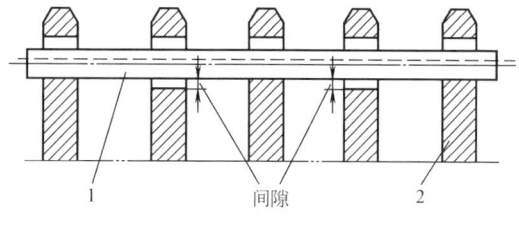

图 4-4 主轴承孔同轴度的检查
1—标准杆 2—曲轴轴承

5. 气缸盖的检修

(1) 气缸盖裂纹的检修 气缸盖上的裂纹可分为内部(如燃烧室部位)裂纹和外部(即可从外部看到的)裂纹。气缸盖裂纹的检验和修理方法与气缸体裂纹的相同。

(2) 气缸盖变形的检修

1) 气缸盖结合平面的检验。气缸盖下平面平面度的检验方法与气缸体上平面平面度的检验方法相同。

2) 气缸盖结合平面的修理方法。当气缸盖与气缸体结合面的平面度误差超过 0.05mm 时,可用磨石或 400 号砂纸研磨,磨去高的地方,使气缸盖的平面度误差达到规定值;若平面度误差较大,则可用磨削或铣削的方法修理,但加工量不能超过规定值。例如,桑塔纳 2000 乘用车发动机气缸盖的加工量为 0.25～0.45mm,超过此值时应更换缸盖。当变形量过大时,可先局部加热加压校正,然后再用铲削或刮研法修整。

(3) 气缸盖螺纹孔的检修 火花塞螺纹孔若有损坏,则可采用镶套法修复。当其他螺纹损坏时,视具体情况采用镶套法或修理尺寸法修复。

6. 气缸体组件的装配技术要求(桑塔纳 JV 型发动机)

1) 装配时应更换中间轴密封凸缘油封、曲轴前油封及凸缘衬垫。

2) 主轴承盖紧固螺栓分多次紧固至 65N·m 的规定力矩。

7. 气缸盖组件的装配技术要求(桑塔纳 JV 型发动机)

1) 安装时应更换所有密封条或密封衬垫,将气缸盖衬垫标有"OPEN TOP"字样的一面朝向气缸盖安装。

2) 安装凸轮轴时,先用 20N·m 的力矩对角交叉地拧紧第二、四道凸轮轴承盖,再用同样的力矩拧紧一、三、五道轴承盖。装好凸轮轴油封后,用 80N·m 的力矩紧固凸轮轴正时齿轮螺栓。

3) 安装气门油封时,应先在油封上涂润滑油,再用塑料导套和专用工具把气门油封装入。

4) 安装好凸轮轴后30min内,不得起动发动机,以便液压挺杆的补偿元件在气门弹簧作用下回位,否则气门可能撞击活塞。

二、活塞组的修理工艺

1. 活塞的磨损规律

(1) 活塞环槽的磨损 活塞环槽是活塞磨损量最大的部位,通常第一道活塞环槽的磨损最为严重,向下依次减轻。磨损后的环槽断面呈梯形,外宽内窄。

(2) 活塞裙部磨损 活塞裙部的磨损量较小,通常是因侧压力及惯性力作用而形成的椭圆形磨损和擦伤。

(3) 活塞销座孔的磨损 在气缸压力和惯性力的作用下,活塞销座孔形成椭圆形磨损,其磨损量最大的部位在座孔的上下方向,座孔与活塞销的配合松旷会产生异响。

(4) 活塞的其他损伤 在发动机工作时,活塞出现的其他损伤主要有刮伤、烧伤、脱顶等。

1) 活塞的刮伤通常称为拉缸,主要是由于活塞与气缸壁间隙太小,不能形成足够的油膜;气缸表面不清洁,存在较多和较大的磨料和机械杂质;活塞销与销座承孔配合过紧等造成的。

2) 活塞烧伤主要是因发动机在超负荷条件下或爆燃情况下工作时间太长,造成活塞顶或活塞侧面局部高温熔化而形成的。

3) 活塞脱顶即活塞裙部与头部分离,主要原因是活塞环开口间隙过小,当受高温时,活塞环因膨胀而在气缸中卡死;活塞环与气缸壁间发生粘结,而活塞仍在连杆的拖动下运动,造成活塞头部与裙部断裂分离。

2. 活塞的检修

(1) 活塞的检验 先清除活塞各部位的积炭,再目视检查有无擦伤、龟裂或烧蚀以及环槽缺陷等,若有,则应更换活塞。

1) 活塞圆度和圆柱度的检验。用外径千分尺测量活塞裙部规定位置的圆度误差,应符合标准,通常为0.10~0.20mm。汽油机活塞裙部的圆柱度误差为0.005~0.015mm,最大不得超过0.025mm。

2) 活塞与气缸配合间隙的检验。一种方法是用千分尺测量活塞裙部规定位置(在活塞裙部长轴方向,距离活塞最下端15~25mm处)的直径,将在此位置测得的直径与气缸磨损最大部位的直径相减所得差值即为配缸间隙;另一种方法是将活塞倒置于相应的气缸中,使销座孔平行于曲轴方向,在活塞受侧压力最大的一面,将塞尺(宽度为13mm,长度为200mm)垂直插入气缸壁与活塞裙部之间（与活塞一起放入），以 30N 的力能拉动（感觉有轻微阻力）即为合适。

3）活塞环槽的检验。用外径千分尺直接测量，或将标准气环装入环槽，用塞尺测量其侧隙，即可确定其是否符合要求。如果测得的值大于规定的极限值，则表明环槽磨损过多。在检验梯形环槽时，要把活塞装入清洁的气缸中，并使环的一半压在缸套内，一半露在外部，将塞尺插入侧隙测量。

4）活塞销座孔的检验。用内径百分表和外径千分尺分别测量活塞销座孔内径和活塞销外径，若两者的配合间隙超过标准，则更换活塞或活塞销。

检验活塞销座孔中心线与活塞中心线的垂直度时，可将活塞套装在销座柱上，并紧贴座架，这时，活塞的壁面抵压着百分表的测头，记下百分表指示的偏差读数，取下活塞，从另一面将活塞套入，再记下百分表指示的偏差读数，两者之差即为二者的垂直度误差。

5）活塞的修理方法。活塞与气缸是一组高精度的配合副。当活塞磨损超过使用限度或出现刮伤、烧伤、脱顶等损伤时，通常无法进行修理，只能更换新活塞，同时选配活塞销和活塞环。

（2）活塞的选配

1）活塞应按气缸的修理尺寸来选配。活塞的修理尺寸是指活塞的直径比标准直径加大一个或几个修理级差（级差为 0.25mm）。通常加大尺寸数值标注在活塞顶上，关键是保证活塞与气缸壁的间隙达到标准。大修时常用的修理尺寸为 +0.50mm、+1.00mm。

2）同一台发动机应选用同一厂牌、同一尺寸的活塞，活塞的材料、性能、质量、尺寸应一致，同一组活塞的直径差不得大于 0.02~0.025mm，各个活塞的质量差不得超过 3%。

3. 活塞环的检修

（1）活塞环的检验　活塞环常见的损坏有磨损、疤痕、毛刺及折断等。活塞环磨损后会出现弹力减弱和端隙、侧隙、背隙增大现象。活塞环磨损最快的部位是其端部开口附近。

1）活塞环弹力的检验。活塞环的弹力可在专用检验仪上进行检验，如图 4-5 所示。检验时将活塞环放在仪器的槽口中，环开口向外，保持水平位置，移动杠杆上的量块，当把活塞开口间隙压到标准数值时，弹力应符合各机型规定的技术要求。

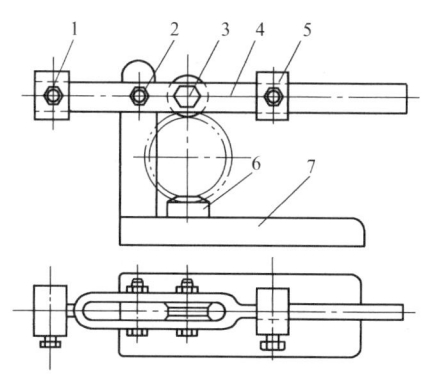

图 4-5　活塞环弹力检验仪
1—重锤　2—支承销　3—滚轮　4—秤杆
5—移动量块　6—底座　7—底板

2) 活塞环端隙的检验。活塞环的端隙也叫开口间隙。检验时将活塞环装入磨好的气缸内，放平后用塞尺检验。通常汽油发动机气缸直径每 100mm 对应的端隙为 0.25～0.45mm，柴油发动机气缸直径每 100mm 对应的端隙为 0.40～0.65mm。

3) 活塞环背隙及侧隙的检验。活塞环侧隙的检验方法见活塞环槽的检验。活塞环的背隙难以直接测量，一般用槽深与环宽之差来表示，可用直尺和塞尺配合测量，通常以活塞环低于环槽岸边 0～0.35mm 为宜。

4) 活塞环漏光度的检验。将活塞环平放在气缸内，在活塞的下面放一个灯泡，上面用一盖板盖住环的内圆，打开电灯，观察活塞环与缸壁之间的漏光缝隙。活塞环漏光度应符合下列要求：

① 活塞环上漏光弧长所对应的圆心角，每处不得大于 25°；同一道环上的漏光弧长所对应圆心角的总和不得大于 45°，漏光处的缝隙应不大于 0.03mm。

② 在靠近开口处两侧各 30°范围内，不允许有漏光（开口附近易磨损漏气）。

(2) 活塞环的选配　在发动机大修时，应按照气缸的修理尺寸选配与气缸同级修理尺寸的活塞和活塞环，绝对不能用不同尺寸的活塞环改用。

选配时，要保证活塞环的弹力、端隙、侧隙、背隙和漏光度均符合技术要求。如果端隙过小，则应对环口的一端进行锉修。锉修时应注意保持环口平整，边锉边量，直至符合要求。锉后环口应去掉毛刺，以防锋利的环口拉伤气缸。如果端隙和背隙过大，则应选配新活塞环；若背隙过小，则可车深活塞环槽。

4. 活塞销的检修

(1) 活塞销的磨损规律　对于全浮式活塞销，活塞销与销座孔及连杆衬套之间的配合表面在工作中磨损成椭圆形，而在轴向则磨损成阶梯形。半浮式活塞销与销座孔沿圆周方向磨损成椭圆形，并伴有弯曲变形。

(2) 活塞销的检验　活塞销的磨损可用外径千分尺检验。活塞销的圆柱度、圆度误差应不大于 0.0025mm，使用极限通常为 0.05mm，超过则更换。活塞销的质量差一般控制在 10g 范围内，否则会影响曲柄连杆机构的动平衡。

(3) 活塞销的修理方法　活塞销磨损后的常用修理方法是电镀和镦粗，或选配新的活塞销。

(4) 活塞销的选配　在发动机大修时，活塞销必须全部更换为同厂牌、同组、标准尺寸的活塞销。同一尺寸的活塞销通常按直径由小到大进行分组，每组相差 0.0025mm，一般通过选配即可达到配合要求。活塞销也可按修理尺寸法进行选配，修理尺寸通常有 +0.08mm、+0.12mm、+0.20mm、+0.25mm 四级。

除选配外，活塞销与其座孔也可通过对活塞销的磨削、座孔的镗削或铰削实现配合。推荐使用镗削或拉削的方法进行加工，以保证修理质量。用拉光刀做最后一次精加工时，要注意每次吃刀量不得大于 0.005mm。

目前，多数维修企业采用长刀可调式铰刀对活塞销座孔进行手工铰削。其铰配过程如下：

① 选择铰刀。根据活塞销座孔的实际尺寸，选择合适的长刀可调铰刀。将铰刀夹紧在工作台的台虎钳上，使其与台虎钳口平面保持垂直。

② 微调铰刀。由于座孔的铰削量很小，因此第一刀是试验性的微量铰削，在30°~60°范围内旋转调整螺母，使刀片上端露出销座孔即可，以后各刀次的调整以60°~90°为宜。

③ 铰削。使活塞销座孔与铰刀正确地接触后，两手握住活塞轻压，用力要均匀，掌握要平正，按顺时针方向旋转活塞进行铰削，如图4-6所示。铰刀每调整一次，均要从活塞销座孔两个方向各铰削一次，每次铰削至座孔与铰刀下端平齐时，应压下活塞，使其从铰刀下方脱出，以免铰偏和起棱。

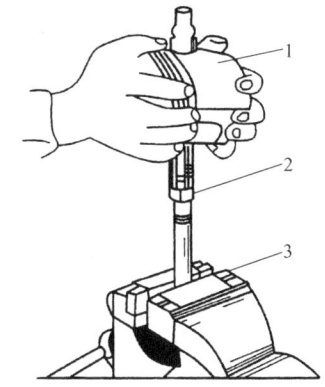

图4-6　活塞销座孔的铰削
1—活塞　2—铰刀　3—台虎钳

④ 试配。为了防止铰大，在铰削时应不断地与活塞销试配。当铰削到用手掌的力能够将活塞销推入一个销座孔长度的1/3左右时应停止铰削，如图4-7所示。用木锤或垫以铜铳轻轻地将活塞销打入销孔，试配一两次后，再打入另一销座孔，最后铳出活塞销，察看接触面情况，必要时进行修刮。

⑤ 修刮。为了增加销与座孔的接触面积，获得合适的配合松紧度，通常在活塞销座孔铰削后，要对座孔进行修刮。刮削

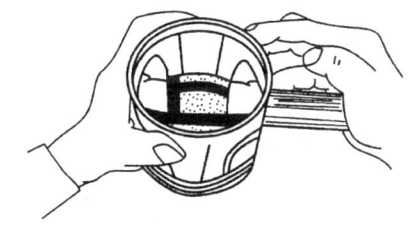

图4-7　活塞销座孔的试配

应按照由里向外"刮重留轻、刮大留小"的原则进行。修刮时，刮刀应与销座孔轴线方向成30°~40°角，以免修刮面积过大。两端边缘应少刮或不刮，防止将其刮成喇叭口。当松紧度和接触面积接近合适时，再稍微刮修两端，使松紧度和接触面积达到要求。修刮后应能用手掌的力将活塞销推进一个销座孔长度的1/2~1/3，在座孔工作面上留下的印痕应均匀分布，轻重一致。

三、连杆组的修理工艺

1. 连杆的检修

（1）连杆的检验　连杆的检验主要包括裂纹检验、变形检验（大端孔的圆度和圆柱度及弯曲、扭曲的检验）和连杆螺栓及孔的检验（螺纹损伤、长度的检验）。

1)连杆裂纹的检验。连杆裂纹通常用磁力探伤仪检验,连杆不允许有任何裂纹。

2)连杆螺栓及螺纹的检验。当目视检查连杆螺栓和连杆上的螺纹损伤超过2牙,连杆螺栓有明显的凹痕或裂纹、拉长等缺陷时,应更换连杆螺栓。

3)连杆大端孔的圆度和圆柱度检验。检验时,将连杆大端轴承取下,清洁承孔,然后将轴承盖正确装在连杆体上,并按规定力矩拧紧连杆螺栓或螺母。用内径百分表测量连杆大端轴承承孔的圆度和圆柱度误差,通常要求均不得大于 0.025mm。

4)连杆弯曲、扭曲变形的检验。连杆的弯曲、扭曲变形,通常在连杆检验器上进行检验。图 4-8 所示为常用的一种连杆检验器。在连杆大端轴承承孔的圆度和圆柱度检验符合技术要求后,装上已铰配好的活塞销或按连杆小端承孔选配标准心轴,然后将连杆大端安装在连杆检验器的可调横轴上,拧动调整螺钉使半月键向外扩张,把连杆固定在检验器上。将带有 V 形槽的三点规跨放在连杆小端的心轴上,轻轻移动,使三点规的测点与检验器的平板相接触。用塞尺测量三点规各测点与检验器平板间的间隙值,即可判断连杆有无弯曲、扭曲变形。

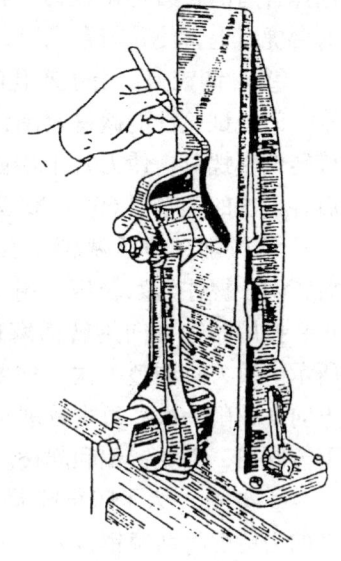

图 4-8 连杆检验器

通常三点规的三个测点共面,且与 V 形块垂直,两下测点间的距离是 100mm,上测点与两下测点连线的垂直距离也是 100mm。用三点规检测连杆变形的结果如下:

① 正直。如果三个测点都与平板接触,则说明连杆既无弯曲变形也无扭曲变形。

② 弯曲。如果上测点与平板接触而两下测点不与平板接触,且两下测点与平板的间隙相等,或两下测点均与平板接触而上测点不与平板接触,则表明连杆仅存在弯曲变形。这时测得的间隙值就是连杆在 100mm 长度上的弯曲度值。

③ 扭曲。如果只有一个下测点与平板接触,且上测点与平板的间隙等于另一测点与平板间隙的 1/2,则表明连杆仅存在扭曲变形。此时下测点与平板的间隙就是连杆在 100mm 长度上的扭曲度值。

④ 弯曲和扭曲并存。如果只有一个下测点与平板接触,则说明连杆弯曲变形和扭曲变形共存。此时,另一下测点与平板的间隙就是连杆在 100mm 长度上的扭曲度值,而不与平板接触的上测点和下测点与平板间隙差值的 1/2 就是连杆

在100mm长度上的弯曲度值。如果只有一个上测点与平板接触，此时两个下测点与平板间隙之差就是连杆在100mm长度上的扭曲度值，而两个下测点与平板间隙之和的1/2就是连杆在100mm长度上的弯曲度值。

连杆的弯曲度、扭曲度应符合原厂规定。通常国产汽车要求：连杆上下承孔轴线应在同一平面内，其平行度误差≤100∶0.03（即弯曲度）；在与此平面垂直的方向，轴线的平行度误差≤100∶0.06（即扭曲度）。当超过此限度时，应进行校正。在连杆经校正后，应重新检查其弯曲、扭曲变形是否符合技术要求。

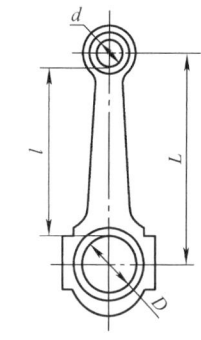

图4-9 连杆两轴承孔轴线距离的检验

⑤ 连杆大小端轴承轴线相互位置误差的检验。连杆大小端轴承轴线平行度误差可在连杆检验器上检查。两轴线距离可用连杆上下轴承轴线距离检验仪检验，也可用普通量具进行检验。如图4-9所示，检验时，先用游标卡尺测量出上下两轴承孔内侧距离 l，再用内径百分表测出上下两轴承孔直径 D 和 d，即可用式（4-1）算出两孔轴线中心距 L。

$$L = l + (D+d)/2 \tag{4-1}$$

连杆大小端轴承轴线中心距误差应小于0.60mm。

（2）连杆的校正　连杆弯曲和扭曲可分别在连杆弯曲和扭曲校正器上校正。当连杆的弯曲和扭曲变形同时存在时，一般的做法是先校正扭曲变形，再校正弯曲变形。如果同时存在的两种变形均超过技术要求，则应更换连杆。

连杆弯曲和扭曲校正完毕后，应对连杆进行人工时效处理，以消除残留应力。时效处理的温度为400~450℃，保温时间为0.5~1.0h，之后随炉冷至室温。

（3）连杆衬套的修配

1）连杆衬套的选择与安装。在修理过程中，若活塞、活塞销已换新件，则连杆衬套也必须更换。更换连杆衬套必须在连杆检查、校正之后进行。衬套与连杆小头的配合应有0.10~0.20mm的过盈量。新衬套在压入前应检查连杆小头是否有损伤、毛刺等，以免擦伤衬套外圆。压入时衬套应放正。对于整体式衬套，应使油孔对正；若为两半截式衬套，则应使衬套压至连杆油孔的边缘，以保证机油流动畅通，露出的连杆小头端面部分可用锉刀修平。

2）连杆衬套的铰削过程

① 选择铰刀。根据活塞销实际尺寸选择铰刀，并将其夹紧在台虎钳上，使其与钳口平面保持垂直。

② 微调铰刀。将连杆小头套入铰刀，用一只手拖住连杆大头，用另一只手压下连杆小头，以刀刃露出衬套上端面3~5mm为第一刀的铰削量进行铰削。若

铰削量太大或太小，则会使连杆在铰削过程中发生摆动，易将衬套铰成菱形或喇叭口形。

③ 铰削。用一只手握住连杆大头，水平而均匀地用力扳转，用另一只手把持小端向下稍施加压力进行铰削，如图 4-10 所示。当衬套下平面与铰刀下端相平时停止铰削，此时将连杆小端下压，使衬套平稳地脱出铰刀，以免出现棱坎。铰刀的调整量以将螺母旋转 60°～90° 为宜。在铰刀直径不变的情况下，将连杆翻转一面再铰一次。

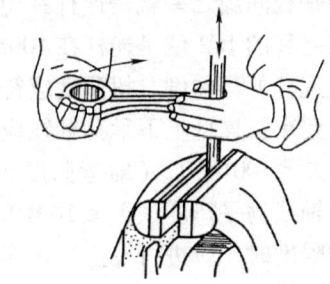

图 4-10　连杆小端衬套的铰削

④ 试配。为防止铰削过度，应边铰削边用活塞销试配。当铰削到能用手掌的力将活塞销推入衬套长度 1/3～2/5 时，应停止铰削。此时应将活塞销压入或用木锤打入衬套内，并夹持在台虎钳上，往复扳动连杆（见图 4-11），然后压出活塞销，检查衬套的接触面是否符合要求。

⑤ 修刮。根据接触面积和松紧程度，最后用刮刀做微量修刮。修刮的要领与修刮活塞销座孔的要领相同。若以手掌的力将活塞销推入连杆衬套时感觉略有阻力，则说明松紧度合适，如图 4-12 所示。衬套的接触面积应均匀分布，轻重一致，实际接触面积应不小于总接触面积的 75%。

2. 活塞连杆组的装配

(1) 连杆轴承的选配　连杆轴承是根据连杆轴颈的修理尺寸和连杆大端轴承座孔的尺寸来选配的。轴承的缩小尺寸应与轴颈的修理尺寸一致。轴承与轴颈的配合间隙可以通过刮削、镗削或拉削的方法达到。轴承高出座面的距离及调整垫片应符合规定。

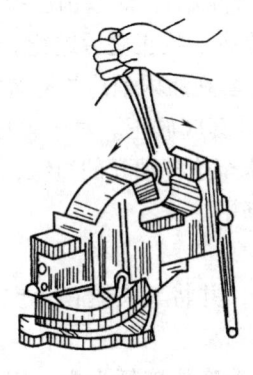

图 4-11　活塞销与衬套试配

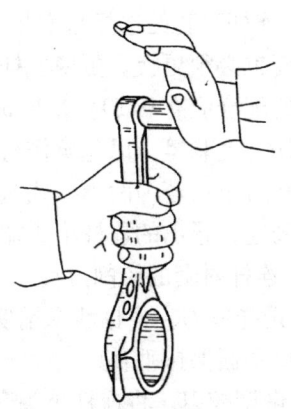

图 4-12　松紧度试验

(2) 活塞连杆的装配

1) 热装法。对于全浮式活塞,可将活塞放入水中加热。在水沸腾后取出活塞,并将活塞销座孔擦干净,然后将涂有润滑油的活塞销用拇指压入活塞一端的销座孔内。在连杆衬套孔内涂一层清洁的润滑油,再继续推活塞销使其顺利地通过连杆衬套进入活塞另一端的销座孔内,直至活塞销端面与活塞销卡环槽内平面端面齐平,再装入卡环。

在活塞冷却至常温后,测量活塞的圆度误差,应与装配前的测量值相等,不允许出现反椭圆现象,否则说明活塞销装配得太紧,应重新组装。在将连杆与活塞销和活塞装配好后,应再次测量活塞裙部的圆度误差。

2) 压入法。对于半浮式活塞,可用专用夹具将活塞销压入活塞销座孔和连杆小头承孔内。

在将活塞与连杆装配好后,在连杆直线度检验仪上检查活塞裙部轴线与连杆大头孔轴线的垂度误差,应符合原厂规定。活塞销座孔与连杆小头两端面应保持1mm左右的间隙。装配好的连杆总成在同一台发动机上的重量差应符合规定。

(3) 活塞偏缸的检验 在活塞与连杆装配后,未装活塞环前,应按规定将其装入气缸,然后连接连杆轴颈,拧紧连杆螺栓或螺母至规定力矩。转动曲轴使活塞处于上、下止点位置,再用塞尺测量活塞头部各方向与气缸壁的间隙。如果多个方向的数值相同,则表示装配合适;如果不相同,则说明有偏缸现象,应予以校正并重新装配后检验。

(4) 活塞连杆组的装配 在将活塞连杆组装进气缸之前,应用专用工具将活塞环按要求装进活塞环槽内,检查确认活塞的安装位置、方向及装缸顺序无误后,在气缸壁和组合件上涂一层清洁的润滑油,调整好活塞环开口方向,用专用工具把活塞环压紧,并用锤子的木柄轻击活塞顶部,使其进入气缸。在连杆盖轴承内表面涂一层清洁的润滑油,按记号安装连杆盖,并按规定力矩拧紧连杆螺母。注意:若原车装有调整垫片和螺母锁销,则应按规定将其装复,不得漏装。

四、曲轴的修理工艺

1. 曲轴的磨损规律

在曲轴长期运转过程中,主轴颈和连杆轴颈尺寸会减小,也会因磨损不均匀而使圆度和圆柱度误差增大。磨损不均主要表现在:径向磨损成椭圆形(圆度误差大),轴向磨损成锥形(圆柱度误差大),如图4-13所示。

主轴颈的磨损特点是:径向磨损成椭圆形,磨损量最大的部位靠近连杆轴颈一侧。如果主轴颈两侧均有连杆轴颈,则主轴颈在两曲柄臂120°夹角间的表面磨损量最大。主轴颈沿轴向的磨损也是不均匀的,一般没有规律性。主轴承的径向磨损与主轴颈相对应,磨损量最大的部位总是在下轴承上,中间主轴承的磨损量大于两端的磨损量。当主轴承数目增多时，轴颈和轴承磨损会显著减少。

连杆轴颈磨损的特点是：径向磨损成椭圆形，磨损量最大的部位在轴颈的内侧，即靠近曲轴中心线的一侧；轴向磨损成锥形，磨损量最大的部位一般在油孔杂质沉积一侧和轴颈受力大的部位。连杆轴颈的磨损速度通常比主轴的磨损速度快一两倍，这主要是由连杆轴颈的负荷较大，润滑条件较差造成的。

2. 曲轴的变形规律

曲轴在周期性变化的气体压力、往复运动质量的惯性力、旋转运动的离心力以及曲轴扭转振动和

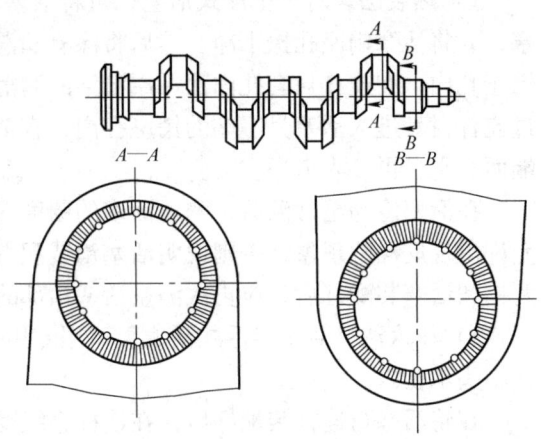

图 4-13 曲轴轴颈的磨损规律

弯曲振动所形成的附加应力等的共同作用下，极易产生弯曲和扭曲变形甚至断裂。

曲轴弯曲、扭曲变形的主要原因：一是汽车重载起步时离合器放松过猛，曲轴受到过大的冲击载荷；二是长期超负荷运转，发动机连续出现爆燃；三是主轴颈或主轴承座孔不同轴；四是发动机因缺润滑油或轴瓦间隙过小而烧瓦抱轴；五是曲轴飞轮组的平衡性能差。曲轴弯曲扭曲变形后，将加剧活塞连杆组和气缸以及曲轴和轴承的磨损，甚至加速曲轴的疲劳折断。

3. 曲轴的检修

（1）曲轴裂纹的检修

1）曲轴裂纹的检验。曲轴裂纹多发生在主轴颈或连杆轴颈与曲柄相连的过渡圆角处以及轴颈中间的油孔处。

曲轴裂纹可以用磁力探伤、超声波探伤、着色探伤（渗透法）等方法检验，也可用浸油敲击法检验。当用浸油敲击法检查时，应先将洗净的曲轴放在煤油中浸泡片刻，然后将其取出并擦净表面，在可能产生裂纹的部位撒上白粉，用锤子分段敲击每个曲柄臂，裂纹内的煤油受振动会从裂纹中渗出，在裂纹处的白粉上显出油迹。若白粉上有明显油迹出现，则表明该处有裂纹。

2）曲轴裂纹的检修方法。曲轴裂纹可以结合修理尺寸法修复，当不能用修理尺寸法修复时，可采用二氧化碳气体保护焊、喷涂等方法修复。

曲轴修复前不得有裂纹，但轴颈上沿油孔四周有长度不超过5mm的短浅裂纹或有未延伸到轴颈圆角和油孔处的纵向裂纹（轴颈长度小于或等于40mm的，裂纹长度应不大于10mm；轴颈长度大于40mm的，裂纹长度应不大于15mm）时，允许修复后使用。

(2) 曲轴变形的检修

1) 曲轴变形的检验。

① 曲轴弯曲变形的检验。将曲轴两端的主轴颈支撑在检验平板上放置的 V 形架上，用百分表测量曲轴中间一道主轴颈的径向圆跳动误差，测量值即为曲轴的弯曲度。主轴径为偶数的，应测量中间两主轴径的径向圆跳动误差，并以最大者为准。

② 曲轴扭曲变形的检验。可将曲轴两端的主轴颈支持在平板上的 V 形架上，然后将在同一平面上最外侧的两个连杆轴颈（如 6 缸曲轴的第 1、6 连杆轴颈）转到水平位置，用百分表分别测量出两个连杆轴颈的高度。若两个高度不相等，则表示曲轴有扭曲变形。利用两连杆轴颈的高度差值 δ，可计算出连杆轴颈的扭曲角 θ（°）。

$$\theta = \frac{360\delta}{2\pi R} = \frac{57\delta}{R} \tag{4-2}$$

式中　R——曲柄半径（mm）；

　　　δ——两连杆轴颈高度差（mm）。

2) 曲轴变形的修理方法

① 曲轴弯曲变形的修理方法。曲轴的弯曲度不超过 0.05mm 时可不加修整；弯曲度为 0.05~0.10mm 的，可以结合轴颈磨削予以修正；弯曲度超过 0.10mm 的，应予以校正。

曲轴弯曲的校正可以在压力机上进行。校正时，应在压力机的压杆与曲轴轴颈之间垫铜片，以免损伤轴颈表面。在校正过程中，要使校正量比弯曲量稍大，以消除弹性变形的影响。校正量的大小与曲轴材料和弯曲强度有关。铸铁和中碳钢曲轴弯曲变形量为 0.10mm 时，校正量为 3~4mm，保压 1~2min 即可。对球墨铸铁曲轴，校正量为 1~1.5mm。当曲轴变形量较大时，必须反复多次进行校正，直至符合标准。校正后的曲轴应垂直存放，并用锤子轻击轴颈两侧曲柄臂，以消除曲轴受压变形时产生的内应力，也可在 300~500℃ 下保温 0.5~1h 后自然冷却，以消除内应力。

② 曲轴扭曲变形的修理方法。通常要求曲轴的扭曲角小于 30′，否则可结合修磨曲轴予以修正。

(3) 曲轴磨损的检修

① 曲轴磨损的检验。主轴颈和连杆轴颈的磨损情况可用外径千分尺检验。在每个轴颈靠近曲柄臂的两个截面内多次测量，找出同一个截面内轴颈直径的最大值和最小值，二者差值的 1/2 即为该截面的圆度误差。两个截面中轴颈最大值和最小值差值的 1/2 即为该轴颈的圆柱度误差。取两个截面圆度误差中最大的作为该轴颈的圆度误差。

②曲轴磨损的修理方法。通常曲轴轴颈的圆度误差不大于0.01mm，使用极限为0.05mm；圆柱度误差不大于0.01mm，使用极限为0.08mm。当超过使用极限时，通常采用修理尺寸法修理。

当用修理尺寸法修理时，轴颈直径的缩小尺寸，各车型均有分级标准。为了保证曲轴的强度，通常汽油机轴颈直径最大缩小量为1.5~2mm，柴油机的为2~3mm。当曲轴轴颈磨损量超过最大修理尺寸时，应更换曲轴。如果多数轴颈磨损后的尺寸还在使用极限范围内，仅个别轴颈磨损严重，而暂时又无新曲轴可更换，则可对磨损严重的轴颈采取振动堆焊、喷涂、刷镀或电镀（镀硬铬）等方法进行修理。

修复后的曲轴不得有焊渣、毛刺、金属飞溅等杂物，加工表面不得有肉眼可见的刻痕、黑点、碰伤、凹陷、伤痕、孔眼及其他缺陷。但用电振动堆焊修复的曲轴表面允许有细微的龟裂纹。在曲轴磨削后，同名轴颈必须为同级修理尺寸。主轴颈及连杆轴颈的表面粗糙度值应不大于$Ra0.8\mu m$，圆角处的表面粗糙度值应不大于$Ra1.6\mu m$。

曲轴修理后应在曲轴动平衡机上进行动平衡试验，其不平衡量应符合原设计规定。通常曲轴每端允许的动不平衡量为100g·cm。

修复后的曲轴轴颈直径在80mm以下的，要求其圆度和圆柱度误差均不大于0.005mm；轴颈直径在80mm以上的，要求其圆度误差不大于0.025mm，圆柱度误差不大于0.04mm。

(4) 曲轴其他部位的检修

1) 曲轴后端轴承孔。曲轴后端变速器第一轴轴承孔与轴承的配合过盈量为0.021~0.028mm。若轴承孔磨损松旷或与曲轴轴线不重合，则当其径向圆跳动误差超过0.06mm时（在轴承孔座内测量），应对轴承孔进行镶套修复。

2) 曲轴后端凸缘。曲轴后端安装飞轮的凸缘端面应与曲轴轴线垂直，在端面边缘测量时，其轴向圆跳动误差应不大于0.06mm，若超过此标准，则应予以修复或加垫片调整，以防止飞轮工作时偏摆。飞轮螺栓孔磨损变形后应予以修复，螺栓与孔的配合间隙为0~0.07mm，最大不超过0.10mm。

3) 定位基准的修复。曲轴轴颈磨削的定位基准一般采用正时齿轮轴颈和曲轴后端凸缘外表面。为保证其同心度，要求正时齿轮轴径向圆跳动误差不大于0.03mm，后端凸缘外表面径向圆跳动误差不大于0.04mm，否则应进行修整或校正。

五、曲轴轴承与连杆轴承的修理工艺

1. 曲轴轴承与连杆轴承的检验

曲轴轴承与连杆轴承的检验内容主要包括曲轴轴承的表面质量（包括烧蚀、

第四章 发动机大修

刮伤、裂纹、剥落等)、轴承外形尺寸(包括宽度、厚度、自由开口尺寸、定位凸榫等)、轴承及轴承座孔磨损情况、轴承过盈量(也称高出量)与曲轴的配合间隙。

(1) 轴承过盈量的检验　先将轴承装入座孔,然后将有定位凸榫的一端按规定力矩拧紧,在另一端施加一定力矩(通常为 9.8~19.6N·m),使轴承与座孔贴紧,此时该端轴承高出座孔分界面的高度应符合原厂技术要求,通常为 0.03~0.05mm。若高度过大,则应予以修整;若高度过低,则应重新选配轴承。

(2) 轴承弹力的检验　将轴承压入座孔后,其凭借自身弹力作用即可与轴承座孔紧密贴合。新轴承的曲率半径大于座孔的曲率半径,即表明轴承的弹力符合技术要求。

(3) 轴承的圆度、圆柱度以及配合间隙的检验　轴承的圆度、圆柱度误差可用内径百分表进行检查。检查时应将轴承及轴承孔清洗干净,并按技术要求将轴承装入轴承孔中,按标准力矩拧紧轴承盖螺栓,在靠近轴承孔两端取两个截面,分别测量出每个截面直径的最大值和最小值,并计算出轴承的圆度误差和圆柱度误差。测量时,测量点应避开轴承分合面及油槽。轴承的圆度误差和圆柱度误差应符合原厂规定,通常要求均不大于 0.05mm。

轴承与轴颈的配合间隙可用外径千分尺和内径百分表测量,也可用塑料间隙规测量。

用塑料间隙规测量时,可将塑料间隙规沿曲轴轴线方向放置在曲轴上,然后盖上轴承盖,按标准力矩拧紧螺栓(注意不要使曲轴转动)。拆下轴承盖,取出塑料间隙规,并将其与涂有不同颜色、代表不同间隙的标准刻度尺对比,即可根据间隙规的宽度得知轴承的配合间隙。通常要求轴承与主轴颈的配合间隙为 0.03~0.09mm,与连杆轴颈的配合间隙为 0.03~0.06mm。

2. 曲轴轴承与连杆轴承的修理方法

(1) 轴承的选配修理　根据光磨后曲轴轴颈的修理尺寸,选用同级别标准厚度的轴承(无加工余量),按要求装复后检查其松紧度,若偏紧,则可以加 0.05mm 厚的垫片予以调整,或对个别接触重的部位用刮刀予以修刮。一般不用全面修刮即能符合技术要求,否则需重新选配轴承。

现代汽车发动机的主轴承和连杆轴承普遍采用薄型多层合金(3~5层)的滑动轴承,并按直接选配的要求设计制造。只要轴颈直径符合要求,就可以通过选配不同尺寸的轴承得到所需要的配合间隙,而不需要再进行刮削。由于我国汽车配件市场尚未完善,考虑到野外作业等特殊情况,仍供应一定数量的有刮削余量的轴承。

(2) 轴承的铰削修理　根据光磨后曲轴轴颈的修理尺寸,选用同级别加镗削余量的轴承,经铰刀铰削加工后即可达到技术要求。

在铰削加工时,应特别注意每刀的铰削量,这是因为轴承合金表面的切削性能较差,所以每刀的铰削量不应超过0.02~0.03mm,并且注意用煤油加强润滑。

(3) 机械加工修理　对于有加工余量的主轴承或连杆轴承,可以采用镗削或拉削使其达到技术要求。

(4) 轴承的手工刮削修配法　根据光磨后曲轴轴颈的修理尺寸,选配同级别有刮削余量的轴承,用手工刮削的办法使其达到技术要求。对手工刮削的质量要求如下:

1) 接触面要求。接触印痕星点满布,轻重一致,均匀分布在75%的轴承表面以上,最后一道主轴颈应不少于85%。

2) 松紧度。对于刮削后的轴承,不易用量缸表测量其配合间隙,多采用经验方法进行检验。具体的方法是:在各道主轴承表面上涂一层机油,按规定力矩拧紧主轴承螺母,以两手能转动飞轮为合适,然后在连杆轴承表面上涂一层机油,按规定力矩拧紧连杆螺母,以单手甩动连杆时,连杆能旋转1~1.5圈,沿曲轴轴向扳动连杆时无间隙感觉为合适。

六、曲轴飞轮组的装配及技术要求

1) 在安装曲轴和连杆轴承时,要保证轴承背面和座孔表面光滑。装入轴承时,切勿触摸工作面和背面以及轴承孔表面,应用两手指握住轴承的侧面,沿着轴承孔推入。将轴承孔推入后,在轴承工作表面涂敷足够的发动机润滑油。注意:应将轴承背面的润滑油擦掉。

2) 曲轴安装后,在装轴承盖时要小心,切勿划伤曲轴轴颈,并注意轴承盖的方向(记号向前)。

3) 按规定顺序分两次或三次拧紧紧固螺栓,使其达到规定力矩。

4) 配合间隙。轴承的配合间隙应符合原厂规定,通常要求与主轴颈的配合间隙为0.03~0.09mm,与连杆轴颈的配合间隙为0.03~0.06mm。此外,要注意检查连杆大头的轴向间隙。

❖❖❖ 第二节　配气机构的修理工艺

一、凸轮轴的检修

1. 凸轮轴的检验

凸轮轴的检验内容主要包括凸轮轴裂纹、凸轮表面质量(擦伤、点蚀、表面粗糙度等）、凸轮升程、凸轮轴变形、凸轮轴轴颈磨损情况。

（1）凸轮轴裂纹的检验　凸轮轴裂纹通常用磁力探伤仪或采用浸油敲击法检验。凸轮表面堆焊层除可以有不连续成片的鱼鳞状裂纹外，不得有其他裂纹。

（2）凸轮表面质量的检验　用观察法检验凸轮表面有无擦伤、疲劳点蚀和严重磨损，否则应修磨或更换。

（3）凸轮升程的检验　通常用外径千分尺测量凸轮的最大高度 H 和基圆直径 D，两者之差便是其实际升程（见图4-14），并按式（4-3）算出其升程减小量 S 和累计磨损量 Δ。

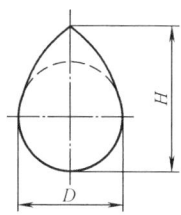

图4-14　凸轮轴磨损的测量

$$S = h_{理} - (H - D)$$
$$\Delta = S + \delta \tag{4-3}$$

式中　S——凸轮升程减小量（mm）；

　　　Δ——凸轮升程累计磨损量（mm）；

　　　$h_{理}$——凸轮理论升程（mm）；

　　　δ——凸轮基圆半径方向磨损量（mm），$\delta = (D_{标} - D)/2$；

　　　$D_{标}$——标准凸轮基圆直径（mm）。

凸轮表面磨损量（包括修理加工磨削量）通常不应大于0.8mm，否则应进行磨削加工。

磨损后的凸轮也可用样板或凸轮磨损检测仪进行检验。凸轮磨损检测仪如图4-15所示。

（4）凸轮轴弯曲变形的检验　在检验凸轮轴弯曲变形时，通常将凸轮轴两端轴颈支撑在平板上的 V 形架上，用百分表测量中间轴颈的径向圆跳动误差，当径向圆跳动误差大于0.10mm时，应予以校正。对于只有三个轴颈的凸轮轴，应检测中间轴颈；有四道轴颈时，则检验中间两道轴颈，并以其中最大者为准。

（5）凸轮轴轴颈磨损情况的检验　用外径千分尺检验。要求凸轮轴所有轴颈的圆柱度误差不大于0.01mm，中间各支撑轴径的圆度误差不大于0.05mm，否则应按修理尺寸法进行修理。

（6）凸轮轴检验的其他技术要求

1）凸轮轮廓的升程曲线应符合原设计规定，但个别区段内的升高量允许有不大于0.02mm的超差。

2）凸轮斜角应符合原设计规定。

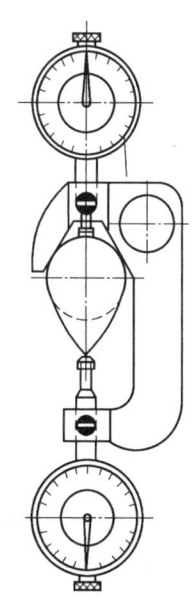

图4-15　凸轮磨损检测仪

3) 通过凸轮升程最高点和轴线的平面,相对于正时齿轮键槽中心平面的角度偏差应为 -45′~45′。

4) 同一根凸轮轴的各支承轴颈直径应修磨为同一级修理尺寸。凸轮轴支撑轴颈修理尺寸分级见表4-3。

表4-3 凸轮轴支撑轴颈修理尺寸分级 (单位: mm)

级 别	0	1	2	3	4	5	6
轴颈直径缩小量	0	0.10	0.20	0.30	0.40	0.50	0.60

注:1. 各级修理尺寸仍采用原设计尺寸的极限偏差。
　　2. 有特殊要求的凸轮轴,按原设计要求执行。

5) 当支承轴颈直径缩小量超过使用限度时,可敷以补偿修复层,使轴颈直径恢复至原设计尺寸或修理尺寸。

6) 以两端支承轴颈的公共轴线为基准,中间各支承轴颈的径向圆跳动公差为0.025mm。

7) 以两端支承轴颈的公共轴线为基准,凸轮基圆的径向圆跳动公差为0.05mm。

8) 安装正时齿轮的轴颈,其尺寸应符合原设计规定。以两端支承轴颈的公共轴线为基准,其轴颈的径向圆跳动和轴向止推端面的轴向圆跳动公差均为0.03mm。

9) 支承轴颈表面粗糙度值不大于 $Ra0.8\mu m$;凸轮和驱动机油泵的偏心轮的表面粗糙度值不大于 $Ra1.6\mu m$;轴向止推端面的表面粗糙度值不低于 $Ra3.2\mu m$;其他加工面的表面粗糙度应符合原设计规定。

2. 凸轮轴的修理方法

(1) 凸轮轴的校直　根据检验结果,在校直前做好弯曲方向的标记,再按标记进行校直。校直时可在平台上用 V 形铁支撑凸轮轴的两端轴颈,利用手动压力机进行校直。

(2) 凸轮轴轴颈的修磨　凸轮轴轴颈磨损后的修复方法有两种:一种是按修理尺寸磨削后配用相应尺寸的轴承;另一种是利用电镀法恢复至标准尺寸,并配用标准轴承。无论采用哪种方法,都应在修磨前先校直,消除弯曲变形。轴颈光磨后,其圆柱度误差不大于0.005mm,表面粗糙度值不大于 $Ra0.8\mu m$;为便于安装,最小轴颈应大于凸轮总高度 1~1.5mm。

(3) 凸轮的磨削　当凸轮表面累积磨损量(包括修理加工磨削量)不超过0.8mm时,允许用直接修磨的方法恢复凸轮;当累积磨损量超过0.8mm需要修理时,可在凸轮的局部或全部表面上敷以补偿修复层。凸轮磨削通常在专用凸轮轴磨床上进行。

二、气门组的检修

1. 气门导管的检修

（1）气门导管的检验　将气门置于气门导管内，使气门顶面高出气门座约15mm，同时将百分表固定在缸体或缸盖的适当位置，使其触头抵住气门头的边缘，沿百分表触头方向反复推动气门头，百分表摆差的1/2即为气门杆与气门导管的间隙（近似值）。

（2）气门导管的修理方法　如果气门与气门导管配合间隙超过使用限度，则应更换气门导管。气门导管的更换应在铰削、磨削气门座之前进行。更换气门导管的工艺过程如下：

1）使用专用工具（阶梯形心棒）压出旧的气门导管。

2）检查新导管的内外径。新气门导管的内径应与气门杆尺寸相适应，导管外径与承孔内径应有一定的过盈量，通常为0.03~0.07mm。这个过盈量可以采用新旧对比的方法进行测量，即新导管的外径应比压出的旧导管外径大0.01~0.02mm，内孔应留有0.3~0.5mm的铰削量。

3）在选用的新导管外表面上涂以润滑油，然后将导管锥面朝下正确地放入导管承孔中，再用专用工具压入。镶配后的气门导管上端面与气缸体或气缸盖上平面的距离应符合规定。

（3）气门导管的铰配　气门导管镶完后，需要用气门导管铰刀进行铰削，以获得气门与气门杆之间的规定间隙。铰削时，应根据气门杆直径选择和调整铰刀，吃刀量不宜过大，铰刀要保持平整，边铰削边试配，直至达到配合要求为止。

气门导管铰削后应进行配合间隙检验。通常是将气门杆和气门导管擦拭干净，在气门杆上涂一层润滑油后再将其放进导管内，上下拉动几次，然后观察，若气门能借助于本身自重缓缓下降，则认为间隙合适。

2. 气门座的检修

（1）气门座的检验　目视检查气门座有无裂纹、松动、严重斑点和烧蚀等缺陷，若有，则应更换新件。用游标卡尺检查气门顶面与气门座顶面之间的距离，若气门顶面低于气门座顶面0.5mm，则应重新镶配气门座。

（2）气门座的修理方法　当气门座有轻微磨损、斑点或烧蚀时，可用铰削的方法恢复其密封性。但有裂纹、松动或严重磨损、斑点、烧蚀情况时，只能重新镶配新的气门座，并进行铰削。

（3）气门座的镶配　镶配前，应先将旧的气门座用铰削、拉拔或镗削等方法除掉，但要注意加工时不应损伤承孔母体。对于未装配过气门座者，其加工后的座圈承孔应符合各机型的尺寸要求。通常要求气门座底平面平整，承孔光滑清洁,其圆度误差应不大于 0.0125mm。

镶配的气门座外表面粗糙度值应不大于 $Ra3.2\mu m$。气门座圈与承孔为过盈配合,其过盈量通常为 0.070~0.170mm。具体选配时,应参考座圈及承孔母体的材质与发动机工况认真选配,不可大意。气门座圈一般用铸铁加工而成,安装气门座圈时应使用专用工具。

镶配气门座时通常采用冷缩法或加热法。冷缩法是将气门座圈在液氮中冷冻至 -195℃ 后,压入气门座承孔。加热法是将气门座圈承孔加热到 100℃ 左右,然后将座圈涂油,垫以软金属后迅速将气门座圈压入承孔。在将气门座圈镶入后,应将高出气缸体(气缸盖)平面的部分修平。镶配好的气门座周围必须严密、牢固、可靠,也可将气门座放入盛有干冰(固态二氧化碳)的容器中,使其温度下降至 -70℃ 左右,同时将承孔加热至 100℃ 左右。将座圈取出后涂以甘油与黄丹粉混合的密封剂,垫以软金属并迅速压入座孔内。

(4) 气门座的铰削 气门座镶配完毕后即可进行座圈工作锥面的铰削加工。铰削时以气门导管中心孔为基准,先用 45° 或 30° 铰刀铰削,再用 15° 与 75° 铰刀铰削锥面上下口,以获得规定的接触线带位置和宽度,最后用锥角砂轮光磨锥面(也可与气门对研),使座圈工作锥面符合规定。

3. 气门的检修

(1) 气门的检验

1) 外观检验。当发现气门有裂纹、破损或熔蚀烧损时,应更换气门。当发现气门工作面磨损起槽、变宽和烧蚀出现斑点、凹陷时,应进行光磨。

2) 气门杆磨损情况的检验。用外径千分尺测量气门杆上、中、下三个部位。通常将测量结果与气门杆尾部未磨损部分的直径对比,若磨损量超过 0.05mm,或用手触摸有明显的阶梯形感觉,则应更换气门。

3) 气门弯曲变形的检验。气门杆的弯曲度可用百分表来测定,如图 4-16 所示。当气门杆中部的弯曲度超过 0.05mm 时,应更换或校正气门。气门杆的弯曲度也可放在平板上滚动检测。

4) 气门长度的检验。用游标卡尺测量气门的长度,其缩短量不得大于 0.50mm。气门杆尾端磨损不平时,可用砂轮修磨。

(2) 气门工作面的光磨 气门的工作面磨损起槽、变宽或烧蚀出现斑点、凹陷时,应在光磨机上进行光磨。光磨时,要求磨削量要尽量小,以延长气门的使

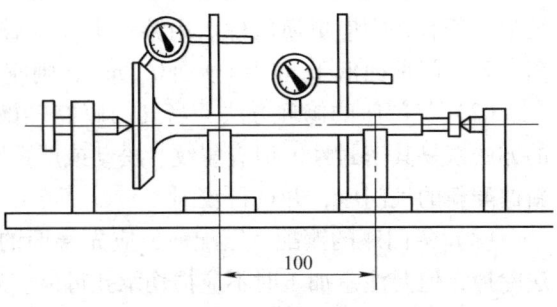

图 4-16 气门杆弯曲度的测定

用寿命。气门光磨后,其工作面的表面粗糙度值应不大于 $Ra0.8\mu m$;气门工作锥面对气门杆外圆柱面的斜向圆跳动误差不大于 0.03mm;气门头最小边缘厚度,进气门不得小于 0.60mm,排气门不得小于 1.10mm。

为使气门与气门座配合后尽快磨合或防止积炭,通常将气门工作面斜角磨小(比气门座工作面斜角小 30′~1°)。

4. 气门与气门座的研磨

在气门座铰削完毕后,应对其进行研磨。研磨可分为机器研磨和手工研磨两种。研磨后的气门工作面应是平滑无光泽的环形研磨面,不允许中断和有可见的凹槽以及刮痕、擦伤等缺陷。研磨后的气门工作面接触宽度应符合原厂规定,通常进气门为 1.0~2.2mm,排气门为 1.5~2.5mm。

5. 气门与气门座的密封性试验

气门与气门座的密封性一般用检验仪检验,也可用简易方法检验,下面介绍几种简易方法:

(1) 画线法 在气门工作面上用铅笔均匀(每隔 4mm)画上若干条线条,然后装入与之相配合的气门导管内并落座,转动气门 1/8~1/4 转,然后取出气门,检查线迹。如果铅笔画线被均匀切断,则表示密封性良好,否则应继续研磨,直至符合要求。

(2) 轻拍法 将气门与气门座擦干净后进行装复,当气门头距离气门座 20~30mm 时,用手将气门轻拍落下数次,若气门与气门座的工作面均能出现一条完整的光环,则表明密封性良好。

(3) 渗油法 将气门与气门座擦干净并装复后,在燃烧室内注满煤油或柴油,若不渗漏,则表明密封性良好。

三、液压挺杆的检验

1. 液压挺杆与导孔配合间隙的检查

可用千分尺配合测量。液压挺杆与导孔配合间隙的标准值为 0.012~0.056mm,使用限度为 0.10mm。

2. 液压挺杆偶合件密封性的检查

将液压挺杆浸泡在润滑油中,推拉柱塞,使腔内的空气排出。如图 4-17 所示,把排除空气后的液压挺杆放在试验台上,在柱塞上施加 200N 的压力,在柱塞滑下 2mm 左右后,测量 1mm 的滑降时间。其标准是:在 20℃时,1mm 的滑降时间为 7~65s。如果测得值低于标准值,则应更换液压挺杆。

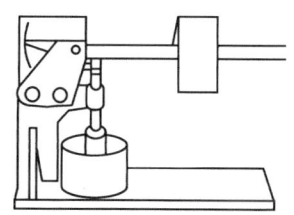

图 4-17 液压挺杆偶合件密封性试验

四、气门油封的更换

1)拆下凸轮轴和挺杆,将其顺序摆放,不可互换,然后拆下火花塞,将相应活塞摇至上止点,再将专用压力软管拧入火花塞孔。

2)将气门弹簧压缩工具用螺栓装在气缸盖上,再将相关气门调至正确位置(弹簧压缩工具上的上位为中间进气门位置,下位是其余两个进气门和两个排气门的位置)。

3)将压力软管接在压缩空气源上,并保持至少600kPa的压力,然后用螺纹心棒及止推件压下气门弹簧,轻击气门弹簧座,取出气门锁块,接着取下气门弹簧座和气门弹簧,最后用专用工具拉出气门油封。

4)安装油封时把专用塑料套套在气门杆上(防止气门杆损坏新油封),然后在油封唇口轻涂润滑油,把油封装在专用工具上,将其缓慢推到气门导管上。

◆◆◆ 第三节 柴油机燃油供给系统的检验与调整

一、柴油机燃油供给系统主要零部件的检验

1. 精密偶件的检验

(1)喷油泵柱塞偶件的检验

1)直观检查。柱塞和套筒配合工作表面不允许有任何刻痕和腐蚀现象。

2)滑动性试验。将在柴油中清洗干净的柱塞偶件倾斜45°,然后从柱塞套中抽出总长度的1/3,在手松开后柱塞依靠自重应能平稳下滑。转动柱塞,在任何位置均应符合技术要求。

3)密封性试验。做密封性试验时,可取下喷油泵出油阀体,接上喷油器试验台管路,将柱塞调整到最大供油量的中间行程位置。手动泵油,使油压达到20MPa以上后停止泵油,油压降至10MPa的时间应大于或等于10s,同一喷油泵各柱塞偶件密封性相差应小于或等于5%。若柱塞偶件密封性不符合要求,则应更换新件。

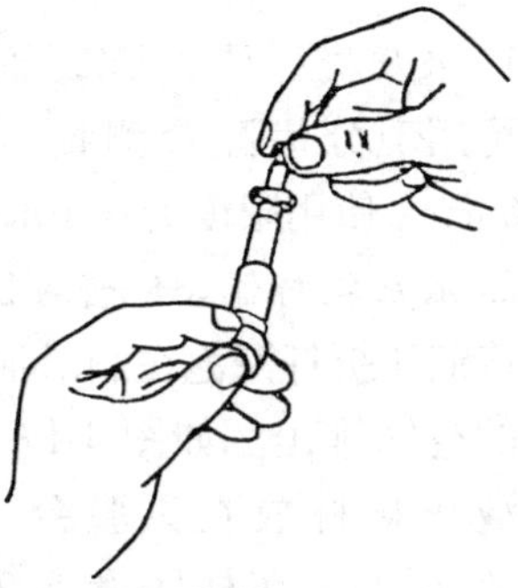

也可用经验法进行密封性试验。如图4-18所示,用手堵住柱塞套的顶部,使柱塞处于最大供油位置,然后将柱塞从柱塞套中抽出,直到柱塞上端不露出套筒油口

图4-18 柱塞偶件简单密封性试验

为止，柱塞被放松后应能被迅速吸回原位。

（2）喷油器出油阀偶件的检验

1）直观检查。喷油器出油阀偶件配合表面不得有任何刻痕和腐蚀现象。

2）密封性试验。出油阀偶件密封性试验可在图 4-19 所示的专用工具上进行。将出油阀偶件装入专用工具中，并将其与喷油器试验台的高压油管相连。旋出顶头螺钉，使出油阀落在阀座上，试验密封锥面的密封性，要求油压从 25MPa 降至 20MPa 所需的时间大于或等于 60s；旋进顶头螺钉，顶起出油阀 0.03～0.05mm；试验减压环带的密封性，要求油压从 25MPa 降至 10MPa 所需的时间大于或等于 2s。若出油阀偶件密封性不符合要求，则应更换新件。

出油阀减压环带的密封性也可用经验法检验。如图 4-20 所示，用大拇指堵住出油阀座的底部，将出油阀放在阀座中，当出油阀减压环带进入阀座并继续用手向下压时，大拇指应能感觉到有空气压力，压力解除后出油阀应能被弹出。

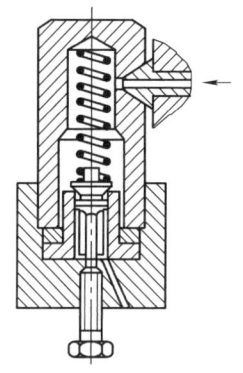
图 4-19　试验出油阀偶件的夹具

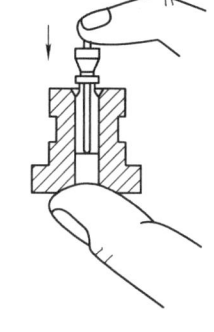
图 4-20　出油阀减压环带的密封性检验

（3）喷油器针阀偶件的检验

1）直观检查。喷油器针阀偶件配合表面不得有任何刻痕和腐蚀现象。

2）密封性试验。将喷油器针阀偶件装在喷油器体内，用喷油器试验台进行试验。要求油压从 20MPa 下降至 18MPa 的时间应大于或等于 5s，不允许有渗漏和滴油现象，否则应更换喷油器针阀偶件。

2. 喷油器的检验

对装配好的喷油器，应在喷油器试验器上进行检验，主要检验喷油压力和喷雾质量。

（1）喷油压力试验　将喷油器装在喷油器试验器上，扳动试验器手柄，排除油管和喷油器内的空气，然后以 60 次/min 的速度扳动手柄，同时观察压力表，当喷油器喷油时，压力表指针会摆动，摆动前的油压便是喷油压力。喷油压力和各缸喷油压力差应符合原厂规定。若喷油压力不符合规定，则可通过调整螺钉或调整垫片来改变针阀弹簧预紧力的方法进行调整。预紧力增加时，喷油压力提高；预紧力减小时，喷油压力降低。

(2) 喷油质量试验

1) 雾化质量。以 60 次/min 的速度扳动试验手柄，使喷油器喷油。要求油雾呈均匀雾状，不得有可见油滴；燃油切断干脆，并有清脆声响。

2) 喷雾角度。喷油器喷出的油雾锥角应符合原厂规定。检测时，可在距喷孔 100～200mm 处放一张白纸，如图 4-21 所示。油雾喷在白纸上，由纸面至喷孔的距离 A 和纸上的油痕直径 d 便可算出喷雾锥角 α，计算式为

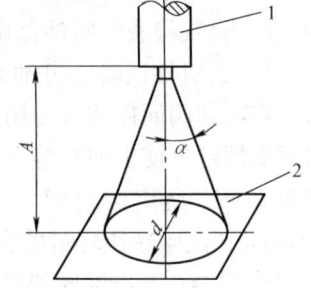

图 4-21 喷雾锥角的检测
1—喷油器喷油头 2—白纸

$$\tan\alpha = d/2A \tag{4-4}$$

二、喷油泵的调试

为了保证柴油机的工作性能，维修时必须对喷油泵和调速器总成进行严格调试。喷油泵试验台的调试内容（功能）主要包括供油时刻、供油量和调速器调速特性三个方面。由于三者相互影响，往往需要反复调试才能取得较准确的结果。

1. 供油时刻的调试

供油时刻是喷油泵出油阀被顶开并刚开始出油的时刻，包括第一缸柱塞供油时刻和各缸柱塞供油时刻间隔。供油时刻可在喷油泵试验台上采用溢流法进行调试。

调试步骤：先检验和调试第一缸柱塞供油时刻，再以此为基准按发动机的工作顺序依次调试各缸柱塞供油时刻间隔角度。

喷油泵种类很多，下面以 A 型喷油泵为例介绍柴油发动机喷油提前角的调试方法。

1) 将油量控制杆推至最大喷油位置。

2) 利用喷油泵试验台内部专设的高压输油泵将高压柴油（压力应调整在 3.92MPa 以上）通过油路转换阀供入喷油泵的油腔中。当柱塞处于下止点，柱塞套上的进油孔露出时，高压柴油便克服出油阀弹簧压力把出油阀顶开，从标准喷油器的回油管中流出。

3) 缓慢转动喷油泵凸轮轴，使第一缸柱塞（靠近联轴器一端的柱塞）逐渐上行到刚刚遮住柱塞套上的进油孔时，高压柴油被切断，回油管立即停止流油，此时刻即为第一缸柱塞的开始喷油时刻。

4) 此时，将试验台上的指针对正刻度盘的零度。这样反复试验几次，最后

确定指针在刻度盘上的准确位置。

5）第一缸柱塞开始喷油时，要求联轴器上的刻线记号与喷油泵壳体前盖上的记号对正（正时刻度线），若已超过刻线，则应将 A 型喷油泵挺杆上的正时调整螺钉适当旋出；若未达到刻线，则应将挺杆上的调整螺钉适当旋入。经反复调整，直到刻线对正为止。

6）在第一缸柱塞调试结束后，以第一缸为基准，调试其他各缸的喷油间隔时间。六缸发动机可按 60° 喷油间隔角进行检调，各缸喷油间隔角误差为 ±0.5°。

2. 供油量的调试

主要包括额定转速供油量、怠速供油量、起动和校正供油量的调试，多缸发动机还要调试各缸供油不均匀度。

各缸供油量均匀性用各缸供油量不均匀度表示，其计算式为

$$各缸供油不均匀度 = \frac{2 \times (最大供油量 - 最小供油量)}{最大供油量 + 最小供油量} \times 100\%$$

在各缸供油不均匀度中，以额定转速和常用转速最为重要，通常要求不大于 3%，其次是怠速，通常要求供油不均匀度不大于 30%。

（1）额定转速供油量的调试　使喷油泵以额定转速运转，操纵杆在最大供油位置，喷油 100 次，各缸供油量及供油不均匀度应符合要求。若不符合要求，则应松开调节齿圈或柱塞拨叉的夹紧螺钉，使柱塞控制套与调节齿圈或将柱塞拨叉与调节拉杆相对移动，即可改变供油量。

（2）常用转速供油量的调试　因为发动机工作时以中速为常用工况，所以有些发动机规定了常用转速供油量。检查时应按规定的转速（一般为 600～1000r/min）使操纵杆在最大供油位置下喷油 100 次，其供油量及供油不均匀度应符合规定，若不符合规定，则应按上述方法进行调整。

（3）怠速供油量的调试　使喷油泵在怠速条件下运转，缓慢地向增加供油量的方向转动操纵杆，在喷油器尖端开始滴油时固定好操纵杆，喷油 100 次，其供油量及供油不均匀度应符合要求。若不符合要求，则仍按上述方法进行调整。

（4）起动和校正供油量的检查　检查时将操纵杆推至最大供油位置，使喷油泵分别在规定的起动转速和校正转速下喷油 100 次，其供油量应符合规定（起动供油量一般约为额定供油量的 150%）。一般情况下，若前述各项调整准确，则该两项均可达到要求。若不符合要求，则应重调起动和校正行程。

3. 调速器的调试

调速器的调试应在试验台上进行，其依据是调速特性。调试的主要内容是高速和怠速起作用的转速。另外，根据结构的不同，还有供油拉杆不同位置的检查

调整等。试验前喷油泵调速器总成应在试验台上由低速到高速进行试运转和磨合，使各部位运行正常无阻滞现象。

（1）额定工况位置的调试　将喷油泵的转速升至额定转速，将操纵杆转到最大供油位置（即使之与高速限位螺钉接触），此时供油调节拉杆应处于额定工况位置，其行程应符合规定。若不符合规定，则应通过高速限位螺钉来调整。

调整时要先使油量拉杆行程限制装置不起作用，例如，RQ型两速调速器的防冒烟限制器的挡块不起限制作用，Ⅱ号泵支承轴向里多拧进一段使校正弹簧座对调速弹簧座不起限制作用等。在调好额定工况位置后，再将上述限制装置调好，使其限制部位刚好接触或稍有间隙。

（2）高速起作用转速的调试　先使喷油泵转速由低到高逐渐增加至接近额定转速，再将喷油泵操纵杆向供油方向推到底，然后再慢慢增加转速，注意观察供油调节拉杆的变化。当转速超过额定转速，飞块的离心力大于调速弹簧的弹力时，自动推动供油拉杆向减油方向移动，这时的转速就是调速器高速起作用的转速。继续增加转速至喷油停止时刻，即为高速断油转速。这两个转速应符合机型的规定，若不符合，则可通过调整高速弹簧的预紧力（两速式）或旋动操纵杆高速限位螺钉（全速式）来调整。为确保发动机的额定转速不超速过多，通常将高速起作用转速较额定转速调高10%左右。高速限位螺钉调好后应铅封，使用中不允许随意调整。

（3）怠速起作用转速的调试　使喷油泵在低于怠速转速下运转，缓慢转动操纵杆，当喷油泵刚刚开始供油时，使怠速限位螺钉限定操纵杆。逐渐增加喷油泵转速，注意观察供油拉杆的变化情况，其开始向减油方向移动时的转速就是调速器怠速起作用的转速。此转速应符合规定，若不符合规定，则可通过调整怠速弹簧预紧力进行调整：预紧力增加时，转速提高；预紧力减小时，转速降低。怠速限位螺钉在使用中可根据情况在车上调整。

（4）起动加浓行程的检查　使喷油泵在起动转速下运转，当操纵杆在最大供油位置时，供油拉杆应处在起动供油位置。若调速器装配正确且额定工况位置准确，则一般起动位置就能符合规定。若有调整装置，则应按规定调整。例如，Ⅱ号泵可调支承轴位置，调出时起动行程增加，但调后会改变额定工况行程，因而需要重调额定工况行程。又如，RQ型可调防冒烟限制器行程等。

（5）校正加浓的检查　使喷油泵在额定转速下运转，将操纵杆转至最大位置，然后逐渐降低转速。当供油拉杆开始向增加油量的方向移动时，其转速即为校正加浓开始起作用的转速，应符合规定。若不符合规定，则可调整校正弹簧的预紧力使转速继续下降，并使供油拉杆继续向增加供油的方向移动，直至停止移动为止。测出供油拉杆的移动量，即为校正行程。此校正行程应在装配前调好，不符合要求时应重调。

三、发动机喷油提前角的检测与调整

下面以 YC6105QC 型发动机的 A 型喷油泵为例进行介绍。

1）拆下喷油泵的第一缸高压油管接头。
2）顺时针慢慢转动曲轴,直至出油阀的油位开始波动为止。
3）观察 V 带轮减振器上的刻度盘与上止点指针所指的刻度值是否在 16°~20°范围内。
4）松开空压机与喷油泵之间联轴器的两个紧固螺栓。
5）缓慢地转动供油自动提前器,如图 4-22 所示。向外旋转供油自动提前器可加大供油提前角,向里旋转则减小供油提前角。

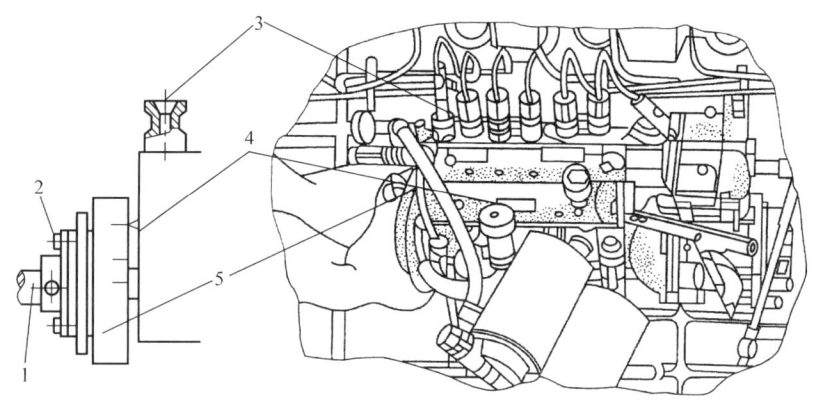

图 4-22　发动机喷油提前角的调整
1—空压机曲轴　2—喷油泵传动凸缘固定螺钉　3—第一缸分泵出油口
4—喷油泵　5—供油自动提前器

6）拧紧联轴器的两个紧固螺栓。
7）复测供油提前角,若不符合要求,则应重新调整,直到符合要求为止。

◆◆◆ 第四节　润滑系统的修理工艺

一、润滑系统故障的原因与检查方法

1. 润滑系统故障的原因

润滑系统的主要故障是润滑油消耗量大、润滑油压力过低或过高、润滑油油位升高以及润滑油变质等。

(1) 润滑油消耗量大　润滑油消耗量是评价发动机技术状况的重要指标，也是确定发动机是否需要大修的主要因素之一。

引起润滑油消耗量增大的主要原因是烧损和渗漏。在发动机运转时，为了保证活塞环、活塞和气缸壁间能得到良好的润滑条件，用飞溅法使气缸壁上附着一层润滑油。由于油环和气环的刮油作用是有限的，所以残留在燃烧室或气缸壁上的润滑油或被燃烧或随着排气一并排出；当缸壁间隙由于磨损而变大时，活塞环的弹性减弱，润滑油过稀，油位过高以及活塞环变成椭圆形等都会使润滑油更多地窜入燃烧室而被烧损；曲轴箱内润滑油温度升高，使润滑油雾化或蒸发；由于装配密封不良，产生润滑油渗漏等情况，都会造成润滑油消耗量增加。

润滑油消耗量是随着发动机技术状况变坏而增加的。一般磨损量较小的发动机润滑油消耗量仅为0.1~0.5L/100km，但发动机磨损量较大时，润滑油消耗量会猛增至1L/100km或更多，此时润滑油加注口和排气管口将有强烈的蓝烟排出。

(2) 润滑油压力过低　润滑油压力过低会引起零件摩擦表面润滑条件恶化，冷却不良，从而使发动机工况变坏，甚至会导致严重的机械事故。

润滑油压力过低的主要原因有：润滑油泵零件磨损严重，泵油效率下降；润滑系统各结合面以及各阀门密封不良而产生渗漏，使进入油道的油量不足；轴承间隙过大而引起泄漏；润滑油滤清器损坏；润滑油泵减压阀调整不良或弹簧过软等。由于润滑油压力过低，使机件摩擦表面不能得到很好的润滑，甚至根本得不到润滑，结果不仅引起机件的磨损，而且可能会产生拉缸、烧瓦等严重事故。

通常发动机正常润滑油压力在怠速时应不低于0.98MPa。试验表明，润滑油压力下降，一般都是由曲轴主轴承和连杆轴承磨损引起的。曲轴主轴承间隙每增加0.01mm，润滑油压力将下降0.098MPa。所以完全可以根据润滑油压力的变化来判断发动机各轴承的磨损情况，这也是把润滑油压力下降作为发动机是否进行大修的评价指标之一的原因。

(3) 润滑油压力过高　造成润滑油压力过高的主要原因有：润滑油粘度过大；发动机温度过低而使润滑油变稠；轴承与轴颈配合间隙过小引起润滑油循环困难，润滑油不易到达间隙小的摩擦表面，降低润滑效能，加剧机件磨损。如果轴承间隙过小，则可能造成温度过高而产生抱轴现象。另外，油道堵塞使润滑油不能畅流，机件得不到润滑，造成机件剧烈磨损或烧损事故；限压阀压力调整不当或其中零件损坏，失去调节压力的作用，使润滑油消耗量增加，甚至因油压过高而胀裂油管、润滑油滤清器盖及密封衬垫等。

(4) 润滑油变质　发动机中的润滑油在高温高压的条件下工作的同时，还与空气、燃料的不完全燃烧产物、凝聚的水蒸气以及进入发动机的灰尘接触，除此以外还与零件的金属表面和其磨损产物接触并受到催化，结果使润滑油的物理—化学性质发生变化，在润滑油中聚集各种污垢杂质，引起发动机早期磨损，从而破坏发动机的正常工作。影响润滑油变质速度的原因有以下几个方面：

1）发动机的形式与结构：柴油发动机的燃烧室形式；活塞环的油环和气环结构，加工与装配质量；机油滤清器、空气滤清器的完备情况及净化结果；曲轴箱通风的完善程度等。

2）发动机的技术状况。柴油发动机燃烧过程的好坏，决定着燃料不完全燃烧产物的生成量及进入润滑油中的量。当燃料供给系统工作不正常时，如喷油压力下降、喷油器喷孔堵塞、漏油等，将使润滑油变质速度增大。

实践表明，随着发动机零件磨损程度的增加，润滑油变质速度增大特别明显。这是由于窜入曲轴箱的废气量增加，随之带入大量不完全燃烧的产物，同时提高了润滑油的温度（尤其是在活塞环行程内），从而加速了润滑油氧化变质的进程。

3）燃润料与发动机使用条件。柴油发动机的机械负荷和热负荷都较汽油发动机大，同时柴油的酸度、硫分含量都比汽油的高，并且柴油又很容易积炭等，对润滑油都有很大的污染。与汽油发动机相比，柴油发动机对润滑油的品质要求更高，尤其是柴油发动机的不断强化，对润滑油更有特殊的要求，因而除管、用、养、修外，润滑油品质和供应更加严重地影响柴油发动机的可靠性和耐用性。所以不论是进口车还是国产车，均应选用合适的油品，并应全面推广增压优质润滑油料。

（5）润滑油油面升高　多产生在装用湿式气缸套的发动机上，主要原因是气缸套与气缸体间密封圈损坏使冷却液进入曲轴箱，还有采用强制润滑的喷油泵及输油泵漏燃油等。对于风冷柴油发动机（如太脱拉T—928型发动机），其喷油器无回油管，渗漏的燃油流入曲轴箱后被润滑油泵吸入润滑油箱，以及喷油管与喷油器未拧紧或密封不良，漏出燃油经回油导管流入曲轴箱和润滑油箱等，都会引起润滑油油面升高。

2. 润滑系统故障的检查方法

（1）润滑油压力不正常　热车怠速时，润滑油压力低于69kPa±20kPa，润滑油压力过低而使警告灯亮；中、高速时，润滑油压力低于200kPa，说明润滑油压力过低。

润滑油压力低时，可按下列顺序检查：

1）用润滑油尺检查润滑油量和润滑油粘度是否符合要求，润滑油是否变质，有无水分。油量不足时应及时加油；润滑油粘度不够时要更换粘度较高的润滑油；润滑油变质时应更换润滑油并清洗润滑油道和滤清器芯；润滑油中有水分时应查明水的来源并予以排除，然后更换新润滑油。

2）检查润滑油压力表是否良好。拆下润滑油传感器导线使之搭铁，接通点火开关，润滑油压力表指针应迅速上升。若指针不动，则说明润滑油压力表有故障，应检修或更换。

3）若润滑油压力表正常，则应检查传感器。将传感器拆下，起动发动机，若主油道喷出润滑油有力且无气泡，则说明传感器有故障；若喷油压力很低，则说明油路有故障。

4）在使用中若发现润滑油压力下降，则可能是润滑油因温度过高而变稀所致。可先使发动机温度降低，待润滑油冷却后再起动发动机。若润滑油压力正常，则应更换粘度大的润滑油；若仍不正常，则应做进一步检查。

5）检查润滑油滤清器的滤芯是否清洁，旁通阀是否畅通。若滤芯达到更换周期或过脏，则应及时更换或清洗，并保证旁通阀活动自如，无卡滞现象。

6）检查限压阀的弹簧是否过软，阀门磨损是否严重。若阀门磨损正常，则应检查弹簧的弹力是否不足。可拆下弹簧，在试验台上检验，一般不允许随意调整。若阀门磨损后因不密封而漏油，则应总体更换。

7）检查集滤器滤网是否过脏。长期未保养的集滤器，因胶质较多粘结在网罩上，严重影响润滑油的通过率而使供油压力降低，对此应清洗集滤器滤网。

8）检查润滑油泵是否磨损严重。

9）最后可检查曲轴轴承、连杆轴承和凸轮轴轴承间隙是否过大，并给予修复。

对于润滑油压力过高，首先检查润滑油粘度是否过大，再用新润滑油压力表和传感器与旧的润滑油压力表和旧传感器做对比试验。若以上检查显示良好，则应先检查限压阀弹簧是否调节得过硬，再检查曲轴轴承和连杆轴承间隙是否过小，进而检查润滑油滤清器滤芯是否堵塞，旁通阀弹簧是否调整得过软，最后检查缸体主油道是否堵塞。

(2) 润滑油消耗量过大

1）首先应检查曲轴箱结合部和油管接头等处有无润滑油渗漏痕迹，曲轴前后油封是否密封。若发现油底壳与曲轴箱的结合面边缘普遍渗油，而油底壳螺钉紧固，衬垫良好，则说明曲轴箱内压力过高。

2）抽出润滑油尺，若从润滑油尺孔感觉曲轴箱压力确实过高，则可认为是曲轴箱通风装置堵塞，必须进行疏通处理。

3）若曲轴前后油封漏油严重，则应及时进行维修。若只是渗油，则仍可暂时继续使用，待二级维护时一并排除，但使用中应经常检查润滑油位。

4）若在贮气筒放气阀处排污过程中有很多润滑油，则说明空气压缩机窜润滑油，应检查空压机活塞、活塞环与缸壁的磨损是否严重。

5)如果发动机的排气管冒蓝烟,则说明润滑油被吸入气缸。此时应先检查进气管中有无润滑油,若有润滑油,则说明增压器的密封圈损坏,润滑油顺轴流入气道,需更换密封圈。

6)检查气门油封是否完好,进气门杆与导管的配合间隙是否过大。

7)若上述检查均良好,则拆下缸盖和油底壳,对气缸、活塞、活塞环进行全面检查,以达到排除故障的目的。

8)检查冷却液中是否有润滑油,若有,则是气缸体或气缸盖某处开裂,气缸垫油道损坏或润滑油冷却器损坏,使润滑油进入冷却液的缘故,应找到相应损坏部位予以维修。

(3)润滑油变质 可用油滴斑点试验法检验润滑油是否变质。将一块长度为70mm或90mm的定性快速试验滤纸置于用铁丝做成的框架上(润滑油在扩散时以免受其他物的干扰)。在发动机处于热状态时抽出润滑油尺,将一滴(约0.02g)润滑油滴在滤纸中间。润滑油内的各种杂质根据粒度的不同随着油滴向四周扩散,在纸上形成颜色深度不同的环形斑痕,如图4-23所示。根据油膜层流学说,当一滴油滴到滤纸上由里向外扩散时,随着油膜厚度的逐渐减薄,能够携带的杂质颗粒分布状况是:中间为沉淀环;沉淀环外围的环带为扩散环,它表明润滑油中的清净剂消耗程度,其颜色越浅且均匀,环带越宽,则说明润滑油越好;最外层环称为油环,它的宽窄表明润滑油的氧化程度,新润滑油为一片明亮的油斑。

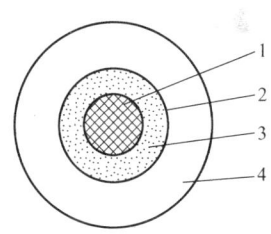

图4-23 滤纸油斑示意图
1—中心沉淀环 2—圆带
3—扩散区 4—油环

1)若滤纸斑环核心区和扩散环光亮无色或颜色很浅,无明显沉积环,则表明在用润滑油的使用时间短,还没有污染,能继续使用。

2)若滤纸的中心沉淀环与扩散环界限分明,扩散环宽,油环明亮,则说明在用润滑油有轻度污染,可继续使用。

3)若滤纸中心沉淀环较黑,扩散环较宽,油环明亮,则说明在用润滑油污染程度较重,但可继续使用。

4)若滤纸沉淀环深黑,沉淀环开始缩小,油环呈浅黄色,则说明在用润滑油严重污染,仍可继续使用,但需要经常观察,也就是要缩短润滑油的检验周期。

5)若在用润滑油滴在滤纸上后出现沉淀环深黑,扩散环狭窄,油环扩大且呈黄色,则表明不可继续使用,应立即更换润滑油。

6)若润滑油出现乳黄色,且发动机润滑油油位升高,则表明润滑油中含有大量水分,应更换润滑油并查明混入水分的原因,以便有针对性地排除。

二、润滑油泵的修理

1. 润滑油泵的分解与检验

1) 从发动机上拆下润滑油泵总成,如果润滑油泵在曲轴箱内,则应先拆下油底壳,再拆下润滑油泵。

2) 松开润滑油泵盖的固定螺栓,取下泵盖和衬垫,再取出从动齿轮,有的也可同时取出主动齿轮与轴(如红旗CA770型汽车)。

3) 拆下泵盖上的限压阀螺塞,取出弹簧和柱塞(或钢球),并收存好调整垫片。

4) 拆下泵盖上固定集滤器的开口销或卸去集滤器与泵体的联接螺栓,取下集滤器。

5) 用锉刀锉掉传动齿轮横销的铆钉头,取出铆钉,拉出传动齿轮,推出主动齿轮及泵轴。只有在更换齿轮、泵轴或校直泵轴时,才将主动齿轮从轴上取下。在拆装传动齿轮和主动齿轮时,必须用专用工具压拉,不允许用锤子击打。

6) 用煤油清洗全部零件。

2. 齿轮式润滑油泵零件的检修

(1) 泵盖平面度与端面间隙 先检视泵盖平面,如果平面上只有两齿轮的运转摩擦印迹,并且印迹清晰完整、光亮,用手摸不到任何磨损缺陷,则为良好,可不必再进行端面间隙检测。否则,若有磨损缺陷,则应用直尺、塞尺进行测量。泵盖平面度误差为 0.03~0.05mm,使用限度为 0.10mm;齿轮端面与壳体结合平面距离为 0.05~0.15mm,使用限度为 0.25mm。如果超出允许范围,则可将润湿油泵盖或泵体的结合平面置于平板上进行研磨,直至符合规定。若磨损量很大,则可在车床或磨床上修平。

端面间隙的测量可以在不拆卸润滑油泵的情况下进行,即测量主动轴的轴向移动量(用百分表在主动轴端部测量),这个轴向移动量就是端面间隙。

(2) 主动轴与衬套间隙 可用外径和内径千分尺分别测量轴颈和衬套孔的尺寸,两者之差即为间隙,正常值为 0.01~0.06mm,使用极限为 0.15mm。如果超出范围,则可将轴镀铬加粗,同时通过更换衬套后的铰削达到规定配合间隙。在铰削主动轴的上下衬套孔时,要保证两孔的同轴度。齿轮轴与衬套配合处的圆柱度误差应不大于 0.02mm,若齿轮轴磨损严重,则需更换。

(3) 齿顶隙 可用塞尺在各齿顶与泵壳之间测量,正常值为 0.05~0.15mm,使用限度为 0.25mm。若齿顶隙过大,则可更换齿轮或采用镶套法修复泵壳内腔。

(4) 齿侧间隙 也叫啮合间隙,可用塞尺在相互成 120°的三个位置测量

（所谓三点测量法），也可用游标卡尺测量跨齿公法线长度，或用齿厚游标卡尺测量固定齿高的齿厚等方法测量。齿轮的啮合间隙通常为 0.08～0.20mm，使用限度应为 0.35mm。各测点的齿隙相差应不大于 0.10mm。如果齿轮的齿厚在允许范围内并且是单面磨损，则可将齿轮翻转使用；如果齿厚超出允许范围，则应更换齿轮。

（5）主动轴端隙　可用塞尺在泵壳尾端与传动齿轮之间测量。主动轴端隙通常为 0.03～0.08mm，如果超过 0.12mm，则可拆下传动齿轮，在传动齿轮与泵壳尾端之间加适当厚度的钢垫片进行调整。

（6）主动轴的弯曲　可将主动轴的两端支撑在 V 形架上，用百分表在轴的中间测量。若弯曲度超过 0.06mm，则应校正或更换主动轴。

（7）检查限压阀　检查限压阀弹簧的弹力是否符合要求。当球阀（柱塞）有磨损、不圆或麻点等缺陷时，应予以更换。

3. 转子式润滑油泵的检修

转子式润滑油泵的转子端面间隙的正常值为 0.02～0.10mm，使用限度为 0.12mm；内转子与衬套间隙的正常值为 0.011～0.052mm，使用限度为 0.10mm；内外转子啮合间隙的正常值为 0.03～0.05mm，使用限度为 0.25mm；外转子与泵壳间隙的正常值为 0.02～0.10mm，使用限度为 0.20mm。

如果内转子轴与衬套磨损，则可将转子轴镀铬或更换衬套。如果端面间隙过大，则可通过改变调整垫片厚度或研磨泵盖的方法进行修理。如果泵盖磨成凹坑，则应修磨平整；如果内外转子磨损，则应更换内外转子。

4. 润滑油泵的装复与试验

（1）润滑油泵的装复　经过修理的润滑油泵零件在组装前应彻底进行清洗、检查，确认无误后按拆卸的相反顺序进行组装。装配时应注意以下几点：

1）泵轴转动应灵活，无卡滞现象。

2）当主、从动齿轮端面间隙过小时，应用减薄泵盖与壳体间的低压纸质衬垫加以调整。

3）确认传动齿轮横销两端已铆紧。

（2）润滑油泵的性能试验与调整

1）润滑油泵装复后应在润滑油泵试验台上进行性能试验。主要试验参数有供油压力和供油量及其二者与转速的相互关系特性。在修理检验中通常只检测固定转速下的润滑油泵供油压力和供油量。

若无润滑油泵试验台，则可用经验试验法进行：将润滑油泵和集滤器装复后，一起放入清洁的发动机润滑油中，用旋具按润滑油泵主动轴的转动方向转动，应有润滑油从出油孔中流出；当用手指堵住出油孔时，以能感到有一定压力为合格。

2) 润滑油泵的调整。在将润滑油泵装车后,应再次检查润滑油压力。

① 润滑油泵各部位间隙对其性能影响的大小顺序为:端面间隙→齿轮与泵壳间隙(顶隙)→啮合间隙→泵轴与孔配合间隙。

② 可通过调整限压阀螺塞来改变润滑油泵压力。在限压弹簧端增加垫片,弹簧弹力增加,油压升高。如通过调压阀调整达不到要求,则必须检查润滑系统。

5. 润滑油泵和油底壳装配技术要求

1) 润滑油泵盖长螺栓拧紧力矩为 20N·m,短螺栓拧紧力矩为 10N·m。

2) 润滑油滤清器盖紧固螺栓拧紧力矩为 25N·m。

3) 油底壳螺栓紧固力矩为 20N·m。

◈◈◈ 第五节 冷却系统的修理工艺

一、常见缺陷及原因

冷却系统的常见缺陷是水套和散热器内的水垢增加,散热器破裂漏水,节温器失灵,水泵机件损坏。引起这些缺陷的主要原因是冷却液质量不好、机械损伤和配件质量差等。

二、冷却水套的清洗

清理铸铁冷却水套内水垢所用的清洗液是酸性清洗液,其配方是:盐酸(体积分数为 36%)5.5~6.0L,六亚甲基四胺 100g,烷基苯磺酸 15g,松节油 15mL,磷酸三钠 100g,氟化钠 150g,水 5~5.5L。操作工艺如下:

1) 将气缸盖装在气缸体上(用旧气缸垫),堵住气缸体进水口,关闭放水阀。

2) 把质量浓度为 120g/L 的碳酸钠水溶液加热至 90℃后注入水套中,浸泡 0.5~1h 后放掉,并用清水冲洗,再注入冷水,浸泡 5h 或更长的时间。

3) 放掉冷水,加满酸性清洗液,在常温下浸泡 16h 或更长时间,然后放掉,再用清水冲洗并浸泡 5h。

4) 加入温度为 90℃的含碳酸钠和重铬酸钾各 50g 的水溶液 10~12L,再浸泡 0.5h,最后放掉,用清水冲洗干净。

最好将气缸体和气缸盖置于热水中,在 60~70℃温度下加入酸性清洗液,保温并浸泡 1h 即可。但这种方法不能用于清洗铝合金气缸体和气缸盖。

清洗铝合金气缸体和气缸盖可使用的清洗液配方为:水 1L,磷酸 100g,铬酸酐 50g。配制时将磷酸加入水中,再加铬酸酐并搅拌均匀,加热至 30℃,然后注入气缸体水套内，30~60min 后即可放出，并用清水冲洗干净，最后用含重铬酸钾 0.3%（质量分数）的清洗液（温度为 80℃）进行清洗钝化 30min。清洗冷却水套时，应将气缸体上的分水管取出，单独清洗除垢。

三、散热器的修理

1. 散热器的缺陷

散热器（俗称水箱）的主要缺陷是冷却水道沉积水垢、散热片皱折、冷却管堵塞、冷却管破裂或脱焊漏水以及其他机械损伤等。

2. 散热器的检验

散热器经过外部清洗和清除水垢后，即可进行检验。

(1) 渗漏检验　常采用检漏仪检查法和压缩空气法进行渗漏检查。

(2) 冷却水管堵塞情况的检验　拆掉散热器出水管，从加水口快速倒入热水，然后用手摸散热器芯体各处，通畅的冷却管各处的温度应当一致，否则未升温区的上部边缘即为堵塞部位。

(3) 散热器盖性能检验　目前封闭式水冷系统广泛采用具有空气-蒸汽阀的散热器盖，其密封性可用散热器盖测试仪检验。图 4-24 所示为散热器盖测试仪。

从散热器上拆下散热器盖，若有污垢，则必须用水清洗干净。按不同车型选择合适的散热器盖插头与散热器盖相连，将另一端装在测试仪上，旋紧并检查是否漏气。用手动泵加压（通常为 0.026~0.037MPa），如果压力表针 5min 内保持不动，则表明密封良好。

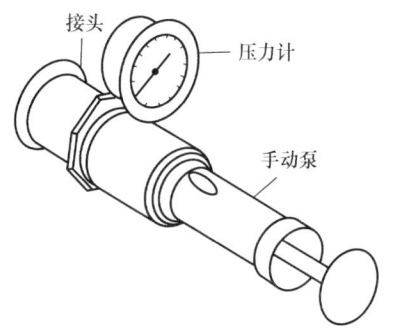

图 4-24　散热器盖测试仪

3. 节温器的检验

将节温器放入盛水的容器中（不要沉入容器底部）并加热，用温度计检测水温，记录节温器阀门的初始开启温度、完全开启温度、开启最大行程以及开始关闭温度和完全关闭温度，然后与规定值比较，不符合要求的节温器应予以更换。

四、水泵的修理

1. 水泵的主要故障

水泵的主要故障有水封漏水、轴承松旷、泵水不足等。其产生原因有：水泵壳破裂，水泵轴磨损与弯曲，水泵叶轮叶片破裂，叶轮与泵轴配合孔磨损，水封垫圈及垫圈座磨损，橡胶水封老化变质，带轮毂与水泵轴配合松旷，水泵轴承松旷及其座孔磨损，键与键槽磨损等。

2. 水泵的检验

(1) 水泵壳的检验　检查水泵壳，应无裂纹和破损，壳体与盖的结合平面以及壳体与气缸体的结合平面的平面度误差均应不大于 0.15mm，壳内壁与水封的结合平面对水泵轴承孔轴线的轴向圆跳动误差应不大于 0.05mm，壳体与盖的结合平面对该轴线的垂直度误差应不大于 0.05mm。若发现壳体有裂纹、螺纹损伤超过 2 牙，前后轴承孔磨损逾限，或者与止推垫圈的接触平面有擦伤，垫圈座有麻点、沟槽以及结合面发生翘曲变形等，则应予以修复或更换。

(2) 水泵叶轮与轴承的检验　检查水泵叶轮，应完好无损。叶轮与轴的配合，不同车型要求也不同，有些是间隙配合，有些是过盈配合。叶轮与泵盖、泵体端面的间隙应符合原厂规定。检查水泵轴承与轴的配合，一般为 $-0.01 \sim +0.03$mm；轴承与壳体轴承孔的配合一般为 $-0.02 \sim +0.04$mm。如果叶轮有缺损，则应更换叶轮；如果装水泵轴的孔径磨损超过允许限度，则可镶套修复；如果端面间隙超出原厂规定，则应予以更换。

(3) 检查风扇带轮　风扇带轮与水泵轴的配合应符合规定。

(4) 检查水泵轴　若有弯曲，轴颈磨损超出允许范围，则应予以修复；若螺纹滑扣，则应予以更换。

3. 水泵的修理方法

(1) 水泵壳的修理　当水泵壳破裂时，可用气焊修复或更换。当螺纹螺孔损坏时，可扩大孔径另攻螺纹，或补焊后重新加工。

(2) 轴承座孔的修理　若轴承与座孔的配合间隙大于 0.05mm，则应采用镶套法修理。

(3) 泵壳密封面的修理　当水泵壳密封面磨损，水封弹簧伸长量不能补偿其平面降低量时，可采用镶套法修复；如果水泵壳密封面磨损不严重，则可采用铣削法修复。

(4) 水泵叶轮的修理　水泵叶轮的叶片破裂后，可用堆焊的方法予以修复。水泵叶轮与轴承配合孔磨损后，可采用镗孔镶套法修复。

(5) 水泵轴的修理　水泵轴磨损后可用电镀方法修复。

(6) 风扇和带轮的静平衡　风扇和带轮不平衡会引起振动和噪声。原厂零件均已经过静平衡校正，通常带轮的不平衡量在 $35g \cdot cm$ 以下，风扇的不平衡量在 $20g \cdot cm$ 以下。

4. 冷却风扇系统的修理

冷却风扇包括两种类型：电动式冷却风扇和硅油离合式冷却风扇。

1) 电动式冷却风扇受温控开关、风扇继电器或计算机控制，对每个部件都应进行仔细检查，若有故障，则应修复或更换。

2) 硅油离合式冷却风扇的常见故障是硅油泄漏。如果出现硅油泄漏故障，则可以更换，或者临时将硅油离合器锁死，保持与发动机固定比例的转速。

5. 水泵的试验

水泵装复后应进行试验。有条件的，可在试验台上检验。检验参数主要是流量和扬程。例如，当 EQ6100—1 型发动机转速为 2000r/min 时，输水高度不低于 5m，流量不少于 220L/min。在没有试验设备时，可采用简易试验方法：用手转动泵轴，应转动灵活，无卡阻现象；堵住水泵进水口，然后将水加入工作室，转动水泵轴，应无水漏出。

◇◇◇ 第六节 发动机电控系统的检修

现代发动机电控系统采用机电一体化的控制方式，其故障诊断的思路、程序和方法也与传统的汽车发动机有很大的差异。排除电控系统的故障，首先应掌握其结构、原理和故障诊断与排除的基本方法，在此基础上按照一定的程序去查找，才能准确判断故障。在故障分析过程中，应充分利用电控系统的自诊装置，并与机理分析相结合，要把电控系统和机械系统综合起来考虑，对症下药，切忌盲目动手，无针对性地拆装和换件。排除现代汽车电控系统故障时，需综合运用多种知识。它除要求检修人员具有一定的实际经验外，还要求具有一定的电工、电子学基础和分析电路原理及使用仪器、仪表的能力。

一、故障诊断的基本方法

1. 直观诊断

根据故障现象，通过感觉器官进行看、听、查、试，从而确定故障原因。

2. 用随车故障自诊装置诊断

根据人工或解码器读取的故障码分析故障原因。

3. 用故障诊断表诊断

根据故障现象，查找已有的故障诊断表，从而确定故障原因。

4. 万用表诊断

根据故障现象，利用数字万用表对元件和线路进行测试，从而确定故障原因。

5. 专用仪器诊断

利用专用检测仪器，如示波器、排气分析仪、发动机综合分析仪等，对故障原因进行分析判断。

6. 换件对比诊断

通过换件对比试验，确定故障部位。

二、故障诊断的基本程序

1. 客户调查

通过客户调查，了解故障出现时的情况、条件、原因及是否检修过等与故障有关的情况和信息。客户调查可以对故障分析提供参考，引导诊断思路，是故障诊断的一个重要环节。

2. 直观检查

根据故障现象，对可能引起故障的部位进行外观检查，主要包括元件有无明显损坏、线路及插接件的连接有无松动和脱落、元件及接线位置有无错误、声音和气味有无异常、有无明显漏油和漏气现象等。

3. 基础检查

对维持系统正常工作的基本条件进行检查，如检查电喷系统的怠速转速、进气管真空度、点火性能、配气正时、气缸压力、燃油压力等，以及自动变速器的油位检查、ABS 的制动液液位检查、常规制动系统检查、空调系统压力检查等。

4. 自诊断和机理分析

通过人工取码或利用解码器对系统进行测试，同时结合机理分析，做到正确区分真性故障和假性故障、自生故障和他生故障。应避免盲目依赖故障码。充分发挥机理分析的作用，使两者有机结合，是排除故障的前提。掌握解码器数据流检测和检测结果分析方法，做到举一反三、触类旁通，是提高故障分析能力的关键。

5. 元件及线路测试

在熟知结构和机理的基础上，根据系统电路图或其他资料，通过数字万用表、二极管试灯和其他检测手段对系统元件的工作状况进行测试，判断其好坏；对相关的线路进行电源、搭铁、断路、短路检查，包括 ECU、传感器的输出、输入信号，执行元件的动作，线路的连接和导通状况等的检查。

6. 维修

在确定故障原因和部位后，通过清洗、调整、换件等维修手段排除故障，恢复性能。

7. 验证

经过试车，对故障排除效果进行验证。若故障已排除，则消除故障码后交车，否则，重新检测和进行机理分析，直至将故障排除。

三、发动机电控系统的诊断注意事项

1）禁止使用大功率仪器，避免对电控单元产生无线电干扰。

2）在拆除蓄电池的搭铁线之前，先读取 ECU 中的故障码。

3）检修燃油系统时，先对油路进行卸压。

第四章 发动机大修

4）在拆卸和插接线路或元件插接器之前，一定要将点火开关置于"OFF"位置。

四、发动机电控系统的故障自诊断

1. 自诊断系统的功能

现代汽车的电控系统都配有自诊断系统，主要用于检测电子控制系统各部件的工作情况。自诊断系统具有以下功能：

1）检测到电子控制系统的故障后，点亮仪表板上的故障指示灯。

2）将检测到的故障以故障码的形式存储在ECU的存储单元中。

3）提示驾驶人ECU已检测到故障，应谨慎驾驶、尽快维修。

4）启用故障保护或备用功能，确保车辆能行驶到就近维修站，这就是所谓的"应急回家"功能。

5）维修人员采用一定的方法即可读取ECU存储的故障码，并作为故障诊断的重要信息。

2. 故障码的人工读取与清除方法

（1）准备工作

1）拉紧驻车制动器，将变速杆置于空挡。

2）用直观检查法对发动机系统进行全面检查。

3）检查蓄电池电压，电压值应在11V以上。

4）起动发动机，使其怠速运转，并达到正常工作温度。

5）关闭所有用电设备。

6）检查发动机故障指示灯是否正常。

（2）故障码的读取（以丰田车系为例）

1）静态读取故障码的方法。打开点火开关，用跨接线短接诊断端子的TE1和E1，根据"CHECK"灯的闪烁次数和间隔时间读出故障码。

2）动态读故障码的方法。关闭点火开关，用跨接线短接诊断端子的TE2和E1，打开点火开关，"CHECK"灯应快速闪烁，然后进行路试，车速不得低于10km/h。在路试之后，再用跨接线短接诊断端子的TE1和E1，根据"CHECK"灯闪烁规律读出故障码。

3）故障码的清除。在排除故障后，应清除故障码。

五、电控汽油喷射系统主要执行元件的检测

1. 燃油泵的检测

（1）控制电路的检查

1）用专用导线将诊断插座上的燃油泵测试端子跨接到12V电源上。

2) 将点火开关转至"ON"位置,但不要起动发动机。

3) 旋开油箱盖,应能听到燃油泵工作的声音,或用手捏紧进油软管,应感觉有压力。

4) 若听不到燃油泵的工作声音或进油管无压力感,则应检查燃油泵继电器、易熔线或熔断器、导线等有无断路。若电路正常,则应检查或更换燃油泵。

(2) 燃油泵的拆卸与检测　拆卸燃油泵时应注意:关闭所有用电设备,然后释放燃油系统压力,再拆下蓄电池负极连接线。在将燃油泵拆下后,测量燃油泵两接线端子之间的电阻值,应为 $0.2 \sim 0.3\Omega$,最大不超过 1Ω。用蓄电池直接给燃油泵通电,应能听到燃油泵电动机高速旋转的声音。注意:通电时间不宜太长,通常不超过 10s。

2. 喷油器的检测

(1) 喷油器电阻的检测　用万用表检测喷油器的电阻,如果电阻值不符合要求,则应更换喷油器。

(2) 喷油器的测试(以丰田车系为例)

1) 喷油器漏油情况的检查。将喷油器装在分配油管上,用一根导线将诊断插座上燃油泵的检测插孔短接,并打开点火开关,使燃油泵开始运转。注意观察喷油器是否漏油,如果漏油,其漏油量在 1min 内应少于 1 滴,否则应更换喷油器。

2) 动作测试。拔下喷油器的线束侧插接器,用导线将蓄电池的正负极与喷油器对应连接,应能听到喷油器动作的声音。对于低电阻喷油器,不能直接与蓄电池连接,应串联一个适当阻值的分压电阻($3 \sim 5\Omega$),以免烧坏电磁线圈。

3) 喷油量的检查。用导线连接检查插接器的端子 +B 与 F_P,将蓄电池与喷油器连接好,通电 15s,用量筒测出喷油器的喷油量,并观察燃油雾化情况,每个喷油器测试两三次。标准喷油量为 $70 \sim 80$mL(15s),各喷油器喷油量的允许差值为 9mL。如果喷油量不符合标准,则应清洗或更换喷油器。也可在超声波清洗机上清洗喷油器和测量喷油量。

(3) 喷油器控制电路的检修　拆下喷油器线束侧插接器,将专用检查试灯接到该插接器的两插孔之间,起动发动机,试灯应闪烁。若试灯不闪烁或不亮,则可判定控制回路有故障。也可用万用表检查喷油器至 ECU 的线路或 ECU 是否有故障,或用示波器对控制电路进行检查。

3. 怠速控制阀的检测

(1) 步进电动机式怠速控制阀的检测　现以丰田皇冠 3.0 乘用车 2JZ - GE 型发动机为例进行说明。

1) 就车检查有无响声。当接通点火开关或将发动机熄火时,步进电动机式怠速控制阀应发出声响,如果听不到声响,则应检查步进电动机及有关部件。

2）怠速控制阀的线圈电阻。拔下怠速控制阀的线束侧插接器，用欧姆表检测怠速控制阀的 B1 与 S1、B1 与 S3、B2 与 S2、B2 与 S4 端子间的电阻值，应为 10~30Ω，否则应更换怠速控制阀。

3）检查怠速控制阀的工作状况。将怠速控制阀从发动机上拆下，然后按图 4-25 所示方法进行检查。

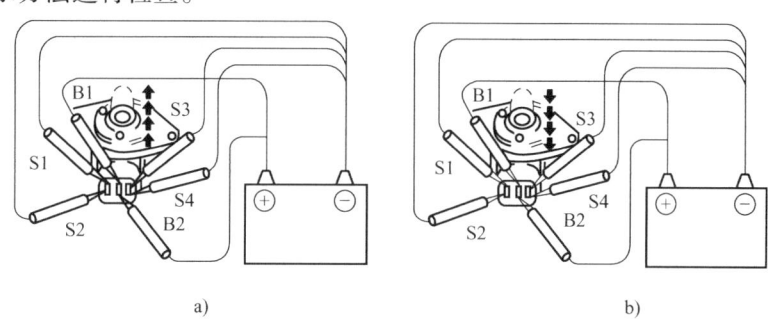

图 4-25 步进电动机式怠速控制阀的动作试验
a）按 S1→S2→S3→S4 的顺序接蓄电池负极　b）按 S4→S3→S2→S1 的顺序接蓄电池负极

① 如图 4-25a 所示，将 B1、B2 端子与蓄电池正极连接，蓄电池负极依次与 S1、S2、S3、S4 端子相连，步进电动机应转动，其阀芯会逐渐向外伸出。

② 如图 4-25b 所示，将 B1、B2 端子与蓄电池正极连接，蓄电池负极依次与 S4、S3、S2、S1 端子相连，步进电动机应转动，其阀芯会向内逐渐缩进。

如果试验结果与上述不符，则表明怠速控制阀有故障，应更换新件。

（2）旋转电磁阀式怠速调整阀的检测　检测时，接通点火开关，用手触摸怠速调整阀，应有振动感或有"嗡嗡"声，否则说明怠速调整阀不工作。这时应关闭点火开关，拔下怠速调整阀线束侧的插接器，再接通点火开关，检查线束侧插接器中间插孔与两侧插孔之间的电压，正常情况应为 10~11V，否则说明旋转电磁式怠速调整阀有故障。

关闭点火开关，进一步检查怠速调整阀中间插脚与两侧插脚之间的电阻值，正常值应为 13Ω 左右，否则应更换怠速调整阀。

4. 电控单元（ECU）的检测

（1）检测时的注意事项

1）不得损坏导线、插接器，避免短路或接触较高的电压。

2）慎重使用电子检测设备和仪器，高电压会使 ECU 芯片内部短路或断路。检测时，最好使用兆欧级阻抗的数字万用表。

3）若没有适当的工具和有关知识，则禁止拆卸、检测 ECU。

4）所有的高压元件距离传感器或执行装置的控制线应至少在 25mm 以上。

5）防止静电对 ECU 的损害。

(2) ECU 线束侧插接器的检查

1) 用手轻微摇动 ECU 线束侧插接器，检查其是否松动，若松动，则应检查插接器是否插接到位，或拔下插接器，检查锁止机构是否损坏。

2) 拆下 ECU 线束侧插接器，检查端子是否腐蚀，若有腐蚀迹象，则应用铜刷或电器接触清洁剂清洁。安装时，可用专用的导电油脂涂抹，以防腐蚀。

(3) ECU 线束侧插接器端子之间的电阻及导通性检查

1) 将点火开关转到"OFF"位置。

2) 拆下 ECU 线束侧插接器。

3) 用数字万用表测量 ECU 线束侧插接器各端子间的电阻和导通性，并将其与标准值对照，若不符，则应检修电路及元器件。

(4) ECU 的基本检查

1) 拆下 ECU 线束侧插接器，检查 ECU 各接线端子是否弯曲、锈蚀，若是，则应修整或处理相应端子。

2) 用数字万用表测量 ECU 各接线端子间的电阻和导通性，并将其与标准值对照，若不符，则应更换 ECU。

3) 用数字万用表或示波器，在点火开关关闭、接通和起动三种状态下测量各接线端子的电压，并将其与标准值对照，若不符，则应更换 ECU。

4) 若以上检查都正常，则可用解码器检测是否有与 ECU 有关的故障码。若有，则应按故障码诊断法进行检查；若无，则应用执行器动作试验方法确定 ECU 是否有故障。对于不能执行解码器动作测试命令的 ECU，应用替换法确定 ECU 是否有故障；对于能执行动作测试的 ECU，应进一步检查动态数据流是否正常。

◆◆◆ 第七节　发动机的装配与调整

一、发动机的装配工艺原则

发动机的装配就是把符合修理技术要求的零件（新件或修复件）和已经装配好的组合件，按照一定的工艺顺序和原则装配到发动机机体上，使之成为一台完整发动机的过程。

发动机装配总的原则是以气缸体为主体，由内向外逐段进行。在不违背工艺顺序的情况下，可以组织交叉作业，但应以具体的设备和人员配置情况为基础。

对于顶置式气门，应在装好气缸盖总成后，再装入挺杆和推杆。湿式气缸套则在装活塞连杆组合件之前先装缸套，柴油机又有些不同。装配时要保持零件、人员、工具、设备以及场地清洁，尤其应彻底清洗气缸体、曲轴等零件上的润滑

第四章 发动机大修

油道，并用压缩空气吹净，准备必要的专用工具、量具、配件和辅料。

在装配发动机时，必须遵循以下工艺原则和注意事项：

1）各组装零部件必须经过检验或试装，确认质量合格。

2）有相对运动的零件（如曲轴主轴颈与滑动轴承配合处），在装配时应涂上清洁的润滑油，以减少在装配过程中因转动和冷磨合初期而造成的磨损。

3）各部位的不可互换机件，如气缸体与正时齿轮壳，活塞与其相对应的气缸，曲轴主轴承和连杆轴承的轴承盖，进、排气门等，一定要按拆卸或修配时所做的标记装回原来的位置，尤其是有相互位置要求的零部件，如经过平衡的曲轴、飞轮和离合器及配气相位、点火正时等，必须按方向、位置对准，不得弄错。

4）发动机上的主要螺栓、螺母（如连杆螺栓和螺母、主轴承螺栓等）必须按规定的力矩和要求分次拧紧。拧紧气缸盖螺栓和螺母时，必须从气缸盖的中间开始，按顺序彼此交叉，逐渐向外进行，最后拧紧到规定的力矩数值。

5）螺纹联接件的所有锁紧零件，如开口销、保险垫片以及垫圈，一定要按规定配齐、完整、可靠，不得遗失和漏装。

6）关键部位组合件之间的配合间隙（如活塞与气缸、曲轴轴颈与轴承，以及曲轴、凸轮轴及活塞销等轴类零件的轴向间隙，正时齿轮的啮合间隙以及配气机构的间隙）、配气相位、点火正时等，都必须保证符合修理技术标准。

7）在装配过程中，应尽量使用专用工具，尤其是过盈配合的零件，装配时一定要使用压力机或专用工具。

二、发动机的磨合

在发动机修理和装配过程中，各配合零件表面存在着或多或少的微观及宏观误差或缺陷。为了提高相互配合摩擦零件表面的质量，获得彼此之间更好的配合，提高零件的承载能力，减少初期磨损量，发动机在装配后和使用前必须进行磨合。换句话说，磨合的目的在于提高发动机的动力性、经济性、可靠性以及延长发动机的使用寿命。

发动机的磨合一般分为：出厂磨合、半磨合和完全磨合三种。出厂磨合通常都是结合发动机调试进行的。半磨合的发动机只适用于个别点（如最大功率点、最大扭矩点和经济油耗点）的性能测试。完全磨合的发动机可以在最大转速和最大负荷下运转，适合于发动机的外特性曲线试验。

根据发动机磨合过程中转速与负荷的组合不同，一般将发动机的出厂磨合过程分为三个阶段：无负荷冷磨合、无负荷热磨合和有负荷热磨合。

1. 无负荷冷磨合

无负荷冷磨合过程习惯上称为冷磨合。

(1) 冷磨合过程　发动机冷磨合时，由外部可改变转速的动力装置拖动。冷磨合的目的是对发动机主要的摩擦件（如气缸和活塞环，曲轴轴颈和轴承等）进行磨合，使这些零件的表面平整光滑，能适应发动机正常工作时的承载。

冷磨合时，将发动机固定在冷磨合台架上，不装火花塞或喷油器，停止燃油供给，连接冷却液循环系统和排气管通道，加足润滑油，按照确定好的冷磨合起始转速、终止转速和时间，由冷磨合台架上的动力装置拖动进行冷磨合。在冷磨合过程中应控制发动机温度，开始阶段应使冷却液温度迅速上升，以不超过正常温度为限。

在发动机冷磨合过程中应进行以下检查：

1) 打开气门室罩盖，检视摇臂供油情况，若有"叽叽"声，则说明摇臂轴衬套润滑不良，应查明原因，并予以排除。

2) 检视有无漏水、漏油现象。

3) 检查发动机各部位有无异响，若有，则应查明原因，并予以排除。

4) 检查活塞环，应无泵油现象（火花塞孔处不应有喷润滑油现象）。经验做法是将白纸对向气流，检视有无油渍。

5) 观察发动机运转是否平稳，若严重抖动，则应检查运动件的平衡状况以及旋转件的同轴度等。

6) 在以200r/min的转速运转的情况下，检查各缸压力。

在发动机冷磨合后，应放出各部位的润滑油，加入清洗油（90%柴油和10%车用机油），再运转5min，然后放出清洗油，并清洗各油道，必要时对各主要零件进行解体清洗和检查。

(2) 冷磨合规范　发动机的冷磨合规范主要包含三个要素，即磨合过程中的转速高低、时间长短和负荷大小。其中，对冷磨合过程影响最大的是磨合转速和磨合时间。

1) 磨合转速的选择。磨合转速的选择是指磨合时起始转速和终止转速的选择。起始转速过高或过低都不利于磨合过程。转速过低时，将导致润滑油泵供油不足，难以形成良好的润滑条件，使磨合时的磨损量增加。转速过高时，则会增加摩擦表面的接触频率，增大摩擦行程，从而增大单位时间内的摩擦功，导致零件摩擦表面温度升高，摩擦条件恶化，也使磨合时的磨损量增加。

一般起始转速以400~600r/min为宜。冷磨合终止转速是根据发动机主要摩擦副在磨合时形成最大单位压力时的转速确定的。由试验得知，当转速为900~1200r/min时，压力最大。所以，一般发动机冷磨合终止转速为1000~1200r/min。

冷磨合时，从起始转速过渡到终止转速，采用有级过渡，即在起始转速的基础上，每一级以100~200r/min的速度递增，直至终止转速。

第四章 发动机大修

2)冷磨合时间的确定。根据标准规定,冷磨时间不得少于2h。也可结合发动机型号和各地的具体情况,通过试验确定每一级的冷磨合时间。

3)冷磨合时使用的润滑油。发动机冷磨合时,应采用低粘度润滑油,以利于散热和冲洗摩擦表面的磨料,但对装有液压挺杆的发动机,应使用原厂规定的润滑油。若在润滑油中加入适量活性添加剂,则可明显改善磨合过程,缩短磨合时间。例如,加入硫化添加剂,可将磨合持续时间减少到原来的1/5~1/2,磨合期的磨损量降低为原来的2/3~5/6。

2. 无负荷热磨合

热磨合过程分为无负荷和有负荷两种情况,习惯上称为热试。

(1)无负荷热磨合过程 发动机无负荷热磨合过程是以自身动力运转的,也是在冷磨合基础上所做的进一步磨合。热磨合的目的除进一步磨合外,主要是检查热工况下发动机各部件的配合情况,对发动机做必要的调整,并检查发动机运转过程中出现的故障。

在热磨合时,发动机要装上全部附件。在热磨合过程中,应仔细观察各摩擦部位的发热情况,重点观察润滑油压力和冷却液温度变化情况。发动机冷却液温应保持在75~95℃。在热磨合过程中,还应仔细检查发动机各处的衬垫、油封、水封及接头处有无漏油、漏水、漏电、漏气现象,仔细听察发动机各部位有无异响,调整点火系统、供油系统、测量气缸压缩压力等。

在热磨合结束后,应检查气缸壁和活塞环、曲轴主轴颈和主轴承、连杆轴颈和连杆轴承等处的磨合情况。如果在冷磨合后未进行发动机拆检,那么必须在热磨合后拆检发动机,检查磨合情况。对拆检过程中发现的缺陷,应及时进行修复。在热磨合后,还应检查各螺栓、螺母的紧固和锁止情况,更换润滑油和滤清器,对重要的调整部位(如气门间隙)应重新调整一次。

(2)无负荷热磨合转速的选择 在热磨合时,发动机转速通常与冷磨合时的终止转速相近,通常取1000~1200r/min。

(3)无负荷热磨合时间的确定 根据标准规定,热磨合时间不得少于1.5h。

3. 有负荷热磨合

在发动机经过冷磨合、无负荷热磨合后,使其再进行一次有负荷热磨合,不但可以进一步磨合,检验发动机修理后的功率恢复情况,还能发现一些在无负荷磨合时不易发现的修理缺陷和故障。

(1)有负荷热磨合过程 有负荷热磨合过程与无负荷热磨合过程一样,也靠自身动力运转。发动机的动力输出端与测功机(水力测功机、电力测功机或电涡流测功机)连接,由测功机对发动机加负荷。

(2)有负荷热磨合转速的选择 有负荷热磨合的起始转速根据能保证发动机主油道有足够压力时的转速确定,通常取800~1000r/min;有负荷热磨合的终止转速根据发动机磨合后能承受 75%～85% 额定功率载荷时的转速确定，一般汽油发动机取额定转速的 80%，即 $0.8n_e$；柴油发动机取额定转速，即 n_e。

（3）有负荷热磨合负荷的确定　有负荷热磨合负荷取决于磨合转速和磨合后摩擦副的承载能力要求。通常起始负荷为（0.1～0.2）P_e（P_e 为发动机额定功率），终止负荷为（0.8～1.0）P_e（汽油发动机通常取 $0.8P_e$）。从起始负荷过渡到终止负荷，采用有级过渡。

◈◈◈ 第八节　汽车发动机大修竣工出厂技术条件

一、发动机外观

1）发动机的外观应整洁、无油污。发动机外表应按规定涂装，漆层应牢固，不得有起泡、剥落和漏喷现象。

2）汽油发动机点火系统、柴油发动机辅助起动系统、燃料供给系统、润滑系统、冷却系统和进排气系统等的附件应齐全，并且安装正确、牢固。

3）发动机各部分应密封良好，不得有漏油、漏水、漏气现象；电器部分应安装正确、绝缘良好。

二、发动机装备

1）外购的零部件和附件均应符合其制造或修理技术要求。

2）修复的零部件在装配前应经检验，其性能应达到规定的技术要求。主要零部件（如气缸体和气缸盖、曲轴、凸轮轴等）若进行修理，则应满足原制造厂维修技术要求或 JT/T 104、JT/T 105 和 JT/T 106 的要求。

3）发动机应按装配工艺要求装配齐全；在装配过程中应按要求进行过程检验，过程检验合格后再进行下一步装配。

4）装配后的发动机应按原设计规定加注润滑油、润滑脂、冷却液。

5）带有增压或中冷增压装置的发动机，增压装置应按原厂规定进行装配和检验，增压器工作应正常，转速应达到原设计规定。带有增压器旁通管道的发动机，旁通管道的开启与关闭应灵活可靠，开启及关闭的转速应符合原设计规定。

6）对原设计规定需加装限速装置的发动机，维修人员应对限速装置做相应调整并加铅封。限速装置宜在发动机走合期满进行首次维护后拆除。

7）电子控制燃油喷射系统装置应齐全有效。

8）装配后的发动机若需进行冷磨、热试，则应按工艺要求和技术条件进行冷磨、热试、清洗，并更换润滑油、润滑油滤清器或滤芯。原设计有特殊规定的，按相应规定进行。

三、发动机性能

1. 发动机运转状况及检查

1）汽油发动机在各种工况下运转应稳定，不得有过热现象；不应有异常响声；突然改变工况时，应过渡圆滑，不得有突爆、回火、放炮等异常现象。

2）柴油发动机在各种工况下运转应稳定，不得有过热和异常燃烧、爆燃等现象，不应有异常响声；改变工况时应过渡平稳。当发动机转速超过额定转速时，断油控制装置应正常有效。紧急停机装置在发动机整个运转过程中应可靠有效，不得出现失控现象。

2. 起动性能

汽油发动机在正常环境温度和低温（-18℃）时，柴油发动机在正常环境温度和低温（-10℃）时，应都能顺利起动，允许起动3次。

3. 怠速运转性能

在正常工作温度下，发动机怠速运转稳定，其怠速转速应符合原设计规定，并能保证向其他工况圆滑过渡。

4. 进气歧管真空度

在正常工作温度和标准状态下，汽油发动机怠速运转时，进气歧管真空度应符合原设计规定。其波动范围为：6缸汽油发动机一般不超过3kPa，4缸汽油发动机一般不超过5kPa。

5. 增压发动机的增压压力及温度

增压发动机的增压压力及温度应符合原设计规定。

6. 调速率

柴油发动机稳定调速率应符合原设计规定。

7. 润滑油压力

在规定转速下，发动机润滑系统工作正常，润滑油压力和润滑油温度应符合原制造厂维修技术要求，警示装置可靠有效。

8. 额定功率和最大转矩

在标准状态下，发动机额定功率和最大转矩不得低于原设计标定值的90%。

9. 最低燃料消耗率和润滑油消耗量

最低燃料消耗率不得大于原设计标定值的105%；润滑油消耗量应符合原设计规定。

10. 排放性能

发动机排放装置应齐全有效，排放污染物限值应符合国家有关标准的规定。

11. 噪声

发动机的噪声应符合国家有关标准的规定。

12. 电子控制燃油喷射系统

电子控制燃油喷射系统的技术参数与性能应符合原制造厂维修技术要求。

四、质量保证

1）承修单位应按要求对修竣发动机的额定功率、最大转矩、燃料经济性进行检验，并达到规定的要求。

2）在发动机装配过程中，要根据工艺要求进行过程检验并保持记录。过程检验合格的发动机应进行下一步装配，装配完成后进行竣工检验。经竣工检验合格的发动机应签发合格证，并提供必要的技术文件。

3）发动机维修技术资料应归档管理，包括发动机型号、编号、送修单位及送修人、维修过程中的更换件、维修部位、工时、人员、检验结果、判定依据和维修日期等。

4）承修单位对大修竣工出厂的发动机应给予质量保证。质量保证期自竣工之日起，不少于半年或行驶里程为20000km（以先到者为准）。送修方应按技术文件要求进行使用和维护。

◈◈◈ 第九节 发动机大修技能训练

● 训练1 检测调整柴油机喷油器

1. 操作准备

康明斯6BT型柴油机喷油器1只；喷油器试验器1台；常用工具1套；油盆、毛刷各1个；汽油、柴油、煤油、棉纱若干。

2. 操作要求

按照维修工艺规范和设备安全操作规范进行操作。

3. 操作时间

45min。

4. 技术标准

符合康明斯6BT型柴油机维修手册要求。

5. 基本操作步骤

操作步骤描述：分解→清洗→检验→装配→调试。

步骤1：分解

康明斯6BT型柴油机喷油器的结构如图4-26所示。

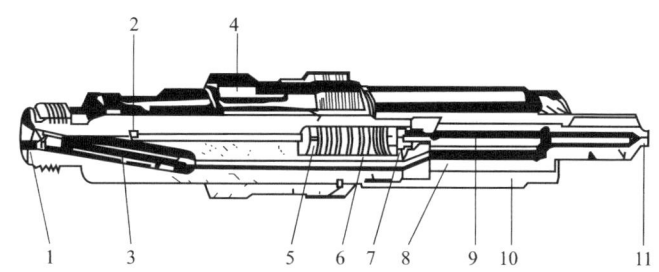

图4-26　康明斯6BT型柴油机喷油器的结构
1—油输入口　2—回油管　3—滤网　4—锁紧螺母　5—喷油压力调整垫圈　6—弹簧
7—压力心轴　8—针阀体　9—针阀　10—紧固螺套　11—孔型喷油嘴

1）先用铜丝刷清除喷油器外部积垢，再用毛刷蘸汽油将其清洗干净。

2）将喷油器的喷油嘴朝下夹在垫有铜皮的台虎钳上。

3）拧下锁紧螺母，取出喷油压力调整垫圈、弹簧、弹簧座和顶杆，并保存好喷油压力调整垫圈。

4）将喷油器的喷油嘴朝上夹在垫有铜皮的台虎钳上，拆下喷油嘴的紧固螺套，取出针阀体。

注意：在分解过程中要注意保护好针阀的精加工表面。

5）如果针阀体外部因积炭而卡死在紧固螺套内，不允许敲打，则应在清洁的煤油或柴油中浸泡一段时间后再将其取出。

6）从针阀体内拔出针阀。如果拔不动，则可在针阀上垫一块布，再用鲤鱼钳将其夹住拔出。若仍拔不动，则可将针阀和针阀体装回喷油器体内，再用紧固螺套紧固。将喷油器体（喷油器体内不装顶杆和弹簧）通过油管接头与喷油器试验器相连，压动喷油器试验器手柄，利用油的压力使针阀升起，然后解体拔出针阀。

步骤2：清洗

1）可用软毛刷和专用工具清除各部分的积炭。如果喷孔堵塞，则可用专用探针疏通。针阀体内的污物可用专用清除工具剔除，如图4-27所示。

2）清除积炭后，用清洁的煤油或柴油彻底清洗零件的内部和外部。清洗后，将针阀插入与之相配套的针阀体内，一起放入清洁的柴油中，并用干净的布盖好，防止落进灰尘。

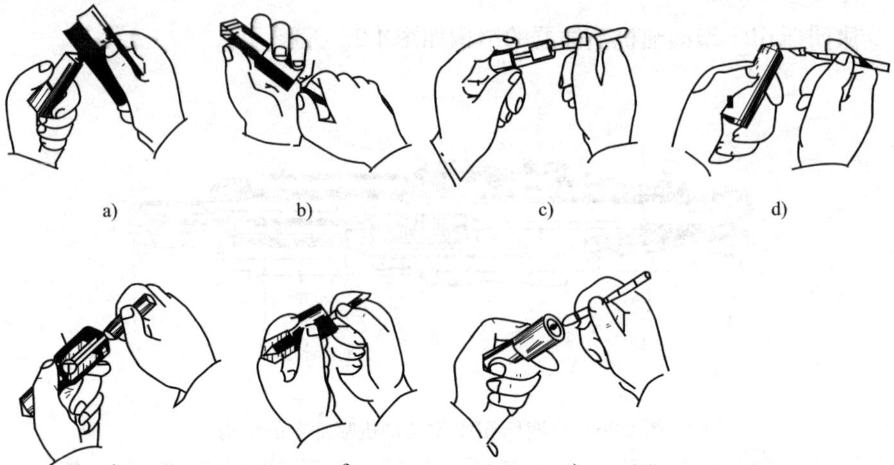

图 4-27 喷油器针阀偶件的清洗

a）刷除积炭和铁锈　b）清洁下油槽　c）清洁导向面　d）清洁喷油孔
e）清洁上油槽　f）清洁密封锥面　g）清洁油道

> 注意：在清洗针阀偶件时，不要划伤或碰伤针阀偶件头部，也不可使其跌落在地；在更换针阀偶件时，应先将新偶件放入80℃的热柴油中浸泡10s左右，让防锈油充分溶化后再在干净的柴油中将针阀在针阀体内来回抽动，将其彻底洗净，这样才能避免喷油器工作时因防锈油溶化而发生粘住针阀的故障；针阀偶件必须成对更换，不可互换混装。

步骤3：检验

1）检查针阀座和针阀有无腐蚀、变形和损坏现象。如果两者配合不好，则必须更换针阀偶件。

2）检查喷油器针阀的磨损情况。针阀偶件的外表不得有任何刻痕和腐蚀现象。若有轻微损伤，则可以进行研磨，如图4-28所示。研磨后，必须在干净的柴油中仔细清洗针阀体和针阀。

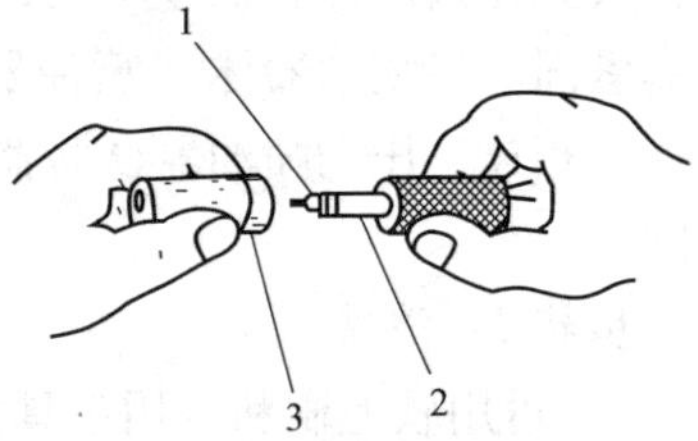

步骤4：装配

喷油器的装配如图4-29所示。

图 4-28　研磨针阀

1—磨料　2—针阀　3—针阀体

1）在装配喷油器前，应再次用清洁的煤油或柴油清洗各零件。

2）将喷油器体安装针阀偶件的一端朝上夹在垫有铜皮的台虎钳上。

3）在清洁的柴油中将针阀和针阀体装在一起，然后将针阀和针阀体对准定位销装在喷油器体内。

4）用手将紧固螺套拧在喷油器体上，然后用扭力扳手以60N·m的力矩拧紧紧固螺套。

5）取下喷油器，将其沿自身的轴线方向上下翻转时，应能听到针阀活动时的撞击声，否则应重新检查针阀是否卡住。若清洗后针阀仍不能自由滑动，则应酌情更换针阀偶件或紧固螺套。

6）先将喷油嘴朝下夹在垫有铜皮的台虎钳上，再将顶杆、弹簧座、弹簧、喷油压力调整垫圈装入喷油器体内，拧上锁紧螺母。

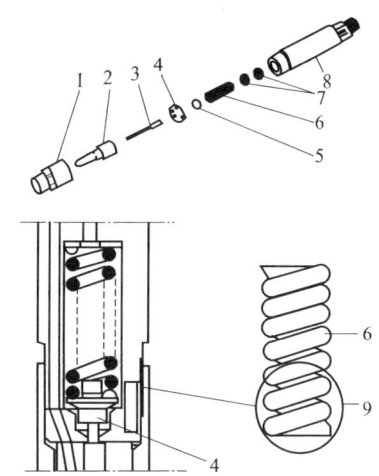

图4-29 喷油器的装配
1—紧固螺套 2—针阀体 3—针阀 4—顶杆
5—弹簧座 6—弹簧 7—喷油压力调整垫片
8—喷油器壳体 9—弹簧螺距较大的一端

注意：弹簧螺距较大的一端应朝向针阀。

步骤5：调试

喷油器的调试应在喷油器试验器上进行，如图4-30所示。

1）密封性试验。在试验前，应先检查喷油器试验器的密封性：将喷油器试验器的高压出油管堵死，旋松放气螺钉，用手压动手柄，当放气螺钉处有油溢出且无气泡时，拧紧放气螺钉。继续压动手柄，使压力升高至30MPa，在3min内压力下降应不大于1.0MPa。

① 针阀圆柱工作面密封性试验。将喷油器装在喷油器试验器上，连续压动试验器手柄，将喷油压力调整到比标准压力高3~5MPa，然后测量压力下降到2MPa时所需要的时间，应不小于10s。若时间过短，则说明喷油

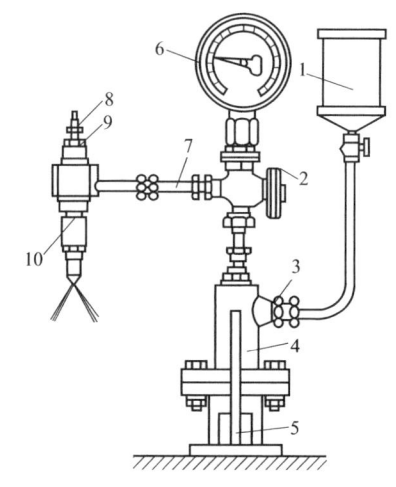

图4-30 喷油器的调试
1—燃油箱 2—开关 3—放气螺钉 4—高压油泵
5—燃油泵手柄 6—压力表 7—高压油管
8—调节螺钉 9—锁紧螺母 10—喷油器

器针阀与针阀体的配合间隙过大,回油较多;若时间过长,则说明针阀与针阀体有卡滞或拉毛现象。这两种情况均需更换针阀偶件。

② 针阀圆锥工作面密封性试验。连续压动试验器手柄,使压力上升到比标准喷油压力低 2.0MPa,观察喷油器的喷孔,在 10s 内不得有渗漏现象。

2) 喷油压力的调试

① 以 60 次/min 的速度压动试验器手柄,当喷油器开始喷油时,压力表所显示的压力即为喷油压力,其数值应为 24.5~25.3MPa。

② 若喷油压力不符合规定,则可改变喷油压力调整垫片的厚度进行调整。调整后应重新试验,直至符合标准要求为止。

3) 喷射质量的检查

① 按规定的喷油压力使喷油器以 60~70 次/min 的喷油速度进行喷射,观察喷射油束的数量、形状和雾化质量。雾化好的喷油器的喷射油束应具有一定的长度、锥角和雾化细度。

② 应确保每个喷孔都喷油,并且连续喷射几次后,不得出现油滴飞溅现象;各喷孔均应形成一个雾化良好的小锥状油束,且各油束之间的间隔角度应符合原厂规定。

③ 当喷油器喷油时,应发出清脆的"砰砰"声。若喷油时响声沙哑,则说明喷油器喷雾不良或针阀运动不灵活;若响声微弱或听不到声音,则说明喷油压力过低或不喷油。

④ 在喷油器多次喷射后,允许喷孔附近略有湿润。

⑤ 当喷油器的调试不符合要求时,应在更换针阀偶件后再进行试验和检验。

6. 评分标准

检测调整柴油机喷油器的评分标准见素材文件中的附表 1。

● **训练 2　检测发动机燃油、点火和排放系统**

1. 操作准备

1) 桑塔纳 2000 GSi 型乘用车 1 辆。

2) 四气体排气分析仪 1 台,延迟式点火正时灯 1 个。

3) 数字万用表 1 块,发光二极管测试灯 1 只,专用燃油压力表 1 块,常用工具 1 套,清洁布若干。

2. 操作要求

按照维修工艺规范和设备安全操作规范进行操作。

3. 操作时间

90min。

4. 技术标准

符合桑塔纳 2000 GSi 型乘用车维修手册的相关要求。

5. 基本操作步骤

(1) 检测燃油系统压力

操作步骤描述：就车检查电动汽油泵→释放燃油系统压力→测试燃油系统压力。

步骤1：就车检查电动汽油泵

1) 打开点火开关，但不要起动发动机，旋开油箱盖，应能听到电动汽油泵运转的声音。若听不到电动汽油泵运转的声音，则应进一步检查电动汽油泵电路（熔丝 S_5、燃油泵继电器、线路等）、电动汽油泵或发动机 ECU 是否有故障。

2) 拔下电动汽油泵的线束插接器，用数字万用表测量燃油泵两端的电阻值，应为 $1\sim2\Omega$；燃油泵搭铁电路电阻值应小于 0.5Ω。

3) 起动发动机，测量电动汽油泵线束插接器与熔丝 S_5 连接端对地的电压，应大于 12V，否则应进一步检查熔丝 S_5 和燃油泵继电器是否有故障。

步骤2：释放燃油系统压力

1) 拔下燃油泵继电器或电动汽油泵熔丝 S_5，起动发动机至自然熄火。

2) 再次起动发动机至自然熄火，直至无法再次起动发动机。

3) 关闭点火开关，装上燃油泵继电器或电动燃油泵接线。

步骤3：测试燃油系统压力

1) 拆下蓄电池负极电缆。

2) 在燃油分配管进油管接头下方垫上一块布。

3) 松开进油管接头。

4) 将专用燃油压力表串接在进油管路中（见图4-31），并打开燃油压力表开关。

5) 接上蓄电池负极电缆。

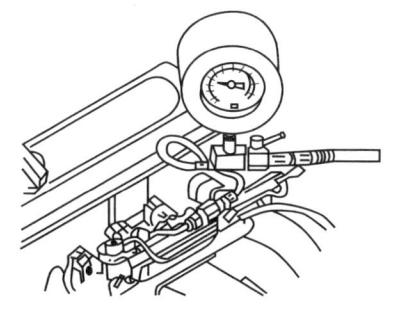

图 4-31　燃油压力表的安装

6) 起动发动机，并保持怠速运转。此时燃油压力表显示的压力应为 $0.25MPa\pm0.02MPa$。若系统压力过高，则其原因可能是汽油压力调节器损坏。

7) 拔下燃油压力调节器的真空软管，用手堵住进气管一侧，读取压力表指示的压力，应为 $0.30MPa\pm0.02MPa$。

8) 接上燃油压力调节器的真空软管，踩一下加速踏板，燃油压力表指针应在 $0.28\sim0.30MPa$ 之间摆动。

9）关闭点火开关，等待 10min 后观察燃油压力表的指示压力，应大于 0.15MPa。如果压力小于 0.15MPa，则可以重新起动发动机并使其保持怠速运转，待汽油压力建立后关闭点火开关，同时关闭燃油压力表开关，继续观察燃油压力是否下降。如果燃油压力继续下降，则可能的原因是燃油压力调节器阀门不密封、喷油器滴漏、进油管路泄漏或燃油泵出油阀不密封。

10）检查完毕后，释放系统压力。

11）拆下燃油压力表，装上进油管接头。

12）起动发动机，观察进油管接头处有无泄漏现象。

(2) 检测点火提前角

操作步骤描述：检测准备→安装点火正时灯→检测点火提前角→拆卸点火正时灯。

步骤1：检测准备

1）将车辆停放在水平地面上，并保持直行状态。

2）起动并预热发动机至冷却液温度大于80℃。

3）检查排气系统，应无泄漏现象，将节气门拉索位置调节正确。

4）用数字万用表检测蓄电池的电压，应大于 11.5V。

5）关闭空调开关，断开所有用电设备。

步骤2：安装点火正时灯

1）将点火正时灯的黑色夹钳与蓄电池负极相连，将红色夹钳与蓄电池正极相连。

2）将点火正时灯的信号拾取感应夹钳夹在第一缸高压线上。

注意：感应夹上的箭头必须指向火花塞。

步骤3：检测点火提前角

1）起动发动机，并使其保持怠速运转。

2）按下正时灯开关，调节正时灯上的电位计，使曲轴带轮上的刻线与正时齿带罩上的刻度对齐，此时正时灯显示装置的读数即为发动机怠速运转时的点火提前角，此点火提前角应为 12°±4.5°（BTDC）。若点火提前角过小，则表明发动机负荷过大。

步骤4：拆卸点火正时灯

1）将点火正时灯的信号拾取感应夹钳从第一缸高压线上拆下。

2）断开点火正时灯与蓄电池正极连接的红色夹钳。

3）断开点火正时灯与蓄电池负极连接的黑色夹钳。

第四章　发动机大修

(3) 检测点火线圈

操作步骤描述：检查搭铁线路→检测点火线圈供电电压→测试点火线圈控制信号。

桑塔纳 2000 AJR 型发动机电控系统电路原理图如图 4-32 所示。

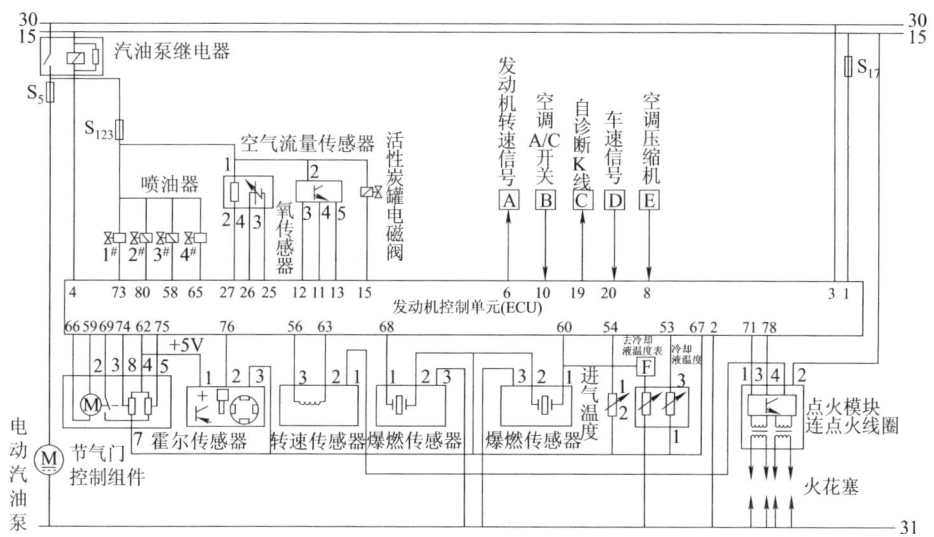

图 4-32　桑塔纳 2000 AJR 型发动机电控系统电路原理图

步骤 1：检查搭铁线路

1) 拔下点火线圈 4 针线束插接器，如图 4-33 所示。

2) 将发光二极管测试灯连接至蓄电池正极和插接器端子 4，发光二极管应点亮。如果未点亮，则应检查端子 4 和接地点的线路是否断路。

步骤 2：检测点火线圈供电电压

拔下点火线圈的 4 针线束插接器，将发光二极管测试灯连接在发动机接地点和插接器端子 2 之间，打开点火开关，发光二极管应点亮。如果未点亮，则应检查中央电器盒与点火线圈 4 针线束插接器端子 2 之间的线路是否断路，如图 4-32 所示。

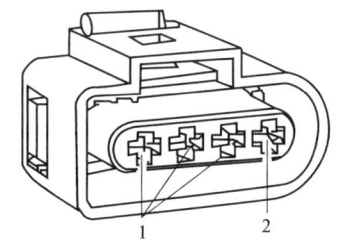

图 4-33　点火线圈 4 针线束插接器
1—气缸点火控制信号端子　2—接地端子

步骤 3：测试点火线圈控制信号

1) 拔下 4 个喷油器的线束插接器。

165

2）拔下点火线圈的4针线束插接器，将发光二极管测试灯与4针线束插接器的端子1和发动机接地点相连，接通起动机数秒，发光二极管测试灯应闪亮。

3）拔下点火线圈的4针线束插接器，将发光二极管测试灯与4针线束插接器的端子3和发动机接地点相连，接通起动机数秒，发光二极管测试灯应闪亮。

4）如果发光二极管测试灯不闪亮，则应检查点火线圈线束插接器端子1或3与发动机控制单元线束插接器间的导线是否开路或短路。如果线路正常，则应更换发动机控制单元（ECU）。

（4）检测霍尔传感器

操作步骤描述：在线检测霍尔传感器→检测霍尔传感器供电电压。

步骤1：在线检测霍尔传感器

1）不拔下霍尔传感器的线束插接器，将发光二极管测试灯从插接器背面连接霍尔传感器插接器的端子2和3。霍尔传感器线束插接器如图4-34所示。

2）接通起动机数秒，发动机每转2圈，发光二极管测试灯应闪亮一次。

步骤2：检测霍尔传感器供电电压

1）拔下霍尔传感器线束插接器。

2）打开点火开关，用数字万用表测量霍尔传感器线束插接器端子1和3之间的电压（选用20V电压挡），标准值应约为5V。

3）打开点火开关，用数字万用表测量霍尔传感器线束插接器端子2和3之间的电压，标准值应接近蓄电池电压。

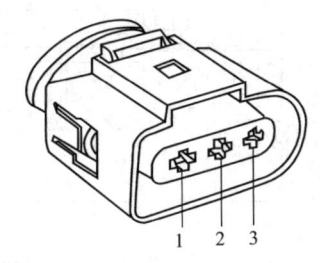

图4-34　霍尔传感器线束插接器
1—5V电源端子　2—信号输出端子
3—接地端子

4）如果测量值符合标准，但将发光二极管测试灯接在线霍尔传感器插接器的端子2和3时二极管测试灯不闪亮，则应更换霍尔传感器；如果测量值不符合标准，则应按图4-32检查霍尔传感器与发动机控制单元（ECU）的线路是否有开路或短路。若线路正常且霍尔传感器无故障，则应更换发动机控制单元（ECU）。

（5）检测排气

操作步骤描述：仪器准备→汽车准备→排气测量。

步骤1：仪器准备

1）打开排气分析仪的电源开关，使排气分析仪预热，以达到稳定状态。

2）用密封套堵住取样探头，进行泄漏检查，确认废气取样系统无泄漏现象。

3）进行仪器自动调零。若有必要，则可手动进入调零程序。

第四章 发动机大修

4)选择测量方式为"双怠速",冲程数为"四",燃料种类为"汽油",点火方式为"二次"。

5)将排气分析仪的转速感应夹钳夹在发动机第一缸点火高压线上,注意夹钳上面的箭头要指向火花塞。

6)将排气分析仪的油温测量探头插入发动机机油标尺孔中,应确保探头接触到润滑油。

步骤2:汽车准备

1)确保车辆的进气系统装有空气滤清器,排气系统装有排气消声器且无泄漏现象。

2)预热发动机,使冷却液温度和润滑油温度达到80℃以上。

3)检查发动机的怠速转速,应为800r/min ± 50r/min,点火提前角应为12°±4.5°。

步骤3:排气测量

1)按下仪器的测量按钮,仪器开始进行HC残留检查。若检查结果不合格,则可将取样探头放在清洁的空气中,将仪器设置为通用测量方式,并处于"正在测量"的状态下工作一段时间(1~3min),让清洁的空气将管路中的残留HC吹出后,再次进行HC残留检查,直至合格。

2)选择并设置被检车辆的额定转速值,确认后进入发动机预热阶段。

3)将发动机由怠速工况加速至0.7倍的额定转速,维持30s后降至2500r/min并保持该转速。

4)将取样探头插入排气管并能固定于排气管上,并保证取样探头的插入深度不少于400mm。

5)将发动机转速保持在2500r/min,直至取样结束,然后降至怠速。

6)保持发动机在怠速状态,直至取样结束。

7)打印、存储或记录测量结果。

8)从排气管中拔出取样探头。

9)从发动机第一缸高压线上取下排气分析仪的转速感应夹钳。

10)从发动机机油标尺孔中取出排气分析仪的油温测量探头。

11)退出双怠速测量程序。

12)在"正在测量"状态下(此时气泵工作)让排气分析仪继续工作5min以上,以吸入新鲜空气,吹净取样系统中的排气残留。

13)关闭排气分析仪的电源开关。

> 注意:在测试过程中要注意环境通风,在测试以及固定或拆卸取样探头时,严禁移动车辆。

6. 评分标准

检测发动机燃油、点火和排放系统的评分标准见素材文件中的附表2。

● 训练3　装配发动机总成

1. 操作准备

1）桑塔纳2000 AJR型发动机1台。

2）发动机拆装台架1台。

3）常用检修工具一套，桑塔纳2000专用检修工具1套。

4）火花塞套筒、机油滤清器拆装专用扳手、镊子、活塞环卡箍各1只。

5）机油、棉纱若干。

2. 操作要求

按照维修工艺规范和设备安全操作规范进行操作。

3. 操作时间

180min。

4. 技术标准

符合桑塔纳2000 AJR型发动机维修手册的相关要求。

5. 基本操作步骤

　　操作步骤描述：操作准备→安装曲轴→安装活塞连杆组→安装机油泵→安装曲轴前后油封→安装油底壳→安装飞轮和离合器→安装气门与气门驱动组→安装气缸盖→安装水泵→安装正时齿带→安装气缸盖罩→安装机油滤清器→安装发动机外部零部件。

步骤1：操作准备

1）在装配前，要对修理和更换的所有零件进行质量检查。

2）对零件表面的油污、尘粒、金属屑等进行清洗，并用压缩空气吹干。

步骤2：安装曲轴

曲轴的拆卸和安装如图4-35所示。

1）将清洗过的机体安装在专用支架VW540上，或倒置在工作台上。

2）将5道上主轴承安装在机体的主轴承座内。在安装过程中，不要触摸主轴承的工作表面和背面，也不要触摸主轴承座孔表面。安装完毕后，在主轴承的工作表面上涂少许润滑油。

3）把擦拭干净的曲轴小心平稳地放在上主轴承上。

4）将下主轴承安装在主轴承盖上。主轴承盖上有编号，靠近带轮的为第1道主轴承，靠近飞轮端的为第5道主轴承。第3道主轴承为推力轴承，其下主轴承为翻边轴承。第4道下主轴承有油槽，其余几道下主轴承均没有油槽。在下主

第四章 发动机大修

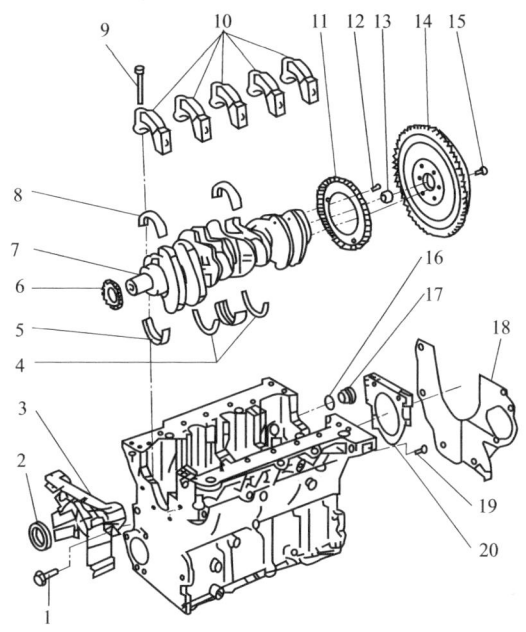

图 4-35 曲轴的拆卸和安装

1—前密封法兰螺栓（拧紧力矩为 16N·m） 2—密封圈（拆卸后更换） 3—前密封法兰 4—止推垫圈（用于气缸体内 3 号轴承，润滑向外一侧） 5—轴瓦（用于带润滑槽的缸体，不要混用使用过的轴瓦） 6—链轮（用于传动机油泵） 7—曲轴 8—轴瓦（用于不带机油槽的缸体，不要混用使用过的轴瓦） 9—主轴承盖螺栓（拧紧力矩为 65N·m，按此力矩拧紧后再拧 90°，拆卸后更换） 10—轴承盖（第 1 号轴承盖，带轮侧） 11—脉冲传感器轮（用于发动机转速传感器 G28） 12—脉冲传感器轮螺栓（拧紧力矩为 10N·m，按此力矩拧紧后再拧 90°，拆卸后更换） 13—滚针轴承 14—飞轮（主传动） 15—飞轮紧固螺栓（拧紧力矩为 60N·m，按此力矩拧紧后再拧 90°） 16—密封圈（拆卸后更换） 17—螺塞（拧紧力矩为 100N·m） 18—中间支板（安装时注意不要损坏或弯曲） 19—后密封法兰螺栓（拧紧力矩为 16N·m） 20—曲轴后密封法兰

轴承的工作表面涂上润滑油，并按主轴承盖上的编号及安装方向从机体前端起将主轴承盖逐个装在机体上。

5）分两次或三次从中间向两侧交替拧紧主轴承螺栓，拧紧力矩为 65N·m，并按此力矩拧紧后再拧 90°。在将主轴承安装完毕后，用手扳动曲轴臂，曲轴应转动自如，否则应检查原因，重新安装。

步骤 3：安装活塞连杆组

1）用活塞环夹紧工具将活塞环装入活塞环槽内。

2）将活塞环的开口互相错开 120°。第 1 道活塞环的开口方向与活塞销中心错开45°，油环的两片刮片的开口方向互相错开180°，油环刮片开口方向与压缩环的开口方向错开90°。

> 注意：活塞环的装配标记"TOP"必须朝上。

3) 将连杆轴承装入连杆。在连杆轴承表面、曲轴连杆轴颈表面、活塞表面、气缸壁表面涂抹机油。

4) 转动曲轴，使1、4缸连杆轴颈处于下方位置，再用专用工具夹紧活塞环，从气缸顶端装入活塞连杆组件。用锤柄或木棒将活塞组件推入气缸。当连杆大头接近曲轴轴颈时，要用手托住连杆大头，并继续敲击活塞顶部，使之装配到位。

> 注意：连杆的朝前标记必须朝向发动机正时齿带端。

5) 安装连杆轴承盖，拧紧连杆轴承盖螺母，拧紧力矩为30N·m，按此力矩拧紧后再拧90°。

> 注意：连杆轴承盖的标记应朝向发动机同步带端；每缸的两个螺母应交替拧紧。

6) 以同样的方法和要求装复2、3缸的活塞连杆组件。

步骤4：安装机油泵

1) 将机油泵驱动链轮加热至220℃，使用钳子将链轮定位在曲轴前端，然后用专用工具30-100将其压到曲轴上。

2) 在机油泵的上端插入销钉，然后安装到气缸体上。

3) 将链条套在曲轴和机油泵链轮上。

4) 用22 N·m的力矩拧紧链轮与机油泵的紧固螺栓，用16 N·m的力矩拧紧机油泵与气缸体的紧固螺栓。

5) 安装链轮张紧器和紧固螺栓，并紧固至16N·m。

步骤5：安装曲轴前后油封

1) 在曲轴前油封支座上涂硅密封胶（密封胶的厚度为2~3mm），并在5min之内安装到机体前端面上。

2) 在曲轴前油封唇部涂上润滑油。将导向套筒2080A定位在曲轴前端轴颈上，然后将油封经导向套筒推入前油封支座，如图4-36所示。

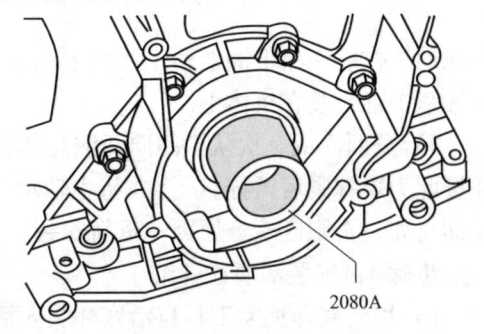

图4-36 使用导向套筒2080A导入曲轴前油封

3）用齿形带轮中间螺栓和压套 3255 将曲轴前油封压到底，如图 4-37 所示。

4）在曲轴后油封支座上涂硅密封胶（厚度为 2~3mm），并在 5min 之内安装到机体后端面上。

5）安装曲轴后油封支座螺栓，紧固力矩为 16N·m。

6）在曲轴后油封唇部涂上润滑油，将油封推入后油封支座，然后用专用压套将曲轴后油封压到底。

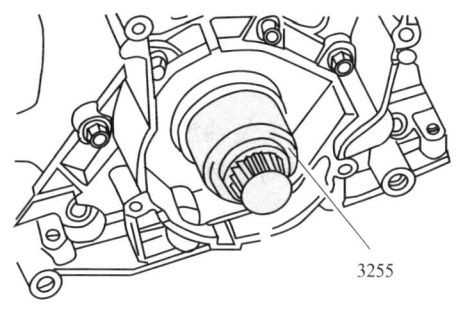

图 4-37　使用压套 3255 将曲轴前油封压入

步骤 6：安装油底壳

1）更换油底壳衬垫。

2）从中间向两端交替对角拧紧油底壳与气缸体的紧固螺栓，拧紧力矩为 10N·m。

步骤 7：安装飞轮和离合器

1）按照拆卸时所做标记将飞轮安装在曲轴后端，然后用手将飞轮螺栓旋入，并用专用工具固定飞轮，如图 4-38 所示。分两次或三次拧紧飞轮螺栓，拧紧力矩为 60N·m，按此力矩拧紧后再拧 90°。

2）按照拆卸时所做记号装复离合器压盘和离合器片。

步骤 8：安装气门与气门驱动组

1）将气缸盖安放在专用支架上。

2）在气门杆上套上塑料套 A，以免损坏新的气门杆密封圈。润滑气门杆 B，将其套入压力工具 3129，然后小心地压入气门导管中，如图 4-39 所示。

3）用气门拆装专用工具将气门、气门弹簧等组件装入气缸盖，如图 4-40 所示。

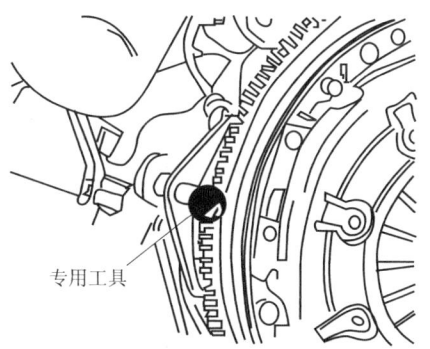

图 4-38　采用专用工具固定飞轮

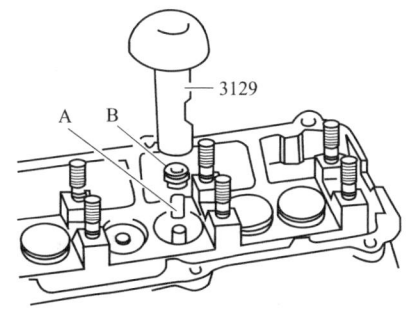

图 4-39　安装气门杆密封圈

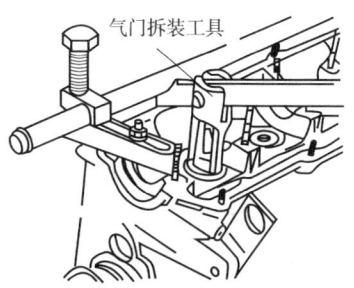

图 4-40　用专用工具拆装气门

4) 将挺杆体表面涂上润滑油,按拆卸时所做的标记装入相应的挺杆孔内。

5) 在凸轮轴承座孔和凸轮轴颈上涂润滑油,把凸轮轴放在轴承座孔上。

注意:安放凸轮轴时,第1缸凸轮必须朝上。

6) 按记号安装轴承盖。先交替对角拧紧第2、4号轴承盖螺栓,拧紧力矩为20N·m,然后交替对角拧紧第1、3、5号轴承盖螺栓,拧紧力矩为20N·m。

注意:在安装凸轮轴前应放上轴承盖,确定轴承盖的安装位置(注意孔的上下两半部要对准),防止错乱;在凸轮轴转动时,不可将曲轴置于上止点位置,否则会损坏气门和活塞顶部。

7) 在凸轮轴油封外圈和唇部涂少许润滑油,放入专用导套10-203内定位后,再用10-203将密封圈压入,直到平齐。

注意:不要过分压入,否则会堵塞回油孔。

8) 将半圆键安装到凸轮轴上,然后安装凸轮轴同步带轮,并以100N·m的力矩拧紧。

步骤9:安装气缸盖

1) 翻转发动机,将曲轴转动到第1缸的上止点位置。

2) 安装气缸垫。

注意:气缸垫有标号(配件号)的一面朝上。

3) 将气缸盖对正螺栓孔放在气缸垫上,用手旋入气缸盖螺栓,先用扭力扳手和套筒初步拧紧,再以40N·m的力矩拧紧,第三次将螺钉旋紧180°。

注意:应从中间向两端交叉旋紧气缸盖螺栓。

步骤10:安装水泵

1) 清洁O形密封圈的密封表面,用冷却液浸湿新的O形密封圈。

2) 将水泵罩壳上的凸耳朝下装入气缸体,如图4-41所示。

3) 安装同步带后防护罩。

4) 以15N·m的力矩拧紧水泵螺栓。

步骤11:安装正时齿带

正时齿带的装配如图4-42所示。

1) 转动曲轴,使曲轴不在上止点的位置,

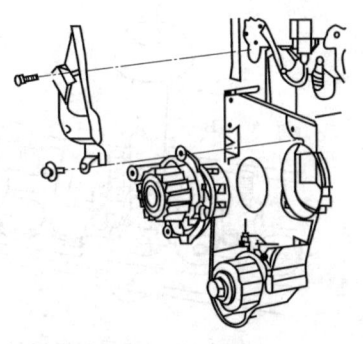

图4-41 水泵的拆装

以免损坏气门及活塞。

2) 安装曲轴齿形带轮并用专用工具 3099 锁定,如图 4-43 所示。

3) 更换新的曲轴齿形带轮螺栓,并以 90N·m 的力矩拧紧,按此力矩拧紧后再拧 90°。

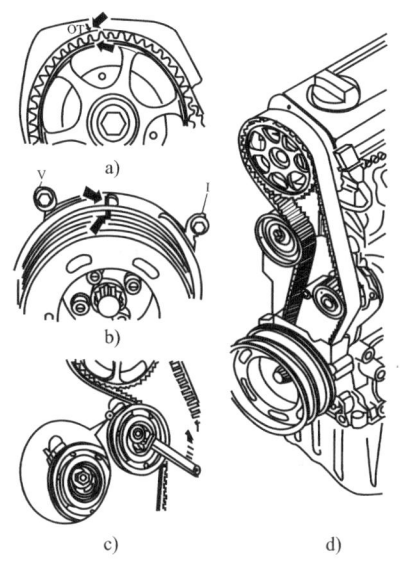

图 4-42 正时齿带的装配
a) 凸轮轴正时标记 b) 曲轴正时标记
c) 正时齿带张紧轮张紧方向 d) 正时齿带装配后

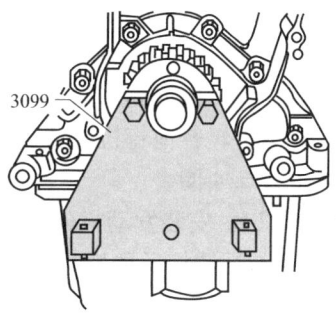

图 4-43 用专用工具 3099 锁定曲轴齿形带轮

4) 转动凸轮轴,使凸轮轴正时齿带轮上的标记对准正时齿带防护罩上的标记,如图 4-42a 所示。

5) 转动曲轴,使曲轴正时齿带轮的上止点记号与正时齿带下护罩上的参考标记对准,如图 4-42b 所示。

6) 将正时齿带安装到曲轴正时齿带轮和水泵上。

7) 将正时齿带安装到张紧轮和凸轮轴正时齿带轮上。

注意:在正时齿带安装完成后,应小心地转动曲轴至少两圈,以防止活塞撞击气门。若有卡阻现象,则应检查并重新安装和调整。

8) 用卡簧钳使半自动张紧轮逆时针转动,直到指针与缺口对齐为止,然后以 15N·m 的力矩拧紧张紧轮固定螺母,如图 4-42c 所示。

注意:半自动张紧轮的定位块必须嵌入气缸盖上的缺口内。

9) 用拇指用力弯曲正时齿带,指针应该移向一侧;放松正时齿带,张紧轮应该回到初始位置（缺口和指针重叠），否则应重新调整正时齿带张力，如图 4-42c 所示。

10）安装正时齿带下防护罩、曲轴带轮、正时齿带上部和中间防护罩。

步骤 12：安装气缸盖罩

1）安装发动机气缸盖罩垫。

2）安装气缸罩，并按照从中间向两端交替对角拧紧的方法紧固气缸盖罩螺栓，拧紧力矩为 10N·m。

步骤 13：安装机油滤清器

1）清洁机油滤清器支架表面。

2）在新的机油滤清器密封圈上涂干净的润滑油。

3）用手轻轻地将机油滤清器拧入，直到感觉有阻力，再用专用工具拧紧至 20N·m 或 3/4 圈。

步骤 14：安装发动机外部零部件

按照与拆卸相反的顺序安装发动机外部零部件（各进、出水管，进、排气管，燃油分配管和喷油器，点火线圈组件，发电机等）。

> 注意：进、排气歧管衬垫翻边朝向进、排气歧管；各螺栓和螺母的拧紧力矩要符合维修手册的要求。

6. 评分标准

装配发动机总成的评分标准见素材文件中的附表 3。

复习思考题

1. 简述气缸的磨损规律。
2. 气缸体裂纹的检验方法有哪些？
3. 简述连杆弯曲、扭曲变形的检验方法。
4. 简述活塞与连杆的装配方法。
5. 简述曲轴的磨损规律。
6. 简述曲轴扭曲的检验方法。
7. 曲轴轴承的检验内容有哪些？
8. 简述凸轮轴的修理方法。
9. 气门与气门座的密封性试验方法有哪些？
10. 柴油机喷油器的检验内容有哪些？
11. 简述供油时刻的试验与调整方法。
12. 简述调速器的试验内容。
13. 润滑油消耗量大的原因有哪些？

第四章 发动机大修

14. 如何诊断润滑油压力不正常故障？
15. 简述散热器盖性能的检验方法。
16. 简述节温器的检验内容和方法。
17. 简述发动机电控系统的诊断程序。
18. 简述燃油泵的检测方法。
19. 简述喷油器的检测方法。
20. 简述电控发动机故障诊断的基本方法。
21. 简述电控发动机故障诊断的基本程序。
22. 简述发动机装配的工艺原则。
23. 简述发动机各种磨合方法的适用范围。
24. 简述发动机大修竣工性能检验的内容。
25. 发动机大修竣工的质量保证是如何规定的？

第 五 章

底 盘 大 修

> **培训学习目标** 通过本章的学习，掌握变速器、驱动桥、转向系统、制动系统、悬架系统和车架的检验方法和修理工艺。

◆◆◆ 第一节 变速器的修理工艺

一、变速器壳体的变形规律

1) 变速器壳与飞轮壳仅由几个螺栓联接，且变速器壳前壁刚度不大，因而会逐渐产生变形。

2) 变速器壳后壁由于经常受驻车制动器制动力的作用而变形。

3) 变速器壳与盖的结合面由于受到不均衡外载荷的作用而产生变形。

4) 轴承座孔、螺纹孔磨损，变速器壳出现裂纹等。

二、变速器壳与盖的检修

1. 变速器壳与盖裂纹的检修

变速器壳与盖的裂纹可以用检视法或敲击法检查。对受力不大的裂纹，可以用环氧树脂粘结修复或焊修。受力较大部位的裂纹或裂纹已经延伸到轴承座孔、安装固定孔的，应更换变速器壳体。如果变速器盖的裂纹比较严重，则应更换变速器盖。

2. 变速器壳与盖变形的检修

对变速器壳与盖的结合平面的翘曲变形，可在平板上用塞尺检查。当平面度误差超过标准时，可采用铲、磨等方法修复。

壳体前端面相对于壳体上结合面或轴承座孔中心线的垂直度误差可用角尺检

测，也可以用平板或将二者靠合在一起用塞尺检测。当垂直度误差或间隙超过规定值时应更换变速器壳，也可用刨、铣、磨、锉、铲等机械加工方法修复。

壳体上平面与轴承座孔轴线平行度误差的检测如图5-1所示。将专用试轴和定位套安装在轴承座孔内，用外径千分尺测量试轴两端的距离差，该差值即为两轴线的平行度误差；用高度游标卡尺或百分表测量每根试轴两端的高度差，该差值即为两轴线与壳体上平面的平行度误差。各平行度误差均不能超过标准规定。

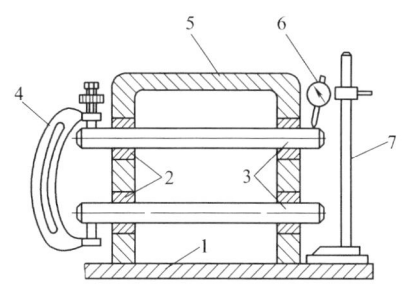

图5-1 轴承座孔轴线平行度的检验
1—平板 2—定位套 3—试轴 4—千分尺
5—壳体 6—百分表 7—高度尺

3. 变速器壳轴承孔磨损的检修

变速器壳轴承孔的磨损量可用量缸表测量。对于磨损量超限的变速器壳体轴承孔，可采用镶套法修复。镶套的轴承孔一般应加大3~4mm。若用镶套法不能修复，则应更换变速器壳体。

4. 螺纹孔的检修

变速器壳与盖上所有联接螺纹孔的螺纹损伤不得多于2牙。螺纹孔的损伤可用换大外径螺栓或补焊后重新钻孔加工的方法进行修复，也可镶螺纹套。

5. 变速器盖的检修

变速杆球节与座孔之间不能有明显的松旷感，若球节座孔直径比原设计规定增加0.50mm，则应更换变速器盖。变速叉轴与轴孔（盖孔或壳体孔）的配合间隙为0.04~0.20mm，若超过规定值，也应更换变速器盖。

三、变速器轴的检修

1. 变速器轴弯曲的检修

以两端轴颈的公共轴线为基准，用百分表测量中部轴颈的径向圆跳动误差，不应大于0.03mm（轴长为120~250mm）或0.06mm（轴长为250~500mm），否则应更换变速器轴。

2. 轴颈磨损的检修

变速器轴的轴颈磨损量可用外径千分尺测量。当轴颈的磨损量超过规定值时，可采用镀铬法修复或更换。如果轴颈破损或轴颈磨损量超过允许极限，则应更换变速器轴。

3. 键齿磨损的检修

变速器输入轴和输出轴以及中间轴花键齿的磨损，一般可用百分表测量与之相配的滑动齿轮或结合凸缘的摆动量（侧隙）进行检查。各轴花键与滑动齿轮键槽的侧隙允许比原设计规定增加 0.15mm，当侧隙超过规定值时，应更换花键轴。

四、变速器齿轮的检修

齿轮的主要损坏形式有齿面磨损、齿端磨损、疲劳剥落、烧蚀及锈蚀、腐蚀斑点、轮齿折断、花键孔磨损、齿长磨损变短、齿裂纹等。这些损坏形式可通过外部检视发现，也可以通过与新齿轮对比检查发现。

1) 齿轮的啮合面上如果出现明显的疲劳剥落、麻面、斑疤或阶梯形磨损，则必须更换齿轮；如果只有轻微的斑点、剥落或磨损，则可用磨石修磨。

2) 当齿轮出现裂纹或轮齿折断时，应更换齿轮。

3) 齿面磨损可通过变速器齿轮啮合侧隙进行检查。常啮合齿轮的齿厚磨损量不应大于 0.25mm，啮合间隙不应大于 0.50mm；直接传动接合齿轮齿厚磨损量不应大于 0.40mm，啮合间隙不应大于 0.60mm，且长度方向磨损量不应大于全齿长的 30%，否则应更换齿轮。接合齿轮或相配合的滑动齿轮齿端的磨损量不得超过齿宽的 15%。

4) 齿轮内花键磨损量不应大于 0.20mm，齿轮与轴的配合间隙不应大于 0.40mm，否则应更换齿轮。若花键齿面上有轻微的斑点、划痕、磨损台阶或边缘磨损，则可以用磨石或砂轮修磨后使用。

五、同步器的检修

1. 同步环的检修

同步环的损坏形式有变形、裂纹和磨损等情况。检查磨损的方法是将同步环压在与之相配齿轮的锥面上，用塞尺检查同步环与齿轮之间的端面间隙，如图 5-2 所示。此间隙对各挡同步环是不同的，应分别检查，如果超过极限，则应更换同步环。

2. 同步器滑块的检修

同步器滑块常见损伤有磨损、变形和损坏等。将滑块放在与之相配的同步器毂的槽内，用塞尺测量其侧隙，使用极限为 0.25mm，超过时应更换滑块。

3. 同步器毂的检修

同步器毂内花键与轴的侧隙检查如图 5-3 所示。将轴用台虎钳夹住，转动

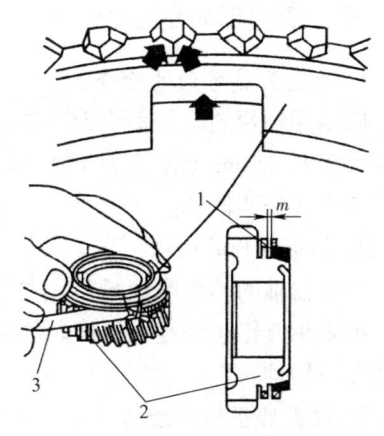

图 5-2 同步环的检查

1—同步环　2—齿轮　3—塞尺　m—端面间隙

同步器毂，用百分表测出同步器毂的摆动量，即为二者之间的侧隙。其使用极限为 0.12mm，超过极限时应更换同步器毂。

4. 同步器接合套的检修

检查同步器接合套内齿部分的磨损情况时，可将接合套套装在装有滑块的同步器毂上，上下移动接合套时应能带动滑块沿同步器毂轴向顺利地移动，否则应更换同步器接合套。同步器接合套的检查如图 5-4 所示。

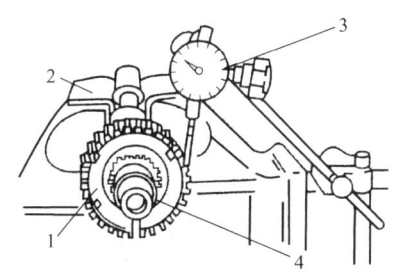

图 5-3　同步器毂内花键与轴的侧隙检查
1—同步器毂　2—台虎钳　3—百分表　4—轴

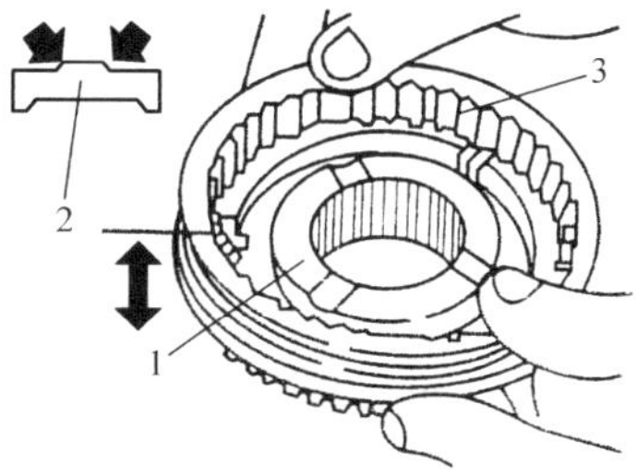

图 5-4　同步器接合套的检查
1—同步器毂　2—滑块　3—接合套

六、操纵机构的检修

1. 操纵杆系的检修

操纵杆系弯曲变形后可以通过校正修复；如果操纵杆系运动时发卡，杆轴与锁紧螺栓及锁紧钢丝不能锁紧，则应更换操纵杆系或钢丝；如果杆轴与衬套磨损量过大，则应更换衬套。

2. 换挡拨叉轴的检修

用百分表检查拨叉轴中部的径向圆跳动误差，或将拨叉轴放在平板上用塞尺测量，如果其径向圆跳动误差或缝隙超过规定值，则说明拨叉轴弯曲，应更换或进行冷压校正。当拨叉轴与安装孔的配合间隙或轴孔与拨叉轴的配合间隙超过规定值时，可采用磨削加工后镀铬的方法对拨叉轴进行修复或更换。

定位锁销、定位钢球及凹槽磨损，定位弹簧变软或折断后，均应更换新件。检查换挡拨叉轴定位凹槽处的磨损情况，若磨损严重，则应更换换挡拨叉轴。

3. 换挡拨叉的检修

换挡拨叉的弯曲或扭曲情况，可用仪器或与新拨叉对比进行检查，若有弯、扭变形，则可用敲击法予以校正。

拨叉端面磨损量应不大于 0.40mm；换挡拨叉与接合套环形槽的配合间隙应

为0.20~1.00mm。若换挡拨叉导块凹槽磨损或与变速杆下球头的配合间隙大于规定值,则应进行焊接修复或更换拨叉。

换挡拨叉端面对拨叉轴孔轴线的垂直度误差应不大于0.20mm。

七、其他零件的检修

1. 滚针轴承的检修

滚针轴承的检修方法如图5-5所示。将轴用台虎钳夹住,一面上下摆动齿轮,一面用百分表测量齿轮的摆动量。此摆动量即为齿轮与滚针轴承和轴的径向间隙,通常为0.02~0.125mm,若超过极限,则应更换滚针轴承。

衬套与轴颈和孔的配合属于间隙配合或过渡配合的,其间隙允许比原设计规定增加0.02mm;属于过盈配合的,应符合原设计规定。

2. 圆锥滚子轴承的检修

检查圆锥滚子轴承内圈和外圈滚道的烧蚀、磨损和损伤情况。若两者有一个需要更换,则必须成对更换。

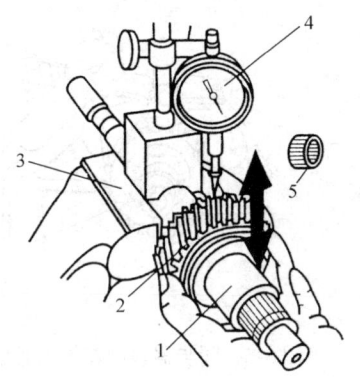

图5-5 滚针轴承的检修
1—轴 2—摆动齿轮 3—台虎钳
4—百分表 5—滚针轴承

滚动轴承或齿轮与轴颈的配合属于过盈配合的,应无间隙,且最大过盈量不应超过原设计的规定;属于过渡配合的,其间隙允许比原设计规定增加0.003mm;属于间隙配合的,允许比原设计规定增加0.02mm。

3. 油封的检查

对于变速器输入轴、输出轴、选挡轴和换挡轴等处安装的油封,需要检查其主刃口与副刃口的损坏、老化与磨损以及油封弹簧的损坏与变形情况,若出现以上损伤,则应更换油封。

八、变速器检验规则

1) 变速器装合后,应在试验台上磨合,并进行无负荷和有负荷试验。所加负荷为传递最大转矩的30%左右。运转前,选用并按规定容量加注清洁的汽油机润滑油。各挡运转时间的总和通常不少于1h。

2) 在运转中,第一轴转速为1000~2000r/min,油温为15~65℃时,不允许有自动脱挡和跳挡现象。操纵机构和同步器换挡应轻便、灵活、迅速、可靠。运转和换挡时均不得有异常响声。变速杆不允许有明显的抖动现象。所有密封装置不得有漏油现象。

第五章 底盘大修

3）在磨合与无负荷和有负荷试验结束后，应清洗变速器，其清洁度应符合原设计规定。非结合外露表面应涂漆或银粉。按原设计规定加注润滑油。

4）变速器最大噪声及测试方法应符合国家有关规定。

5）变速器经检验合格并签发出厂合格证后，才能交付使用或存放。

6）变速器应存放在通风、干燥、清洁之处，并防止锈蚀。

九、分动器的修理及检验

1）分动器的清洗与换油方法与变速器相同。

2）凸缘螺母应按规定力矩拧紧，拧紧后应锁止。

3）检查各轴的轴向间隙。用手推拉齿轮轴时，应无轴向间隙感觉，转动齿轮轴时，齿轮轴应转动灵活，否则，应进行调整。调整方法是调整轴承盖与壳体的垫片厚度。

4）检查并调整分动器操纵机构。当操纵杆在各挡位时，变速叉轴应能进入定位槽，否则应进行调整。

5）润滑里程表软轴的弯曲半径不得小于 150mm。

◇◇◇ 第二节　驱动桥的修理工艺

一、驱动桥的修理技术要求

1. 桥壳

1）桥壳应无裂损现象，桥壳上各部位的螺纹损伤不多于 2 牙。

2）桥壳上的通气孔应畅通。

3）钢板弹簧座定位孔的磨损量不大于 1.50mm。

4）钢板弹簧座厚度减少量不大于 2mm。

5）油封轴颈的径向磨损量不大于 0.15mm。在油封轴颈端面磨损后，轴颈位的长度应大于油封的厚度。

6）半轴套管应进行探伤检查，不得有裂纹。

7）半轴套管与桥壳承孔的配合及其伸出长度应符合原设计规定。

8）滚动轴承与桥壳的配合应符合原设计规定。

9）对于非分段式桥壳，以两端内轴颈公共轴线为基准，当桥壳前端面直径大于 300mm 时，其端面平行度公差为 0.40mm；当直径不大于 300mm 时，其端面平行度公差为 0.30mm；当外轴颈径向圆跳动误差超过 0.30mm 时，应予以修校，修竣后的径向圆跳动公差为 0.08mm。

10）对于分段式桥壳，以桥壳的结合圆柱面、结合平面及另一端内锥面为支承，当内外轴颈径向圆跳动误差超过 0.25mm 时应予以修校，修竣后的径向圆跳动公差为 0.08mm；当桥壳与减速器壳结合平面直径大于 200mm 时，其轴向圆跳动公差为 0.10mm；当直径小于或等于 200mm 时，其轴向圆跳动公差为 0.08mm。

11）桥壳与制动底板结合平面及圆柱面对桥壳轴线的轴向圆跳动公差及径向圆跳动公差均为 0.10mm。

2. 半轴

1）半轴应进行探伤检查，不得有裂纹。

2）半轴花键应无明显扭曲。

3）以半轴轴线为基准，半轴中部未加工面的径向圆跳动公差为 1.30mm，花键外圆柱面的径向圆跳动公差为 0.25mm，半轴凸缘内侧端面的轴向圆跳动公差为 0.15mm。

4）半轴花键与半轴齿轮及凸缘键槽的侧隙不得比原设计规定大 0.15mm。

3. 轮毂

1）轮毂应无裂损现象，各部位的螺纹损伤不得多于 2 牙。

2）轮毂与半轴凸缘及制动鼓的结合端面对轮毂内外轴承孔公共轴线的轴向圆跳动公差均为 0.15mm。

3）轮毂轴承孔与轴承的配合应符合原设计规定。

4. 主减速器

(1) 主减速器壳

1）壳体应无裂损现象。壳体上各部位的螺纹损伤不得多于 2 牙。

2）差速器左、右轴承孔的同轴度公差为 0.10mm。

3）圆柱主动齿轮轴承（或侧盖）孔轴线和差速器轴承孔轴线对主减速器壳前端面的平行度公差：当轴线长度在 200mm 以上时，其值为 0.12mm；当轴线长度小于或等于 200mm 时，其值为 0.10mm。

4）主减速器壳纵轴线对横轴线的垂直度公差：当纵轴线长度在 300mm 以上时，其值为 0.16mm；当纵轴线长度小于或等于 300mm 时，其值为 0.12mm。纵、横轴线应位于同一平面内（双曲线齿轮结构除外），其位置度公差为 0.08mm。

5）主减速器壳与侧盖的配合及圆柱主动齿轮轴承与减速器壳（或侧盖）的配合应符合原设计规定。

(2) 主、从动锥齿轮

1）齿轮不应有裂纹，齿轮工作表面不得有明显的斑点、剥落、缺损等缺陷。

2) 以主动锥齿轮壳后轴承孔轴线为基准，前轴承孔的径向圆跳动及各端面的轴向圆跳动公差为 0.06mm。

3) 主动锥齿轮轴承预紧力应符合原设计规定，或主动锥齿轮轴承的轴向间隙不大于 0.05mm。

4) 主动锥齿轮花键与凸缘键槽的侧隙不大于 0.20mm。

5) 主动锥齿轮前后轴承与轴颈和轴承孔的配合应符合原设计规定。

6) 从动锥齿轮与其轴的连接：铆接的应铆接可靠；螺栓联接的，螺栓的拧紧力矩应符合原设计规定。

7) 从动锥齿轮端面对其轴线的轴向圆跳动公差为 0.10mm。

8) 主、从动锥齿轮啮合齿隙为 0.15~0.50mm。

9) 主、从动锥齿轮接触痕迹应沿齿长方向接触，位置控制在齿的中部偏小端，离小端端面 2~7mm，接触痕迹的长度应不小于齿长的 50%，齿高方向的接触痕迹应不小于有效齿高的 50%，一般应离齿顶 0.80~1.60mm。

(3) 圆柱主、从动圆柱齿轮

1) 齿轮不应有裂纹，齿轮工作表面不得有明显的斑点、剥落、缺损等缺陷。

2) 主动圆柱齿轮轴承与轴颈的最大配合间隙不得比原设计规定大 0.012mm。

3) 主、从动圆柱齿轮啮合间隙为 0.15~0.70mm。

5. 差速器

1) 差速器壳应无裂损缺陷，壳体与行星齿轮以及半轴齿轮与垫片的接触面应光滑、无沟槽。

2) 当十字轴承孔轴线长度在 160mm 以上时，两轴线垂直度公差为 0.10mm；当十字轴承孔轴线长度不大于 160mm 时，两轴线垂直度公差为 0.06mm；两轴线应相交，其位置度公差为 0.15mm；每一轴线又应与半轴齿轮承孔轴线位于同一平面内，其位置度公差为 0.20mm。

3) 整体式十字轴与差速器壳及行星齿轮的配合间隙分别不大于 0.10mm 和 0.25mm；分开式十字轴与差速器壳及行星齿轮的配合间隙分别不大于 0.05mm 和 0.18mm。

4) 分别以左右差速器壳内外圆柱面的轴线及对接面为基准，或者以差速器壳与从动圆柱（锥）齿轮结合的圆柱面轴线及端面为基准：

① 与差速器轴承配合的轴颈径向圆跳动公差为 0.08mm。

② 与差速器轴承结合的端面的轴向圆跳动公差为 0.05mm。

③ 半轴齿轮承孔的径向圆跳动公差为 0.08mm。

④ 与半轴齿轮垫片结合的平面的轴向圆跳动公差为 0.08mm。

⑤ 与从动锥齿轮（或从动圆柱齿轮）结合的平面的轴向圆跳动公差为 0.10mm。

⑥ 与从动锥齿轮（或从动圆柱齿轮）配合的外圆柱面的径向圆跳动公差为 0.08mm。

5) 差速器壳联接螺栓的拧紧力矩应符合原设计规定。

6) 差速器轴承与壳体及轴颈的配合应符合原设计规定。

7) 差速器壳承孔与半轴齿轮轴颈的配合间隙为 0.05～0.25mm。

8) 行星齿轮端隙应符合原设计规定。

6. 滚动轴承

1) 滚动轴承的钢球（柱）和滚道上不得有伤痕、剥落、破裂、严重黑斑或烧损变色等缺陷。

2) 滚动轴承架不得有缺口、裂纹、铆钉松动或钢球（柱）脱出等现象。

7. 驱动桥检验规则

驱动桥装合后应加注规定的润滑油进行运转试验，试验转速一般为 1400～1500r/min。在此转速下进行正反转试验，各项试验的时间不少于 10min。在试验过程中，各轴承区的温升不大于 25℃，齿轮啮合不允许有敲击声或高低变化的响声，各接合部位不允许有漏油现象。试验合格后，应进行清洗并换装规定的润滑油。

二、驱动桥的检修

以东风 EQ1092 型载货汽车为例进行介绍。

1. 主减速器的检修

1) 主减速器壳不应有裂损现象，各部位的螺纹损伤不得多于 2 牙。

2) 用内径千分尺或量缸表检查各轴承孔的磨损情况，各轴承孔的尺寸应符合要求。

3) 将主减速器壳前端面修平，放到检验平板上，用百分表检查主减速器壳上安装差速器轴承孔的同轴度误差，应不大于 0.03mm。

4) 主动锥齿轮和从动锥齿轮不应有裂纹，其工作表面不应有明显的斑点、齿面剥落、缺损和阶梯形磨损等缺陷，否则应成对更换主、从动锥齿轮，不准新旧搭配使用。当两齿轮同时更换时，应注意选择同一组编号的齿轮配对使用。

5) 主动锥齿轮上的花键与凸缘齿槽的配合侧隙可用百分表检测，原厂规定为 0～+0.20mm，许用配合侧隙为 0～+0.25mm。当键齿磨损，其厚度减小 0.20mm 以上时，应予以更换。

6) 主动锥齿轮的螺纹部分损伤不多于 2 牙，超过规定后，应予以更换或堆焊后重新加工。

7）主动锥齿轮的轴颈尺寸应符合要求，磨损后应予以更换或进行电镀修复。

8）检查从动锥齿轮与差速器壳联接螺栓和螺栓孔的磨损情况。若螺栓磨损，则应予以更换；若螺栓孔磨损，则应更换差速器壳，或将孔铰削到修理尺寸后用相应加大的螺栓联接。

9）所有轴承均应转动灵活，无卡滞现象。

10）轴承的滚子和轨道上均不得有伤痕、剥落、严重黑斑或烧损变色等缺陷，否则应更换轴承。

11）轴承架不得有缺口、裂纹、铆钉松动或滚子脱出等现象，否则应更换轴承架。

2. 差速器的检修

1）差速器壳上不得有裂纹出现，否则应更换差速器壳。差速器壳与行星齿轮垫圈、半轴齿轮垫圈的接触面应光滑无沟槽，若有细小沟槽，则可用砂纸打磨，然后更换新垫圈。

2）半轴齿轮与行星齿轮均不得有裂纹，其工作表面不应有明显的斑点、齿面脱落和缺损等缺陷，否则应更换半轴齿轮或行星齿轮。

3）分别测量行星齿轮轴的外径与行星齿轮的内径，其差值应在 0.1～0.2mm 之间，否则应更换行星齿轮轴。

4）半轴齿轮与半轴花键的配合侧隙可用百分表测量，其值应在 0.2～0.5mm 之间，否则应更换半轴齿轮。

5）行星齿轮垫圈和半轴齿轮垫圈不应有过度磨损和破损现象，否则应更换新垫圈。

3. 后驱动桥壳的检修

1）桥壳和半轴套管应进行探伤检查，若有裂纹，则应予以报废。

2）桥壳各处和半轴套管端部的螺纹损伤不得超过 2 牙，否则应予以更换或堆焊后重新加工。

3）钢板弹簧座定位孔的磨损量不得大于 1.5mm，超限时先补焊，然后按原位置重新钻孔。

4）钢板弹簧座的厚度减少量不得大于 2mm。

5）以半轴套管的两内端轴颈的公共轴线为基准，当桥壳两外侧轴颈的径向圆跳动误差超过 0.30mm 时，应进行校正，校正后的径向圆跳动误差不得大于 0.08mm。

6）桥壳承孔与半轴套管的配合及伸出长度应符合原厂规定。若桥壳承孔磨损严重，则可将座孔镗至加大的修理尺寸，然后更换相应修理尺寸的半轴套管。

7）滚动轴承与桥壳的配合应符合原厂规定。若配合处过于松旷，则可用刷镀法修复承孔。

8)半轴套管外颈磨损超过规定值时,应更换或采用电镀法修复。

9)半轴套管不应弯曲变形。要求套管中间两轴颈的径向圆跳动误差不得大于0.05mm。当变形超过规定时,可以采用冷压校正法进行修理。

4. 半轴的检修

1)半轴应进行探伤检查,可用磁力探伤法或浸油敲击法,若有裂纹,则应予以更换。

2)半轴中部未加工的部位径向圆跳动误差应不大于1.5mm;花键外圆柱面的径向圆跳动误差应不大于0.25mm;半轴凸缘内侧的轴向圆跳动误差不得大于0.15mm。若径向圆跳动误差超限,则应进行冷压校正;若轴向圆跳动误差超限,则可通过车削端面进行修正。

3)半轴花键的侧隙增大量较原厂规定不得大于0.15mm。

◈◈◈ 第三节 转向系统的修理工艺

一、汽车前桥及转向系统的修理技术要求

1. 前轴

1)前轴经探伤检查不得有任何裂纹。

2)当钢板弹簧座平面横向长度不大于160mm时,其平面度公差为0.4mm;大于160mm时,其平面度公差为0.5mm。修理后钢板弹簧座厚度减少量不得大于2mm。

3)当钢板弹簧座平面横向长度不大于160mm时,两钢板弹簧座平面在其公共平面法线方向的位置度公差为0.8mm;大于160mm时,该位置度公差为1.0mm。

4)钢板弹簧座上的U形螺栓孔及定位孔的磨损量不得大于1mm。

5)前轴主销孔与主销的配合应符合原设计规定。

6)前轴主销孔上、下端面对其轴线的垂直度公差应符合原设计规定。修理后前轴主销孔端面厚度减少量不得大于2mm。

7)与圆柱形主销配合的前轴主销孔磨损量超过0.05mm时,应按规定的尺寸修理。

8)以两钢板弹簧座平面的公共平面为基准,前轴主销孔轴线内倾角的大小应符合原设计规定;以垂直于该公共平面并过两钢板弹簧座定位孔轴线的平面为基准,前轴主销孔轴线的扭转角不得大于30′,该轴线在基准平面法线方向的位置度公差为4mm;前轴两主销孔轴线间的距离应符合原设计规定。

2. 转向节

1) 转向节经探伤检查不得有任何裂纹。
2) 转向节轴颈公共轴线与主销孔公共轴线间的夹角应符合原设计规定。
3) 转向节内、外轴承与轴颈的配合属于间隙配合的，其配合应符合原设计的规定；属于过渡配合的，当公称尺寸不大于40mm时，最大间隙不大于0.040mm；当公称尺寸大于40mm时，最大间隙不大于0.055mm。
4) 转向节衬套与主销、衬套与转向节主销孔的配合应符合原设计规定。
5) 转向节上、下主销孔轴线的同轴度公差应符合原设计规定。
6) 转向节内侧两端面对转向节主销孔公共轴线的垂直度公差应符合原设计规定。
7) 转向节各部位的螺纹损伤不得超过2牙。

3. 前轴与转向节的装配

1) 转向节主销孔端面与前轴上端面装配后的间隙应符合原设计规定。
2) 前轴与转向节装配应适度，一般转动转向节的力不大于10N。

4. 轮毂

1) 轮毂应无裂损现象，轮毂各部位的螺纹损伤不得超过2牙。
2) 轮毂与内、外轴承的配合应符合原设计规定。
3) 轮毂与制动鼓的结合平面对轮毂内、外轴承孔公共轴线的端面全跳动公差为0.15mm。
4) 轮毂与油封外圈的配合及尺寸应符合原设计规定。
5) 装合后的轮毂应有0.10~0.15mm的轴向间隙，并能均匀转动。

5. 转向器

（1）壳体与盖

1) 转向器壳体及盖应无裂损现象，壳体与盖整个结合平面的平面度公差为0.10mm。
2) 壳体上两蜗杆轴承孔公共轴线与两摇臂轴轴承孔公共轴线的垂直度公差应符合表5-1规定。两轴线间的距离应符合原设计规定。

表5-1 蜗杆轴承孔公共轴线与两摇臂轴轴承
孔公共轴线的垂直度公差 （单位：mm）

壳体上两蜗杆轴承孔外端面的距离	≤100	>100~160	>160
垂直度公差	0.04	0.05	0.06

3) 蜗杆轴两轴承孔轴线的同轴度公差为0.02mm，摇臂轴两轴承孔轴线的同轴度公差为0.01mm。

(2) 蜗杆

1) 蜗杆应无裂损现象。

2) 蜗杆齿面及轴承滚道应无金属剥落现象及明显的阶梯磨痕。

3) 蜗杆轴承与壳体配合的最大间隙不得大于原设计规定0.02mm。

4) 蜗杆轴承与蜗杆轴配合的最大间隙不得比原设计规定大0.006mm。

(3) 摇臂轴

1) 摇臂轴经探伤检查不得有裂纹,端部花键应无明显扭曲现象。

2) 滚轮经探伤检查不得有裂纹,齿面应无金属剥落现象和明显的阶梯磨痕。

3) 摇臂轴端部的螺纹损伤不得超过2牙。

4) 摇臂轴支撑轴颈的径向全跳动公差为0.05mm。

5) 循环球式转向器的转向螺母滚道应无金属剥落现象。滚球规格及数量应符合原设计规定,直径差不大于0.01mm。滚球与滚道的配合间隙不得大于0.05mm。

6) 转向指销工作锥面应无金属剥落现象,更换时应成对更换,指销装入滚道后的距离应符合原设计规定。

7) 摇臂轴轴承与摇臂轴配合的最大间隙不得比原设计规定大0.005mm。

8) 摇臂轴轴承与壳体及与侧盖配合的最大间隙不得比原设计规定大0.018mm。

9) 更换摇臂轴轴承时,该轴承与壳体及与摇臂轴的配合应符合原设计规定。

(4) 转向器的装配与调整

1) 双销式转向器在装合转向蜗杆时,转向器上盖调整垫片的厚度不得任意变更,若有变更,则装合后必须保证蜗杆中心在转向器壳内的正确位置。

2) 在装合转向摇臂轴前,一般转动转向轴所需转矩应不大于0.8N·m。

3) 在装合转向器后,应按原设计要求进行检验,其摇臂轴轴向间隙及转动转向轴所需转矩应符合原设计规定,在全程内应转动灵活,无漏油现象。

6. 转向操纵机构

1) 转向轴、转向传动轴、万向节叉、十字轴经探伤检查不得有裂纹。

2) 转向轴的直线度公差应符合表5-2的规定。

表5-2 转向轴的直线度公差 (单位: mm)

转向轴长度	≤630	>630~1000	>1000
直线度公差	0.25	0.3	0.4

3) 转向管柱与支座的最小过盈量不得比原设计规定小0.015mm。

4）转向管柱与衬套的配合应符合原设计规定。

5）转向轴与衬套配合的最大间隙不得比原设计规定大 0.08mm。

6）转向节滑动叉与转向十字轴轴承及十字轴轴颈与轴承配合的最大间隙不得比原设计规定大 0.028mm。

7）滑动叉、花键套与转向传动轴花键配合的最大间隙不得比原设计规定大 0.10mm。

8）转向操纵机构应转动灵活，无卡滞现象，装配齐全，紧固可靠。

7. 转向传动机构

1）转向摇臂、直拉杆、横拉杆、转向节臂及球头销经探伤检查不得有裂纹。

2）转向摇臂的花键应无明显扭曲现象。在转向摇臂装入摇臂轴后，其端面应高出摇臂轴花键端面 2~5mm。

3）直拉杆应无明显变形现象，横拉杆的直线度公差为 2mm。

4）球头销及与其相配合的各部位应无明显磨损现象。装合横、直拉杆时，应保证各球头销轴颈小端低于锥孔上端面 1~2mm，装合后各球头销应转动灵活，不松旷，不卡死。

8. 汽车前桥及转向系统检验规则

1）前轴与转向节装配应适度，一般转动转向节的力不大于 10N。

2）在装合转向器后，应按原设计要求进行检验，其摇臂轴的轴向间隙及转动转向轴所需力矩应符合原设计规定，在全程内应转动灵活，无漏油现象。

二、前桥及转向系统的检修

以东风 EQ1092 型载货汽车为例进行介绍。

1. 前轴的检修

（1）前轴裂纹的检修　前轴裂纹可采用磁力探伤法或浸油敲击法进行检查，一旦出现裂纹，就应更换前轴。

（2）钢板弹簧座的检修　用直尺、塞尺检测钢板弹簧座的平面度误差，应不大于 0.40mm，否则应进行修磨或刨削、铣削，但钢板弹簧座的厚度减少量应不大于 2mm。钢板弹簧座上 U 形螺栓孔及定位孔的磨损量不应大于 1mm，否则应进行堆焊修复或更换。

（3）前轴变形的检修　两钢板弹簧座之间的变形量可用直尺和塞尺检测，如图 5-6a 所示。也可将前轴固

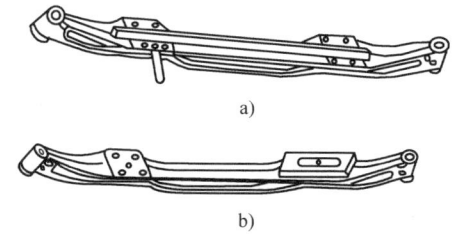

图 5-6　两钢板弹簧座之间变形量的检测
a) 直尺、塞尺检测　b) 水平仪检测

定在台虎钳或专用支架上,利用水平仪将一侧的钢板弹簧座调整成水平,然后再把水平仪放于另一弹簧座上进行检测,如图 5-6b 所示。两钢板弹簧座应在同一平面内,其平面度误差应不大于 0.80mm。如果前轴两钢板弹簧座之间存在明显的弯曲、扭曲变形,则应予以校正。

钢板弹簧座与主销孔之间变形量的试棒和角尺检测法如图 5-7a 所示。角尺的角度与被测车型主销内倾角相同。如果试棒与角尺之间存在间隙,则表明前轴存在垂直方向的弯曲变形。如果两钢板弹簧座平面与拉线之间的距离不符合原厂设计值,则表明前轴存在垂直方向的弯曲。也可用拉线法检测,如图 5-7b

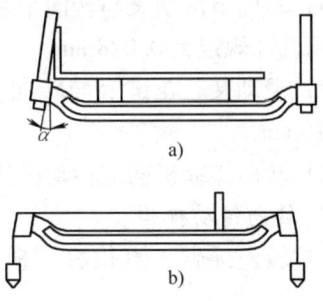

图 5-7　钢板弹簧座与主销孔
之间变形量的检测
a) 试棒和直角尺检测法　b) 拉线检测法

所示。如果拉线偏离钢板弹簧座中心,则表明前轴两端存在水平方向的弯曲或扭曲变形。

前轴弯曲、扭曲变形的校正一般在专用液压校正器上进行,如图 5-8 所示。即利用校正器上的液压缸对前轴的相应部位施加压力或扭力进行校正。

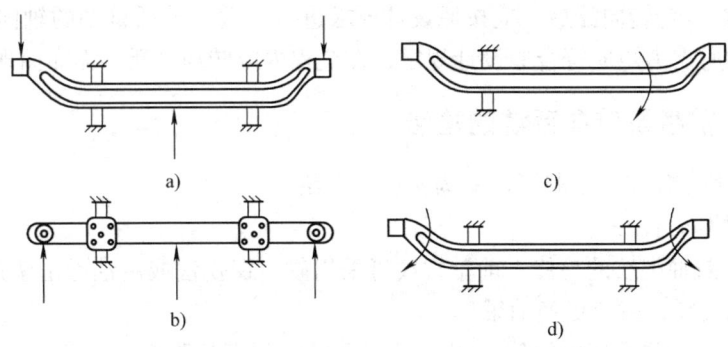

图 5-8　前轴的校正
a) 垂直方向弯曲的校正　b) 水平方向弯曲的校正
c) 两钢板弹簧座间扭曲的校正　d) 两钢板弹簧座之外扭曲的校正

(4) 前轴主销孔的检修　当主销孔磨损超过使用极限时,可用修理尺寸法或镶套法进行修复。

主销孔按修理尺寸法进行镗削后,要换用相应尺寸的主销与之配合(主销加大尺寸为 +0.08mm、+0.12mm、+0.16mm、+0.20mm、+0.24mm 五级),

以恢复配合间隙,并按同级修理尺寸选配推力轴承和加工转向节主销衬套孔。当主销孔磨损达到最后一级修理尺寸时,可镶套修复或更换前轴。为保证主销内倾角符合标准,在镗削前轴主销孔时,应以两钢板弹簧座为基准。

(5) 主销孔上下端面的检修 在使用过程中,当主销孔上下端面发生磨损时,其端面磨损沟槽深度应不大于0.50mm,否则应将其修磨平整。在前轴主销孔端面修理后,其上下端面的距离减少量应不大于2mm,否则应进行堆焊修复或更换新件。

2. 转向节的检修

(1) 变形和裂纹的检查 用磁力探伤法或浸油敲击法检查转向节,不得有任何裂纹,否则应更换。转向节若有变形,则应及时维修或更换。

(2) 轮毂外轴承与轴颈的检修 用内径百分表及外径千分尺测量轮毂外轴承与轴颈的配合间隙,应不大于0.040mm,内轴承与轴颈的配合间隙应不大于0.055mm,否则进行电镀修复或更换新件。

(3) 转向节轴端螺纹的检修 用检视法检查转向节轴端螺纹,当螺纹损伤超过2牙时,应进行堆焊修复并重新车螺纹。

(4) 主销衬套的检修 用内、外径量具检查,当转向节主销衬套孔磨损量超过0.07mm或衬套与主销的配合间隙超过0.20mm时,应更换衬套;当主销直径磨损量超过0.10mm时,应更换主销。

(5) 主销孔两端面的检修 当转向节主销孔两端面磨损起槽时,应将其修磨平整,并使其对主销孔公共轴线的端面全跳动误差符合原设计要求。

(6) 转向节短轴垂直度误差的检测 用直角尺和游标卡尺进行检测。一边转动短轴,一边测量短轴沿圆周方向与直角尺距离的差距,最大值与最小值的差应不大于0.25mm,否则应更换短轴。注意短轴不允许校正,即使有损伤、裂纹也不允许焊接修复,必须更换。

3. 前轴与转向节的装配

1) 转向节主销孔端面与前轴上端面装配后的间隙应符合原设计规定。

2) 前轴与转向节装配应适度,一般转动转向节的力不大于10N。

4. 轮毂的检修

(1) 轮毂轴承与轴承孔的检修 检查内圆锥滚子轴承、外圆锥滚子轴承有无损坏与磨损现象,若滚道或滚子上有烧蚀、磨痕,则均应更换。若在内圈和外圈的滚道上发现麻坑或烧蚀现象,以及滚子上有严重的损伤或磨痕,则必须整体更换轴承,并在轴承内涂好润滑脂。

轮毂轴承孔与轴承的配合过盈量应不小于0.009mm。轴承孔磨损后可用刷镀或喷焊进行修理。

(2) 轮毂变形的检修 轮毂变形会引起车轮不平衡,加大制动鼓的全跳动误差,影响汽车的操纵性能和制动效能。在轮毂变形后,以两轮毂轴承外座圈的锥面为基准,车削接合凸缘,凸缘的轴向圆跳动公差为0.15mm。

(3) 轴承油封的检查 检查油封的磨损、损坏与老化情况,大修时应更换油封。

5. 轮辋的检修

(1) 轮辋边缘的检修 轮辋边缘20mm内的径向圆跳动公差为2.50mm,超差时应更换。

(2) 轮辋锁圈的检修 轮辋的锁圈在自由状态下,对口重叠长度不得小于45mm,否则必须更换轮辋锁圈。严禁用压扁的方法增加对口重叠量。当轮胎螺栓孔磨损量大于0.20mm时,应修理或更换轮辋。

6. 转向传动机构的检修

(1) 转向摇臂的检修

1) 在拆卸转向摇臂时,不宜硬撬、乱敲,应使用专用工具。

2) 用磁力探伤法检查,若有裂纹,则应更换转向摇臂。

3) 转向摇臂的花键孔磨损严重和有明显扭曲时应更换转向摇臂;另一端接头如果磨损起槽或磨损量超过0.80mm,则应成套更换。

4) 转向摇臂装入转向摇臂轴后,其端面应高出转向摇臂轴花键2~5mm,否则应更换转向摇臂。

(2) 转向横拉杆与转向直拉杆的检修

1) 用磁力探伤法对转向横、直拉杆和球头销进行检查,若有裂纹,则应更换新件。

2) 用百分表或直尺检测横拉杆的直线度误差,若直线度误差大于2mm,则应进行校正。

3) 当直拉杆球头销的孔磨损量扩大超过2mm时,应在堆焊后加工至标准尺寸。为了加工方便,也可另制一块有标准尺寸孔的钢板(厚度约为3.5mm)焊在上面,如图5-9所示。

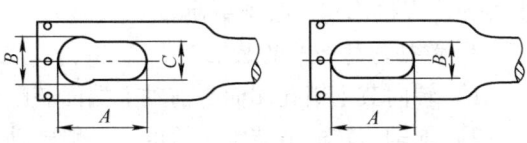

图5-9 直拉杆球头销孔的修复

注:$A = 53 \sim 55$mm,$B = 37.3 \sim 39.5$mm,$C = 25 \sim 27$mm。

4) 当横拉杆球头销座孔的上缘磨损后的厚度小于2.0mm时,应在堆焊后进行车削修理或更换新件。

5) 当球头销的球头及颈部小直径处磨损量超过0.8mm或球头座起槽时,应成套更换。

6) 在将球头销装于锥孔中后,其锥孔上端面应高于轴颈小端1~2mm,否则,应更换。

7）球头销弹簧失效、球头螺塞螺纹损伤、横拉杆两端螺纹损伤、橡胶防尘罩老化破裂等，均应更换新件。

8）紧固螺栓应有效，各油嘴螺纹应完好，油槽畅通。

（3）转向节臂和左、右梯形臂的检修　经常对转向节臂和左、右梯形臂进行探伤检查，若有裂纹，则应更换，以防使用时因损伤断裂而发生事故。

7. 转向器的检修

1）转向器壳体有裂纹或其他损伤时，应更换。

2）转向蜗杆工作表面有轻微磨损与剥落时，可用磨石研磨后继续使用，严重时必须更换；齿面有明显压痕时，应更换。转向蜗杆的任何表面出现裂纹时，必须更换。

3）推力轴承有下列情况之一时，必须成套更换：内外圈滚道严重磨损、剥落，保持架变形，有裂口，严重磨损，轴承钢球碎裂，钢球从保持架上掉落。

4）摇臂轴曲柄、花键轴不得扭曲变形，否则应换用新件；任何部位有裂纹或支承表面严重磨损以及严重偏磨时，应换用新件；检查花键处是否有变形、扭曲现象，若发现多于两齿有变形、扭曲、损坏现象，应换用新件。

5）当指销头部有剥落或严重偏磨现象或指销挡边碎裂时，应更换指销轴承总成。

6）当摇臂轴衬套发生严重偏磨，或者衬套孔与摇臂轴外圈配合间隙超过0.20mm时，应更换衬套。

7）若油封刃口或密封面有伤痕、变形等，则必须换用新件。

❖❖❖ 第四节　制动系统的修理工艺

一、制动器的修理技术要求

1. 盘式制动器

（1）总体要求

1）修理前应参照车辆生产厂家提供的制动系统故障诊断说明，判定故障的可能原因及部位，有针对性地进行修理。

2）修理时不应用压缩空气或干刷子清洁盘式制动器总成。

3）拆卸制动器时不应同时拆卸同一车轴两侧的制动器；一次只修理一个车轮，同时以另一侧的车轮制动钳总成作为安装基准。

4）拆卸时应防止制动液溢溅。对于防抱死制动系统，应先对其进行减压操作。不得将制动液溢溅到车漆上。不得混用不同牌号的制动液。

5) 修理时,油脂、制动液或任何其他异物不得触及制动摩擦块、制动钳、制动盘表面以及轮毂外表面。

6) 拆卸、安装车轮时,不应损伤制动盘、制动钳、外部管路、放气螺钉及挡泥板。

7) 装配零部件时应顺畅地将其安装到位,各螺钉的拧紧力矩应满足各款车型的力矩要求。

8) 安装完毕,应将储油罐制动液注满,并对制动系统进行排气操作。

(2) 制动钳

1) 拆卸分解

① 拆卸分解前应将制动主缸储油室中的制动液吸出一半,防止制动液在活塞修后装配推回时溢出。

② 拆卸分解过程应遵循"先外部后内部,先上部后下部,先总成后零件,先附件后主件"的原则。同时记下每一个零部件的安装位置或记号,并将拆下的零部件分类放好。

③ 拆卸时应避免扯掉或损坏制动软管,若软管有龟裂、老化或严重折痕等,则应换用新件。

④ 分解制动钳时,应先拧开放气螺钉,放出剩余制动液,然后再拧紧放气螺钉。

⑤ 制动钳活塞应用间断的不含润滑油的低压缩空气顶出。

⑥ 检查修理前应彻底清洗制动钳各组成零件和各配合面,用清洁的制动液或规定的制动清洁剂清洗制动钳体、缸筒和活塞,禁止使用汽油、煤油、稀料或其他类似的溶剂清洗。

2) 修理

① 制动钳体缸筒不得有锈蚀、损伤现象,否则必须更换。制动钳体缸筒圆柱度误差应不大于0.02mm,缸筒与活塞的极限配合间隙应小于0.15mm,不得用研磨的方法修理缸筒。

② 活塞边缘不应有液体渗漏,必须保证密封圈、防尘罩完好,否则应更换密封圈、防尘罩或活塞。密封圈必须保持良好的性能。

③ 活塞表面不得有划痕、裂纹、凹坑、腐蚀和麻点,否则应更换活塞;不得使用打磨、擦刮、抛光的方法修理有划痕的活塞。

④ 浮钳盘式制动器导向装置的配合面应光洁完好。防护套不应有切伤和劈裂,否则应更换防护套。

⑤ 制动钳安装架(对于浮钳盘式制动器)不得有裂纹和严重磨损现象,支承弹簧应性能完好,制动块支承板不应有损伤现象。

3）装配

① 装配前，应在制动钳、缸筒与活塞表面涂上新鲜、清洁的制动液，在制动钳缸体与活塞的防尘罩环形沟槽内及密封圈上涂以硅酮润滑脂。密封圈安装时不得扭曲。

② 在制动钳滑动衬套和护套内部及导向销上应涂以硅酮润滑脂。

（3）制动盘

1）制动盘不得有裂纹，其工作表面不得有锈斑、缩孔等缺陷。

2）制动盘总厚度一般不得比标准厚度小2.0mm，划痕沟槽深度不得大于0.38mm。具体车型的修理数据应符合车辆制造厂修理手册的规定。

3）修理后和新换的制动盘的端面平面度误差应不大于0.02mm，两端面平行度误差应不大于0.0125mm，工作表面粗糙度值不得大于 $Ra1.6\mu m$。

4）新换的制动盘应使用原厂零配件或经车辆制造厂认定的合格替换件。

5）装配后的制动盘端面全跳动误差一般不应大于0.15mm（在消除系统全跳动误差的情况下），具体车型的修理数据应符合车辆制造厂修理手册的规定。

6）安装制动盘时应保持盘面干燥、干净。对新换的制动盘，应用修理手册中推荐的溶剂消除其表面上的保护膜，并在其制动工作表面涂防尖叫声化合物。

（4）制动摩擦块

1）制动摩擦块不得有龟裂、烧伤等缺陷，否则应予以换新。

2）制动摩擦块磨损必须均匀，磨损后的厚度一般小于1.5mm。当摩擦块的平面沟槽已完全磨平时，必须更换摩擦块，同轴两侧的车轮需同时更换。

3）新换的制动摩擦块必须满足原车厂推荐的摩擦材料，并有合法的生产厂家出具的合格证明。

4）安装制动块时，应保持制动块干燥，不可沾染上制动液或其他油类液体。用推荐的化合物（如硫化钼润滑剂M77）润滑垫片及垫片与钳体的接触表面。

5）对于浮钳式制动器，在安装内摩擦块后，应检查防尘套是否接触制动摩擦块，否则，应卸下制动摩擦块并重新定位防尘套。

2. 鼓式制动器

（1）修前检查 在制动器解体修理前，应首先进行试车，查找并判明主要的故障原因及位置，同时做好记录，为修理提供依据。

（2）制动器的拆卸

1）拆卸时，应使用专用工具。对主要零件的基准面或精加工面，不允许敲击、碰撞。对不能互换、有装配规定或有平衡要求的零部件，拆卸时应做好标记。

2) 具有制动防抱死装置（ABS）的制动器，其传感器、控制阀、齿圈等零部件必须用专用容器盛放，防止丢失或损坏。

3) 具有自动调整间隙装置的制动器，其调节杠杆、拉索、行星轮等全部零部件必须单独存放，防止丢失和损坏。

4) 在制动器解体后，要用吸尘器清除制动底板和制动鼓里面的全部灰尘；所有零件上的油污及杂质应彻底清除。制动器摩擦片不允许使用碱性溶液清洗及接触油类；不允许将预润滑轴承、含油粉末冶金轴承及油封等橡胶件在易使其变质的溶液和油中浸泡或清洗。

(3) 制动器的装配

1) 制动器的各个螺栓、螺母、垫圈、开口销、锁紧垫片等零件及金属锁线均应按原厂规定选用并装配齐全；对于各个结合面间的衬垫，其材质和规格应符合原厂规定。

2) 连接件的重要螺栓、螺母应无裂纹、损坏或变形现象。装配时，应按规定力矩和顺序拧紧螺栓及螺母。

3) 修理后的零件应在检验合格后方可安装；制动鼓在修理后应进行探伤检查，不允许有裂纹及影响质量和使用性能的夹渣、气孔等缺陷。

(4) 制动鼓

1) 制动鼓的测量及判定

① 在相互成直角的摩擦表面的宽窄两边缘处测量制动鼓的磨损量；在圆周上相隔45°的各点且在最深沟槽的底部测量制动鼓的直径。

② 若制动鼓直径超过报废尺寸，或虽未超过报废尺寸，但经过切削加工后，其直径超过安全修理尺寸，则应更换制动鼓。

③ 对于带有锥度或圆度误差超过 0.155mm 的制动鼓，应换用新件。

④ 制动鼓摩擦表面由于制动热能引起金相组织结构发生变化而产生硬点时，应更换制动鼓。

⑤ 制动鼓出现任何裂纹时均应换用新件。

2) 制动鼓的切削

① 同轴的左、右制动鼓必须用相同的方法切削加工到相同的直径，以保证两个车轮的制动效果相同。

② 切削时不得采用一次深切削的方法，要采用多次浅切削的方法。

③ 切削时主轴线速度为 150m/min；粗切削时的每转横向进给量为 0.15～0.2mm；精切削时的每转横向进给量不大于 0.05mm。

3) 制动鼓切削后不得有裂纹和变形现象，其尺寸必须符合原生产厂的要求。没有规定的应符合表5-3的规定。

表 5-3　制动鼓的修理尺寸　　　　　　　（单位：mm）

制动鼓标准内径 D	≤320	320 < D < 420	≥420
报废尺寸	D + 1.5	D + 4.0	D + 6.0
安全修理尺寸	D + 0.7	D + 2.8	D + 4.2
左、右制动鼓直径差值	0.2	0.5	0.8

4）制动鼓摩擦表面的圆柱度误差不大于0.05mm，表面粗糙度值不大于 Ra1.6μm。

5）制动鼓摩擦表面对与轮毂接合的圆柱面及平面的径向圆跳动误差不大于0.10mm；对于轮毂轴承位的径向全跳动误差不大于0.12mm。

6）制动鼓的壁厚差不大于1.00mm，同轴上的左、右制动鼓的直径差值不得大于表5-3中规定的数值。

（5）制动蹄总成

1）在制动鼓拆卸后，应检查各制动蹄、制动蹄回位弹簧、压紧弹簧及支承销，判明故障原因。

2）制动蹄摩擦片

① 检查制动蹄摩擦片的厚度：当磨损量超过原生产厂的规定磨损量或磨损到距铆钉头0.80mm时，应更换制动蹄摩擦片。

② 检查制动蹄摩擦片的表面：若摩擦片有裂纹、老化或烧蚀现象，则应更换制动蹄摩擦片。

③ 制动蹄摩擦片的安装：用清洁溶剂彻底冲洗制动蹄摩擦片，消除全部飞边和不平点；从新摩擦片的中心开始安装和紧固连接铆钉，交替向外，直到两端；检查制动蹄和摩擦片之间的间隙，任意两个铆钉之间，蹄、片的间隙不大于0.02mm；粘结摩擦片时，其粘结表面必须洁净，胶粘剂及粘结强度应符合原生产厂要求。

④ 制动蹄摩擦片同轴左、右轮应同时成组更换。

⑤ 制动蹄摩擦片的技术要求及摩擦性能应符合《汽车用制动器衬片》（GB 5763—2008）的有关规定。

3）制动蹄

① 当制动蹄有裂纹、表面变形或脱焊时，应更换制动蹄。

② 当制动蹄上的铆钉孔出现椭圆时，应修理或更换制动蹄。

③ 清洁制动蹄及消除全部飞边和不平点。

④ 制动蹄与支承销的配合间隙应符合原生产厂技术要求，原生产厂无要求时，其配合间隙的使用极限不得大于0.30mm。

（6）制动底板

1）若制动底板有弯曲变形现象或裂纹，则应更换制动底板。

2）确保将制动底板螺栓和用螺栓固定的支承销按规定力矩拧紧。

3）制动底板的蹄凸台应无锈蚀或其他表面缺陷；用砂纸打磨蹄凸台表面的磨损沟槽，若用砂纸打磨后仍有沟槽，则应更换蹄凸台。

（7）弹簧

1）当制动蹄回位弹簧和压紧弹簧的自由长度发生变化及有扭转、弯曲或钩环损坏时，应换用新弹簧。

2）弹簧由于制动器过热而损失弹性后，应更换弹簧。

3）所有更换后的弹簧应符合原生产厂的技术要求。

（8）制动器的调整　制动器在装配完毕后，应进行调整，不得拖滞且车轮能自由地转动。

1）检查间隙调整装置，保证其在正常的调整范围内工作。

2）调整制动蹄摩擦片与制动鼓之间的间隙，准确的规定值需从原生产厂技术文件中取得；原生产厂无规定的，其间隙为 0.20~0.40mm。

二、制动器的检验规则

1. 盘式制动器

1）汽车在更新制动摩擦块和（或）修理制动盘之后，必须磨合，即以 50km/h 的车速用中等稳定的踏板压力制动停车 20 次，每两次停车间隔不小于 15s。

2）盘式制动器修理装配完毕，应进行制动性能检验，检验结果应满足《机动车运行安全技术条件》(GB 7258—2012) 对制动性能的要求。

2. 鼓式制动器

经过修理的鼓式制动器应进行制动性能检验。制动性能检验可通过行驶试验或台架试验进行，制动效能应符合《机动车运行安全技术条件》(GB 7258—2012) 的有关规定，并满足原车的技术要求。

三、制动器的拆装

1. 东风 EQ1092 型载货汽车前轮鼓式制动器的拆装

东风 EQ1092 型载货汽车前轮鼓式制动器的分解如图 5-10 所示。

1）用举升器支起前桥，用轮胎螺母拆装机拆去轮胎螺母，拆下前轮。

2）拆去前轮毂盖，剔平锁紧螺母锁片，拆下锁紧螺母，并取下锁片及锁止垫圈。

3）拧出轮毂轴承预紧度调整螺母，用顶拔器从转向节上拉下轮毂及制动鼓，取出外轴承。

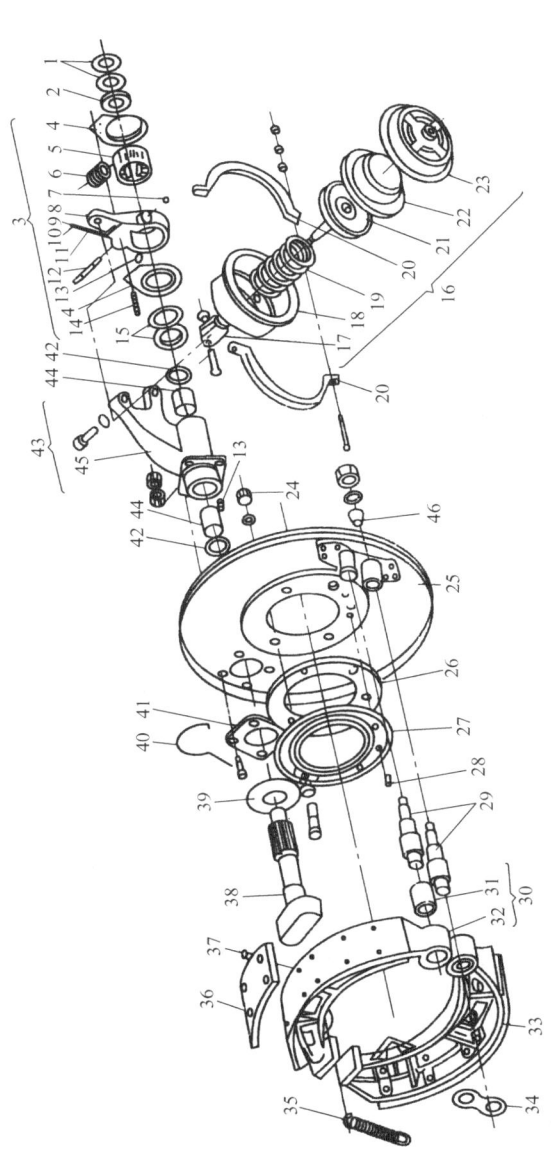

图5-10 东风EQ1092型载货汽车前轮蹄式制动器的分解

1—调整垫片 2—制动凸轮垫圈 3—前制动调整臂总成 4—盖 5—蜗轮 6—蜗杆 7—塞片 8—前制动气室总成 9—螺塞 10—弹簧 11—钢球 12—蜗杆轴 13—油嘴 14—半圆头铆钉 15—制动凸轮调整垫片 16—前制动气室推杆连接叉 17—制动调整臂体 18—前制动气室外壳总成 19—制动气室回位弹簧 20—制动底板 21—前制动气室推杆总成 22—前制动气室膜片 23—前制动气室盖总成 24—螺母 25—制动挡尘盘衬垫 26—前制动挡尘盘总成 27—挡尘盘 28—螺栓 29—偏心支承销 30—制动蹄带衬套总成 31—衬套 32—调整垫片 33—制动蹄 34—挡板 35—回位弹簧 36—制动蹄摩擦片 37—铆钉 38—制动凸轮 39—制动凸轮支架总成 40—钢丝锁线 41—制动底板垫板 42—制动凸轮O形密封圈 43—制动气室支架带衬套总成 44—衬套 45—前制动气室支架 46—锥形套

4) 从转向节轴颈上用顶拔器拉下内轴承,取下内轴承油封及垫圈。

5) 拆下制动蹄支承销挡板开口销,取下挡板。

6) 用专用弹簧钩或弹簧钳拆下制动蹄回位弹簧,取下制动蹄。

7) 松开制动蹄支承销紧固螺母,取下制动蹄支承销。

8) 拆下调整臂连接制动气室推杆的连接销和凸轮轴内端的开口销,取下前调整臂和凸轮调整垫片,从凸轮轴支架上抽出凸轮轴,拆下制动气室和凸轮轴支架。

9) 拆下制动底板固定螺栓,从转向节凸缘上取下制动底板。

10) 装配时按与拆卸相反的顺序进行。

2. 东风 EQ1092 型载货汽车后轮鼓式制动器的拆装

东风 EQ1092 型载货汽车后轮鼓式制动器的分解如图 5-11 所示。

1) 用举升器支起后桥,用轮胎螺母拆装机拆去轮胎螺母,拆下后轮。

2) 拧下半轴螺母,轻轻敲击并取下轮胎锥形垫。

3) 向里拧动半轴顶动螺栓,抽出半轴。

4) 用专用扳手拧出锁止螺母,取出锁止垫圈及油封等。

5) 拧下后轮轮毂轴承预紧度调整螺母,用顶拔器拉下轮毂及制动鼓。

6) 用与前轮相同的操作方法拆下制动器其他机件。

7) 装配时按与拆卸相反的顺序进行。

四、鼓式车轮制动器的检修

1. 主要零件的检修

(1) 制动鼓的检修　制动鼓的常见损伤主要有工作表面的磨损、变形和裂纹。

1) 检查制动鼓,不得有任何性质的裂纹和变形现象,否则必须更换制动鼓。

2) 使用带有专用架的百分表或弓形内径千分尺测量制动鼓内圆面,如图 5-12 所示。制动鼓内圆柱面的圆度误差不得大于 0.15mm,圆柱度误差不得大于 0.05mm。部分车型直径不得超过表 5-4 规定的极限值。进口汽车制动鼓内圆柱面一般都标有允许最大直径,超过规定值时应更换制动鼓。

3) 制动鼓内圆工作表面对旋转轴线的径向全跳动误差不得大于 0.10mm。当制动鼓圆度、圆柱度、径向全跳动误差超过规定时,应对制动鼓进行镗削。镗削后的制动鼓内径不得超过极限值,同轴两侧制动鼓的直径差应小于 1mm。

制动鼓内圆表面的镗削应在专用的制动鼓镗削机上进行:将制动鼓装在轮毂上,以轮毂内外轴承外座圈内锥面的公共轴线为基准进行镗削。因此,镗削前应检查两轴承内锥面的滚道有无斑点、剥落、松旷现象,轮毂孔有无损伤现象等。若需要更换轴承,则应在更换轴承以后再进行镗削。

第五章 底盘大修

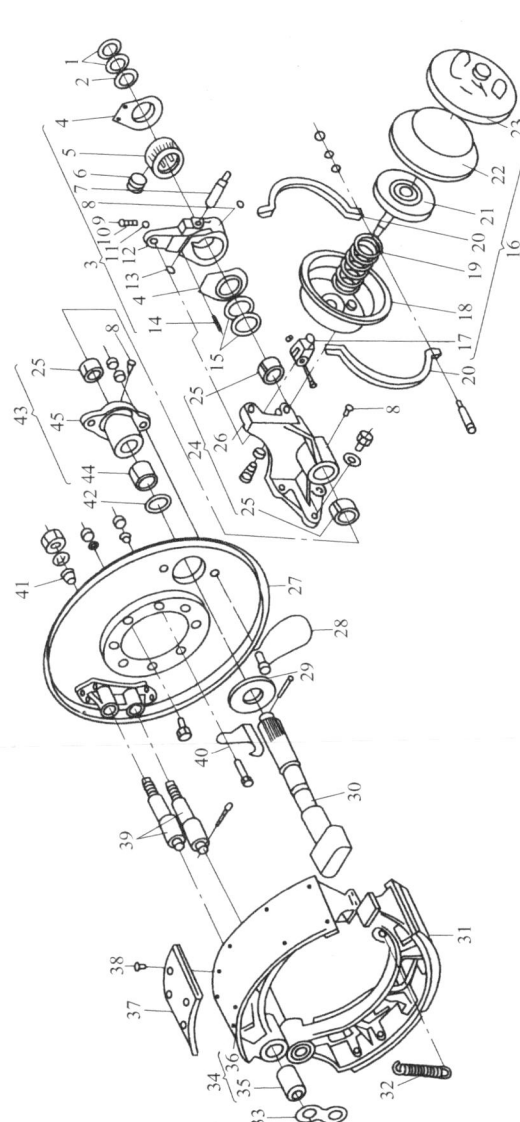

图5-11 东风EQ1092型载货汽车后轮鼓式制动器的分解

1—调整垫片 2—制动凸轮垫圈 3—后制动调整臂总成 4—盖 5—蜗轮 6—蜗杆 7—蜗杆轴 8—油嘴 9—螺塞 10—弹簧 11—钢球 12—后总成 13—塞片 14—半圆头铆钉 15—制动凸轮调整垫片 16—后制动气室推杆总成 17—制动气室推杆连接叉 18—后制动气室外壳盖总成 外壳总成 19—制动气室回位弹簧 20—后制动气室回位弹簧总成 21—制动凸轮卡箍总成 22—后制动气室膜片 23—后制动气室外壳盖总成 30—制动凸轮 24—制动气室支架带衬套总成 25、35、44—衬套 26—后制动气室支架 27—制动底板 28—钢丝锁线 29—调整垫片 38—铆钉 39—偏心支承销 31—后制动蹄支架片总成 32—回位弹簧 33—挡板 34—后制动蹄带衬套总成 36—后制动蹄 37—摩擦片 40—制动蹄回位弹簧挡钩 41—锥形套 42—制动凸轮O形密封圈 43—凸轮轴支架带衬套总成 45—制动气室支架

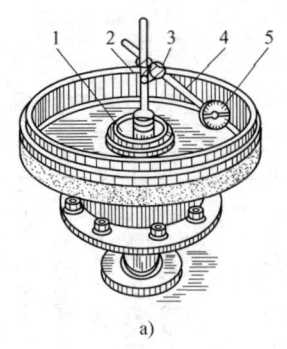 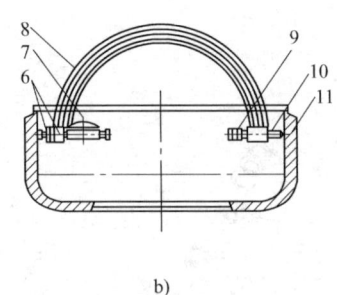

图 5-12 测量制动鼓内圆面

1—夹具 2、6—锁紧装置 3—中心杆 4—支架 5、7—百分表
8—弓形内径千分尺 9—锁紧螺母 10—测量调整杆 11—制动鼓

表 5-4 制动鼓内径的极限值　　　　　　　　　　　　（单位：mm）

车　　型	CA1091	EQ1090E	北京切诺基	桑塔纳 2000GSi
标准直径	420	420	254	200
极限直径	425	424	255.5	201

（2）制动蹄的检修　制动蹄的常见损伤形式为摩擦片磨损、龟裂、制动蹄支承孔磨损等。

1) 制动蹄不得有裂纹和变形现象，支承销孔与支承销的配合应符合原设计规定。

2) 制动蹄衬片的磨损量不得超过规定值。当铆钉头的沉入量小于 0.5mm，以及衬片龟裂和严重油污时，应更换衬片。衬片与制动蹄应严密贴合，不得垫入石棉垫，以免影响摩擦热的散失。其局部最大的缝隙不得超过 0.10mm。对于制动蹄衬片采用粘结方式的，当衬片的磨损量超过规定值时，应更换新的制动蹄组件，或在原制动蹄上用树脂粘结新摩擦衬片。制动蹄与制动凸轮相接触的工作表面的最大磨损量应不大于 0.30mm，否则应更换制动蹄与制动凸轮或进行焊修。若摩擦片铆钉松动，则应重新铆合。

3) 在制动蹄片修复后，应修整制动蹄衬片与制动鼓的初始贴合面积。对于领从蹄式制动蹄，初始贴合面积应不小于总贴合面积的 60%；对于双领蹄式制动蹄，初始贴合面积应不小于总贴合面积的 75%。制动蹄与制动鼓的接触印迹应两端重、中间轻，即通常说的"吃两头，靠中间"。若不符合要求，则应进行修整。

4) 在制动蹄复位弹簧两端拉钩断裂后，不许重新弯钩后继续使用。若制动蹄复位弹簧有裂纹，则必须更换复位弹簧。复位弹簧的自由长度、拉伸长度应符合原设计规定，否则应更换。同一车桥左右车轮制动器制动蹄复位弹簧的性能应尽量一致。

5）直观检查，若发现制动底板有明显的裂纹，则应换用新件。将制动凸轮轴装入底板上的支承孔中用百分表进行检测，其配合间隙应不大于0.60mm，否则，应更换凸轮轴衬套。用磁力探伤法检验凸轮轴，当其出现裂纹时，应换用新件。制动蹄支承销与制动底板的配合间隙应不大于0.15mm，否则，应更换支承销或制动蹄轴衬套。修理后，其配合间隙应为0~0.09mm，其轴线与轮毂轴承轴线的平行度误差应不大于0.20mm。

6）在车辆大修时，轮毂油封应换用新件。轮毂轴承与转向节的配合间隙应不大于0.10mm，轴承外圈与轮毂配合不得松动，滚道及滚珠表面应无麻点及烧蚀现象，不符合要求时应换用新件。

2. 鼓式车轮制动器的调整

车轮制动器的调整分局部调整和全面调整两种。局部调整时只需调整制动蹄的张开端，通常用于车辆在运行过程中因蹄鼓间隙变大而进行的调整。全面调整时需同时调整制动蹄片张开端和支承销端的位置，通常用于更换制动蹄片，或镗削制动鼓后为保证制动蹄与制动鼓的正确接触而进行的调整。对不设置固定端的自动增力式车轮制动器而言，没有局部调整和全面调整的区别。

（1）轮缸张开式鼓式车轮制动间隙的调整 以北京BJ2020型越野汽车的液压制动系统车轮制动器为例介绍其调整方法。

1）局部调整

① 用举升器顶起被调整的车轮，一边转动车轮，一边向外转动调整螺栓，使调整杆伸长，直至制动蹄压紧在制动鼓上为止。转动车轮时要注意方向，即调整前轮两制动蹄和后轮前制动蹄时向前转动车轮，调整后轮后制动蹄时向后转动车轮。

② 向内转动调整凸轮螺栓，直至车轮能自由转动而制动蹄与制动鼓不碰擦为止。

③ 用同样的方法调整其他调整螺栓。

④ 用塞尺检测蹄、鼓间隙，应符合规定。

2）全面调整

① 按局部调整的方法转动调整螺栓至制动鼓不能转动为止。

② 向能够转动支承销的方向转动支承销。

③ 重复①、②两步，直至调整螺栓与支承销均不能转动为止。

④ 锁紧支承销后，向内转动调整螺栓，直至车轮能自由转动，并且制动蹄与制动鼓不碰擦。

⑤ 通过检视孔用塞尺测量蹄、鼓间隙，支承销端为0.15mm，张开端

为 0.30mm。

（2）凸轮张开式鼓式车轮制动间隙的调整　在制动器解体或修理，或者蹄片与制动鼓工作面的同轴度因蹄片销轴松动而被破坏及在更换蹄片、镗削制动鼓后，需要对制动鼓调整臂蜗杆及支承销进行全面调整，如图 5-13 所示。调整方法如下：

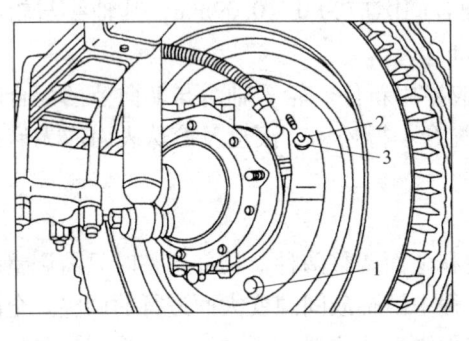
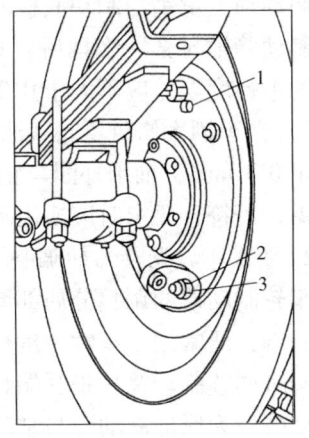

图 5-13　制动蹄片和制动鼓间隙的调整
1—偏心轮螺栓　2—支承销　3—锁紧螺母

1）用举升器顶起车桥，使车轮离地，能自由转动，松开两个支承销的固定螺母。

2）将标记相对的两个支承销向外转动，先使蹄片下端向制动鼓靠近，再转动制动臂调整蜗杆，使蹄片上端向制动鼓靠近。这样上下反复调整，使两蹄片上、下端全面均匀地和制动鼓接触、抵紧，直至制动鼓不能转动为止。

3）按相反的方向转动制动臂调整蜗杆，使摩擦片与制动鼓脱离接触，产生间隙，并用符合规定值的塞尺从制动鼓检视孔中插入，分别在距离摩擦片上、下端 20~30mm 处测量，若下端间隙不合适，则可再稍微转动支承销。如此上下配合着进行调整，直至间隙符合规定为止。东风 EQ1092 型载货汽车的制动器间隙：凸轮端（上端）为 0.40~0.70mm，支承销端（下端）为 0.25~0.40mm。

4）在将制动器间隙调整到正常值后，拧紧支承销的锁紧螺母。

5）其他车轮的制动器间隙调整方法与此相同。

五、汽车制动性能的检测

1. 汽车制动性能台试检测项目

检测项目有：制动力、制动力平衡要求、车轮阻滞力、制动协调时间和制动释放时间。

2. 制动性能检测标准

（1）制动力要求　台试检测时的制动力要求见表5-5。

表5-5　台试检测时的制动力要求

机动车类型	制动力总和与整车重量的百分比		轴制动力与轴荷[①]的百分比	
	空　载	满　载	前　轴	后　轴
乘用车和总质量不大于3500kg的货车	≥60	≥50	≥60[②]	≥20[②]
铰接客车、铰接式无轨电车、汽车列车	≥55	≥45	—	—
其他汽车	≥60	≥50	≥60[②]	≥50[③]

① 用平板制动检验台检验乘用车时应按左右轮制动力最大时刻所分别对应的左右轮动态轴荷之和计算。
② 空载和满载状态下的测试均应满足此要求。
③ 满载测试时后轴制动力百分比不做要求；空载用平板制动检验台检验时应大于或等于35%；总质量大于3500kg的客车，空载用反力滚筒式制动试验台测试时应大于或等于40%，用平板制动检验台检验时应大于或等于30%。

（2）制动平衡要求　在制动力增长的全过程中同时测得的左右轮制动力差的最大值，与全过程中测得的该轴左右轮最大制动力中的大者之比，新注册车的前轴不应大于20%，在用车不应大于24%；对于新注册车的后轴（及其他轴）来说，在轴制动力不小于该轴轴荷的60%时，不应大于24%（在用车为30%）；当后轴（及其他轴）轴制动力小于该轴轴荷的60%时，在制动力增长全过程中同时测得的左右轮制动力差的最大值不应大于该轴轴荷的8%（在用车为10%）。

（3）制动协调时间要求　《机动车运行安全技术条件》（GB 7258—2012）规定：对采用液压制动系统的汽车，制动协调时间不得大于0.35s；对采用气压制动系统的汽车，制动协调时间不得大于0.60s；汽车列车和铰接客车、铰接式无轨电车的制动协调时间不应大于0.80s。《营运车辆综合性能要求和检验方法》（GB 18565—2001）规定：对采用液压制动系的车辆不得大于0.35s；对采用气压制动系的车辆不得大于0.56s。

（4）阻滞力要求　进行制动力检测时，汽车、汽车列车各轮的阻滞力均不得大于轮荷的10%。

（5）驻车制动力要求　驻车制动力总和应不小于该车在测试状态下整车重量的20%；对总质量为整备质量1.2倍以下的车辆，此值为15%。

（6）制动完全释放时间要求　汽车制动完全释放时间（从松开制动踏板到制动消除所需要的时间）不应大于0.80s。

(7) 制动踏板力或制动气压要求 制动性能检验时的制动踏板力或制动气压应符合以下要求：

1）满载检验时

气压制动系统：气压表的指示气压小于或等于额定工作气压。

液压制动系统：乘用车踏板力小于或等于500N，其他机动车踏板力小于或等于700N。

2）空载检验时

气压制动系统：气压表的指示气压小于或等于600kPa。

液压制动系统：乘用车踏板力小于或等于400N，其他机动车踏板力小于或等于450N。

六、汽车滑行性能的检测

1. 滑行距离

按照《营运车辆综合性能要求和检验方法》（GB 18565—2001）的规定，在底盘测功机上，汽车空载，以初速度30km/h摘挡滑行的距离应符合表5-6的要求；在平坦（纵向坡度不应超过1%）、干燥和清洁的硬路面上且风速不大于3m/s时，汽车空载，以初速度30km/h摘挡滑行，用速度计或五轮仪测得的滑行距离也应满足表5-6的要求。

表5-6 滑行距离规定

汽车整备质量 m/kg	双轴驱动汽车滑行距离/m	单轴驱动汽车滑行距离/m
$m < 1000$	≥104	≥130
$1000 \leqslant m \leqslant 4000$	≥120	≥160
$4000 < m \leqslant 5000$	≥144	≥180
$5000 < m \leqslant 8000$	≥184	≥230
$8000 < m \leqslant 11000$	≥200	≥250
$m > 11000$	≥214	≥270

2. 滑行阻力

在干燥、平坦的沥青或混凝土路面上用拉力计测量汽车的滑行阻力，应不超过汽车整备重量的1.5%。

七、汽车侧滑量的检测

按照《机动车运行安全技术条件》（GB 7258—2012）的规定，在侧滑试验台上进行汽车（三轮汽车除外）转向轮的横向侧滑量检测时，要求前轮采用非独立悬架的汽车（前轴采用双转向轴的除外）侧滑量应在 -5～5m/km 之间。

第五章 底盘大修

◈◈◈ 第五节 悬架系统的修理

一、钢板弹簧非独立悬架的检修

以东风 EQ1092 型载货汽车为例进行介绍。

1. 钢板弹簧的检修

将钢板弹簧总成从车上拆下、分解，用钢丝刷或化学方法将各片钢板上的锈蚀、油污清除干净，并清洗其他零件，然后做如下检查：

1）检查弹簧钢片有无横向裂纹、折断及厚度明显变薄现象，若有，则应更换弹簧钢片。

2）检查弹簧夹箍有无变形或损坏现象，铆钉有无松动现象，若有，则应更换或修复弹簧夹箍和铆钉。钢板弹簧卡子应按规定配齐，卡子内侧与钢板弹簧侧面的间隙应为 0.7~1.0mm，卡子套管与钢板弹簧顶面的距离应为 1~3mm。

3）检查钢板弹簧吊耳有无裂纹、缺口，若有，则应更换钢板弹簧吊耳。钢板弹簧与支架、吊耳之间的相互间隙均应符合原厂规定。

4）检查钢板弹簧弹性是否减退，弹性减退表现在弯曲度减小。修理时，应先在冷态下利用锤击法或专用成形设备进行整形，以恢复钢板弹簧的弯曲度，然后通过适当的正火、淬火及回火处理，恢复其弹性，并在热处理后，对钢板弹簧的凹面进行喷丸处理，以提高其疲劳强度。

5）检查中心螺栓有无损伤、变形或滑扣现象，若有，则应更换中心螺栓。

6）检查钢板弹簧销有无磨损起槽现象且深度大于 0.50mm，若有，则应更换钢板弹簧销。

7）检查钢板弹簧销与衬套的磨损情况。钢板弹簧销与衬套的配合间隙若大于 1.0mm，则应更换新件。

检查 U 形螺栓是否有裂纹、变形现象，螺纹是否损坏，应视情况修理或更换。

8）已装配好并压紧的钢板弹簧，在其中部片与片之间应紧密配合，相邻两片在总接触长度的 1/4 长度内的间隙一般不大于 1.2mm。已装合好的钢板弹簧的弧高应符合原厂规定。

2. 减振器的检修

1）将减振器从车上拆下后，垂直固定储油缸端，用手反复推拉减振器活塞杆端，全行程应有较大的运动阻力且均匀，不得有空行程及卡滞现象，且伸张行程的阻力应大于压缩行程的阻力，否则应更换减振器。

2) 检查减振器有无漏油现象。若减振器有轻微漏油现象，则仍可继续使用；如果严重漏油，则应更换减振器。不允许在添加减振器油后继续使用减振器。

3) 在汽车于较颠簸的路面上行驶一段时间后，用手摸一下减振器，有温热感为正常，若不热，则说明减振器没有阻尼减振作用。如果减振器有异响，则必须更换减振器。

4) 减振器效能的检查。先用力压车身部位，振动几次，松开后，若车身能振动2次以上，则表明减振器效能较好。

5) 减振器损坏后一般换用新品，但对于可分解式减振器，也可按维修标准修理。

二、螺旋弹簧非独立悬架的检修

以桑塔纳2000系列乘用车后悬架为例进行介绍。

1. 后悬架就车检查

（1）减振器的检查

1) 当车辆在全负荷时（5人+80 kg行李），用手在车尾部使用392～491N的力上下晃动，在车尾部的作用力停止后，若车起伏两三次即停止，则说明减振器完好。

2) 减振器不应有渗油或漏油现象，否则说明减振器接近损坏或已损坏。

3) 在汽车长时间行驶并停车后，用手触摸减振器外壁是否发热，若不热，则说明减振器已失效。

（2）螺旋弹簧的检查　螺旋弹簧不应有断裂或裂纹，否则应换用新件。

（3）其他部件的检查　减振器护罩、限位缓冲块及波纹管老化或破裂，横向稳定杆及固定夹出现明显变形及裂纹，各橡胶支承衬套损坏等，均应换用新件。

2. 后悬架的检修

（1）减振器的检修　减振器损坏后一般换用新品，但对于可分解式减振器，也可按维修标准修理。

（2）螺旋弹簧的检修　螺旋弹簧弹力不符合要求或有损伤时应换用新件。注意：左、右螺旋弹簧要一起更换，并根据色标及配件号选用同样等级的配件。

（3）其他部件的检修　当出现下列故障现象时，应更换相应的零部件。

1) 制动盘工作表面严重磨损或表面有裂纹。

2) 轮毂花键磨损或有较大裂纹。

3) 弹簧挡圈变形、失效。

4) 轴承损坏或测得的轮毂间隙大于0.10mm。

5) 后悬架支柱焊接处出现裂纹或严重变形。

6）悬架支承轴承损坏。

第六节　车架的修理

一、车架检验的内容

车架检验的主要内容包括车架裂纹、变形（弯曲、扭曲）、锈蚀和铆钉松动。

二、车架检验的方法与技术要求

1. 车架裂纹的检验

用观察法检查车架的清洁程度、裂纹、焊接或焊修质量、铆接质量、车架防锈处理质量和附属装置的安装状况等，也可用敲击听音法检查车架的裂纹、铆接情况与焊接质量。要求车架应无泥沙、油污、锈蚀及裂纹。

2. 车架几何公差的检验

1）车架宽度用直尺、卷尺或专用游标卡尺检测。车架宽度极限偏差为3mm。

2）纵梁上平面及侧面的纵向直线度误差可用1m长的钢直尺和3mm厚的塞尺检测，也可用拉线法检测，如图5-14所示。车架纵梁上平面及侧面的纵向直线度公差，在任意1000mm长度上为3mm，在全长上为其长度的0.1%。

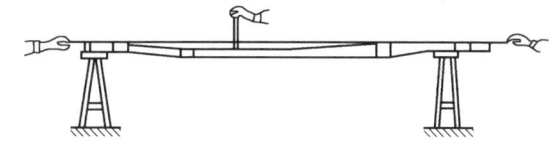

图5-14　车架纵梁直线度误差的拉线法检测

3）车架总成左、右纵梁上平面平面度误差的检测。在被测平面两端的纵梁上对称放置4个等厚垫块，并拉对角线 ab'、$a'b$，如图5-15所示。若两对角线在 c 点不接触，则在下方的一条对角线两端的垫块上加等厚度垫片，使两对角线相交（在 c 点处接触）。此时，将两对角线的4个端点所形成的平面作为基准平面，在纵梁上拉两线 ab、$a'b'$，并

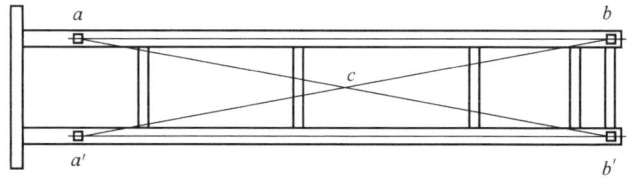

图5-15　车架纵梁上平面平面度误差的检测

测量两纵梁上平面各点至 ab、a'b'线的距离，各点距离的最大差值即为纵梁上平面的平面度误差。要求车架总成左、右纵梁上平面应在同一平面内，其平面度公差为 0.15%。

4) 纵梁侧面对车架上平面垂直度误差的检测。可以用专用直尺、直角尺以及塞尺进行检测，如图 5-16 所示。要求纵梁侧面对车架上平面的垂直度公差为纵梁高度的 1%。

5) 车架主要横梁对纵梁垂直度误差的检测。可用直角尺和塞尺检测，要求车架主要横梁对纵梁的垂直度公差为横梁长度的 0.2%。

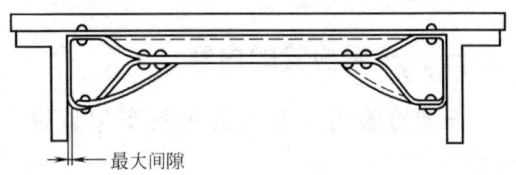

图 5-16 车架垂直度误差的检测

6) 车架的分段检验。车架的分段检验如图 5-17 所示。选择车架或底架上平面较大的平整部位作为基准平面，在钢板弹簧固定支架销孔轴线中点（或与车架或底架侧面左右等距离的对称点）引出 4 个在基准面上的投影点，测出 4 点间对角线的长度差。要求车架分段检验时，各段对角线长度差不大于 5mm。

7) 左、右钢板弹簧固定支架销孔同轴度误差的检测。

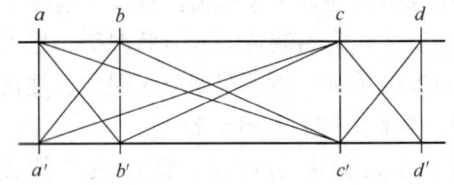

图 5-17 车架的分段检验
aa'—前钢板前支架销孔轴线　bb'—前钢板后支架销孔轴线
cc'—后钢板前支架销孔轴线　dd'—后钢板后支架销孔轴线
ab'、a'b—第 1 段对角线　　bc'、b'c—第 2 段对角线
cd'、c'd—第 3 段对角线　　ac'、a'c—第 4 段对角线

如图 5-18 所示，将两根特制的心轴分别插入左、右钢板弹簧固定支架销孔中，测量两轴的中心距，即为该两销孔的同轴度误差。要求左、右钢板弹簧固定支架销孔应同轴，其同轴度公差为 φ2.0mm（按 GB/T 1958—2004《产品几何量技术规范（GPS）　形状和位置公差　检测规定》进行检测）。

8) 前、后钢板弹簧固定支架销孔轴线间的距离差可用直尺或拉线法测量。前、后固定支架销孔轴线间的距离差：轴距在 4000mm 及其以下的应不大于 2mm，轴距在 4000mm 以上的应不大于 3mm。

9) 车架检验的其他技术要求

① 车架的焊接应符合焊接规范。焊缝应平整、光滑，无焊瘤、弧坑，咬边深度不大于 0.5mm，咬边长度

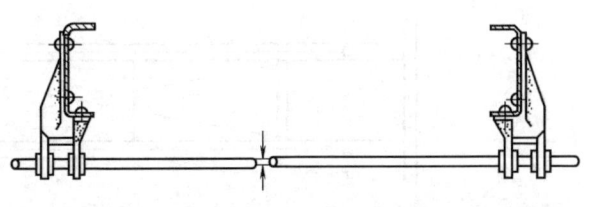

图 5-18 左、右钢板弹簧固定支架销孔同轴度误差的检测

第五章 底盘大修

不大于焊缝长度的15%,并且无气孔、夹渣等缺陷。

② 车架挖补或截修的焊缝方向,除特殊车架外,不允许与棱线垂直、重叠;焊缝及其周围机体金属上不应有裂纹。

③ 铆接件的接合面必须贴紧,铆钉应充满钉孔,铆钉头不得有裂纹、歪斜和残缺,所有铆钉不得以螺栓代替。

④ 前后保险杠应平整,形状符合原设计规定。

⑤ 修竣车架所增加的重量不得超过原设计重量的10%。

⑥ 修竣的车架应进行防锈处理。

◆◆◆ 第七节　底盘大修技能训练

● 训练1　检修手动变速器(三轴)

1. 操作准备

1)东风EQ1092型载货汽车手动五挡变速器1台。

2)常用工具1套;顶拔器1只;压缩空气枪1把。

3)检验平板1个;V形架1副;塞尺1把;内径量表(量缸表)1套;百分表及磁性表座1套;25~50mm、50~75mm、75~100mm外径千分尺各1把;0~150mm游标卡尺1把。

4)磁力探伤仪、超声波清洗机各1台。

5)汽油、清洗剂、毛刷、油盆、棉纱若干。

2. 操作要求

正确拆卸变速器;正确进行零件的检验,并确定维修方法;正确装配、调整变速器。

3. 操作时间

120min。

4. 技术标准

符合东风EQ1092型载货汽车维修手册的有关规定。

5. 基本操作步骤

　　操作步骤描述:准备→拆卸→清洗→检修→装配→调整。

步骤1:准备

将手动变速器外表面先用汽油洗净,再用压缩空气吹干,然后放置在工作台上。

步骤2：拆卸

东风EQ1092型载货汽车变速器总成的结构如图5-19所示。

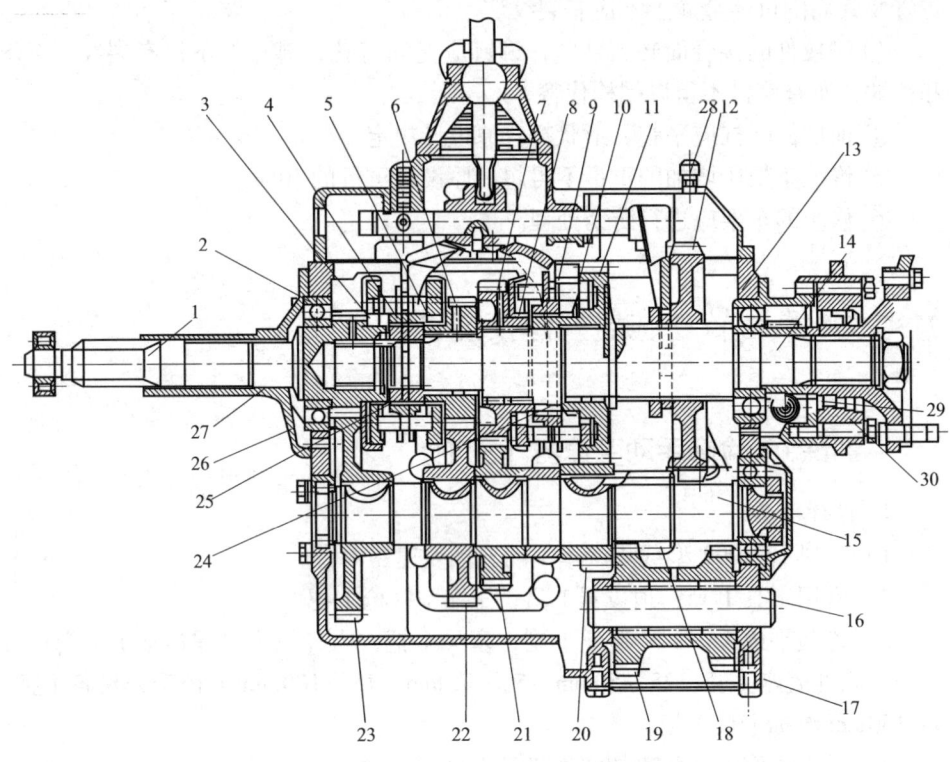

图5-19　东风EQ1092型载货汽车变速器

1—第一轴　2—第一轴常啮合传动齿轮　3—第一轴齿轮接合齿圈　4、9—接合套
5—四挡齿轮接合齿圈　6—第二轴四挡齿轮　7—第二轴三挡齿轮　8—三挡齿轮接合齿圈
10—二挡齿轮接合齿圈　11—第二轴二挡齿轮　12—第二轴一挡、倒挡滑动齿轮
13—变速器壳体　14—第二轴　15—中间轴　16—倒挡轴　17、19—倒挡中间齿轮
18—中间轴一挡、倒挡齿轮　20—中间轴二挡齿轮　21—中间轴三挡齿轮
22—中间轴四挡齿轮　23—中间轴常啮合传动齿轮　24、25—花键毂　26—第一轴承盖
27—轴承盖回油螺纹　28—通气塞　29—车速里程表传动齿轮　30—驻车制动器底座

1）拆卸变速器盖。将变速杆置于空挡，拆下变速器盖紧固螺栓，取下变速器盖和操纵机构总成。

2）拆卸第一轴

① 拆下第一轴轴承盖紧固螺栓锁线和螺栓，取下第一轴轴承盖。

② 将第一轴连同轴承一起从前端取出，然后取出第二轴前轴承。

3）拆卸第二轴

① 拆下车速里程表从动齿轮。

第五章 底盘大修

② 拆下第二轴后端凸缘锁紧螺母的开口销和螺母，取下垫圈和后端凸缘。

③ 拆下第二轴后端轴承盖紧固螺栓，取下第二轴后端轴承盖。

④ 取下隔套和车速里程表主动齿轮。

⑤ 用锤子和铜棒从第二轴前端敲击第二轴，使第二轴后移，然后用顶拔器将第二轴后轴承拉出，再将第二轴连同齿轮和同步器从变速器壳体中取出。

⑥ 取下四、五挡同步器总成。

⑦ 拆下四、五挡同步器花键毂挡圈，取下止推环和四、五挡同步器花键毂，再取下四挡齿轮轴承止推环、四挡齿轮、轴承和另一个止推环，最后取下三挡齿轮和轴承以及二、三挡同步器总成。

4）拆卸倒挡轴。先拆下倒挡检查孔盖，再拆下倒挡齿轮轴锁片，用专用工具从变速器壳上拉出倒挡轴，最后取出倒挡齿轮、轴承及隔套。

5）拆卸中间轴

① 拆下中间轴的前、后轴承盖，撬开中间轴承锁紧螺母锁片，拆下锁紧螺母。

② 用锤子和铜棒从中间轴前端敲击中间轴，使中间轴向后移动，然后用顶拔器拉出中间轴后轴承，再将中间轴连同齿轮一起从变速器壳体中取出。

③ 取下中间轴常啮合齿轮挡圈，在压力机上将中间轴常啮合齿轮压出。

④ 取下中间轴的四挡齿轮挡圈，在压力机上将四挡齿轮、三挡齿轮、隔套及二挡齿轮压出。

6）分解变速器盖总成

① 拆下变速器顶盖紧固螺栓，取下顶盖总成。

② 用缠有胶带的一字槽螺钉旋具将变速杆弹簧撬出。

③ 旋下变速杆手柄握头，拆下防尘罩。

④ 拧出变速杆球节定位螺钉，抽出变速杆。

⑤ 用锤子和铜棒敲击各变速叉根部，使变速叉轴顶出叉轴孔密封塞。

⑥ 拆下变速叉止动螺钉锁线和螺钉，从孔中取出变速叉轴。

⑦ 取出自锁钢球、定位弹簧及互锁销。

步骤3：清洗

将所有零件放在超声波清洗机中清洗干净，然后用压缩空气吹干并摆放在工作台上。

步骤4：检修

1）变速器壳的检修

① 用敲击法或检视法检查变速器壳有无有裂纹。对受力不大的裂纹，可以用环氧树脂粘结修复或焊修。当裂纹出现在变速器壳受力较大的部位，或裂纹已经延伸到轴承座孔或安装固定孔时，应更换变速器壳。

② 变速器壳上平面的平面度误差可在平板上用塞尺检测。当平面度误差超过标准时，可用铲削或磨削的方法修复。

③ 变速器壳前后端面相对于壳体上平面或轴承座孔中心线的垂直度误差可在平板上用直角尺检测。当垂直度误差超过标准值时，应更换变速器壳。

④ 用定位套将专用试轴安装在轴承座孔内，用千分尺测量两根试轴两端的距离差，该距离差即为两轴线的平行度误差。当平行度误差超过标准值时，应更换变速器壳。

⑤ 先用千分尺测量轴承外径，再用量缸表测量轴承孔内径，其测量值之差即为轴承与座孔的配合间隙。当变速器壳轴承孔磨损量超过标准值时，可用镶套法修复或更换变速器壳。

⑥ 检视变速器壳上所有联接螺纹孔的螺纹损伤情况，应不多于2牙。损伤的螺纹孔可用换大外径螺栓或焊补后重新钻孔加工的方法进行修复，也可镶螺纹套。

2）变速器轴的检修

① 以变速器轴两端轴颈的公共轴线为基准，用百分表测量中部轴颈的径向圆跳动误差，不应大于 0.025mm，使用极限为 0.06mm，当超过使用极限时，应更换变速器轴。

② 用外径千分尺测量变速器轴颈的磨损量，当超过规定值时，可通过镀铬进行修复或更换变速器轴。如果轴颈破损或磨损量超过轴颈与轴承配合间隙的允许极限，则应更换变速器轴。

3）变速器齿轮的检修

① 当齿轮出现裂纹或轮齿折断时，应更换齿轮。

② 如果齿轮的啮合面上出现明显的疲劳剥落、麻面、斑疤或阶梯形磨损，则必须更换齿轮。如果齿轮的啮合面上只有轻微的斑点、剥落或磨损，则可用磨石修磨后继续使用。

③ 齿面的磨损情况可通过测量变速器齿轮啮合侧隙进行检查。常啮合齿轮齿厚的磨损量不应大于 0.25mm，啮合间隙不应大于 0.50mm；接合齿轮齿厚的磨损量不应大于 0.40mm，啮合间隙不应大于 0.60mm，且长度方向的磨损量不应大于全齿长的30%。接合齿轮或相配合的滑动齿轮的轮齿端面磨损量不应超过齿宽的15%。当齿轮的各种磨损量超过极限值时，应更换齿轮。

④ 齿轮内花键磨损量应不大于 0.20mm，齿轮与轴配合间隙应不大于 0.40mm，否则应更换齿轮。若花键齿面上有轻微的斑点、划痕、磨损台阶或边缘磨损，则可以用磨石或砂轮修磨后继续使用。

4）同步器的检修

① 用外径千分尺测量同步器定位销的磨损量，若超过使用极限，则应更换同步器总成。

第五章 底盘大修

② 检查同步器摩擦锥盘和摩擦锥环的磨损量（可测量摩擦锥盘和锥环之间的端面间隙），若超过使用极限，则应更换同步器总成。

5）滚针轴承的检修：用台虎钳将轴夹住，然后一面上下摆动齿轮，一面用百分表测量齿轮的摆动量，该摆动量即为齿轮与滚针轴承和轴的径向间隙。当该径向间隙超过极限时，应更换滚针轴承。

6）球轴承的检修：检查轴承内外圈滚道是否损伤、烧蚀，磨损量是否过大，保持架是否破损，若是，则应更换轴承。

7）油封的检修：检查油封的主刃口与副刃口有无损坏、老化与磨损现象，油封弹簧有无变形与断裂现象，若有，则应更换油封。

8）变速器盖总成的检修

① 用敲击法或检视法检查变速器盖有无裂纹，若有，则可以用环氧树脂粘结修复或焊修。

② 变速器盖下平面的平面度误差可在平板上用塞尺检测，若超过标准，则可用铲削或磨削的方法修复。

③ 当变速叉轴与轴孔（盖孔）的配合间隙超过标准值时，应更换变速器盖。

④ 用百分表测量拨叉轴中部的径向圆跳动误差，或将拨叉轴放在平板上用塞尺测量，如果径向圆跳动误差或缝隙超过规定值，则应进行冷压校正或更换拨叉轴。

⑤ 变速叉轴凹槽磨损后，可堆焊后修复或直接更换变速叉轴。

⑥ 定位钢球和互锁销磨损、定位弹簧过软或折断，均应换用新件。

⑦ 变速杆球节与球节座孔之间不能有明显的松旷感，如果松旷严重，则应更换变速器盖。

⑧ 变速叉的弯曲或扭曲变形情况可用仪器检查或与新叉对比进行检查，若有弯曲或扭曲变形，则可用敲击法校正。变速叉端面磨损，或变速叉与接合套环形槽的配合间隙超过使用限值时，应通过焊接修复或更换变速叉。变速叉导块凹槽磨损，或与变速杆下球头配合的间隙超过使用限值时，应通过焊接修复或更换变速叉。

步骤 5：装配
按照与拆卸相反的顺序安装变速器。

> 注意：常啮合齿轮的键槽必须对准半圆键安装；二挡和四挡齿轮的长毂朝前，三挡和常啮合齿轮的长毂朝后；各螺栓或螺母应按规定力矩拧紧，并可靠锁止。

步骤 6：调整
检查第一轴、第二轴和中间轴的轴向间隙，若不符合标准，则可换用不同厚度的垫片进行调整。

6. 评分标准

检修手动变速器（三轴）的评分标准见素材文件中的附表4。

● 训练2 大修液压制动器

1. 操作准备

1）桑塔纳2000型轿车一辆。

2）常用工具1套；压缩空气枪1把；吸尘器1台。

3）游标卡尺、弓形内径千分尺各1把；百分表及磁性表座1套。

4）轮毂盖拆卸专用工具1把。

5）磁力探伤仪、超声波清洗机各1台。

6）汽油、酒精、清洗剂、毛刷、油盆、棉纱若干。

2. 操作要求

1）正确拆卸盘式制动器；正确进行零件的检验并确定维修方法；正确装配与调整盘式制动器。

2）正确拆卸鼓式制动器；正确进行零件的检验并确定维修方法；正确装配与调整鼓式制动器。

3. 操作时间

90min。

4. 技术标准

符合桑塔纳2000型汽车维修手册的有关规定。

5. 基本操作步骤

操作步骤描述：拆卸→清洗→检修→装配。

步骤1：拆卸

1）盘式制动器的拆卸。桑塔纳2000型轿车前轮盘式制动器的分解如图5-20所示。

① 首先松开车轮螺栓，然后用千斤顶支起前轮，拆下车轮螺栓，并取下车轮。

② 拆下制动块上、下定位弹簧。

③ 用内六角扳手拆下制动钳上、下固定螺栓。

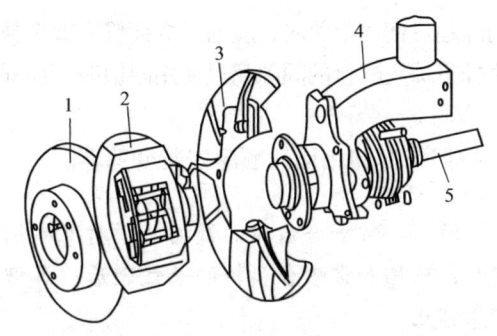

图5-20 桑塔纳2000型轿车前轮盘式制动器的分解
1—制动盘 2—制动钳 3—制动底板
4—车轮支承壳总成 5—传动轴

④ 取下制动钳壳体。

⑤ 从支架上拆下制动块。

⑥ 用专用工具将制动钳活塞压回到制动钳壳体内。在压活塞之前，应先从储液罐中抽出一部分制动液，以免活塞被压回时引起制动液外溢而损坏车身漆膜。

⑦ 当需要检修活塞时，继续按下列步骤分解：在活塞对面垫上一块薄木板，通过放气螺塞孔，用断续的压缩空气将活塞顶出缸筒，然后用缠有胶带的一字槽螺钉旋具小心地从缸筒中撬出活塞密封圈。

注意：制动液有毒并有较强的腐蚀性，排放时必须用专用容器收集、存放。

2）鼓式制动器的拆卸。桑塔纳2000型轿车后轮鼓式制动器的分解如图5-21所示。

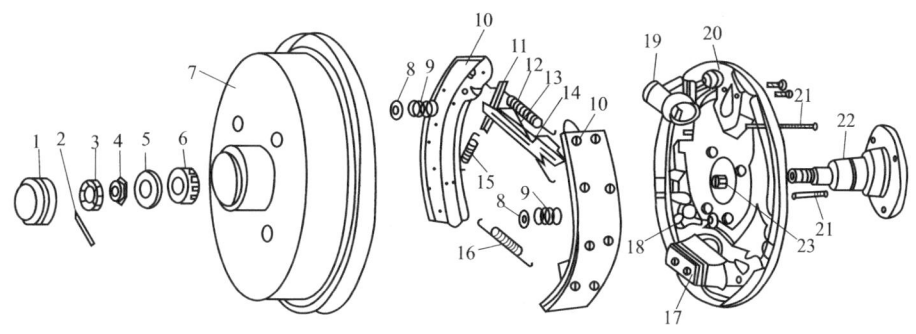

图 5-21　桑塔纳 2000 型轿车后轮鼓式制动器的分解

1—轮毂盖　2—开口销　3—开槽垫圈　4—调整螺母　5—止推垫圈　6—轴承　7—制动鼓
8—限位弹簧座　9—限位弹簧　10—制动蹄　11—楔形调节块　12—驻车制动推杆内弹簧
13—驻车制动推杆外弹簧　14—驻车制动推杆　15—制动器间隙调节弹簧　16—回位弹簧
17—固定板　18—螺栓　19—后制动轮缸　20—制动底板　21—定位销
22—后轮毂短轴　23—观察孔橡胶塞

① 先拧松车轮螺栓，再用千斤顶支起后桥，然后拆下车轮螺栓并取下车轮。

② 通过车轮螺栓孔向上拨动楔形调节块，使制动蹄片与制动鼓放松，如图5-22所示。

③ 用专用工具撬下轮毂盖。

④ 取下开口销和开槽垫圈，拧下调整螺母，取出止推垫圈。

⑤ 拉出制动鼓和车轮外轴承。

⑥ 用尖嘴钳拆下制动蹄限位弹簧及限位弹簧座。

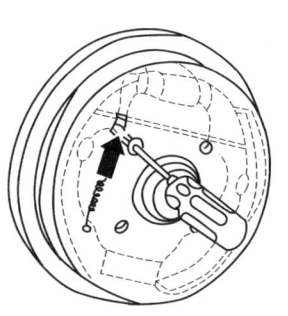

图 5-22　拨动楔形调节块

⑦ 用手从下面的固定板上提起制动蹄，取下回位弹簧。

⑧ 用钳子拆下制动杠杆上的制动拉索、驻车制动推杆内弹簧和外弹簧，然后取下后制动蹄。

⑨ 拆下带驻车制动推杆的前制动蹄并将制动推杆夹在台虎钳上，拆下定位弹簧，取下前制动蹄。

⑩ 当需要检修制动轮缸时，继续按下列步骤分解：从制动轮缸的两端拆下橡胶套，抽出推杆、活塞、皮碗和弹簧。

步骤2：清洗

① 用吸尘器清除制动盘、制动钳、制动摩擦块、制动鼓、制动底板和制动蹄片上的所有灰尘。

② 用酒精清洗制动缸、活塞、皮碗等零件。

步骤3：检修

1) 盘式制动器的检修

① 制动盘不应有裂纹，否则应更换。

② 若制动盘的工作表面有轻微锈蚀、划痕和沟槽，则可用砂纸打磨。

③ 在距离制动盘外缘10mm处测量轴向圆跳动误差，应不大于0.06mm。如果轴向圆跳动误差超标或有凹凸不平现象以及磨损量较大或划痕较深，则可进行车削加工，但车削加工后的厚度不应小于17.8mm。

④ 制动钳缸筒内部不得有腐蚀、损伤现象，否则必须更换制动钳缸筒。

⑤ 活塞表面不得有划痕、裂纹、凹坑、腐蚀和麻点，否则应更换活塞。

⑥ 检查活塞与缸筒的间隙，如果间隙大于0.15mm或缸筒表面有较深的划痕，则应更换制动钳总成。

⑦ 制动摩擦块不得有龟裂、烧伤等现象，否则应更换制动摩擦块。

⑧ 制动摩擦块磨损必须均匀。若磨损后其厚度小于1.5mm（连同制动底板小于7mm）或制动摩擦块的平面沟槽已完全磨平，则必须更换制动摩擦块。

> 注意：更换制动摩擦块时，同轴两侧车轮必须同时更换；不得用研磨的方法修理制动钳缸筒；不得使用打磨、擦刮、抛光的方法修理有划痕的活塞。

2) 鼓式制动器的检修

① 用磁力探伤仪对制动鼓进行探伤检查，不允许有裂纹及影响质量和使用性能的夹渣、气孔等缺陷，否则应更换制动鼓。

② 检查制动鼓内表面，应无烧损、刮痕和凹陷，若不能修磨，则应换用新件。

③ 如图5-12所示，用内径千分尺在圆周上相隔45°的各点且在最深沟槽的底部测量制动鼓的直径，标准值为180mm，使用极限为181mm；用百分表测量制动鼓内孔的圆度误差，应小于0.05mm，使用极限为0.155mm。若磨损量或圆

度误差超过使用极限，则应更换制动鼓。

④ 用游标卡尺测量制动蹄衬片的厚度，标准值为5mm，使用极限为2.5mm。其铆钉与摩擦片的表面深度不得小于1mm，以免铆钉头刮伤制动鼓内表面。

⑤ 将后制动蹄衬片的表面打磨干净后，将其靠在后制动鼓上，检查二者的接触面积，应不小于总接触面积的60%，否则应继续打磨后制动蹄衬片的表面。

⑥ 检查后制动器定位弹簧、上复位弹簧、下复位弹簧的自由长度，其增长率大于5%时应更换新弹簧。

⑦ 检查皮碗有无老化、变形和损伤现象，活塞表面有无划痕、裂纹、凹坑、腐蚀和麻点，轮缸内表面有无划痕、锈蚀和磨损现象，若有，则应更换制动轮缸总成。

> 注意：切削加工制动鼓时，同轴上左、右制动鼓必须用相同的方法切削加工到相同的直径，以保证两个车轮上的制动效果相同。同轴左、右轮制动鼓直径差不得大于0.2mm。

⑧ 当制动鼓摩擦表面由于制动热能引起金相组织结构发生变化而产生硬点时，应更换制动鼓。

⑨ 制动蹄摩擦片同轴左、右轮应同时成组更换。

⑩ 不得用研磨的方法修理制动轮缸筒。

⑪ 不得使用打磨、擦刮、抛光的方法修理有划痕的活塞。

步骤4：装配

1）盘式制动器的装配

① 安装制动钳活塞密封圈和防尘套。安装时应注意：带外密封唇边的防尘套应先用缠有胶带的一字槽螺钉旋具将密封唇边揿入钳体的槽口内，再用专用工具将活塞压入缸筒内。

② 安装制动块。

③ 安装上制动钳，并用40N·m的力矩拧紧固定螺栓。

④ 安装上、下定位弹簧。

⑤ 在安装完毕以后，应按照维护的技术要求和步骤排放液压制动系统中的空气。

⑥ 在制动解除后，车轮应能自由地转动，不得有制动拖滞现象，若有，则应重新检修制动器。

2）鼓式制动器的装配

① 先组装制动轮缸，组装时必须注意清洁。活塞和皮碗安装时应涂以新制动液。皮碗不得有磨损和膨胀现象，装配后检查其密封性。

② 将制动轮缸按规定力矩固定在制动底板上。

③ 装上驻车制动推杆内弹簧，并将制动蹄与制动推杆连接好，如图5-23所示。
④ 装上楔形调节块，其凸出的一边应朝向制动底板。
⑤ 将另一个带有制动杠杆的制动蹄片安装到制动推杆上，如图5-24所示。

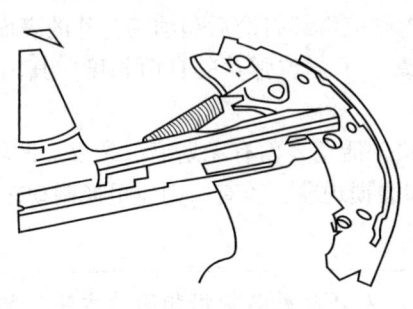

图5-23 安装制动蹄与制动推杆

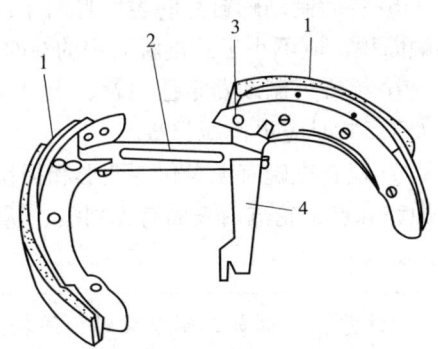

图5-24 将制动蹄安装到制动推杆上
1—制动蹄 2—制动推杆 3—销轴 4—制动杠杆

⑥ 装入驻车制动推杆外弹簧，并将驻车制动拉索在制动杠杆上装好。
⑦ 将制动蹄装在制动底板上，靠住制动轮缸。
⑧ 装入回位弹簧，然后提起制动蹄，装到下面的支承板中。
⑨ 装上制动器间隙调节弹簧、制动蹄限位弹簧和限位弹簧座。
⑩ 装入制动鼓、后轮轴承和锁紧螺母。
⑪ 调整后轮轴承预紧度。
⑫ 用力踩制动踏板，使制动蹄正确就位。
⑬ 按照制动系统维护方法和技术要求排放液压制动系统中的空气。
⑭ 在制动解除后，车轮应能自由地转动，不得有制动拖滞现象，若有，则应重新检修制动器。

6. 评分标准

大修液压制动器的评分标准见素材文件中的附表5。

●训练3 检修后桥主减速器

1. 操作准备

1) 东风EQ1090型汽车单级主减速器1个。
2) 常用工具1套；錾子、压缩空气枪、细平锉各1把。
3) 检验平板1个；V形架1副；塞尺1把；内径量表（量缸表）1套；百分表及磁性表座1套；0~25mm、25~50mm、50~75mm、75~100mm外径千分尺各1把；0~150mm游标卡尺1把；超声波清洗机1台。
4) 汽油、清洗剂、毛刷、油盆、棉纱、红丹油若干。

第五章 底盘大修

2. 操作要求

正确拆卸主减速器；正确检验零部件并确定维修方法；正确装配、调整主减速器。

3. 操作时间

90min。

4. 技术标准

符合东风EQ1090型汽车维修手册的有关规定。

5. 基本操作步骤

操作步骤描述：准备→拆卸→清洗→检修→装配→调整。

步骤1：准备

将主减速器外表面洗净，用压缩空气吹干后放置在工作台上。

步骤2：拆卸

东风EQ1090型汽车单级主减速器如图5-25所示。

① 撬开从动锥齿轮支承螺柱锁片，松开锁紧螺母，拆下支承螺柱及支承套总成。

② 在差速器轴承盖及主减速器壳上做好装配标记。

③ 撬开差速器轴承盖紧固螺栓锁片，拧下紧固螺栓，取下差速器轴承盖和调整螺母。

④ 将差速器壳连同从动锥齿轮一起从主减速器壳中取出。

⑤ 在差速器壳与行星齿轮轴上做好标记，然后拆下十字轴、行星齿轮和半轴齿轮。

⑥ 拆下主动锥齿轮及轴承座总成。

⑦ 拆下传动轴连接叉形凸缘的锁紧螺母的开口销、螺母，取下叉形凸缘。

⑧ 拆下主动锥齿轮。

步骤3：清洗

将所有零件放在超声波清洗机中清洗干净，然后用压缩空气吹干并放置在工作台上。

步骤4：检修

1）主减速器的检修

① 检查主减速器壳，不应有裂损现象，各部位的螺纹损伤不得多于两牙。

② 将主减速器壳前端面修平，放置在检验平板上。用百分表检测主减速器壳上安装差速器轴承孔的同轴度误差，应不大于0.03mm。

③ 用内径千分尺（量缸表）检查各轴承孔的磨损情况。各轴承孔的尺寸应符合要求。

④ 主减速器主动锥齿轮和从动锥齿轮不应有裂纹，其工作表面不应有明显

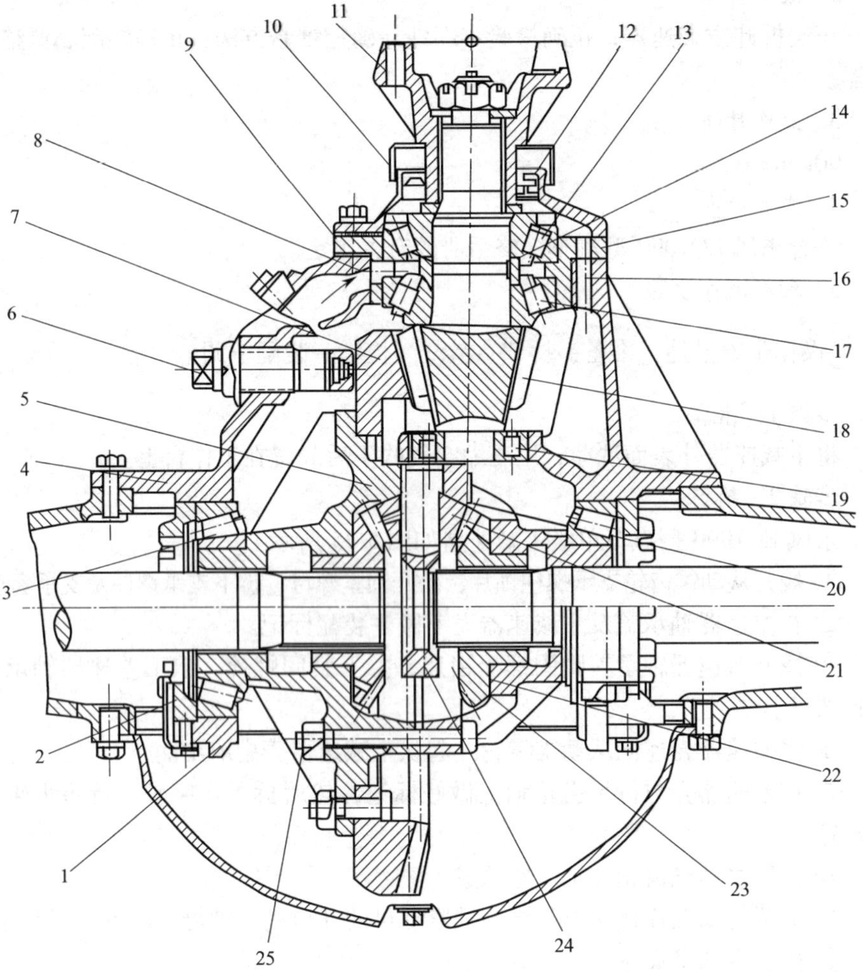

图 5-25 东风 EQ1090 型汽车单级主减速器

1—差速器轴承盖 2—轴承调整螺母 3、13、17—圆锥滚子轴承 4—主减速器壳 5—差速器壳 6—支承螺柱 7—从动锥齿轮 8—进油道 9、14—调整垫片 10—防尘罩 11—叉形凸缘 12—油封 15—轴承座 16—回油道 18—主动锥齿轮 19—圆柱滚子轴承 20—行星齿轮垫片 21—行星齿轮 22—半轴齿轮止推垫片 23—半轴齿轮 24—行星齿轮轴(十字轴) 25—螺栓

的斑点、齿面剥落、缺损和阶梯形磨损,否则应将主、从动锥齿轮成对更换,不准新旧搭配使用。两齿轮同时更换时应注意选择同一组编号的齿轮配对使用。

⑤ 主动锥齿轮上的花键与凸缘齿槽的配合侧隙可用百分表检测,原厂规定为 $0 \sim +0.20$ mm,许用配合侧隙为 $+0.25$ mm。当键齿磨损,其厚度减少 0.20 mm 以上时,应更换键齿。

⑥ 主动锥齿轮的螺纹部分损伤不应多于两牙,超过规定后应更换主动锥齿

第五章 底盘大修

轮或堆焊后重新加工。

⑦ 主动锥齿轮的轴颈尺寸应符合要求，磨损后应更换或通过电镀进行修复。

⑧ 检查从动锥齿轮与差速器壳联接螺栓孔的磨损情况。若螺栓磨损，则应更换螺栓；若螺栓孔磨损，则应更换差速器壳或将孔铰削到修理尺寸，用相应加大的螺栓联接或换用新件。

⑨ 所有轴承均应转动灵活，无卡滞现象。轴承的滚子和轨道上均不得有伤痕、剥落、严重黑斑或烧损变色等缺陷，否则应更换轴承。轴承架不得有缺口、裂纹、铆钉松动或滚子脱出等现象，否则应更换轴承架。

2) 差速器的检修

① 差速器壳上不得有裂纹，否则应换用新件。差速器壳与行星齿轮垫圈、半轴齿轮垫圈间的接触面应光滑、无沟槽，若有细小的沟槽，则可用砂纸打磨，然后更换新垫圈。

② 半轴齿轮与行星齿轮均不得有裂纹，其工作表面不应有明显的斑点、齿面脱落和缺损现象。

③ 分别测量行星齿轮轴的外径与行星齿轮的内径，其差值应在 0.1~0.2mm 之间，否则应换用新件。

④ 在台虎钳上夹紧半轴，然后将半轴齿轮安装在半轴上，前后推动半轴齿轮，使其沿花键齿侧方向摆动，用百分表测量半轴齿轮的摆动值，此值即为花键间隙，应在 0.2~0.5mm 之间，否则应更换半轴齿轮。

⑤ 检查行星齿轮垫圈和半轴齿轮垫圈，不应有过度磨损和破损现象，否则应换用新件。

注意：东风 EQ1090 型汽车的差速器齿轮有两种齿形，一种是圆弧形齿形，一种是渐开线齿形。一般配件厂用普通方法加工的是渐开线齿形，应有"B×"字标，二者不能混装。

步骤 5：装配

① 按照与拆卸相反的顺序安装主减速器。

② 检查行星齿轮与半轴齿轮的啮合间隙，不符合标准时可换用不同厚度的行星齿轮垫。

步骤 6：调整

1) 轴承预紧度的调整

① 主动锥齿轮轴承预紧度通过调整垫片 14 进行调整，如图 5-25 所示。增加调整垫片 14 的厚度，轴承预紧度减小，反之轴承预紧度增加。

② 从动锥齿轮（差速器壳）轴承预紧度是通过拧动两侧的轴承调整螺母 2 来实现的，如图 5-25 所示。拧入调整螺母 2，轴承预紧度增加，反之轴承预紧度

减小。

③ 在各零件润滑的条件下，主动锥齿轮的预紧度可用弹簧秤测量，拉动传动轴叉形凸缘，开始转动时的拉力应为 16.7～33.3N；从动锥齿轮应转动自如，轴向撬动时应无间隙。

2) 锥齿轮啮合的调整

> 注意：在调整主、从动锥齿轮的啮合印痕和啮合间隙之前，必须先调整主、从动锥齿轮轴承的预紧度。

① 齿面啮合印痕的检查方法是：在主动锥齿轮上相隔 120°的三处，用红丹油在齿轮的正反两面各涂两三个齿，再用手对从动锥齿轮稍施加阻力，并正、反向各转动主动锥齿轮数圈，观察从动锥齿轮上的啮合印痕。正确的啮合印痕应位于齿高的中间偏小端，并占齿宽的 60% 以上，如图 5-26 所示。当啮合印痕位置不正确

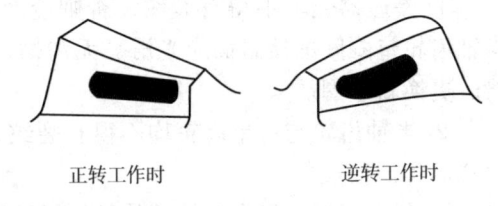

图 5-26　正确的啮合印痕

时，应进行调整，方法是移动主动锥齿轮。增加调整垫片 9 的厚度可使主动锥齿轮前移，反之则后移，如图 5-25 所示。如果啮合印痕不符合要求，则可按照"大进从，小出从；顶入主，根出主"的方法进行调整。

② 啮合间隙的检查方法是：将百分表抵在从动锥齿轮正面的大端处，用手把住主动锥齿轮，然后轻轻地往复摆动从动锥齿轮，百分表即可显示间隙值。此间隙应为 0.15～0.40mm。如果啮合间隙不符合要求，则应进行调整，方法是移动从动锥齿轮。当从动锥齿轮远离主动锥齿轮时，间隙变大，反之则变小。移动从动锥齿轮的方法是：将一侧的轴承调整螺母 2 旋出多少，另一侧的则旋入多少，如图 5-25 所示。

> 注意：移动主、从动锥齿轮后，其啮合印痕位置和啮合间隙会发生变化。必须在保证啮合印痕的前提下调整啮合间隙，若不能兼顾，则成对更换主、从动锥齿轮。

6. 评分标准

检修后桥主减速器的评分标准见素材文件中的附表 6。

- 训练 4　检修液压动力转向器

1. 操作准备

1) 具有液压动力转向器的桑塔纳 2000 型乘用车 1 辆。

2）常用工具1套；桑塔纳2000型乘用车专用工具1套；橡胶锤1把。

3）超声波清洗机1台；清洗剂、毛刷、油盆、棉纱、ATF润滑油若干。

2. 操作要求

1）通过分解与装配，掌握液压动力转向器的结构。

2）掌握液压动力转向器的拆装工艺。

3）熟悉液压动力转向器有关间隙的调整方法。

3. 操作时间

120min。

4. 技术标准

桑塔纳2000型乘用车液压动力转向器的检修与组装要求如图5-27所示。

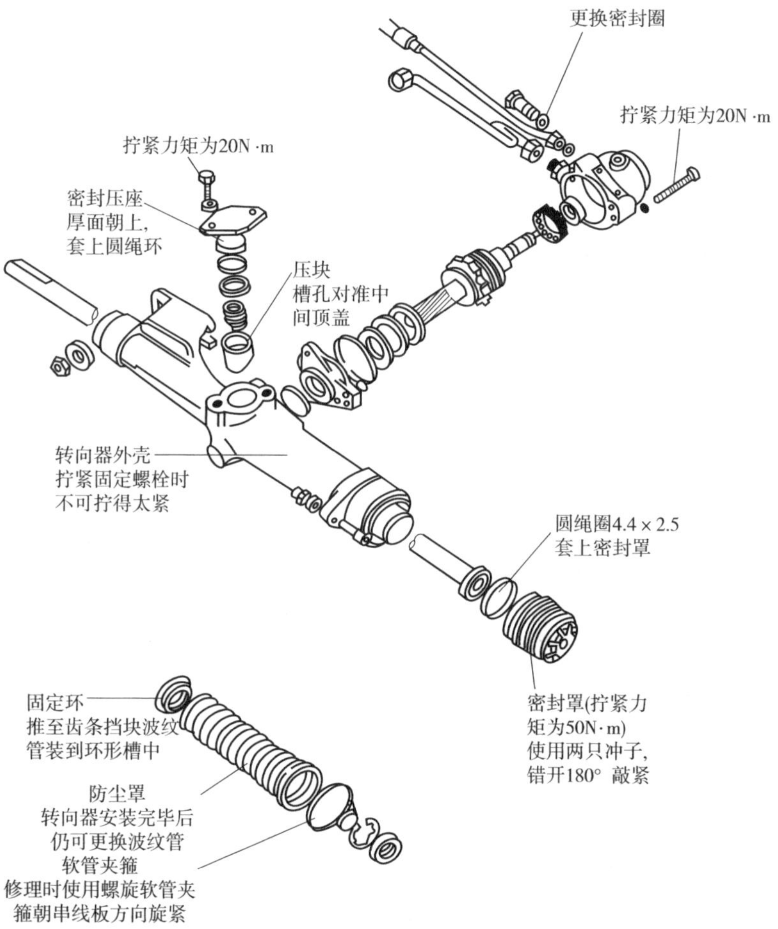

图5-27 桑塔纳2000型乘用车液压动力转向器的检修与组装要求

5. 基本操作步骤

操作步骤描述：拆卸→分解→清洗→零件的检修→零件的装复→总成的装复→密封性检查。

步骤1：拆卸
① 拆下转向助力泵储液罐下端的回油管，放掉转向助力油。
② 先拆下驾驶室内仪表台左侧下饰板，然后拆下柔性万向节及凸缘。
③ 从转向器分配阀上拆下回油管和压力管。
④ 从左车轮罩内侧拆下与转向节连接的转向拉杆球头固定螺栓及球头。
⑤ 从右车轮罩内侧拆下与转向节连接的转向拉杆球头固定螺栓及球头。
⑥ 拆下转向器支架自锁螺母和两边的固定螺栓，拆下转向器总成。

步骤2：分解
① 从齿条上拆下左、右转向拉杆。
② 拆下齿条间隙调整装置。
③ 拆下转向分配阀体装置。
④ 从转向器壳体内拉出齿条。
⑤ 用 20—505 和 40—202 专用工具拆卸阀体密封圈，如图 5-28 所示。

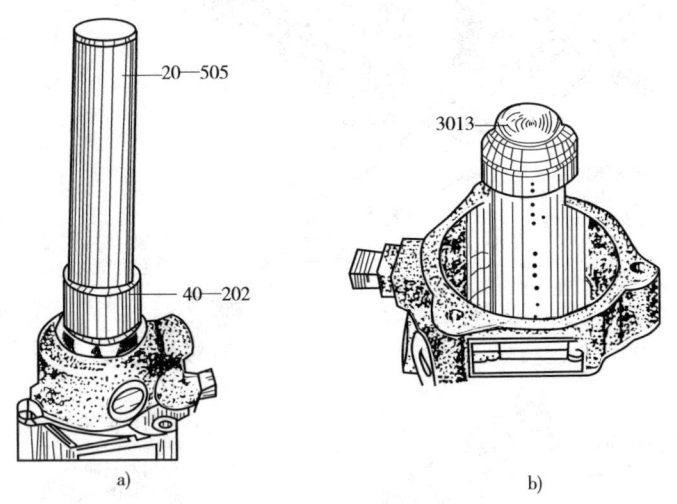

图 5-28　阀体密封圈的更换
a）取出阀体密封圈　b）将阀体密封圈装至限位块且密封唇边朝向中间盖板

⑥ 用专用顶拔器拉出齿条密封圈。

步骤3：清洗
将所有零件放在超声波清洗机中清洗干净，然后用压缩空气吹干并放置在工作台上。

步骤4：零件的检修

① 严重磨损或损坏的零件必须更换，不允许进行焊修或校正。所有密封件一经拆卸，必须全部更换。

② 检查转向器壳，应无裂纹，否则必须更换转向器壳。

③ 检查齿条齿形，应正确，无过度磨损现象，否则必须更换齿条。

④ 齿条间隙压块上的摩擦材料应高于压块金属部分，否则应更换压块。

步骤5：零件的装复

① 用3013专用工具装配新的阀体密封圈，如图5-28所示。装配时阀体密封圈的密封唇边应朝向中间盖板。

② 将新的齿条密封圈装入转向器壳内。装复齿条密封圈时，应将其置于平面装配套管上，并将其随着套管一起推到挡块处，然后抽出装配套管，压紧挡圈，用专用工具装进齿形环中。

③ 其他零件按与拆卸相反的顺序进行装复。

步骤6：总成的装复

① 按与拆卸相反的顺序装复。

② 向转向助力泵储液罐内注入ATF润滑油至"max"刻度处。

步骤7：密封性的检查

① 在不起动发动机的情况下，将转向盘从左到右转动数次，再补充ATF润滑油至"max"刻度处。起动发动机，注意ATF润滑油油位的变化。只要油位还在下降，就应不断地加入ATF润滑油，直到油位停留在储液灌"max"处，且在转动转向盘的过程中储液灌中不再出现气泡为止。

② 在热车时，将转向盘朝左、右两侧转至极限位置时固定（不要超过5s），使管内产生最大的压力，然后检查下列部位的密封性：分配阀、齿条密封（松开波纹管软管夹箍，将波纹管推至一旁，然后进行检查）、叶轮泵、油管接头。若某处漏油，则必须重新检查并更换该处的密封件及有关零件。

6. 评分标准

检修液压动力转向器的评分标准见素材文件中的附表7。

复习思考题

1. 简述变速器壳体的变形规律。
2. 变速器轴的检验内容有哪些？
3. 变速器齿轮的损坏形式有哪些？
4. 简述变速器检验规则。

5. 简述驱动桥检验规则。
6. 转向节的检查内容有哪些?
7. 简述转向器的检验规则。
8. 前轴变形的检验方法有哪些?
9. 盘式制动器检验的总体要求是什么?
10. 制动鼓的检测内容和判定方法是什么?
11. 简述盘式制动器的检验规则。
12. 简述凸轮张开式鼓式车轮制动间隙的调整方法。
13. 汽车制动性能台试检测项目有哪几个?
14. 制动性能检测标准是什么?
15. 车架几何公差检验的内容有哪些?

第六章

电器设备修理

> **培训学习目标** 通过本章的学习,掌握蓄电池的技术状况、测试方法,发电机和调节器的故障诊断及性能测试方法,起动机的故障诊断和性能试验方法;熟悉空调系统性能诊断参数和常用修理工具的种类。

◇◇◇ 第一节 充电系统的修理

一、充电系统故障的诊断方法

1. 交流发电机故障的诊断方法

当怀疑交流发电机存在故障时,应对其进行整体检测(不解体检测)。根据检测方法的不同,不解体检测分为万用表检测法、万能试验台检测法和示波器检测法。

1)万用表检测法。在发电机不解体时,通过用万用表测量发电机各接线柱之间的电阻值,可以初步判断其性能是否正常。现以桑塔纳轿车 JFZ1813Z 型交流发电机为例,用万用表检测其各接线柱间的正常电阻值,应符合表6-1的规定。

2)万能试验台检测法。将交流发电机装在电器万能试验台上,测出发电机在空载和满载情况下发出额定电压、额定电流时的最小转速,从而判断发电机的性能是否正常。

3)示波器检测法。利用示波器检测发电机的输出电压波形,然后将其与标准输出电压波形比较,就可以判断发电机内部二极管以及定子绕组是否有故障。

2. 调节器故障的诊断方法

调节器故障的诊断同样可以采用万用表检测法、万能试验台检测法和示波器检测法,通常采用万用表检测法。

表 6-1 JFZ1813Z 型交流发电机各接线柱间的电阻值

"F" 和 "D−" 间的电阻值/Ω	"D+"（或"B+"）和 "D−" 间的电阻值/Ω		"D+" 和 "F" 间的电阻值/Ω	
	正 向	反 向	正 向	反 向
2～4	40～50	>5000	45～65	>5000
故障现象说明： 1. 若电阻值为∞，则说明励磁绕组断路 2. 若电阻值大于规定值，则说明电刷与集电环接触不良 3. 若电阻值小于规定值，则说明励磁绕组局部短路 4. 若电阻值为零，则说明"F"接线柱搭铁或两集电环间短路	1. 若正向电阻值小于规定值，则说明个别二极管击穿短路 2. 若正向、反向电阻均为零，则说明"D+"接线柱搭铁或同一支路至少有两只二极管同时短路 3. 若正向电阻值大于规定值，则说明二极管断路		1. 若正向电阻值小于规定值，则说明个别二极管击穿短路 2. 若正向、反向电阻均很小，则说明"D+"接线柱搭铁或同一支路中至少有两只二极管同时短路 3. 若正向电阻值为∞，则说明转子绕组断路	

（1）机械电磁振动式调节器 应检查触点是否氧化、烧蚀，电阻是否烧断以及线圈有无断路、短路等故障。调节器的电阻、线圈数据应符合规定，否则应换用新件；检查各部分间隙是否符合原厂规定，若不符合，则应调整或更换。

（2）晶体管调节器 晶体管调节器的常见故障为大功率晶体管短路、断路，稳压管或小功率晶体管损坏。若出现上述故障，则可在调节器"F"和发电机"F"接线柱之间串联一只直流电流表，用以检测励磁电流和转速的变化关系。起动发动机，如果电流表指示为0A，则多为大功率晶体管断路；如果电流表在低转速时有较稳定的指示，而在转速升高到800～1 000r/min之后，指示值随着转速的升高而加大，则为大功率晶体管短路；如果电流随着转速的升高而减小，则表明调节器无故障。

3. 充电系统常见故障的诊断方法

（1）充电指示灯不熄灭 在接通点火开关后，仪表板上的充电指示灯点亮，但发动机起动后充电指示灯不熄灭，或是在发动机正常运转过程中充电指示灯亮，这些都说明充电系统出现了不充电故障。

1）故障的可能原因

① 发电机故障。例如，定子绕组或磁场绕组有短路、断路或搭铁处，发电机多个整流二极管断路或短路等造成发电机不发电。

② 调节器故障。调节器内部电子元件短路，使大功率开关晶体管不能饱和导通或不导通，造成发电机不发电或电压很低，而调节器内部短路则会使充电指示灯点亮。

③ 发电机传动带松弛。传动带打滑，致使发电机不转或转速过低而不发电。

2) 故障诊断。首先检查发电机传动带是否打滑，若正常，则应拆检发电机及调节器。

（2）充电指示灯不亮 从接通点火开关到发动机正常运转，充电指示灯始终不亮。

1) 故障原因

① 发电机电刷与集电环接触不良或发电机磁场绕组断路，使发电机无励磁磁场而不发电，同时充电指示灯也因其搭铁不良而不亮。

② 调节器内部电子元件损坏而使晶体管不导通，或晶体管本身断路，使发电机无励磁电流而不发电，同时充电指示灯因搭铁不良而不亮。

③ 发电机内整流二极管（VD_1、VD_3、VD_5）短路，使充电指示灯两端均为蓄电池电压而不亮。

④ 充电指示灯电路有断路处，如熔断器、充电指示灯、发电机磁场接线柱到点火开关之间的电路断路等。

2) 故障诊断

① 在不接通点火开关的情况下，检测发电机磁场接线柱与搭铁之间的电压，应为0V，若为蓄电池电压，则说明发电机内整流二极管短路，应拆检或更换发电机；若电压为0V，则进行下一步诊断。

② 接通点火开关后再测发电机磁场接线柱与搭铁之间的电压，应为蓄电池电压。若电压仍然为0V，则需检查充电指示灯电路；若电压正常，则进行下一步诊断。

③ 拆检发电机的电刷，检查电刷与集电环的接触是否良好，磁场绕组有无断路处，若无问题，则需要检修或更换调节器。

（3）充电指示灯正常，但发电机不对蓄电池充电或充电不良 在接通点火开关后，充电指示灯亮，在发动机起动后和运转时，充电指示灯也能熄灭，但蓄电池很快出现亏电现象。

1) 故障原因

① 发电机发电不良。发电机定子绕组有短路、断路、搭铁处，发电机磁场绕组有短路、搭铁处，整流二极管断路或短路，发电机电刷与集电环接触不良等，均会造成发电机发电不良，使发电机经常处于不充电或充电电流过小的状态。

② 调节器调节电压过低或内部电路有故障，造成发电机不充电或充电电流过小。

③ 发电机至蓄电池的充电电路接触不良。

④ 蓄电池极板严重硫化。

⑤ 蓄电池有自放电故障，或电路和开关有漏电之处。

2) 故障诊断

① 用万用表直流电压挡检测发电机定子接线柱对搭铁的电压，应为蓄电池电压。若电压为0V，则说明发电机定子接线柱至蓄电池之间的电路有断路处，应对其进行检修；若电压正常，则进行下一步诊断。

② 起动发动机，使发动机以中速运转，在充电指示灯熄灭时，检测发电机定子接线柱对搭铁的电压，如果仍为蓄电池电压，则需测试、检修或更换发电机与调节器；若电压有所升高，则进行下一步诊断。

③ 在发动机以中速以上的转速运转时，检测发电机的输出电流和端电压。若电压能达到13.8~14.5V，且电流表指示有较大的充电电流，则说明发电机及调节器正常，蓄电池很快亏电的原因可能是蓄电池本身有故障或汽车电器设备和电路有漏电处，应对其进行检查；若电压能达到13.8~14.5V，但无充电电流或充电电流很小，则应检查发电机定子接线柱至蓄电池之间的充电电路有无接触不良处。若无接触不良处，则可能是蓄电池极板硫化严重所致。

(4) 充电指示灯正常，但发电机电压过高　充电指示灯能正常点亮和熄灭，但汽车灯泡很容易烧坏，且易出现蓄电池温度过高、电解液消耗过快等现象，这说明发电机电压过高或失控而导致充电电流过大。

1) 故障原因。发电机充电电流过大通常是调节器调节电压过高或调节器失效造成的。

2) 故障诊断。确认灯泡易烧坏、蓄电池温度高和电解液消耗过快现象有无其他异常原因，若无，则应拆检发电机，更换调节器。

(5) 充电指示灯时明时暗　在发动机稳定运转时，充电指示灯时明时暗，说明发电机电压波动很大，并导致充电电流不稳定。

1) 故障原因

① 发电机电刷与集电环接触不良。

② 发电机电压调节器不良。

③ 发电机外部电路连接或内部电路连接松动而接触不良。

2) 故障诊断。将一只前照灯灯泡直接接在发电机定子接线柱与搭铁之间，并使发动机以中速稳定运转，若灯泡仍闪烁，则说明发电机内部电路、电刷与集电环接触不良或电压调节器不良，需拆检发电机；若灯泡亮度稳定，则有可能是充电电路连接有松动之处，应予以检修。

二、充电系统的检修

1. 蓄电池的检修

蓄电池的常见故障为外部损伤、电解液密度和液位不正常、电量不足等。

1) 蓄电池应无明显的外部损伤。

第六章 电器设备修理

2)电解液液位应高出极板 10~15mm 或在"HIGH"和"LOW"两液位线之间。

3)测量电解液的相对密度和电解液温度,然后按照表 6-2 所列的修正数值进行修正,即可得到 25℃时的电解液相对密度。不同地区和气温条件下电解液的相对密度见表 6-3,不符合规定时应予以调整。

表 6-2 不同温度下密度计读数的修正值

电解液温度/℃	相对密度修正数值	电解液温度/℃	相对密度修正数值
—	—	0	-0.0175
+45	+0.0140	-5	-0.0210
+40	+0.0105	-10	-0.0245
+35	+0.0070	-15	-0.0280
+30	+0.0035	-20	-0.0315
+25	0	-25	-0.0350
+20	-0.0035	-30	-0.0385
+15	-0.0070	-35	-0.0420
+10	-0.0105	-40	-0.0455
+5	-0.0140	-45	-0.0490

表 6-3 不同地区和气温条件下电解液的相对密度

气候条件	完全充足电的蓄电池在 25℃时电解液的相对密度	
	冬 季	夏 季
冬季低于 -40℃的地区	1.30	1.26
冬季高于 -40℃的地区	1.28	1.24
冬季高于 -30℃的地区	1.27	1.24
冬季高于 -20℃的地区	1.26	1.23
冬季高于 0℃的地区	1.23	1.23

注:相对于水的密度。

4)在充足电的状态下用高率放电计测量蓄电池的电压,并保持 5s,电压应稳定在 10.6~11.6V。若电压稳定在 9.6~10.5V,则表明蓄电池容量正常,但存电不足;若电压迅速下降,则表明蓄电池已损坏,应予以更换。

对于内设密度计的免维护铅蓄电池,若从观察孔中可以看到绿色小点,则说明电解液相对密度为 1.22g/cm³ 以上(存电量为额定电量的 65%),可以用高率放电计测量蓄电池电压;若看不到绿色小点(变为深绿色),则说明蓄电池存电不足,必须先充电,直至出现绿色亮点后才能进行测量;若看到淡黄色小点,则说明蓄电池已损坏,必须更换。

2. 交流发电机的检修

1)交流发电机主要部件的检修

① 前后端盖。前后端盖不得有变形、破裂和缺损现象;轴承座孔的直径、圆度误差、圆柱度误差应符合原厂技术要求。

② 定子。用数字万用表检测定子绕组的电阻值(通常为 $0.5 \sim 1.2\Omega$)和绝缘性能(应为∞),应符合原厂规定。定子绕组应安装牢靠,无碰擦痕迹。

③ 转子。用百分表和 V 形架检测转子轴的径向圆跳动误差,应不大于 $0.10mm$,否则应予以校正。转子轴与轴承的配合间隙应符合技术要求;集电环表面不得有油污、烧蚀和过度磨损现象;集电环的圆度误差和圆柱度误差应符合原厂技术要求。如果集电环烧蚀或磨损较严重,则应修磨,修磨后的集电环直径应大于极限值(通常比标准直径小 $0.5mm$);磁场线圈应无断路和绝缘破坏,电阻值应符合要求(通常为 $2.6 \sim 3.0\Omega$)。

④ 电刷组件。电刷在电刷架内应活动自如,无明显松旷现象。电刷表面应无油污,其长度应大于标准长度的 1/2。电刷弹簧弹力应符合原厂规定,电刷架应无烧损、破裂和变形现象。通常电刷从电刷架中露出 2mm 时的弹簧弹力应为 $2 \sim 3N$。

⑤ 硅整流器。硅整流二极管在散热板上应安装牢固,无断路或短路现象,正、反向电阻符合原厂规定。当用数字万用表的二极管挡检测交流发电机整流二极管和励磁二极管时,其读数均应为 $0.3 \sim 0.7V$,否则应更换整流器。

⑥ 轴承。轴承应润滑良好,转动灵活,无卡滞和噪声过大现象。

2)交流发电机装配后的检修

① 电阻的检测。用万用表测量发电机"F"与"-","B+"与"-"以及"B+"与"F"接线柱之间的正、反向电阻,其电阻值应符合原厂规定。

② 空载和满载试验。交流发电机的试验电路如图 6-1 所示。将交流发电机固定在汽车电器万能试验台上并连接好电路,起动试验台,观察发电机输出电压达到额定值(12V 系统发电机输出电压的额定值为 14V,24V 系统发电机输出电压的额定值为 28V)时的空载转速,应符合原厂规定,通常空载转速不大于 1000r/min。带有中性点"N"的硅整流发电机在试验时,空载转速下的中性点电压应为发电机输出电压的 1/2。

与空载试验方法相同,观察发电机输出电压达到 14V 时的输出电流,应达到 25A。当发电机输出电压和输出电流均达到额定值时,发电机转速(满载转速)应不大于 2500r/min。

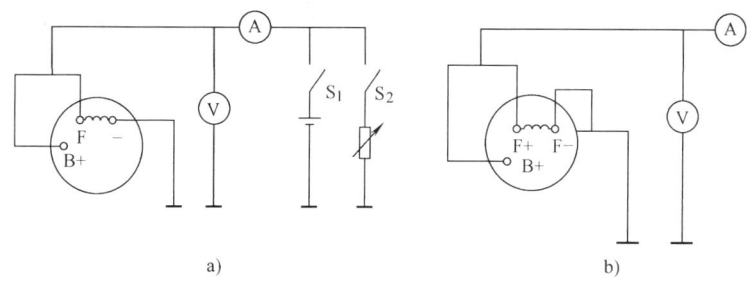

图 6-1 交流发电机的试验电路
a) 内搭铁交流发电机试验电路　b) 外搭铁交流发电机试验电路

3. 晶体管电压调节器的检修

（1）电阻的检测　用万用表分别测量晶体管电压调节器接线柱"+"与"-"、"+"与"F"、"F"与"-"之间的电阻值，应符合原厂规定。

JFT 系列晶体管电压调节器各接线柱间的电阻值见表 6-4。

表 6-4　**JFT 系列晶体管电压调节器各接线柱间的电阻值**（单位：kΩ）

调节器型号	"+"与"F"之间		"+"与"-"之间		"F"与"-"之间	
	正向	反向	正向	反向	正向	反向
JFT141，JFT142B	500~750	5~7.5	1.2~1.6	3.5~4	550~600	3.9~4.0
JFT241，JFT242B	650~700	5~5.5	1.6~1.8	3~3.3	550~600	4.3~5.0
JFT106，JFT107	1500~2000	3~4	1.4~1.6	1.4~1.6	1400~1600	3.0~4.0
JFT206，JFT207	1300~1500	2~3	1.5~2.0	1.5~2.0	1300~1500	4.0~6.0
JFT126	4600~5000	7.5~8	3.0	3.0	550	6.5~7.0

（2）性能试验　晶体管电压调节器测试电路如图 6-2 所示。

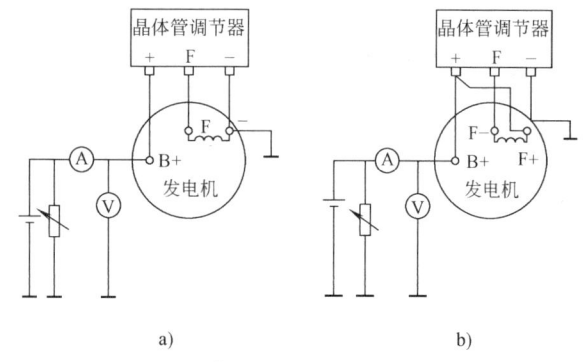

图 6-2　晶体管电压调节器测试电路
a) 内搭铁电压调节器的测试电路　b) 外搭铁电压调节器的测试电路

在汽车电器万能试验台上将晶体管电压调节器和配套的标准发电机固定好并接好线，然后使发电机在 3000r/min 下稳定运转，观察发电机在半载状态下由晶体管电压调节器所保持的电压，应符合原厂规定，否则应更换电压调节器。

使用万能电器试验台测试晶体管调节器的性能参数数值，应符合表 6-5 的要求。

表 6-5 晶体管调节器的性能参数试验数值

试验项目	试验条件	规格/V	调节电压及电压差/V
调节电压	转速为 6000r/min，输出电流为 10%，额定电流（不低于 2A）时	12	14.20 ± 0.25
		24	28.0 ± 0.3
负载特性	转速为 6000r/min，输出电流为 10% ~ 85%，额定电流（不低于 2A）变化时	12	$\|\Delta U\| \leq 0.5$
		24	$\|\Delta U\| \leq 0.8$

第二节 起动系统的修理

一、起动系统常见故障的诊断方法

QD254 型内啮合式起动系统原理图如图 6-3 所示。

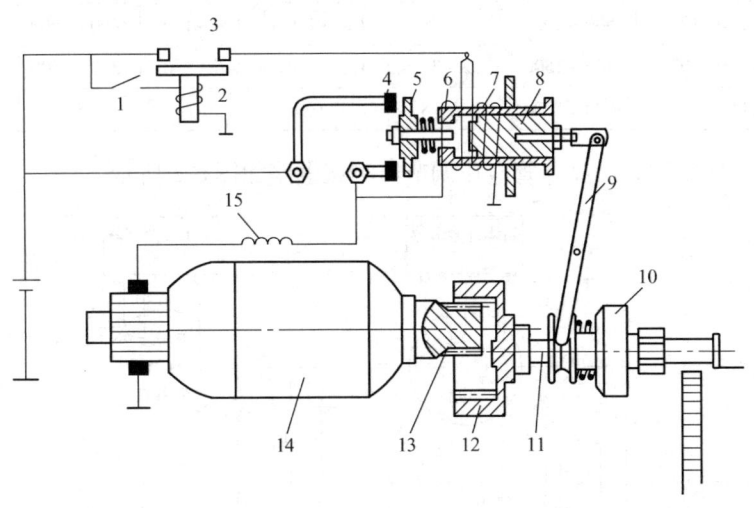

图 6-3 QD254 型内啮合式起动系统原理图

1—起动开关 2—起动继电器线圈 3—起动继电器触点 4—主触点 5—接触盘
6—吸引线圈 7—保持线圈 8—活动铁心 9—拨叉 10—单向离合器 11—螺旋花键轴
12—内啮合减速齿轮 13—主动齿轮 14—电枢 15—磁场绕组

第六章　电器设备修理

1. 起动机不转

（1）可能的故障原因　当有起动继电器的起动系统起动时，起动机不转动，无动作迹象。故障的可能原因如下：

1）电源故障。蓄电池严重亏电或极板硫化、短路等，蓄电池接线柱与线夹接触不良，起动电路导线连接处因松动而接触不良等。

2）起动机故障。换向器与电刷接触不良，励磁绕组或电枢绕组有断路或短路处，绝缘电刷搭铁，电磁开关线圈断路、短路、搭铁或其触点因烧蚀而接触不良等。

3）起动继电器故障。起动继电器线圈断路、短路、搭铁或其触点接触点不良。

4）点火开关故障。点火开关接线松动或内部接触不良。

5）起动电路故障。起动电路有断路、接触不良或松脱处，熔断器烧断等。

（2）故障诊断

1）检查电源。按喇叭或开前照灯时，如果喇叭声音小或嘶哑，灯光比平时暗淡，则说明电源有问题，应检查蓄电池接线柱与线夹及起动电路导线接头处是否松动，触摸导线连接处是否发热。若某连接处松动或发热，则说明该处接触不良。如果电路连接无问题，则应检查蓄电池。

2）检查起动机。如果判断电源无问题，则用螺钉旋具将起动机电磁开关上的蓄电池和电动机接线柱短接，如果起动机不转，则说明电动机内部有故障，应拆检起动机；如果起动机空转正常，则进行下一步诊断。

3）检查电磁开关。用螺钉旋具将起动机电磁开关上的开关（起动继电器）接线柱与蓄电池接线柱短接，若起动机不转，则说明起动机电磁开关有故障，应拆检电磁开关；如果起动机运转正常，则说明起动继电器及相关电路有故障。

4）检查起动继电器。用螺钉旋具将起动继电器上的蓄电池和起动机接线柱短接，若起动机转动，则说明起动继电器内部有故障，否则进行下一步诊断。

5）将起动继电器的蓄电池接线柱与点火开关的蓄电池接线柱用导线直接相连，若起动机能正常运转，则说明故障在起动继电器至点火开关的电路中，可对其进行检修。

2. 起动机运转无力

（1）可能的故障原因　起动时，起动机转速明显偏低甚至停转，可能的原因如下：

1）电源故障。蓄电池亏电或极板因硫化而短路，起动机与蓄电池导线连接处接触不良等。

2）起动机故障。换向器与电刷接触不良，电磁开关接触盘和触点接触不良，起动机励磁绕组或电枢绕组局部短路等。

（2）故障诊断　当起动机运转无力时，首先检查起动机的电源，如果电源无问题，则应拆检起动机。

3. 起动机空转

起动时，起动机转动，但发动机不转，原因多为单向离合器打滑。飞轮齿圈的某一部分严重缺损，有时也会造成起动机空转。若将发动机飞轮转一个角度后故障随之消失，但以后还会再现，则说明飞轮齿环缺损，应更换飞轮齿圈。

4. 驱动齿轮与飞轮齿圈撞击

（1）可能的故障原因　起动时，听到驱动齿轮与飞轮齿圈的金属碰击声，驱动齿轮不能啮入，可能的原因如下：

1）电磁开关触点的接通时间过早，在驱动齿轮啮入以前就已高速旋转起来。

2）飞轮齿圈或驱动齿轮磨损严重。

（2）故障诊断　适当延迟电磁开关触点的接通时间，若打齿现象仍不能消失，则应拆检起动机驱动齿轮和飞轮齿圈。

5. 电磁开关吸合不牢

（1）可能的故障原因　起动时发动机不转，只听到驱动齿轮轴向来回窜动时发出的"嗒嗒"声，可能的原因如下：

1）蓄电池亏电或起动机电源电路有接触不良之处。

2）起动继电器的释放电压过高。

3）电磁开关保持线圈断路、短路或搭铁。

（2）故障诊断　先检查起动机电源电路连接是否良好，若无问题，则可将起动继电器的蓄电池接线柱和起动机接线柱短接，如果起动机能正常转动，则为起动继电器释放电压过高，应予以调整；如果故障仍然存在，则应对蓄电池进行补充充电。如果蓄电池充足电后故障仍不能消除，则应拆检起动机电磁开关。

二、起动机的大修

1. 电枢

（1）电枢轴　轴颈与衬套的配合间隙应为 0.035～0.077mm，使用极限通常为 0.15mm。轴颈磨损后可用镶套法修复。

将电枢的两端放在 V 形架上，用百分表检测电枢轴中间的径向圆跳动误差，应不大于 0.10mm，使用极限通常为 0.15mm，如果大于此值，则说明电枢轴弯曲严重，应予以冷压校直。

（2）换向器　换向器轻微烧蚀后用"00"号砂纸打磨即可，严重烧蚀或失圆（径向圆跳动大于 0.05mm）时应进行精加工。云母片如果高于铜片，也应修整，但是否修理云母片要看具体的起动机。通常进口乘用车用起动机的云母片低于铜片，否则需用锯片将云母片割低至规定的高度。

换向器表面不得有油污、烧蚀和严重磨损现象；换向器圆柱面的直径、圆度误差和圆柱度误差应符合原厂规定；修磨后的换向器直径应不小于标准值

1.10mm（铜片厚度不得小于2mm）；换向片应高出云母片0.40~0.80mm；换向器与电枢轴的同轴度误差应不大于0.03mm；在装复起动机后，电枢轴的轴向间隙应为0.05~1.0mm。

2. 电刷

用游标卡尺检查电刷的长度，应不小于新电刷长度的1/2，通常不小于10mm，如果小于极限值，则应更换电刷。电刷的接触面积不应小于总接触面积的80%，并且要求电刷在电刷架内活动自如，无卡滞现象，否则需要进行修磨或更换电刷。用万用表法或试灯法可检查绝缘电刷架的绝缘性。用弹簧秤测量电刷弹簧的弹力，应在11.76~14.7N之间，如果达不到规定值，则应更换新的电刷弹簧。

3. 励磁绕组

用万用表测量励磁绕组的正极端与电刷之间的电阻值，应为0Ω，否则说明励磁绕组断路，应更换励磁绕组；用万用表测量励磁绕组的正极端与定子壳体之间的电阻值，应为∞，否则说明励磁绕组与壳体短路，应更换。

4. 电磁开关

用万用表检查吸引线圈和保持线圈的电阻值，应符合规定。若存在断路、短路和搭铁故障，则应重绕或更换线圈。接触盘及触点表面的轻微烧蚀可以用锉刀或砂布修整。若回位弹簧过弱，则应予以更换。

5. 单向离合器

将单向离合器夹在台虎钳上，用指示式扭力扳手转动，检测单向离合器的转矩，若小于规定值，则说明单向离合器打滑，应予以更换。

驱动齿轮轮齿应无折断和严重磨损现象，单向离合器内花键应无过度磨损现象。在将起动机装配好后，驱动齿轮外端面与驱动齿轮止动器之间的间隙应符合原厂规定（通常为4.5mm±1mm）。

三、起动机的性能试验

1. 起动机电磁开关接通时刻的检验

起动机电磁开关接通时刻的检验如图6-4所示。接好线后拆掉起动机电磁开关与电动机之间的导电片，在驱动齿轮与限位螺母（或止推垫圈）之间插入厚度为4~5mm的塞尺，然后闭合开关Q。在驱动齿轮被推出后试灯应亮。若驱动齿轮被推出后试灯不亮，则说明起动机电磁开关接通时刻过迟；若闭合开关Q时试灯即亮，则说明接通时刻过早（易打齿）。电磁开关接通时刻过早或过晚，均应予以调整。

2. 起动机性能试验

（1）空载试验 起动机空载试验电路如图6-5所示。将起动机安装在汽车电器万能试验台上，并将线连接起来。接通起动机电路后（每次接通时间应小于1min），起动机应运转均匀，无碰擦声，电刷下应无强烈的电火花。读取电压表读数和电流表读数（空载电流），并用转速表测量起动机的转速（空载转速），空载电压和空载电流应符合原厂规定。在QD124型起动机空转试验过程中，当蓄电池电压为额定电压（12V）时，起动机空载转速应大于5000r/min，空载电流应小于90A。

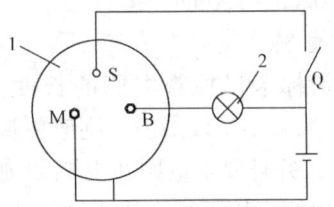

图6-4 起动机电磁开关接通时刻的检验
1—起动机电磁开关 2—试灯
M—接电动机接线柱 B—接蓄电池正极接线柱
S—接点火开关（或继电器）接线柱

（2）全制动试验 在起动机驱动齿轮上安装专用测试装置，如图6-6所示。接通起动机电路（与空载试验电路相同）后，起动机应该处于制动状态，即驱动齿轮不转。观察单向离合器是否打滑（即电枢轴是否缓慢转动），并且观察电压表读数、电流表读数（全制动电流）和弹簧秤的读数（全制动转矩），全制动电流和全制动转矩应符合原厂规定。每次全制动试验的时间应小于5s。在QD124型起动机全制动试验时，电压应不小于8V，电流应不大于650A，转矩应不小于29.4N·m。

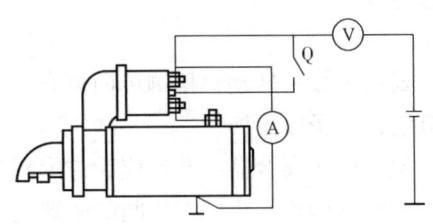 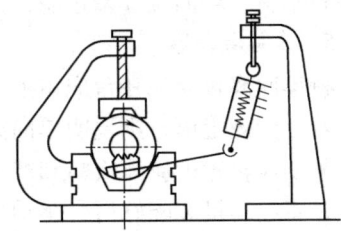

图6-5 起动机空载试验电路　　图6-6 起动机全制动试验

若驱动齿轮锁止而电枢轴缓慢转动，则说明单向离合器有打滑现象，此时测得的制动电流和制动转矩不是全制动电流和全制动转矩。

四、起动系统电路的检修

1. 连接起动系统电路

应符合原车技术要求。

2. 检测起动系统电路

使用万用表，采用逐点搭铁检测法查找断路部位。采用依次拆断检测法诊断短路搭铁部位。检测顺序可从前向后，也可从后向前，或从中间向前或向后，依次选择各个节点进行检测。起动系统的电路检测分两路进行：一是起动控制电

第六章　电器设备修理

路,主要检测电路的通断情况;二是起动机供电电路,重点检测电路各节点的电压降情况,各节点连接处的电压降不得大于 0.2V。

3. 起动系统电路检测时的注意事项

1)检测起动机供电电路时,应防止电路短路或搭铁。

2)检验起动系统时,点火开关应及时回位,且检验时间不宜过长。

◆◆◆◆ 第三节　空调系统的修理

一、空调系统性能的评价指标

汽车空调系统性能的评价指标有温度、湿度、流速和清洁度。

1. 温度

人感到舒适的温度,夏季是 22~28℃,冬季是 16~18℃。当温度低于 14℃时,人会感觉到"冷",并且温度越低,手脚动作就会越僵硬,驾驶人将不能灵活操作。当温度超过 28℃时,人就会觉得燥热,精神集中不起来,思维迟钝,容易造成交通事故。超过 40℃的温度称为有害温度,将对人体的健康造成损害。另外,人体面部需求的温度比足部需求的略低,即要求"头凉足暖"。

2. 湿度

人觉得舒适的相对湿度,夏季是 50%~60%,冬季是 40%~50%。在这种湿度环境中,人会觉得心情舒畅。当湿度过低时,皮肤会痒。这是由于湿度太低时,皮肤表面和衣服都较干燥,它们之间因摩擦而产生静电。当湿度过高时,人会觉得闷。这是由于人体皮肤的水分蒸发不出来,干扰了人体正常的代谢。

3. 流速

人在流动的空气中比在静止的空气中要舒适。这是因为流动的空气能促进人体内外散热。空气流速是汽车空气调节的重要内容之一。空气流速在 0.2 m/s 以下为好,并且以低速变动为佳。

4. 清洁度

由于车内空间小,乘员密度大,全封闭空间内极易产生缺氧(O_2)和二氧化碳(CO_2)浓度过高的现象;汽车发动机排气中的一氧化碳(CO)和道路上的粉尘都易进入车内,造成车内空气浑浊,严重影响驾乘人员的身体健康。因此,必须对车内空气进行净化处理。

二、空调系统性能的诊断参数

汽车空调系统性能的诊断参数有风量(速)、温度、压力和清洁度。

制冷系统压力不仅能用于判断制冷剂的相对加注量和空气、水分是否存在，而且能反映空调压缩机、膨胀阀等部件的工作状况，是汽车空调故障诊断的重要参数。

三、检修空调系统时的注意事项

1) 在检修汽车空调系统时，应戴好橡胶手套及防护眼镜；打开制冷管路时，应避免与液态制冷剂或气体制冷剂接触，以防冻伤。

2) 不可在密闭的房间或通风不好的房间里排放制冷剂，并要求在 5m 范围内不得有修车地沟或地下室入口。

3) 充满制冷剂的空调系统不得焊接。若需烤漆，则温度不得超过 80℃。

4) 当需要拆开制冷回路更换零部件时，应先排放制冷剂。

5) 打开的总成件和软管必须用堵头堵好，以防潮气和灰尘进入。

6) 下列情况需冲洗制冷回路，最好更换干燥过滤器及孔管。

① 有污物侵入时。

② 压缩机内部件破损，需要更换压缩机时。

③ 润滑油变暗或变稠时。

四、空调系统的检修工具

汽车空调系统维修及安装常用工具有歧管压力计、检漏仪、制冷剂注入阀、真空泵、制冷剂回收设备以及其他专用工具等。由于汽车空调释放的 R12 制冷剂对大气臭氧层有破坏作用，释放的 R134a 制冷剂会造成温室效应，因此需要对维修中排出的制冷剂进行回收利用。

1. 歧管压力计

歧管压力计也称为歧管压力表，是维修汽车空调制冷系统必不可少的工具。歧管压力计与制冷系统相接，可进行抽真空、加注制冷剂及制冷系统故障诊断等。歧管压力计的结构如图 6-7 所示。

歧管压力计有两个压力表：一个压力表用于检测制冷系统高压侧压力；另一个压力表用于检测低压侧压

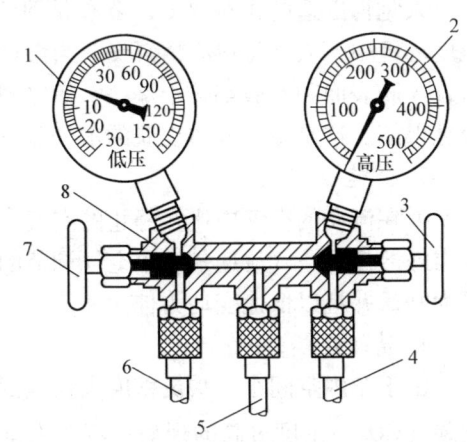

图 6-7 歧管压力计的结构
1—低压表（蓝色） 2—高压表（红色）
3—手动高压阀 4—高压侧软管（红色）
5—维修用软管（绿色） 6—低压侧软管（蓝色）
7—手动低压阀 8—歧管座

力。低压侧压力表测量范围从 0 开始，量程不小于 0.42MPa；高压侧压力表测量范围也从 0 开始，量程不小于 2.11MPa。此外，低压侧压力表还可用于测量真空度，真空度读数范围为 0~0.101MPa。

2. 检漏设备

在拆装或检修汽车空调制冷系统管路以及更换零部件之后，需在检修及拆装部位进行制冷剂泄漏情况的检查。一般采用卤素检漏灯（用于 R12 制冷剂）和电子检漏仪两种设备检漏，其中电子检漏仪较为常用。

（1）卤素检漏灯　卤素检漏灯的结构如图 6-8 所示。它是一种丙烷（或酒精）气体燃烧喷灯，利用制冷剂气体进入喷灯吸入管内后会使喷灯的火焰颜色改变这一特性，来判断制冷系统的泄漏部位和泄漏程度。当制冷剂泄漏量小时，火焰呈浅绿色；当制冷剂泄漏量较大时，火焰呈浅蓝色；当制冷剂泄漏量很大时，火焰呈紫色。

（2）电子检漏仪

1）R12 电子检漏仪的工作原理如图 6-9 所示。它有一对电极，阳极由白金制作。在空气中，白金阳极被加热器加热后带正电。在它附近放一个带负电的阴极，就会有阳离子射到阴极并产生电流。如果有制冷剂气体从两电极间流过，回路中的电流就会明显增大，根据此信号即可检测出制冷系统的泄漏情况。

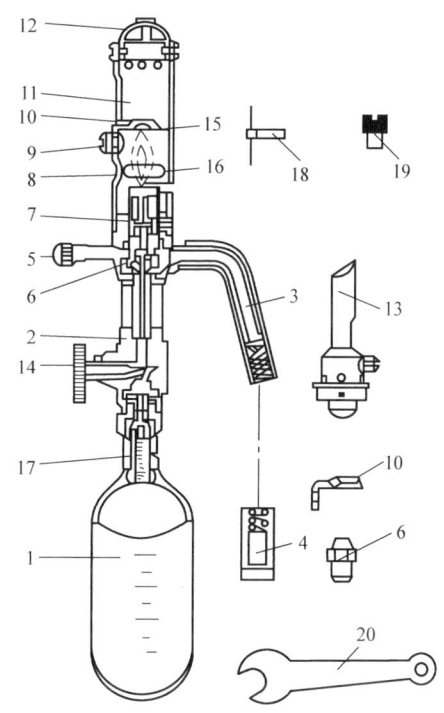

图 6-8　卤素检漏灯的结构

1—检漏灯储气瓶　2—检漏灯主体　3—吸气管　4—滤清器
5—燃烧筒支架　6、17—喷嘴　7—火焰分离器　8—点火孔
9—反应板螺钉　10—反应板　11—燃烧筒　12—燃烧筒盖
13—栓盖　14—调节把手　15—火焰长度（上限）
16—火焰长度（下限）　18—喷嘴清洁器　19、20—扳手

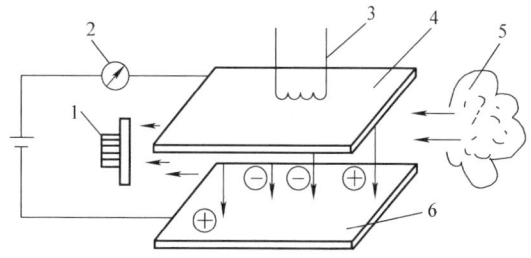

图 6-9　R12 电子检漏仪的工作原理

1—吸气微型风扇　2—电流表　3—加热器
4—阳极　5—气态制冷剂　6—阴极

R12 电子检漏仪的结构如图 6-10 所示。在圆筒状白金阳极里设有加热器，并可加热到 800℃ 左右，在阳极外侧装有阴极，在阳极和阴极之间加有 12V 直流电压。为使气体在电极间流动，设有吸气孔和小风扇。当有卤素元素的阳离子出现时，就会产生几个微安的电流，此电流经直流放大器放大后使电流计指针摆动或使音程振荡器发出不同的声响，以示制冷剂泄漏程度。

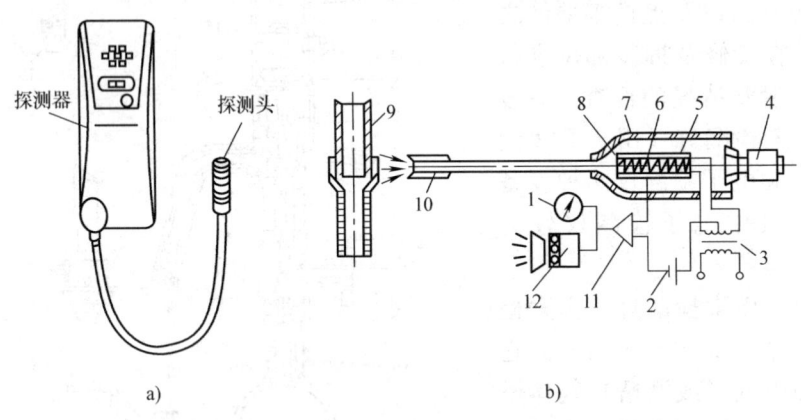

图 6-10　R12 电子检漏仪的结构
a) 检漏仪外形　b) 检漏仪结构
1—电流表　2—阳极电源　3—变压器　4—风机　5—阳极　6—阴极　7—外壳
8—电热器　9—管道　10—吸嘴　11—放大器　12—音程振荡器

2) R12 电子检漏仪不能检测 R134a 的泄漏情况。检测 R134a 的泄漏需要专门的检漏仪，例如 MHD5000 型 R134a 电子检漏仪，或使用表明可检测 R12 和 R134a 的两用电子检漏仪，例如 LHD4000 型电子检漏仪。常用的电子检漏仪有手握式和箱式两种。

3. 专用成套修理工具

把汽车空调系统维修时需要的专用工具组装在一个工具箱内，即为专用成套修理工具，如图 6-11 所示。专用成套修理工具主要由歧管压力计、检漏仪、制冷剂管固定架、制冷剂管割刀、备用储气瓶、扩口工具、检测阀板、注入软管衬垫、检修阀衬垫等组成。

4. 真空泵

真空泵用于制冷系统的抽真空，排除系统内的空气和水分。

叶片式真空泵主要由转子、定子、叶片及排气阀等零部件组成，如图 6-12 所示。工作时，在离心力和弹簧弹力的作用下，叶片紧贴在定子的缸壁上，并将其分隔成吸气腔和压缩腔。当转子旋转时，进气腔容积逐渐扩大，腔内压力下降，从而吸入气体，压缩腔容积逐渐减小，压力升高，气体从排气阀排到空气中

第六章 电器设备修理

去。经过不断循环，便可以把容器内的空气抽出，从而达到真空的目的。这种真空泵的排气速度为 50～300L/min，真空度在 0.133Pa 左右。

5. 真空泵适配器

在安装真空泵适配器后，真空泵既能用于 R134a 空调系统，也能用于 R12 空调系统。如图 6-13 所示，真空泵适配器有两个接口，一个适用于 R134a 空调系统，另一个适用于 R12 空调系统。每个接口与相应的歧管压力计接口相连。为安全运行，真空泵适配器内还装有磁性阀。真空泵适配器的连接如图 6-14 所示。

在制冷系统抽完真空并且真空泵停止工作后，系统会将真空泵内的润滑油抽回仪表软管。若在这种状态注入制冷剂，则仪表软管中的真空泵润滑油就会流入制冷系统管路，所以在真空泵适配器中要有一个磁性阀来防止真空泵内的润滑油回流。

6. 制冷剂注入阀

为便于维修汽车空调和随车携带，常用小罐包装制冷剂（一般为 400g 左右），但要将它注入

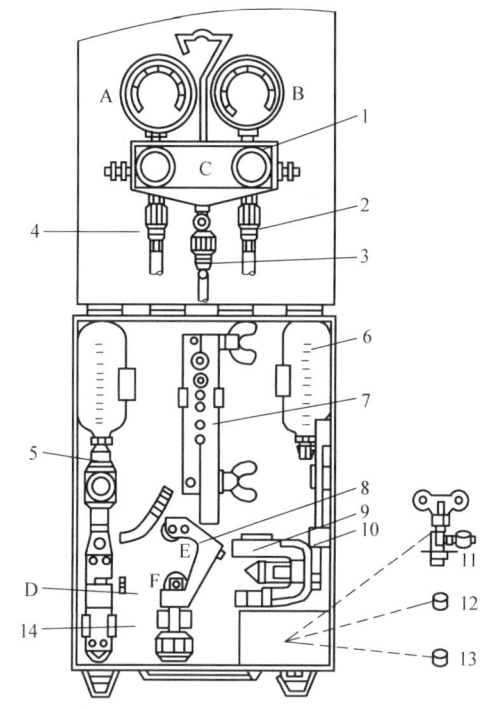

图 6-11　汽车空调系统专用成套修理工具
1—歧管压力计　2—红色注入软管　3—绿色注入软管
4—蓝色注入软管　5—检漏仪　6—备用储气瓶
7—制冷剂管固定架　8—制冷剂管割刀　9—扩孔工具
10—检修阀扳手　11—制冷剂罐注入阀　12—注入软管
13—检修阀衬垫　14—工具箱
A—低压表　B—高压表　C—压力表座
D—反应板　E—铰刀　F—刀片

汽车空调制冷系统中去则需要有注入阀与之配套。常用制冷剂注入阀的结构如图 6-15 所示。用注入阀手柄开罐后，即可将罐中的制冷剂通过注入阀接头和软管导入歧管压力计的中间接头中。

7. 检修阀

检修阀是一个三通阀，用于对汽车空调系统抽真空、检测系统压力以及加注制冷剂。检修阀的结构如图 6-16 所示。阀上有四个通道接口，通道 4 接压力表，通道 5 接旁路电磁阀，通道 6 接制冷系统管道，通道 7 接压缩机。

高、低压检修阀均有三个位置，即后座、中座和前座，如图 6-17 所示。转动阀杆可使检修阀处于下列三个位置中的任何一个。

245

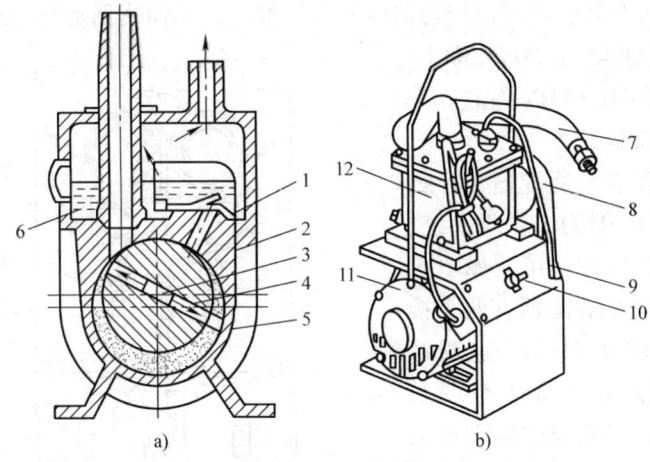

图 6-12　叶片式真空泵的结构
a）剖视图　b）外形
1—排气阀　2—转子　3—弹簧　4—叶片　5—定子　6—润滑油　7—吸气管
8—传动带护罩　9—排气嘴　10—开关　11—真空泵　12—电动机

1）后座位置也叫正常位置，即逆时针方向旋转阀杆的极限位置，如图 6-17a 所示。此时制冷剂可进、出压缩机，但到不了压力表。当制冷系统正常工作时，压缩机上的两个检修阀处于此位置。

2）前座位置即顺时针方向转动阀杆达到的极限位置，如图 6-17c 所示。此时压缩机与系统

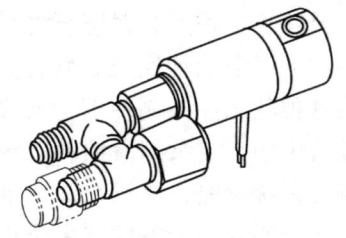

图 6-13　真空泵适配器的结构

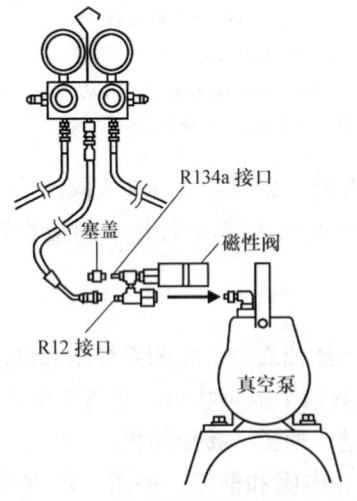

图 6-14　真空泵适配器的连接

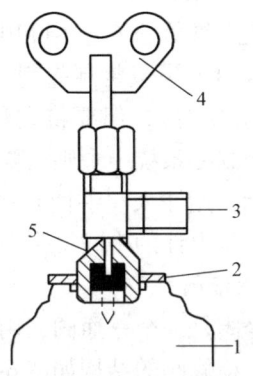

图 6-15　常用制冷剂注入阀的结构
1—制冷剂罐　2—板状螺母　3—注入阀接头
4—制冷剂注入阀手柄　5—阀针

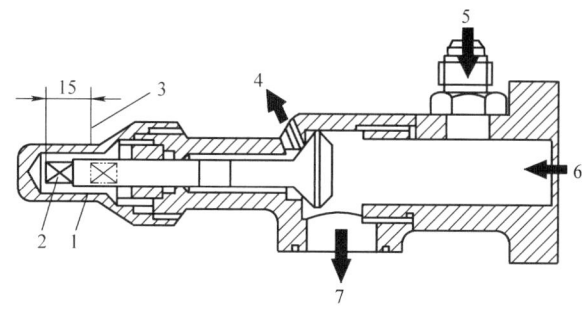

图 6-16　检修阀的结构
1—阀帽　2—阀杆　3—阀杆行程　4—通道（接压力表接头）
5—通道（接旁路电磁阀）　6—通道（接制冷系统管道）　7—通道（接压缩机）

其他部分隔绝，系统内的制冷剂不能流到压缩机，若松开检修阀的固定螺钉，则可以更换压缩机，或将压缩机拆下来修理，而不必打开整个制冷系统。从压缩机上拆卸检修阀时速度要慢，并应遵守操作规程，以防残存的制冷剂引起伤害。

3）中座位置即非前座和后座的中间位置，如图 6-17b 所示。在此位置，制冷剂可在整个系统内流通，压缩机内的制冷剂既可进入管路系统，又可进入压力表口，以便检测系统压力。

8. 气门阀

气门阀用于维修非独立驱动的汽车空调制冷系统。在乘用车空调制冷系统中，为了简化制冷系统结构，压缩机上不设检修阀，而用维修接口来代替，每个维修接口上都装有气门阀。气门阀的结构如图 6-18 所示。它和轮胎的气门芯相似，只有开和关两个位置。乘用车空调压缩机吸、排气管都采用这种气门阀。使用时只要把检测用软管接头拧在工作阀口上，阀芯就被压开，制冷剂就进入检测用软管；卸下检测用软管时，气门阀自动关闭系统接口。

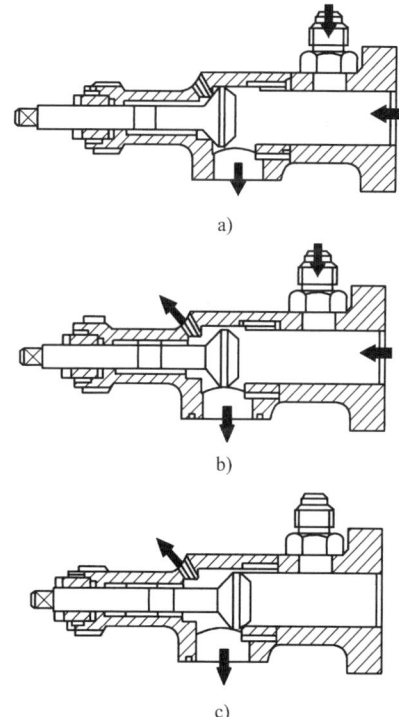

图 6-17　检修阀的工作位置
a）后座位置　b）中座位置　c）前座位置

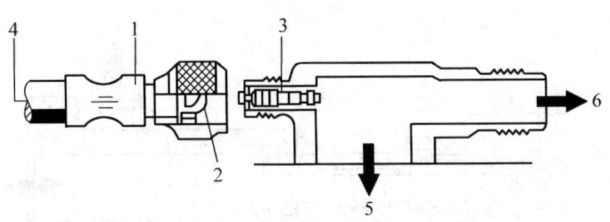

图 6-18 气门阀的结构

1—检测用软管 2—顶阀杆 3—气门阀 4—通往压力表 5—通往压缩机 6—通往制冷管路

第四节 电器设备修理技能训练

● **训练1 测试蓄电池性能**

1. 操作准备

1) 温度计、密度计、高率放电计、数字万用表各1只。

2) 蓄电池1块；充电机1台；发动机试验台架1台或整车1辆。

3) 玻璃管1支；钢丝刷1把；润滑脂、蒸馏水、苏打水、清洁布若干。

2. 操作要求

按照维修工艺规范和设备安全操作规范进行操作。

3. 操作时间

60min。

4. 技术标准

1) 蓄电池应无明显的外部损伤。

2) 电解液液面应高出极板10~15mm；对于半透明式蓄电池，液面应在"HIGH"和"LOW"两液面标线之间。

3) 测量电解液的相对密度和电解液的温度，然后按照表6-2所列的修正数值进行修正即可得到25℃时电解液的相对密度，不符合规定时应予调整。不同地区和气温条件下电解液的相对密度见表6-3。

4) 用高率放电计测量蓄电池的电压，并保持5s，若电压稳定在10.6~11.6V，则说明蓄电池起动性好，且电量充足；若电压稳定在9.6~10.5V，则说明蓄电池起动性好，但电量不足；若电压稳定在大于7.5V但小于9.6V的某一值，则说明蓄电池起动性差，且电量严重不足；若电压迅速下降到0V，则说明蓄电池损坏。蓄电池电压与放电程度见表6-6。

表6-6 蓄电池电压与放电程度

蓄电池开路端电压/V	≥12.6	12.4	12.2	12.0	≤11.7
高率放电计测量的蓄电池电压/V	10.6~11.6	9.6~10.5			≤9.6
高率放电计（100A）测量的单格电压/V	1.7~1.8	1.6~1.7	1.5~1.6	1.4~1.5	1.3~1.4
放电程度（%）	0	25	50	75	100

5. 基本操作步骤

操作步骤描述：检查蓄电池外部→检测电解液液位→检测电解液相对密度→静止电动势（开路电压）试验→负荷试验→蓄电池充电。

步骤1：检查蓄电池外部

检查蓄电池外壳和封口，应无破裂现象，连条应无损伤现象，接线柱螺栓或螺母应无腐蚀现象，通气孔应无堵塞现象。蓄电池外部的灰尘和泥污可用温水清洗；接线柱和接头上的氧化物可用钢丝刷除去，然后用蘸有苏打水的清洁布清洁，晾干后涂上润滑脂。

步骤2：检测电解液液位

如图6-19所示，从蓄电池的加液口插入玻璃管（其内径为4~6mm，长度为150mm），电解液液面应高出极板10~15mm，或在"HIGH"和"LOW"两液面标线之间。当电解液液位过低时，应补加蒸馏水；当电解液液位过高时，应用密度计吸出部分电解液。

步骤3：检测电解液相对密度

在加液口用吸式密度计和温度计分别测量电解液的相对密度和温度（见图6-20），然后按照表6-2所列的修正数值进行修正，即可得到25℃时电解液的相对密度。电解液的相对密度应符合表6-3的规定。

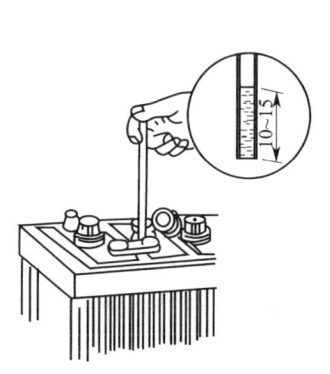

图6-19 检测电解液液位

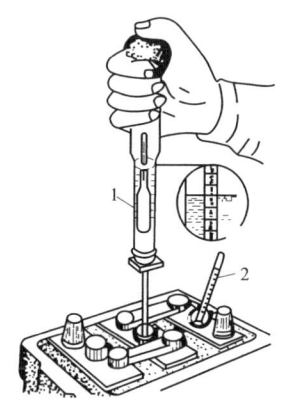

图6-20 检测电解液的相对密度和温度
1—密度计 2—温度计

步骤4：静止电动势（开路电压）试验

关闭所有的用电设备，仅接通前照灯远光并保持60s，然后关闭前照灯，用万用表测量蓄电池两端的电压，并通过表6-6查看蓄电池的充电状况。

步骤5：负荷试验

1）高率放电计试验。高率放电计有旧式和新式两种。旧式高率放电计（见图6-21a）用于测量蓄电池单格电压；新式高率放电计（见图6-21b）用于测量整个蓄电池的电压。

为保证得到正确的结果，测量应在充足电的状态下进行。测量时，用力将新式高率放电计触针刺入正、负极，保持5s（时间不得过长），读出稳定的电压值，并对照技术标准判断蓄电池性能的好坏。

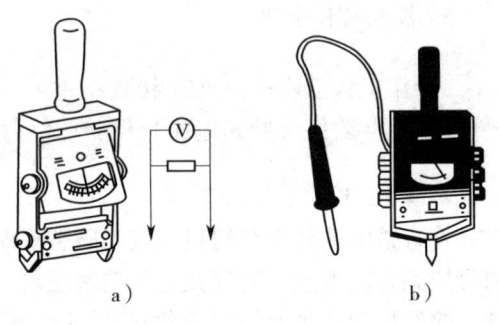

图6-21　高率放电计
a）旧式　b）新式

需要说明的是，现在很多免维护蓄电池内设有密度计，其内部装有一颗能反光的绿色小球，随其浮升高度的不同，从玻璃观察孔中可以看到表示蓄电池状态的不同颜色，如图6-22所示。当看到绿色小点时，电解液相对密度在1.22以上（存电量为额定电量的65%），可以用高率放电计测量蓄电池电压；当看不到绿色小点时（变为深绿色），表明蓄电池电量不足，必须先充电，直至出现绿色亮点才能进行测量；当从观察孔中看到淡黄色时，表明蓄电池已损坏，必须更换蓄电池。

2）车上起动试验。拔下分电器中央高压线并搭铁，将万用表接在蓄电池正、负接线柱上，接通起动机15s，电压不低于9.6V为正常。

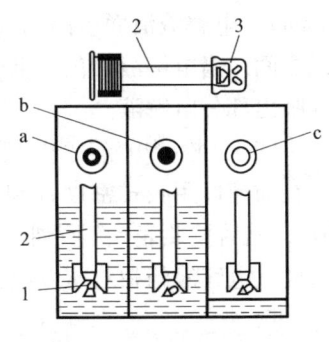

图6-22　蓄电池内装式密度计
1—绿色塑料球　2—玻璃棒
3—装小球的笼子
a—绿点　b—深绿点　c—淡黄色

步骤6：蓄电池充电

试验后的蓄电池常采用改进恒流充电法进行充电。首先选择充电电流为蓄电池额定电流的1/10，充至单格电压达2.3~2.4V，然后将充电电流减半（即为蓄电池额定电流的1/20），充至单格电压达2.5~2.7V即可。

6. 评分标准

测试蓄电池性能的评分标准见素材文件中的附表8。

训练2　发电机的检修与性能试验

1. 操作准备

1）电器万能试验台1台；JFZ1813Z型交流发电机1台。

2）常用工具1套；台虎钳1个；检验平板1个；V形架1对。

3）数字万用表、指针万用表、弹簧秤、顶拔器各1个；游标卡尺1把；百分表及磁性表座1套。

4）油盆、毛刷各1个；清洗剂、润滑脂、"00"号纱布及棉纱若干。

2. 操作要求

按照维修工艺规范和设备安全操作规范进行操作。

3. 操作时间

60min。

4. 技术标准

1）定子绕组及磁场绕组无短路、断路及搭铁现象，绕组阻值符合要求。

2）转子轴径向圆跳动误差不大于0.10mm，与两端衬套的配合间隙不大于0.18mm，整流器表面无烧蚀、拉毛及偏磨现象。

3）电刷长度不小于新电刷长度的1/2，电刷弹簧的弹力应为10~13N，绝缘电刷架无搭铁现象。

4）发电机试验符合要求。

5. 基本操作步骤

操作步骤描述：交流发电机的分解→检查定子→检查转子→检查电刷组件→检查硅整流器→检查其他件→交流发电机的装配→装配后的人工检验→万能试验台试验。

步骤1：交流发电机的分解

拆卸发电机带轮；拆卸发电机后端盖；拆卸电刷架；拆卸定子绕组；拆卸转子；拆卸前端盖轴承。

步骤2：检查定子

1）用数字万用表两两检测定子绕组的三个接线端，其电阻值通常为0.5~1.2Ω，当阻值为∞时，说明断路，若不能修复，则应更换定子绕组。

2）用数字万用表的最大电阻挡检测定子绕组接线端与定子铁心间的电阻值，应为∞，否则说明有短路或搭铁故障，应更换定子绕组或定子总成。

3）检查定子绕组铁心内部，应无碰擦痕迹。

步骤3：检查转子

1）用百分表和V形架检测转子轴的径向圆跳动误差，应小于或等于0.10mm，否则应予以校正。

2）用游标卡尺分别测量转子轴与轴承的直径，计算其配合间隙，应不大于0.15mm。

3）观察集电环表面，不得有油污、烧蚀和过度磨损现象。若集电环有轻微烧蚀，则可用"00"号砂纸打磨；如果烧蚀严重，则应在车床上精车加工。修磨后的集电环直径应大于极限值（通常比标准直径小0.5mm）。

4）用数字万用表检查两集电环之间的电阻（磁场绕组），其值应符合要求（通常为$2.6 \sim 3.0\Omega$）。若阻值为∞，则说明断路；若不能修复，则应更换转子绕组。

5）用数字万用表的最大电阻挡检测任一集电环与转子铁心间的电阻值，应为∞，否则说明有短路或搭铁故障，应更换转子绕组或转子总成。

步骤4：检查电刷组件

电刷在电刷架内应活动自如，无明显松旷现象。电刷表面应无油污，其长度应大于标准长度的1/2。电刷弹簧弹力应符合原厂规定。电刷架应无烧损、破裂和变形形象。

步骤5：检查硅整流器

硅整流二极管在散热板上应安装牢固，无断路或短路现象，正、反向电阻值符合原厂规定。用指针万用表检查二极管的正向电阻值，应为$8 \sim 10\Omega$，反向电阻值应在$10k\Omega$以上。用数字万用表的二极管挡正向测量硅整流二极管，其读数均应为$0.3 \sim 0.7V$，反向测量时应为超量程，否则应更换硅整流器。

步骤6：检查其他件

轴承应润滑良好，转动灵活，无卡滞和噪声过大现象；前后端盖不得有变形、破裂和缺损现象；轴承座孔的直径、圆度误差、圆柱度误差应符合原厂技术要求。

步骤7：交流发电机的装配

按照与拆卸相反的顺序装配交流发电机。

步骤8：装配后的人工检验

1）转动发电机带轮，应转动灵活，无碰擦现象。

2）用万用表测量发电机"F"与"－"、"B+"与"－"以及"B+"与"F"之间的正向和反向电阻值，对于桑塔纳轿车JFZ1813Z型交流发电机，其正常值应符合表6-1的规定。

步骤9：万能试验台试验

1）空载试验。交流发电机的试验电路参见图6-1。将交流发电机固定在汽车电器万能试验台上并连接好电路，起动试验台，观察发电机输出电压达到额定值（12V系统发电机的输出电压额定值为14V）时的空载转速，应符合原厂规定，通常空载转速不大于1000r/min。带有中性点"N"的硅整流发电机在试验时，空载转速下的中性点电压应为发电机输出电压的1/2。

2）满载试验。与空载试验方法相同，观察发电机输出电压达到14V时的输出电流，应达到25A。当发电机输出电压和输出电流均达到额定值时，发电机转速（满载转速）不大于2500r/min。

6. 评分标准

发电机的检修与性能试验的评分标准见素材文件中的附表9。

● 训练3　起动机的检修与性能试验

1. 操作准备

1）电器万能试验台1台；桑塔纳轿车起动机1台；蓄电池1个。

2）常用工具1套；台虎钳1个；百分表及磁性表座1套；V形架1副。

3）数字万用表1只；游标卡尺1把；弹簧秤1只；塞尺1把；"00"号砂纸、锯片若干。

2. 操作要求

按照维修工艺规范和设备安全操作规范进行操作。

3. 操作时间

60min。

4. 技术标准

1）电枢绕组及励磁绕组无短路、断路及搭铁现象。

2）电枢轴上螺旋花键无明显磨损现象，电枢轴径向圆跳动误差不大于0.10mm，与两端衬套的配合间隙不大于0.15mm；整流器表面无烧蚀、拉毛及偏磨现象；云母片下陷深度为0.40~0.80mm。

3）电刷长度不小于新电刷长度的1/2，电刷弹簧的弹力应为11.76~14.7N，绝缘电刷架应无搭铁现象。

4）单向离合器无打滑现象。

5）起动机空载及全制动试验符合要求。

5. 基本操作步骤

操作步骤描述：分解起动机→检修起动机主要零部件→装配起动机→检验起动机电磁开关接通时刻→起动机性能试验。

步骤1：分解起动机

拆卸起动机电磁开关；拆卸后端盖；拆卸电刷架；拆卸磁轭；拆卸电枢。

步骤2：检修起动机主要零部件

（1）检修电枢

1）将电枢轴的两端放在V形架上，用百分表检查电枢轴的径向圆跳动误差，应不大于0.15mm，否则应予以冷压校直。

2）观察电枢绕组接头与换向器铜片是否有脱焊现象，否则应重新焊接或更换电枢总成。

3）用万用表欧姆挡检测换向器铜片和电枢轴之间的电阻值，应为∞，否则说明电枢绕有短路或搭铁故障，应更换电枢总成。

4）在电枢检验仪上检查电枢绕组的短路情况如图6-23所示。接通电枢检验仪的电源，并将钢片放在电枢铁心上方的线槽上，若电枢中有短路处，则在电枢绕组中将产生感应电流，钢片会在交变磁场的作用下在线槽上振动，由此可判断电枢绕组中的短路故障。

5）检查换向器表面有无烧蚀现象，云母片是否突出等。换向器的轻微烧蚀可用"00"号砂纸打磨，严重烧蚀或失圆（径向圆跳动＞0.05mm）时应精

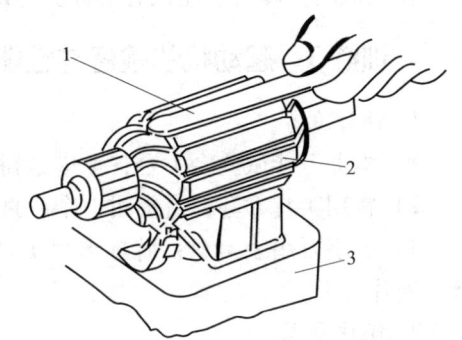

图6-23 在电枢检验仪上检查电枢绕组的短路情况
1—钢片 2—被检电枢 3—电枢检验仪

加工，但加工后换向器铜片厚度不得小于2mm。换向片应高出云母片0.40～0.80mm，否则应用锯片将云母片割低至规定的高度。

（2）检修励磁绕组

1）观察励磁绕组接头，应无脱焊现象，否则应重新焊接。

2）用数字万用表的欧姆挡测量励磁绕组的正极端与电刷之间的电阻值，应为0Ω，否则表示励磁绕组断路，应更换励磁绕组。

3）用数字万用表欧姆挡测量励磁绕组的正极端与定子壳体之间的电阻值，应为∞，否则表示励磁绕组与壳体短路，应更换励磁绕组。

（3）检修电刷组件

1）用卡尺检查电刷的长度，应不小于新电刷长度的1/2，如果小于极限值，则应予以更换。

2）电刷在电刷架内应活动自如，否则应找出原因并进行维修。

3）电刷的接触面积应大于总接触面积的80%，否则应查出原因并进行修磨或更换电刷。

4）用万用表的欧姆挡检查绝缘电刷架的绝缘电阻值，应为∞，否则应更换

第六章 电器设备修理

电刷架。

5) 用弹簧秤测量电刷弹簧的拉力，应在 11.76~14.7N 之间，如果达不到规定值，则应更换新的弹簧。

（4）检修单向离合器

1) 将单向离合器齿轮用布包好夹在台虎钳上，将指示式扭力扳手的头插入啮合器的花键内，按其工作方向扳动扭力扳手，检测单向离合器的转矩。若转矩小于规定值，则说明单向离合器打滑，应予以更换。

2) 检查驱动齿轮的轮齿，应无折断和严重磨损现象。

3) 检查单向离合器内花键，应无过度磨损现象。

（5）检修电磁开关

1) 用万用表的电阻挡测量吸引线圈和保持线圈的电阻值，应符合该起动机的规定值，一般不大于 2Ω。若存在断路、短路和搭铁故障，则应重绕或更换线圈。

2) 检查接触盘及触点表面有无过度烧蚀现象，轻微烧蚀的可以用锉刀或砂布修整，严重时应换用新件。

3) 检查铁心回位弹簧的弹力，过小时应予以更换。

步骤3：装配起动机

1) 按与分解相反的顺序装配起动机。

2) 在将起动机装复后，电枢轴的轴向间隙应为 0.05~1.0mm。

3) 在将起动机装配后，其驱动齿轮外端面与驱动齿轮止动器的间隙应符合原厂规定（通常为 4.5mm±1mm），否则应重新调整。

步骤4：检验起动机电磁开关接通时刻

1) 起动机电磁开关接通时刻的检验方法参见图 6-4。

2) 按图 6-4 接好线后，拆掉起动机电磁开关与电动机之间的导电片，在驱动齿轮与限位螺母（或止推垫圈）之间插入厚度为 4~5mm 的塞尺。

3) 闭合开关 Q，在驱动齿轮被推出后试灯应亮。若试灯不亮，则说明起动机电磁开关接通时刻过迟；若驱动齿轮未被完全推出试灯即亮，则说明接通时刻过早（易打齿）。电磁开关接通时刻过早或过晚，均需调整。

步骤5：起动机性能试验

（1）空载试验

1) 起动机空载试验电路参见图 6-5。将起动机安装在汽车电器万能试验台上，并用导线正确连接。

2) 接通起动机电路（每次接通的时间应小于 1min），起动机应运转均匀，无碰擦声，电刷下无强烈的电火花。

3) 读取电压表读数和电流表读数（即为空载电流），并用转速表测量起动机的转速（即空载转速），其值应符合原厂规定。在上海桑塔纳轿车 QD1225 型起动机空转试验过程中,当蓄电池电压为额定电压(12V)时,起动机空载转速应大于6000r/min,空载电流应小于45A。

(2) 全制动试验

1) 在起动机驱动齿轮上安装专用测试装置,如图6-6所示。接通起动机电路(与空载试验电路相同),起动机应该处于制动状态,即驱动齿轮不转。

2) 观察单向离合器是否打滑(即电枢轴是否缓慢转动),并且观察电压表读数、电流表读数(即全制动电流)和弹簧秤的读数(即全制动转矩),其值应符合原厂规定,每次全制动试验的时间应小于5s。在上海桑塔纳轿车QD1225型起动机全制动转试验过程中,电压应不小于7V,电流应不大于480A,转矩应不小于13N·m。若驱动齿轮锁止后电枢轴仍缓慢转动,则说明单向离合器打滑,此时测得的制动电流和制动转矩也就不是全制动电流和全制动转矩,应更换单向离合器后重新试验。

6. 评分标准

起动机的检修与性能试验的评分标准见素材文件中的附表10。

● 训练4 检测空调系统压力

1. 操作准备

空调歧管压力表组1套;空调系统性能良好的轿车1辆;干湿球式温度计、数字式温度计各1支。

2. 操作要求

1) 正确安装压力表组并将其连接到制冷系统的高低压维修接口上,以正确检测制冷系统高、低压侧的压力。

2) 能根据检测的压力确定系统工作状况,分析系统可能存在的故障。

3) 检查过程中应注意旋转件,以免受伤。

4) 压力表组的高、低压管不能接反。

3. 操作时间

40min。

4. 技术标准

1) 在发动机预热后,于下列条件下,可从压力表组读取压力值。

① 将开关设定在内循环状态下,空气进口处温度为20~35℃。

② 发动机以1500~2000r/min的转速运转。

③ 鼓风机速度控制开关位于高速(HI)位置。

④ 温度控制开关位于最冷(COOL)位置。

2) 当发动机转速为1500~2000r/min,R134a制冷系统功能正常时,压力的近似范围见表6-7。

第六章 电器设备修理

表 6-7 空调系统工作正常时的系统测试压力值

环境温度（车外空气）/℃	高压侧压力/MPa	低压侧压力/MPa
15.5	0.84~1.19	0.09~0.12
21.1	1.05~1.75	0.09~0.14
26.6	1.26~1.93	0.09~0.17
32.2	1.40~2.18	0.12~0.21
37.7	1.61~2.30	0.15~0.24
43.3	1.89~2.53	0.19~0.26

5. 基本操作步骤

操作步骤描述：安装压力表组→起动并预热发动机→检查空调通风系统→安装室外温度计→安装室内温度计→起动制冷系统并读数→压力表诊断→拆卸压力表组。

步骤1：安装压力表组
1）将车辆停放在阴凉通风处。
2）清洁并拧下高、低压气门阀防尘帽。
3）关闭压力表组的手动高、低压阀。
4）将压力表组低压侧的蓝色软管和高压侧的红色软管分别与汽车空调制冷系统的低、高压侧气门阀可靠相连。
5）打开压力表组的手动高、低压阀。
6）观察并记录高、低压压力表读数，此压力为当前环境温度下的平衡压力。

步骤2：起动并预热发动机
起动并预热发动机至冷却风扇第一次运转。

步骤3：检查空调通风系统
在发动机预热期间，检查鼓风机转速、风速和风向是否正常。若转速不正常，则应检查鼓风机电动机和调速电阻及其连接线是否正常；若风速不正常，则应检查空调滤清器是否堵塞，风道是否漏气等；若风向不正常，则应检查风门开闭是否灵活、到位。

步骤4：安装室外温度计
将干湿球式温度计安置在空调进风口位置。

步骤5：安装室内温度计
将数字式温度计的探头插入空调出风口内50mm处。

步骤6：起动制冷系统并读数
1）打开车窗、车门、发动机舱盖。

2）打开所有空调出风口,并将其调节到全开。

3）将温度旋钮调至最大制冷位置;将风速调整为最大;将风向调整为直吹;将风门调整为外循环。按下空调开关,此时压缩机运行,低压压力表指针开始下降,高压压力表指针开始上升。

4）将发动机转速控制在1500~2000r/min,使压力表指针稳定。

5）在温度计显示值趋于稳定后,读取压力表和温度计的显示值,并与汽车制造商提供的空调性能参数或图表上的参数（图6-24和图6-25）比较,若压力表显示的高、低压侧压力和空调出风口温度不在规定范围内,则应对制冷系统做进一步的诊断。

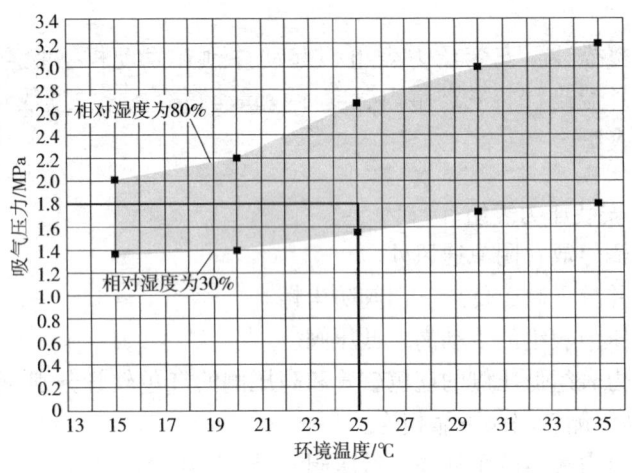

图6-24 空调压缩机吸气压力与环境温度的关系

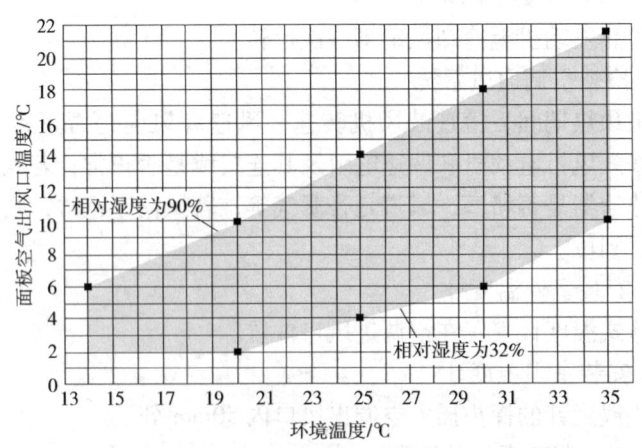

图6-25 空调出风温度与环境温度的关系

制冷系统无故障时歧管压力表的显示如图6-26所示。

步骤7：压力表诊断

1）高、低压管侧压力都很低（见图6-27），中央出风口由凉变暖，通过膨胀阀或节流管的温降很小，蒸发器入口的温度比出口的温度低，说明制冷剂不足或润滑油加注过多。

2）高、低压管侧压力都很高，中央出风口由凉变暖，通过膨胀阀或节流管的温降很小，蒸发器入口的温度比出口的温度高，说明制冷剂充注过多，系统混入了不同种类的制冷剂或冷凝器散热不良，如图6-28所示。

3）高、低压管侧压力都很高（见图6-29），中央出风口一直暖，低压管感觉不凉，停机后高压侧压力迅速降低，说明制冷系统混入了空气。

4）高、低压管侧压力都很高（见图6-30），中央出风口一直暖，低压管路结霜或结露，说明膨胀阀开度过大，膨胀阀的感温包泄漏或安装不当。

5）高压管侧压力过低而低压管侧压力过高（见图6-31），中央出风口由凉变暖，压缩机进出口温差较小，停机后两侧压力立即趋于平衡，说明压缩机活塞磨损、压缩机进排气阀密封不良或压缩机传动带打滑。

6）低压管侧压力有时为负值，有时正常；高压管侧压力有时过低，有时正常，且压力变化与低压侧同步（见图6-32）；系统间歇制冷。这些现象说明系统

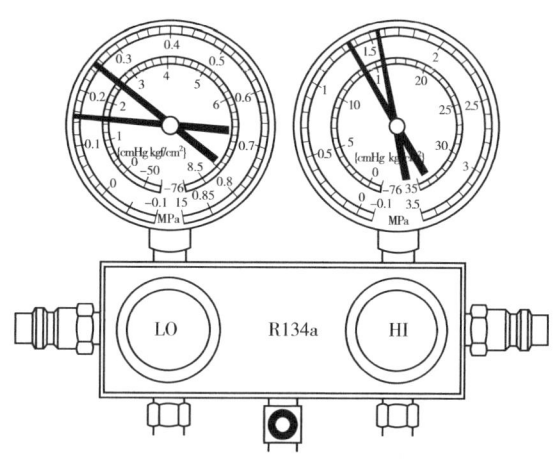

图6-26　制冷系统无故障时歧管压力表的显示

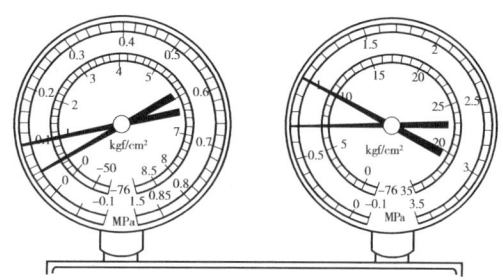

图6-27　制冷剂不足或润滑油加注过多时
压力表的指示情况

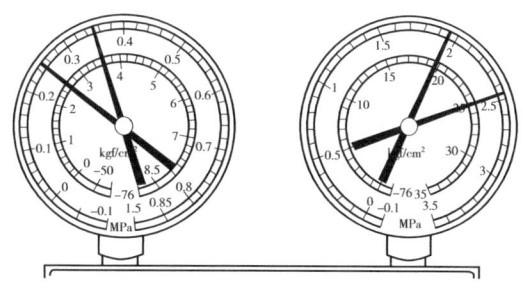

图6-28　制冷剂充注过多，系统混入不同种类的
制冷剂或冷凝器散热不良时
压力表的指示情况

内水分过多,出现冻堵。此时应更换干燥过滤器或储液干燥器,再反复充、放制冷剂以排除水分。

7) 高、低压管侧压力都偏低(见图6-33);中央出风口由凉变暖;通过膨胀阀或节流管的温降明显;低压管路结霜或结露;离合器工作时,低压侧压力下降很快,并可能变成真空。这些现象说明膨胀阀或节流管堵塞,或膨胀阀的开度太小,造成制冷剂循环不良。

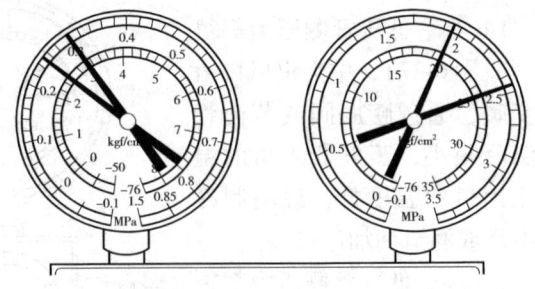

图6-29 制冷系统混入空气时压力表的指示情况

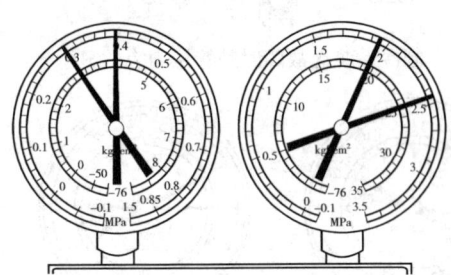

图6-30 膨胀阀开度过大,膨胀阀的感温包泄漏或安装不当时压力表的指示情况

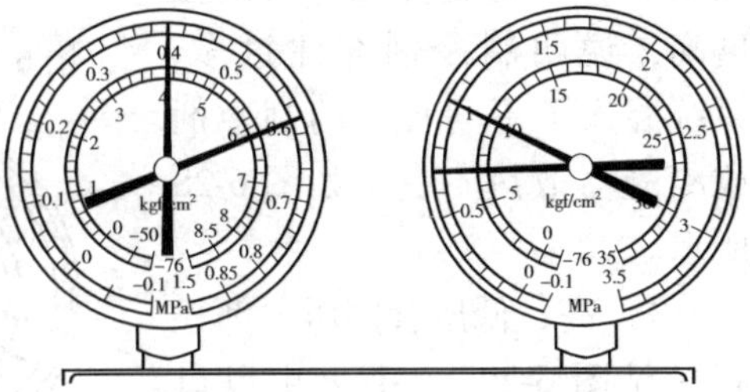

图6-31 压缩机活塞磨损、压缩机进排气阀密封不良或压缩机传动带打滑时压力表的指示情况

8) 高压管侧压力极低,而低压管侧指示负压,如图6-34所示。如果干燥过滤器上部热、下部凉,有的甚至结霜,则表明干燥过滤器严重堵塞;如果膨胀阀出口处开始结霜,并逐渐向蒸发器蔓延,则表明膨胀阀严重堵塞。

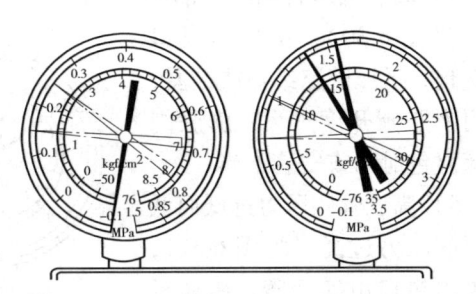

图6-32 系统内水分过多时压力表的指示情况

步骤8:拆卸压力表组

1) 关闭压力表组的手动高、低压阀。

2) 将压力表组低压侧的蓝色软管和高压侧的红色软管从汽车空调制冷系统的低、高压侧气门阀上拆下。

3) 安装高、低压气门阀防尘帽。

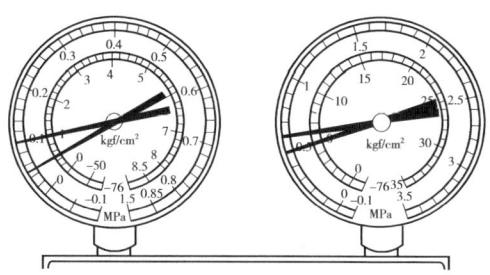

图 6-33　膨胀阀或节流管堵塞，或膨胀阀的开度太小时压力表的指示情况

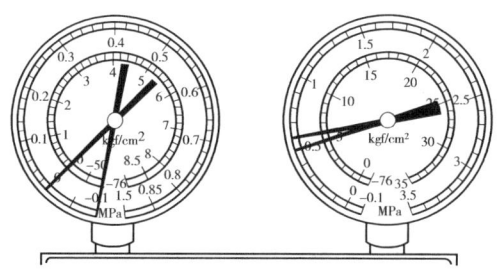

图 6-34　干燥过滤器或膨胀阀严重堵塞时压力表的指示情况

6. 评分标准

检测空调系统压力的评分标准见素材文件中的附表 11。

复习思考题

1. 充电系统的常见故障现象及可能原因有哪些？
2. 简述交流发电机的故障诊断方法。
3. 如何诊断晶体管式调节器的故障？
4. 怎样确定蓄电池的技术状况？
5. 简述起动机的性能测试方法。
6. 如何诊断和排除起动系统故障？
7. 空调系统的作用是什么？它由哪些部分组成？
8. 暖风装置是如何分类的？
9. 汽车空调性能的评价指标有哪些？
10. 空调系统的修理工具有哪些？

第七章

汽车修理质量检查评定

> **培训学习目标** 通过本章的学习，能够对车身大修及汽车大修竣工进行检查评定。

◆◆◆ 第一节 车身大修质量检查评定

一、评定内容

1. 汽车车身大修基本检验技术文件评定
1) 汽车车身大修进厂检验单。
2) 汽车车身大修工艺过程检验单。
3) 汽车车身大修竣工检验单。
4) 汽车车身大修合格证。

2. 汽车大修竣工质量评定

汽车车身大修竣工质量评定是指对蒙皮、护板、门窗、行李舱盖、发动机罩、座椅、装饰件、附件等的形状、涂层和主要技术性能的检查评定。

二、评定规则

1) 汽车车身大修基本检验技术文件评定是参与评定的基本条件，缺一不可。

2) 汽车车身大修竣工质量评定是评定汽车车身大修质量的基本内容，评定项目按其重要程度分为关键项和一般项。

3) 汽车车身大修质量采用综合项次合格率来衡量，分为优等、一等、合格、不合格四级。

第七章 汽车修理质量检查评定

4）综合项次合格率计算方法

$$\beta_0 = \sum_{i=1}^{3} K_i \beta_i$$

$$\beta_i = n_i / m_i \times 100\%$$

式中 β_0——综合项次合格率；

β_i——项次合格率；

n_i——检查合格的项次数之和；

m_i——检查的项次数之和；

i——角标，取 1、2、3，分别表示汽车大修基本检验技术文件，即"三单一证"，修竣车及关键项；

K_i——修正系数，分别取 0.2、0.6、0.2。

5）汽车大修质量分级应符合表 7-1 的规定。

表 7-1 汽车大修质量分级

等 级	关键项次合格率要求	综合项次合格率要求
优等	$\beta_3 = 100\%$	$\beta_0 \geq 95\%$
一等	$\beta_3 = 100\%$	$85\% \leq \beta_0 < 95\%$
合格	$\beta_3 = 100\%$	$70\% \leq \beta_0 < 85\%$
不合格	$\beta_3 < 100\%$	或 $\beta_0 < 70\%$

三、评定方法

按照《汽车修理质量检查评定标准 车身大修》（GB/T 15746—2011）执行。

◆◆◆ 第二节 汽车大修竣工出厂技术条件

《汽车大修竣工出厂技术条件 第 1 部分：载客汽车》（GB/T 3798.1—2005）和《汽车大修竣工出厂技术条件 第 2 部分：载货汽车》（GB/T 3798.2—2005）对汽车大修竣工出厂都提出了基本要求、各总成机构要求、主要性能指标要求和质量保证要求。

一、基本要求

1）整车外观应整洁、完好、周正，附属设施及装备应齐全、有效。

2）主要结构参数应符合原设计规定，由修理改变的整备质量不得超过新车出厂额定值的3%。

3）左右轴距差不得大于原设计轴距的1/1000。

4）各部位的运行温度正常，各处无漏油、漏水、漏电、漏气现象。

5）各仪表运行正常，指示正确。

6）发动机、底盘等各总成均应按原设计规定涂装。

7）润滑及其他工作介质的使用要求

① 各润滑脂（油）嘴应装配齐全、功能有效，各总成应按原设计规定加足润滑剂。

② 动力转向装置、变速器、分动器、主减速器、液力传动装置、发动机冷却系统、气压制动装置、液压制动装置、空调制冷剂、风窗清洗装置等均应按原设计要求，加注规定品质与数量的介质。

8）各总成与车架连接部位的支承座、垫应齐全，稳定可靠。

9）全车所有螺栓、螺母应装备齐全，锁止可靠。关键部位的螺栓、螺母的拧紧顺序和力矩应符合原制造厂维修技术要求。一般紧固件应牢固可靠，不得有松动、缺损现象。一次性锁止螺栓不得重复使用。

10）各铆接件的结合面应贴合紧密；铆钉应充满钉孔，无松动现象；铆钉头不应有裂纹、缺损或残缺现象；不得用螺栓连接代替铆钉连接。

11）各焊接部位应按规律焊接，焊缝应平稳、光滑，不应有夹渣、裂纹等焊接缺陷。

12）影响汽车行驶安全的转向系统、制动系统和行驶系统的关键零部件，不得使用修复件。

13）对载客汽车有关悬架减振系统进行大修时，不应改变其原车的平稳性能指标。

二、各总成机构要求

1. 发动机

发动机应符合《商用汽车发动机大修竣工出厂技术条件 第1部分：汽油发动机》（GB/T 3799.1—2005）和《商用汽车发动机大修竣工出厂技术条件 第2部分：柴油发动机》（GB/T 3799.2—2005）的规定。

2. 转向操纵机构

1）转向盘应转动灵活，操纵轻便，无异响，无偏重或卡滞现象。转向机构各部件在汽车转向过程中不得与其他部件相干涉。

2）转向盘应能自动回正，具有稳定的直线行驶能力，在平坦的道路上行驶时不得有摆振或其他异常现象，曲线行驶时不得出现过度转向。

第七章 汽车修理质量检查评定

3）转向盘的最大自由转动量应符合《机动车运行安全技术条件》（GB 7258—2012）中有关条款的要求。

4）汽车转向轮的横向侧滑量应符合《机动车运行安全技术条件》（GB 7258—2012）中有关条款的要求。

5）车轮定位、最大转向角应符合原设计规定。

6）转向节及臂，转向横、直拉杆及球销应无裂纹和损伤现象，并且球销不得松旷，横、直拉杆不得拼焊。

3. 传动机构

1）离合器应接合平稳、分离彻底、操作轻便、工作可靠，不得有异响、打滑或发抖现象，踏板力应不大于300N。

2）离合器踏板的自由行程、有效行程应符合原设计规定；动作时不应与其他非相关件发生干涉，踏板在放松后应能迅速回位。衬套与轴的配合应符合原制造厂维修技术要求。

3）手动变速器及分动器应换挡轻便、准确可靠；互锁和自锁装置有效，不得有乱挡和自行跳挡现象，运行中无异响，正常情况下不过热。

4）当自动变速器的操纵装置位于除P位、N位外的任何挡位时，发动机均应不能起动；当位于P位时，应有驻车锁止功能；车辆行驶中应能按规定的换挡点进行升、降挡；换挡时应平顺，不打滑，无冲击，无异响，正常情况下不过热。

5）传动轴及中间轴承应正常工作，无松旷、抖动、异响及过热现象。对于装备缓速器的车辆，其缓速器应作用正常有效，缓速率应符合原设计要求。

6）主减速器、差速器和轮边减速器应正常工作，无异响，正常工况下不过热。

4. 行走机构

1）车轮总成的横向摆动量和径向圆跳动误差应符合《机动车运行安全技术条件》（GB 7258—2012）中有关条款的要求。

2）对于最大设计车速不小于100km/h的汽车，其车轮应进行动平衡试验。车轮动不平衡质量应不大于10g。

3）汽车装用的轮胎应与其最大设计车速相适应。

4）轮胎胎冠和胎侧不得有足以暴露出轮胎帘布层的破裂和割伤。

5）轮胎胎冠上的花纹深度应符合《机动车运行安全技术条件》（GB 7258—2012）中有关条款的要求；同轴上装用的轮胎型号、品种、花纹应一致；汽车转向轮不得装用翻新轮胎；轮胎气压应符合原设计规定；用滚型工艺制作的轮辋损坏后必须换装相同的轮辋。

6）转向节与衬套的配合及轮毂轴承预紧度应符合原制造厂维修技术要求。

7）对于非独立悬架式车辆，其转向节与衬套的配合、轴颈与轴承的配合、轴承预紧度调整应符合原制造厂维修技术要求，并且无异响，正常工况下不发热；减振器、钢板弹簧应作用良好、有效，无异响；各连接杆件应不松旷。

8）独立悬架式车辆的转向节上下球销应不松旷；轴承与轴颈的配合和轴承预紧度调整应符合原制造厂维修技术要求，并且无异响，正常工况下不发热；减振弹簧、扭杆弹簧、气囊弹簧、减振器的作用应正常、有效，无异响；各连接杆件以及衬套、球销、垫片应齐全、不松旷。

5. 制动机构

1）汽车在行驶中应无自行制动现象。

2）对于采用气压制动的汽车，其制动系统的装备及性能应符合《机动车运行安全技术条件》（GB 7258—2012）中有关条款的规定。

3）制动系统装备的比例阀、限压阀、感载阀、惯性阀或制动防抱死装置，应工作正常、有效。

4）对于装有排气制动装置的柴油车，当排气制动装置关闭 3/4 行程时，联动机构应使喷油泵完全停止供油，而当排气制动装置开启时，又能正常供油。

5）制动踏板的自由行程、有效行程应符合原设计规定，动作时不应与其他非相关件发生干涉，放开后应能迅速回位；衬套与轴的配合应符合原制造厂维修技术要求。对于采用液压制动系统的汽车，其制动踏板行程应符合《机动车运行安全技术条件》（GB 7258—2012）中有关条款的规定。

6）驻车制动操纵杆的有效行程应符合原设计规定，动作时不应与其他非相关件发生干涉。衬套与轴的配合应符合原制造厂维修技术要求。

6. 车架、车身、驾驶室

1）载货汽车车架纵梁上平面及侧面的纵向直线度公差，在任意1000mm长度上为3mm，在全长上为其长度的0.1%。

2）载货汽车车架总成左、右纵梁上平面应在同一平面内，其平面度公差为被测平面长度的0.15%。

3）对载货汽车车架进行分段（前钢板前支架销孔轴线—前钢板后支架销孔轴线—后钢板前支架销孔轴线—后钢板后支架销孔轴线）检查，各段对角线长度差应不大于5mm。

4）载货汽车的驾驶室、货厢应平整完好，无变形、裂损、锈蚀等缺陷；货厢边板、铰链应铰接牢固，启闭灵活。

5）驾驶室总成采用翻转机构的载货汽车，行驶中应无异响，减振有效；翻转轻便灵活，翻转角度符合原设计规定；定位及锁止机构可靠、完整、有效；隔热、隔振措施有效，符合原设计规定。

6）载货汽车驾驶室座椅可调节部位应调节灵活，锁止有效。

7)载货汽车驾驶室、货厢、保险杠及翼子板应左右对称。各对称部位离地面高度差:货厢不大于20mm,其他不大于10mm。

8)载货汽车货厢边板和底板应平整完好;左、右边板应平行,其高度差应不大于10mm,边板关闭后,各边缝隙不应超过5mm;货厢铰链支架及锁钩应按原设计修配齐全、有效。

9)载货汽车备胎架应安装牢固、可靠,操纵灵活。

10)载货汽车发动机罩应无裂损变形现象,盖合严密;附件应齐全有效、灵活可靠、支撑牢固。

11)载货汽车后视镜应成像清晰、调节灵活,支架应无裂损及锈蚀现象并且安装牢固;刮水器应工作可靠,有效刮水面积达到原设计要求。

12)载货汽车内、外装饰件外观应平顺贴合,紧固件整齐牢固;电镀、铝质装饰件应光亮,无锈斑、脱层、划痕。

13)载货汽车的可开启式门窗应开闭轻便,关闭严密,锁止可靠,合缝均匀,不松旷;门把和玻璃升降器应齐全完好、灵活有效。

14)载货汽车门窗玻璃应符合《机动车安全技术条件》(GB 7258—2012)有关规定的要求。

15)载货汽车门窗及防尘、防雨密封设施应齐全、完好。

16)载客汽车身应符合《大客车车身修理技术条件》(GB/T 5336—2005)的规定。

17)载客汽车车身、保险杠及翼子板应左右对称,各对称部位离地面高度差应不大于10mm。

7. 照明和信号装置及其他电气设备

1)全车电气线路应布置合理、连接正确;线束包扎良好、牢固可靠;线束通过孔洞处应有防护设施,且距离排气管不小于300mm;导线规格及线色符合规定,接头牢固、良好;熔体、熔丝及继电器的使用应符合原设计规定;裸露的电气接头及电气开关应距燃油箱的加油口和通气口200mm以上。

2)灯光、信号、电气设备等及其控制装置应齐全有效,各元器件性能良好、工作正常,符合原设计要求。

3)前照灯光束的照射位置和发光强度应符合《营运车辆综合性能要求和检验方法》(GB 18565—2001)中有关条款的规定。

4)对于装备有空调系统的载客汽车,其空调的性能应符合原设计要求。

5)与制动、行车安全有关的电子控制系统的元器件应按原设计装备齐全,且监控有效、正常。电子控制装置(ECU)应无故障码显示。

6)蓄电池应外观整洁、安装牢固,接线柱完好,正负极标志分明,接线柱卡头及搭铁线连接牢固;电解液密度、液位及电压差应符合规定。

三、主要性能指标要求

1. 动力性

台架测试汽车额定转矩转速下的驱动轮输出功率应符合《汽车动力性台架试验方法和评价指标》（GB/T 18276—2000）的规定。

当环境温度为 288～303K（15～30℃）时，在海拔变化后，驱动轮输出功率可按式（7-1）进行修正。

$$P_{修正} = P_{输出}/k \tag{7-1}$$

式中 $P_{修正}$——修正功率（kW）；

$P_{输出}$——驱动轮输出功率（kW）；

k——不同海拔的输出功率修正系数，见表7-2。

表7-2 不同海拔的输出功率修正系数

海拔/m	1000	2000	3000	4000	5000
汽油机修正系数 k	0.87	0.77	0.67	0.57	0.47
柴油机修正系数 k	0.93	0.85	0.77	0.69	0.61

2. 经济性

汽车大修走合期满后，每百公里燃料消耗量不得大于该车型原设计规定的相应车速等速百公里燃料消耗量的 105%。

3. 排放性能

各种排放控制装置应齐全、有效，汽车的排放指标应符合国家标准的要求。

4. 制动性能

1）试验台或道路检验制动性能应符合《营运车辆综合性能要求和检验方法》（GB 18565—2001）中有关条款的规定。

2）制动系统装有比例阀、限压阀、感载阀、惯性阀或制动防抱死装置，在试验台上达不到规定制动力的车辆，应以满载路试的检验结果为准。装用 ABS 的汽车的制动性能应符合国家标准的规定。

5. 滑行性能

滑行性能应符合《营运车辆综合性能要求和检验方法》（GB 18565—2001）中有关条款的规定。

6. 转向轻便性

转向轻便性应符合《营运车辆综合性能要求和检验方法》（GB 18565—2001）中有关条款的规定。

7. 汽车噪声

1）车内噪声应符合《机动车运行安全技术条件》(GB 7258—2012)的有关规定。

2）车外噪声应符合《汽车加速行驶车外噪声限值及测量方法》(GB 1495—2002)的有关规定。

8. 喇叭声级

喇叭声级应符合《机动车运行安全技术条件》(GB 7258—2012)的有关规定。

四、质量保证

1）大修竣工出厂的汽车，经检验合格，应签发汽车大修出厂合格证及有关技术文件。

2）承修单位对大修竣工的汽车应给予质量保证。质量保证期自出厂之日起，不少于半年或行驶里程不少于20000km（以先达到者为准）。

复习思考题

1. 汽车车身大修质量的评定分为哪几级？
2. 汽车车身大修质量如何衡量？
3. 汽车大修合格证应包括哪些内容？
4. 汽车大修竣工出厂技术条件中的基本要求有哪些？
5. 汽车大修竣工出厂的主要性能指标要求有哪些？
6. 简述汽车大修竣工出厂质量保证的内容。

第八章

诊断与排除发动机故障

> **培训学习目标** 通过对本章的学习,掌握发动机故障诊断的基本思路和方法。

◆◆◆ 第一节 发动机不能起动故障的诊断

【故障现象】

起动机工作正常,但发动机不能起动,且无着车征兆。

【故障原因】

点火系统故障;燃油系统故障;发动机电子控制系统故障;发动机机械故障。

【故障诊断】

1)检查油箱存油情况。打开点火开关,若燃油表指针不动或油量警告灯报警,则应加油后再试。

2)对装有防盗控制系统的车辆,应检查防盗控制系统是否工作正常,若发现异常,则应予以排除。

3)检查高压火花情况。拔下某分缸高压线,连接上一个火花塞,将火花塞搭铁,然后用起动机带动发动机运转,同时观察火花塞是否跳火,如果没有跳火,则说明点火系统有故障。通过解码器检测故障码,若有故障码,则按照故障码的含义进行诊断;若没有故障码,则检查与点火控制有关的元器件,如 ECU、主继电器、曲轴位置传感器、凸轮轴位置传感器等是否工作正常,发现异常时应予以排除。

4)检查点火器、点火线圈、分电器和火花塞是否工作正常,若发现异常,则应予以排除。

第八章 诊断与排除发动机故障

5）检查燃油压力是否正常。可使用燃油压力表检测燃油压力,若燃油压力不正常,则检查电动燃油泵控制电路是否导通,燃油滤清器是否堵塞,燃油压力调节器是否工作正常等。

6）检查喷油器是否喷油。在喷油器控制电路上连接二极管试灯,然后用起动机带动发动机运转,同时观察二极管试灯是否间歇闪亮,若是,则为喷油器故障;若不是,则检查 ECU、主继电器、喷油器控制电路,发现异常时应予以排除。

7）检查气缸压力。用气缸压力表检测气缸压力,若不符合技术标准,则发动机机械部分有故障,应进一步拆检发动机。

8）检查配气正时。打开正时盖,检查配气正时记号,若不符合技术标准,则应重新装配。

❖❖❖ 第二节 发动机排放超标故障的诊断

【故障现象】

发动机排放指标超过国家标准规定的范围。

【故障原因】

发动机气缸密封性变差;发动机工作不良;三元催化转化器失效。

【故障诊断】

1）用真空表检查发动机怠速时的进气管负压,应不低于60kPa,否则应检测气缸压力。若气缸压力过低,则需检查气缸密封性;若气缸磨损严重,则需进行发动机大修。

2）用解码器检测发动机电控系统的工作状况,包括怠速转速、点火提前角、空燃比、喷油脉宽、进气压力传感器或空气流量计信号、冷却液温度传感器信号、氧传感器信号等,若发现异常,则应予以排除。

3）检查燃油压力以及喷油器、油压调节器工作是否正常,若发现异常,则应予以排除。

4）检查点火性能以及各气缸的工作情况,若发现异常,则应予以排除。

5）检查三元催化转化器,若发现异常,则应予以排除。

❖❖❖ 第三节 发动机油耗超标故障的诊断

【故障现象】

百公里油耗指标超过标准。

【故障原因】

发动机工作不良；传动系统阻力过大或传动打滑；制动拖滞；轮胎气压过低。

【故障诊断】

1）检查车轮阻滞力，若阻滞力过大，则应检查制动系统，使之恢复正常。

2）检查离合器是否打滑，主减速器轴承预紧度是否过大，若发现异常，则应予以排除。

3）检查制动间隙和制动回位是否正常，若发现异常，则应予以排除。

4）检查轮胎气压是否正常，若发现异常，则应予以排除。

5）检测发动机气缸压力，应符合标准，否则应检查气缸密封性。

6）检查点火性能和发动机运转情况，若有缺火、断火、怠速不稳、缺缸等现象，则应予以排除。

7）用排气分析仪检测排气中 CO 的含量，若超标，则可初步判断为混合气过浓。

8）用解码器检测发动机电控系统的工作状况，包括点火提前角、空燃比、进气压力传感器或空气流量计信号、喷油脉宽、冷却液温传感器信号、氧传感器信号等，若发现异常，则应予以排除。

9）检查燃油压力以及喷油器、油压调节器工作是否正常，若发现异常，则应予以排除。

10）检查发动机排气系统是否畅通，若发现异常，则应予以排除。

◈◈◈ 第四节 汽油发动机爆燃故障的诊断

【故障现象】

当负荷增大时，发动机产生不正常的金属敲击声，且发动机的输出功率降低。

【故障原因】

点火提前角过大；发动机过度积炭；发动机温度过高；空燃比不正确；燃油辛烷值过低。

【故障诊断】

1）检查发动机温度是否过高，若温度过高，则按照发动机温度过高的诊断流程进行诊断。

2）参照车辆发动机压缩比参数，检查所用燃油是否符合技术标准。

3）检测发动机点火提前角是否过大，若有问题，则按技术要求进行调整和恢复。

第八章　诊断与排除发动机故障

4）用解码器检测发动机空燃比是否正常，若存在混合气过稀的情况，则应检查进气系统是否泄漏，燃油系统是否存在供油不足的故障。

5）最后考虑发动机气缸内积炭过多，此时应拆检发动机，清除积炭。

◇◇◇ 第五节　发动机动力不足故障的诊断

【故障现象】

发动机无负荷运转时基本正常，带负荷运转时加速缓慢，达不到最高车速，上坡时无力。

【故障原因】

进、排气系统不畅通；燃油系统故障；点火系统故障；发动机电子控制系统故障；发动机气缸密封性差或配气相位不正确。

【故障诊断】

1）检查空气滤清器是否堵塞，节气门位置是否正常，排气系统是否堵塞，若发现异常，则应予以排除。

2）用解码器检测发动机电控系统工作状况，包括点火提前角、空燃比、进气压力传感器或空气流量计信号、喷油脉宽、冷却液温度传感器信号、氧传感器信号等，若发现异常，则应予以排除。若有故障码，则按故障码的含义查找故障原因和故障部位。

3）使用燃油压力表检测燃油压力，若燃油压力低于标准值，则检查燃油泵、燃油滤清器和燃油压力调节器工作是否正常，若发现异常，则应予以排除。

4）拆检喷油器，检查喷油量是否正常，若喷油量不足或雾化不良，则应进行清洗或更换。

5）检查点火线圈和高压线电阻以及火花塞的工作情况，若发现异常，则应予以排除。

6）检查配气正时。打开正时盖，检查配气正时记号，若不符合技术标准，则应予以重新装配。

7）检查气缸压力。用气缸压力表检测气缸压力，若不符合技术标准，则说明发动机气缸密封性不良，应进一步拆检发动机。

◇◇◇ 第六节　发动机异响故障的诊断

一般情况下，发动机会伴随有轻微且有节奏的机械振动和排气声音。这种振动和声音都不太大，属于一种正常现象。但如果发动机在运转过程中出现不正常的金属碰撞声、摩擦声和强烈的振动声，则可认为发动机存在异响。其原因主要是内部零件磨损松旷、受力变形或者使用维护不当。这些异响不仅引起机件的磨损加剧，而且还会影响发动机的正常工作，有些响声若不及时排除，还有可能造成机械事故。因此，当发动机出现异响时要及时诊断和排除。

发动机异响的表现较为复杂，同时又受转速、负荷、温度和润滑条件等诸多因素的影响，所以判断异响是一项技术性较强的工作。判断时除了应注意响声的不同外，还要注意在特定的条件下响声的特殊反映、响声的出现时机及响声的变化规律等，进而进行判断。发动机常见的异响有：曲轴主轴承异响、连杆轴承异响、活塞敲缸响、活塞销异响、凸轮轴异响、气门异响以及正时机构异响等。根据高级汽车修理工的考核要求，下面以发动机连杆轴承异响和凸轮轴异响的诊断为例加以说明。

一、发动机连杆轴承异响

【故障现象】

发动机有较重而短促的金属敲击声，怠速运转时不明显，而中高速运转时较明显；急加油后松开加速踏板的瞬间响声更加明显；温度升高后无明显变化；当负荷增加时，声响随之增大。

【故障原因】

连杆轴承与轴颈磨损过量，径向配合间隙过大；连杆轴承盖紧固螺栓松动；连杆轴承合金烧蚀或脱落。

【故障诊断】

1）确认异响在发动机冷车和热车时有无明显变化。

2）在发动机突然加速时，检查发动机有无短促而连续的"铛铛"金属敲击声，若有，则可初步诊断为连杆轴承异响。

3）逐缸进行断缸试验。若某缸断缸后响声明显减弱或消失，在恢复工作时响声又立即出现，则可判断该缸的连杆轴承异响。

4）检查发动机润滑油压力。如果响声严重，同时又伴有润滑油压力降低，则可进一步确定故障。

二、发动机凸轮轴异响

【故障现象】

发动机上部有一种钝重的"嗒嗒"金属敲击声，怠速和中速运转时较明显，而高速运转时减弱或消失，温度升高和发动机断缸试验时声音没有变化。

第八章　诊断与排除发动机故障

【故障原因】

凸轮轴颈与轴承磨损过量，径向配合间隙过大；凸轮轴盖紧固螺栓松动；凸轮轴轴向间隙过大；凸轮轴弯曲。

【故障诊断】

1）确认异响在发动机冷车和热车时有无明显变化。

2）在发动机怠速和中速运转时，检查发动机凸轮轴附近是否有连续的"嗒嗒"金属敲击声，在高速运转时是否减弱或消失，若是，则可初步诊断为凸轮轴异响。

3）逐缸进行断缸试验，若异响均无明显变化，则可判断为凸轮轴异响。

4）打开气门室盖，检查凸轮轴润滑情况和凸轮轴轴向间隙，若发现异常，则应予以排除。

5）拆检凸轮轴，检查凸轮轴和轴承孔的磨损情况以及凸轮轴是否弯曲，若发现异常，则应予以维修或更换。

◆◆◆ 第七节　发动机过热故障的诊断

【故障现象】

发动机的温度超过正常的温度范围，有时还伴有散热器开锅沸腾的现象。

【故障原因】

发动机冷却系统工作不良；发动机热负荷过大。

【故障诊断】

1）检查膨胀水箱和散热器内冷却液的量是否充足，若不足，则应补充冷却液。

2）检查膨胀水箱和散热器之间的橡胶管是否畅通，若不畅通，则应予以疏通。

3）检查散热器盖的蒸汽阀和空气阀的开启压力是否正常，若不正常，则应更换散热器盖。

4）检查散热器内外是否有过多的脏物，如果有，则应进行清理。

5）检查节温器开启温度及开启行程是否正常，若不正常，则更换节温器。

6）对于装有硅油风扇离合器的风扇，应检查其在冷却液温度为 90~95℃ 时能否达到全速。简易的检测方法是：在高温时熄火，用手拨动风扇，感觉费力为正常，否则，就需要进行检修。对于温控电动风扇（以桑塔纳乘用车为例），在正常情况下，当温度达到 93~98℃ 时，风扇应开始低速运转；当温度上升到 99~105℃ 时，风扇应开始高速运转。若达不到以上要求，则应更换温控开关。

7）检查冷却风扇工作是否正常，若不正常，则应进行修理或更换。

8）检查水泵工作是否正常，若不正常，则应予以更换。

9）检查点火提前角是否过大，若过大，则应进行调整。

◆◆◆ 第八节　电控发动机怠速不稳故障的诊断

【故障现象】

发动机怠速运转不稳定，转速忽高忽低，发动机机体抖动。

【故障原因】

怠速转速调整得过低；发动机电子控制系统故障；怠速控制阀工作不良；点火系统、供油系统工作不良；废气再循环控制阀故障；发动机机械故障。

【故障诊断】

1）检查发动机怠速转速，若不正常，则应按规定调整发动机怠速转速。检查快怠速装置是否有效，若无效，则应查明原因并予以排除。

2）用解码器检测发动机电控系统的工作状况，包括点火提前角、空燃比、进气压力传感器或空气流量计信号、喷油脉宽、冷却液温度传感器信号、氧传感器信号等，若发现异常，则应予以排除。若有故障码，则按故障码的含义查找故障原因和故障部位。

3）使用燃油压力表检测燃油压力，若燃油压力低于标准值，则检查燃油泵、燃油滤清器和燃油压力调节器是否正常，发现异常时应予以排除。

4）用断缸法检查发动机各气缸工作是否正常。若某气缸断缸后发动机转速无明显下降，则可判断该气缸工作不良或不工作，应检查喷油器以及火花塞的工作情况，发现异常时应予以排除。

5）检查气门间隙是否正确，若不正确，则应进行调整。

6）对装有废气再循环控制阀的车辆，应检查废气再循环控制阀是否关闭不良，若发现异常，则应进行维修或更换。

7）检查配气正时。打开正时盖，检查配气正时记号，若不符合技术标准，则应重新装配。

8）检查气缸压力。用气缸压力表检测气缸压力，若不符合技术标准，则说明发动机气缸密封性不良，应进一步拆检发动机。

◆◆◆ 第九节　电控发动机加速不良故障的诊断

【故障现象】

汽车在行驶过程中加速犯闯或加速无力。

第八章 诊断与排除发动机故障

【故障原因】

进、排气系统不畅通；燃油系统故障；点火系统故障；发动机电子控制系统故障；发动机气缸密封性差或配气相位不正确。

【故障诊断】

1）用解码器检测发动机电控系统的工作状况，包括怠速转速、点火提前角、空燃比、喷油脉宽、冷却液温度传感器信号、空气流量计信号、氧传感器信号等，若发现异常，则应予以排除。若有故障码，则按故障码的含义查找故障原因和故障部位。

2）用真空表检查发动机怠速时的进气管负压，应不低于60kPa，否则应检查发动机密封性、点火性能、空燃比及各缸的工作情况。

3）检查空气滤清器是否堵塞，节气门位置是否正常，排气系统是否堵塞，若发现异常，则应予以排除。

4）用断缸法检查发动机各气缸工作是否正常，若某气缸断缸后发动机转速无明显下降，则可确定该气缸工作不良或不工作，应检查喷油器以及火花塞工作情况，若发现异常，则应予以排除。

5）检查燃油压力、油压调节器是否正常，若发现异常，则应予以排除。

6）检查点火线圈和高压线电阻，若发现异常，则应予以排除。

7）检查配气正时。打开正时盖，检查配气正时记号，若不符合技术标准，则应重新装配。

8）对装有废气再循环控制阀的车辆，应检查废气再循环控制阀是否工作不良，若发现异常，则应进行维修或更换。

9）检查气缸压力。用气缸压力表检测气缸压力，若不符合技术标准，则说明发动机气缸密封性不良，应进一步拆检发动机。

◈◈◈ 第十节 诊断与排除发动机故障技能训练

● 训练1 诊断与排除发动机不能起动故障

1. 操作准备

1）有不能起动故障的车辆1辆。

2）解码器1台，数字万用表1块，二极管试灯1只。

3）燃油压力表、气缸压力表各1块；常用工具1套。

2. 操作要求

按照维修工艺规范和安全生产技术规范进行操作。

3. 操作时间

30min。

4. 技术标准

发动机能顺利起动，各工况工作良好。

5. 基本操作步骤

操作步骤描述：确认故障现象→基础检查→用解码器检查→防盗系统的检查→碰撞开关的检查→点火系统的检查→燃油泵的检查→喷油器的检查→燃油压力的检测→机械故障的诊断→确认并排除故障→验证故障排除效果。

步骤1：确认故障现象

在起动发动机时，起动机能带动发动机正常运转，但发动机不工作，且无着车征兆。

步骤2：基础检查

1) 检查发动机外围线束、插接器、进气管、高压线以及真空管路等的连接情况，观察有无脱落或破损现象，若有问题，则应予以恢复。

2) 对于装配自动变速器的车辆，应检查变速杆是否处于P位或者N位。

3) 检查油箱中的燃油量，若不足，则应予以补充。

步骤3：用解码器检查

用解码器检查故障码，若有故障码，则按照故障码的含义进行诊断。电控发动机不能起动故障通常是由发动机转速传感器、空气流量计（或进气压力传感器）、氧传感器和点火器故障引起的。

步骤4：防盗系统的检查

检查发动机有无防盗系统，若防盗系统起作用，则应首先解除防盗作用。对于装配发动机电子防盗系统的车辆，在更换ECU、组合仪表或点火钥匙之后，防盗系统就会处于锁死状态，必须重新匹配防盗密码，在防盗密码匹配成功后才能起动发动机。

步骤5：碰撞开关的检查

对于设有碰撞开关的车辆，在激烈的行驶过程中（高速通过障碍物、跨越较高的障碍等）或者遭遇轻微碰撞时，可能会误触发碰撞开关，此时车辆油电路被中断，造成发动机无法起动。当遇到这种情况时，只需找到车辆碰撞开关，手动将其复位即可。

步骤6：点火系统的检查

拔下某分缸高压线，连接上一个火花塞，并将火花塞金属部分搭铁，然后用起动机带动发动机运转，同时观察火花塞是否跳火。如果火花塞没有跳火，则说明点火系统有故障，应检查与点火系统有关的元器件，如点火器、点火线圈、分

第八章 诊断与排除发动机故障

电器、ECU、主继电器、曲轴位置传感器（发动机转速传感器）等是否工作正常，发现异常时应予以排除。

步骤7：燃油泵的检查

打开点火开关或起动发动机，从油箱处应能听到燃油泵运转的声音；也可用手捏住连接燃油分配管的进油管，应能感觉到油压的脉动；或拆下油压调节器的回油管，应有汽油流出。若燃油泵工作正常，则应检查与燃油泵有关的熔断器、继电器及电动燃油泵的控制电路等。

步骤8：喷油器的检查

在喷油器线束插接器两端连接二极管试灯，用起动机带动发动机运转，如果二极管试灯间歇闪亮，则说明喷油器有故障；若不闪亮，则应检查熔断器、主继电器和喷油器的控制电路。如发动机 ECU 外围电路正常，则可能是发动机 ECU 有故障。

步骤9：燃油压力的检测

在发动机未运转时，用燃油压力表检测燃油系统压力。对于有回油燃油系统，燃油压力应为 300kPa 左右；对于无回油系统，燃油压力应为 350kPa 左右。对于有回油燃油系统，若燃油压力过低，则可阻断回油管。若阻断回油管后压力迅速上升，则说明燃油压力调节器有故障；若阻断回油管后压力上升缓慢或不上升，则说明燃油滤清器堵塞或电动汽油泵有故障，此时应先拆下燃油滤清器进行检查，当无堵塞现象时，应更换电动汽油泵。

步骤10：机械故障的诊断

检查配气正时和气缸压力，若不符合规定，则应拆检发动机。

步骤11：确认并排除故障

根据故障情况，按维修作业规范进行维修。

步骤12：验证故障排除效果

将故障排除后，验证发动机是否能够顺利起动，各工况是否工作良好。

6. 评分标准

诊断与排除发动机不能起动故障的评分标准见素材文件中的附表12。

● 训练2　诊断与排除发动机动力不足故障

1. 操作准备

1）有发动机动力不足故障的车辆1辆；常用工具1套。

2）解码器1台，数字万用表、燃油压力表、气缸压力表各1块。

2. 操作要求

按照维修工艺规范和安全生产技术规范进行操作。

3. 操作时间

30min。

4. 技术标准

发动机能顺利起动,各工况工作良好,动力性检测(或路试)结果符合有关技术标准。

5. 基本操作步骤

操作步骤描述:确认故障现象→基础检查→用解码器检查→检查空气滤清器→检查进气管负压→检查点火系统及燃油系统→检查排气再循环系统(EGR)→检查机械故障→确认并排除故障→验证故障排除效果。

步骤1:确认故障现象

发动机无负荷运转时基本正常,但带负荷运转时加速缓慢,转速不易提高,在将加速踏板踩到底时仍感到动力不足,达不到最高车速,上坡无力。

步骤2:基础检查

1)检查发动机外围线束、插接器、进气管、高压线以及真空管路等的连接情况,观察有无脱落或破损现象,若有问题,则应予以恢复。

2)将加速踏板踩到底,检查节气门能否全开,若不能全开,则应调整节气门拉索或加速踏板。

步骤3:用解码器检查

用解码器检查故障码,若有故障码,则按故障码的含义查找故障原因和故障部位;若无故障码,则检测发动机数据流,重点观察点火提前角、空燃比、进气压力传感器或空气流量计信号、喷油脉宽、冷却液温度传感器信号、氧传感器信号等是否正常,发现异常时应有针对性地予以检查和排除。

步骤4:检查空气滤清器

检查空气滤清器是否堵塞,若堵塞,则应清洗或更换空气滤清器。

步骤5:检查进气管负压

怠速时的进气管负压应不低于57kPa,否则说明进气系统漏气,应重点检查进气管各接头、真空管、真空罐及真空助力器等。

步骤6:检查点火系统及燃油系统

1)检查点火线圈和高压线以及火花塞的工作情况,若发现异常,则应予以更换。

2)使用燃油压力表检测燃油系统压力是否低于标准值,重点检查燃油泵、燃油滤清器和燃油压力调节器是否正常,若发现异常,则应予以排除。

3)拆卸喷油器,检查喷油器的密封性、喷油量及雾化情况,若有异常,则应进行清洗或更换喷油器。

步骤7:检查排气再循环系统(EGR)

对于装有EGR的电控发动机,可以暂时中断EGR阀工作,检查发动机的动

第八章 诊断与排除发动机故障

力性能,如果动力性能恢复,则说明 EGR 有故障(导入的废气过多),应重点检查 EGR 控制电磁阀、压力调节阀和控制管路的工作情况。

步骤 8:检查机械故障

1)检查配气正时和气缸压力,若不符合规定,则应拆检发动机。

2)用排气背压表检查排气系统是否堵塞,若发现异常,则应予以排除。

3)检查轮胎气压是否正常,若发现异常,则应予以排除。

4)检查车轮阻滞力是否过大,若阻滞力过大,则应检查制动间隙和制动回位是否正常,发现异常时应予以排除。

5)检查离合器是否打滑以及主减速器轴承预紧度是否过大,若发现异常,则应予以排除。

步骤 9:确认并排除故障

根据确认故障情况,按维修作业规范进行维修。

步骤 10:验证故障排除效果

将故障排除后,进行发动机空载加速试验和车辆路试,验证发动机动力是否恢复正常。

6. 评分标准

诊断与排除发动机动力不足故障的评分标准见素材文件中的附表 13。

● 训练 3　诊断与排除汽油发动机排放超标故障

1. 操作准备

1)有发动机排放超标故障的汽油车 1 辆。

2)五气体废气分析仪、发动机综合分析仪各 1 台;常用工具 1 套。

3)解码器 1 台,数字万用表、燃油压力表各 1 块,远红外测温仪 1 台。

2. 操作要求

按照设备使用规程以及维修工艺规范和安全生产技术规范进行操作。

3. 操作时间

30min。

4. 技术标准

发动机能顺利起动,各工况工作良好,排放符合国家标准。

5. 基本操作步骤

操作步骤描述:确认故障现象→基础检查→用解码器检查→检查空气滤清器→检查点火系统及燃油系统→检查机械故障→检查曲轴箱通风装置→检查三元催化转化器的性能→确认并排除故障→验证故障排除效果。

步骤1：确认故障现象

1）当汽车正常工作时，排气管排出的废气是无色透明的气体，只有在短时间内接近全负荷运转或起动时，废气才呈现灰色或深灰色。黑色、蓝色或白色的排气烟色称为异常烟色，分别是由混合气过浓、烧机油和水分过多引起的，往往会引起排放超标。

2）使用废气分析仪检测发动机排放情况，并记录排放检测数据，然后根据排放标准，判断排气是否超标，并初步分析排放超标的故障原因（方向），如混合气过稀、混合气过浓、气缸缺火等。

步骤2：基础检查

1）检查发动机外围线束、插接器、进气管、高压线以及真空管路等的连接情况，观察有无脱落或破损现象，若有问题，则应予以恢复。

2）检查机油液位是否过高。

步骤3：用解码器检查

使用解码器检测发动机电控系统，若有故障码，则按故障码的含义查找故障部位并排除故障；若无故障码，则检测发动机数据流，重点观察点火提前角、空燃比、进气压力或空气流量信号、喷油脉宽、冷却液温度、氧传感器信号等是否正常，若发现异常，则应有针对性地予以检查和排除。

步骤4：检查空气滤清器

拆下空气滤清器，检查空气滤清器是否堵塞，如堵塞，则应清洗或更换空气滤清器。

步骤5：检查点火系统及燃油系统

1）如果发动机伴有怠速不稳或加速不良现象，则应重点检查各缸高压线和火花塞是否良好，喷油器工作是否正常，点火正时是否过迟等。若有必要，则可使用发动机综合检测仪检测点火系统的工作状况。

2）如果发动机伴有排气冒黑烟现象，则应重点检查燃油压力是否过高，喷油器喷油量是否过大，进气系统是否漏气等。

步骤6：检查机械故障

检查配气正时和气缸压力，若不符合规定，则应拆检发动机。

步骤7：检查曲轴箱通风装置

检查曲轴箱通风单向阀是否卡滞，若卡滞，则应清洗或更换曲轴箱通风装置。

步骤8：检查三元催化转化器的性能

对装有三元催化转化器的车辆，应检查三元催化器的工作状况。可用远红外测温仪测量排气管三元催化转化器的进气和出气端温度。如果进气端的温度高于出气端的温度，则说明三元催化转化器失效，应更换新的三元催化转化器。

第八章　诊断与排除发动机故障

步骤9：确认并排除故障

对诊断确认的故障部位，按维修作业规范进行维修。

步骤10：验证故障排除效果

将故障排除后，重新检测发动机尾气是否达到国家排放标准。

6．评分标准

诊断与排除汽油发动机排放超标故障的评分标准见素材文件中的附表14。

● 训练4　诊断与排除发动机怠速不稳故障

1．操作准备

1）有发动机怠速不稳故障的车辆1辆；常用工具1套。

2）解码器1台，数字万用表、燃油压力表、气缸压力表各1块。

2．操作要求

按照设备使用规程以及维修工艺规范和安全生产技术规范进行操作。

3．操作时间

30min。

4．技术标准

发动机能顺利起动，怠速转速符合规定且运转稳定，排放符合国家标准，发动机加、减速工况工作正常。

5．基本操作步骤

> 操作步骤描述：确认故障现象→基础检查→用解码器检查→检查进气系统→检查怠速空气执行元件→检查点火系统及燃油系统→检查机械故障→确认并排除故障→验证故障排除效果。

步骤1：确认故障现象

起动发动机，检查发动机怠速运转情况，区分是冷车（快怠速）时还是热车（正常怠速）时有节奏的怠速运转不稳定、发动机发抖、转速不均匀、有熄火倾向，或者是无规律的怠速运转不稳定。

步骤2：基础检查

检查发动机外围线束、插接器、进气管、高压线以及真空管路等的连接情况，观察有无脱落或破损现象，若有问题，则应予以恢复。

步骤3：用解码器检查

使用解码器检查发动机电控系统，若有故障码，则按故障码的含义查找故障部位并排除故障；若无故障码，则检测发动机数据流，重点观察怠速转速、怠速阀工作状态、点火提前角、空燃比、进气压力传感器或空气流量计信号、冷却液温度和进气温度传感器信号、爆燃传感器信号、喷油脉宽、氧气传感器闭环控制等是否正常，发现异常时应有针对性地予以检查和排除。

步骤4：检查进气系统

1）拆下空气滤清器，检查空气滤清器是否堵塞，若堵塞，则应清洗或更换空气滤清器。

2）检查怠速时的进气管负压，若真空度小于57kPa，则说明进气系统有漏气现象，应检查进气管各个管接头、真空软管等处是否漏气，废气再循环阀、活性炭罐电磁阀、曲轴箱强制通风阀（PCV）是否关闭不严等。

步骤5：检查怠速空气执行元件

对于节气门直动式（直流电动机）怠速控制阀，可通过执行器试验检查其是否损坏或发卡；对于脉冲电磁阀式怠速控制阀，可在冷车运转中拔下其线束插头，若发动机转速没有变化，则说明怠速控制阀不工作。对于步进电动机式怠速控制阀，应在发动机熄火后拔下其线束插头，待发动机起动后再插上，若发动机转速无变化，则说明怠速控制阀不工作，应进一步检查线束插头处有无脉冲电压。若无脉冲电压，则应检查控制电路；若有脉冲电压，则说明怠速控制阀有故障，应换用新件。

步骤6：检查点火系统及燃油系统

1）用断缸法检查发动机各气缸工作是否正常，若某气缸断缸后发动机转速无明显下降，则可判断该气缸工作不良或不工作，此时应检查喷油器、点火模块、火花塞以及高压线的工作情况，发现异常时应予以排除。

2）使用燃油压力表检测燃油系统压力是否低于标准值，并重点检查燃油泵、燃油滤清器和燃油压力调节器是否正常，若发现异常，则应予以排除。

3）拆卸喷油器，检查喷油器的密封性、喷油量及雾化情况，若有异常，则应进行清洗或更换喷油器。

步骤7：检查机械故障

1）打开正时盖，检查配气正时记号，若不符合技术标准，则应重新装配。

2）用气缸压力表检测气缸压力，若不符合技术标准，则说明发动机气缸密封性不良，应进一步拆检发动机。

3）用排气背压表检查排气系统是否堵塞，如果堵塞，则应换用新件。

4）检查气门间隙是否正确，若不正确，则应进行调整或维修。

步骤8：确认并排除故障

根据诊断确认的故障部位，按维修作业规范进行维修。

步骤9：验证故障排除效果

将故障排除后，验证发动机怠速是否恢复正常。

第八章　诊断与排除发动机故障

6. 评分标准

诊断与排除发动机怠速不稳故障的评分标准见素材文件中的附表15。

● 训练5　诊断与排除发动机过热故障

1. 操作准备

1）有电喷发动机过热故障的车辆1辆。

2）解码器1台，数字万用表1块；常用工具1套。

2. 操作要求

按照设备使用规程以及维修工艺规范和安全生产技术规范进行操作。

3. 操作时间

30min。

4. 技术标准

发动机冷却系统工作正常，冷却液温度符合规定。

5. 基本操作步骤

> 操作步骤描述：确认故障现象→基础检查→检查散热器盖→检查散热器风扇及护风圈→检查点火正时→检查机械故障→确认并排除故障→验证故障排除效果。

步骤1：确认故障现象

检查发动机运行过程中的冷却液温度是否超过正常工作范围（电喷发动机通常为95~105℃），冷却液温度表是否经常超过红线，冷却液温度警告灯是否点亮，散热器是否有"开锅"沸腾的现象，若是，则说明发动机过热。

步骤2：基础检查

1）检查冷却液有无渗漏现象，同时检查膨胀水箱和散热器内冷却液的量是否充足，是否有浑浊变质现象，若是，则应补充或更换冷却液。

2）检查散热器是否变形、堵塞，积垢是否过多，若是，则应进行校正或清理。

3）检查风扇传动带的松紧度，若有异常，则应予以调整。

4）检查膨胀水箱和散热器之间的橡胶管是否畅通，若不畅通，则应疏通或更换橡胶管。

5）检查发动机是否缺少机油，机油是否过稠和老化变质，若是，则应补充或更换机油。若机油中有水分，则应对发动机进行解体检修。

6）检查排气管是否有排水现象，若有排水现象，则应检查水套是否有裂纹，并更换气缸垫。

步骤3：检查散热器盖

检查散热器盖蒸汽阀和空气阀的开启压力是否正常，若有异常，则应更换散热器盖。

步骤4：检查散热器风扇及护风圈

1）检查风扇叶片的角度和数量是否符合规定，是否装有风扇护风圈及护风圈是否变形，若是，则应修整或更换散热器风扇及护风圈。

2）对于装有硅油风扇离合器的风扇，应检查冷却液温度为 90~95℃ 时风扇能否达到全速。简易的检测方法是：在高温时熄火，用手拨动风扇，感觉费力为正常，否则，就需要进行检修。

3）对于温控电动风扇，在正常情况下，当温度达到 93~98℃ 时，风扇应开始低速运转；当温度上升到 99~105℃ 时，风扇应开始高速运转。否则，应检查温控开关或冷却风扇及其电路工作是否正常，若不正常，则应进行修理或更换。

步骤5：检查点火正时

检查点火时间是否过迟，若过迟，则应调整点火正时。

步骤6：检查机械故障

1）检查节温器开启温度及开启行程是否正常，若不正常，则更换节温器。

2）检查水泵工作是否正常，若不正常，则应予以更换。

3）用气缸压力表检测气缸压力，如气缸压力过高，则应进一步拆检发动机，检查燃烧室积炭是否过多，气缸衬垫是否过薄，或缸体、缸盖接合面是否磨削过多。

步骤7：确认并排除故障

根据诊断确认的故障部位，按维修作业规范进行维修。

步骤8：验证故障排除效果

将故障排除后，验证发动机冷却系统工作是否正常，冷却液温度是否符合规定。

6. 评分标准

诊断与排除电喷发动机过热故障的评分标准见素材文件中的附表16。

- **训练6　诊断与排除发动机油耗超标故障**

1. 操作准备

1）有发动机油耗超标故障的车辆1辆；常用工具1套。

2）五气体废气分析仪、解码器各1台，数字万用表、燃油压力表各1块。

2. 操作要求

按照设备使用规程以及维修工艺规范和安全生产技术规范进行操作。

3. 操作时间

30min。

4. 技术标准

发动机能顺利起动，各工况工作良好，车辆百公里油耗指标符合规定。

5. 基本操作步骤

操作步骤描述：确认故障现象→基础检查→用解码器检查→检查点火系统及燃油系统→检查机械故障→确认并排除故障→验证故障排除效果。

步骤1：确认故障现象

1）用排气分析仪检测发动机的排放质量。当 CO、HC 的浓度高，CO_2、O_2 的浓度低时，表明发动机混合气过浓；当 HC 和 O_2 的浓度高，CO 的浓度低时，表明混合气过稀。

2）在底盘测功机上测量发动机油耗是否正常。

步骤2：基础检查

检查发动机外围线束、插接器、进气管、高压线以及真空管路等的连接情况，观察有无脱落或破损现象，若有问题，则应予以恢复。

步骤3：用解码器检查

用解码器检查发动机电控系统的工作状况，包括点火提前角、空燃比、进气压力传感器或空气流量计信号、喷油脉宽、冷却液温传感器信号、氧传感器信号、节气门位置信号等，若发现异常，则应予以排除。

步骤4：检查点火系统及燃油系统

1）用断缸法检查发动机各气缸工作是否正常，若某气缸断缸后发动机转速无明显下降，则可判断该气缸工作不良或不工作，应检查喷油器、点火模块、火花塞以及高压线的工作情况，发现异常时应予以排除。

2）使用燃油压力表检测燃油系统压力是否低于标准值。重点则检查燃油泵、燃油滤清器和燃油压力调节器是否正常，若发现异常，则应予以排除。

3）拆卸喷油器，检查喷油器的密封性、喷油量及雾化情况，若有异常，则应进行清洗或更换喷油器。

步骤5：检查机械系统

1）用排气背压表检查发动机排气系统是否畅通，若发现异常，则应予以排除。

2）检查轮胎气压是否正常，若发现异常，则应予以调整。

3）检查车轮阻滞力，若阻滞力过大，则应检查制动间隙和制动回位是否正常，发现异常时应予以排除。

4）检查离合器是否打滑，主减速器轴承预紧度是否过大，若发现异常，则应予以排除。

5) 当发动机伴有动力不足等现象时,应进一步检查气缸密封性,若不符合标准,则应予以恢复。

步骤6:确认并排除故障

根据诊断确认的故障部位,按维修作业规范进行维修。

步骤7:验证故障排除效果

将故障排除后,用排气分析仪检测排放是否超标,或在底盘测功机上测量发动机油耗是否正常,以验证故障排除效果。

6. 评分标准

诊断与排除发动机油耗超标故障的评分标准见素材文件中的附表17。

● **训练7 诊断与排除发动机机油消耗超标故障**

1. 操作准备

1) 有发动机机油消耗超标故障的车辆1辆。

2) 气缸压力表、真空表各1块;常用工具1套。

2. 操作要求

按照设备使用规程以及维修工艺规范和安全生产技术规范进行操作。

3. 操作时间

30min。

4. 技术标准

发动机机油消耗正常。

5. 基本操作步骤

> 操作步骤描述:确认故障现象→基础检查→检查加机油口的排烟情况→检查增压器→检查空压机→检测气缸压力→检查火花塞→确认并排除故障→验证故障排除效果。

步骤1:确认故障现象

1) 用排气分析仪检测发动机排气中的HC浓度,当发动机烧机油时,HC浓度将超标。

2) 检查发动机中高速时排气管的排烟情况,若有蓝烟排出,则说明发动机烧油。

步骤2:基础检查

1) 检查发动机各部位有无明显漏油之处。重点检查发动机前端、后端、油底壳、气门室盖、机油散热器、涡轮增压器、空气压缩机等处是否有异常现象。

2) 检查机油加注量是否过多,过多时应调整。

第八章　诊断与排除发动机故障

3）检查冷却液中是否有机油，若有，则说明缸体或缸盖某处开裂，缸垫油道损坏或机油冷却器损坏。

4）检查曲轴箱通风阀是否堵塞。

步骤3：检查加机油口的排烟情况

打开加机油口，使发动机以中高速运转，观察加机油口的排烟情况，若排烟量较大，则说明气缸密封不良，可能是气缸活塞组磨损量过大所致；若排烟量正常而排气有大量蓝烟，则说明气门油封处密封不良。

步骤4：检查增压器

检查进气软管中有无机油，若有机油，则说明增压器的密封环密封不良或回油管堵塞，需检修。

步骤5：检查空压机

检查储气筒放气阀处的排污中有无过多的机油，若有过多的机油，则说明空压机窜机油，应检查空压机活塞、活塞环与缸壁的磨损情况，并予以修复。

步骤6：检测气缸压力

可采用加机油法进行对比，若向气缸内加入少量机油后气缸压力提高较大，则说明该气缸的气缸活塞组磨损量过大，应解体维修。

步骤7：检查火花塞

检查火花塞，若仅在火花塞一侧有油污，则表明气门油封漏油，应更换气门油封。

步骤8：确认并排除故障

根据诊断确认的故障部位，按维修作业规范进行维修。

步骤9：验证故障排除效果

将故障排除后，用排气分析仪检测发动机机油消耗是否正常，以验证故障排除效果。

6. 评分标准

诊断与排除发动机机油消耗超标故障的评分标准见素材文件中的附表18。

● 训练8　诊断与排除发动机连杆轴承异响故障

1. 操作准备

有发动机连杆轴承异响故障的车辆1辆；听诊器1只；常用工具1套。

2. 操作要求

按照设备使用规程以及维修工艺规范和安全生产技术规范进行操作。

3. 操作时间

30min。

4. 技术标准

发动机无异响，各工况工作良好。

5. 基本操作步骤

> 操作步骤描述：确认故障现象→基础检查→异响诊断→确认并排除故障→验证故障排除效果。

步骤1：确认故障现象

发动机怠速运转时无异响或响声较小，急加速时有较重且短促的"铛铛"敲击声。

步骤2：基础检查

1）检查机油液位是否正常，不正常时应进行调整。

2）检查冷却液液位是否正常，不正常时应进行调整。

步骤3：异响诊断

1）诊断时，使发动机怠速运转，然后由怠速向低速、由低速向中速、再由中速向高速加大节气门进行试验，并在机油加注口处或曲轴箱通风管口处听诊。声响在怠速时较小，中速时较为明显，高速时因其他杂音干扰而不明显。抖动节气门时，在加油的瞬间异响突出。当响声严重时，在任何转速下均可听到清晰、明显的敲击声。但要注意：抖动节气门的次数不要过多，发动机高速运转的时间也不宜过长。熄火后应对曲轴进行复转，防止轴承合金与曲轴发生烧结现象。

2）进行单缸断火试验。若某缸断火后响声明显减弱或消失，在恢复工作时响声又立即出现，则为该缸连杆轴承响。值得注意的是，当连杆轴承严重松旷时，单缸断火后声响无明显变化。

3）异响在发动机冷机和热机时无明显变化，在发动机温度升高后，有时还会明显一些。

4）连杆轴承异响规律为每点火1次，响2次，即每个工作循环响2次，并且随着负荷的增大，响声加剧。

5）连杆轴承响常伴随油压明显降低现象，严重时伴随机体振抖。可用手将螺钉旋具或听诊器抵在缸体下部或油底壳处，当触及相应的故障缸位置时，会有明显的振动感。

步骤4：确认并排除故障

若出现上述类似的故障响声，则应拆下油底壳，检查连杆螺栓是否松动，连杆轴承与轴颈之间的配合间隙是否过大以及各自的损伤情况，并视具体情况按维修作业规范对轴承进行更换或对发动机进行大修。

步骤5：验证故障排除效果

将故障排除后，用变换转速、断缸和听诊法进行异响诊断，以验证异响是否

第八章 诊断与排除发动机故障

消失。

6. 评分标准

诊断与排除发动机连杆轴承异响故障的评分标准见素材文件中的附表19。

● 训练9　诊断与排除凸轮轴异响故障

1. 操作准备

有凸轮轴异响故障的车辆1辆；听诊器1只；常用工具1套。

2. 操作要求

按照设备使用规程以及维修工艺规范和安全生产技术规范进行操作。

3. 操作时间

30min。

4. 技术标准

发动机无异响，各工况工作良好。

5. 基本操作步骤

操作步骤描述：确认故障现象→基础检查→异响诊断→确认并排除故障→验证故障排除效果。

步骤1：确认故障现象

在发动机怠速和中速运转时，检查发动机凸轮轴附近是否有连续的"嗒嗒"金属敲击声，并且响声在高速时减弱或消失。

步骤2：基础检查

1）检查机油液位是否正常，不正常时应进行调整。

2）检查冷却液液位是否正常，不正常时应进行调整。

步骤3：异响诊断

1）诊断时，使发动机怠速运转，然后由怠速向低速、由低速向中速、由中速向高速加大节气门进行试验，并在凸轮轴的前、后衬套部位和正时齿轮盖部位听诊。声响在怠速时较小，中速时较为明显，高速时减弱或消失。

2）进行单缸断火试验，声响无明显变化。

3）异响在发动机冷机和热机时无明显变化。

4）异响规律为每点火1次，响1次，即每个工作循环响1次，并且随着负荷的增大，响声无明显变化。

5）凸轮轴异响常伴随油压明显降低现象。

步骤4：确认并排除故障

若出现上述类似的故障响声，则应拆下气门室盖，检查凸轮轴润滑情况和凸轮轴的轴向间隙。拆检凸轮轴，检查凸轮轴及其轴承的磨损情况以及凸轮轴是否弯曲，并视具体情况按维修作业规范对凸轮轴及轴承进行维修或更换。

步骤5：验证故障排除效果

将故障排除后，应用变换转速、断缸和听诊法进行异响诊断，以验证凸轮轴异响是否消失。

6. 评分标准

诊断与排除凸轮轴异响故障的评分标准见素材文件中的附表20。

复习思考题

1. 如何诊断发动机不能起动故障？
2. 如何诊断发动机排放超标故障？
3. 如何诊断发动机油耗超标故障？
4. 如何诊断汽油发动机爆燃故障？
5. 如何诊断发动机动力不足故障？
6. 如何诊断发动机异响故障？
7. 如何诊断发动机连杆轴承异响故障？
8. 如何诊断发动机过热故障？
9. 如何诊断电控发动机怠速不稳故障？
10. 如何诊断电控发动机加速不良故障？

第 九 章

诊断与排除底盘故障

培训学习目标 通过对本章的学习,掌握底盘主要总成故障诊断的基本思路和方法。

◈◈◈ 第一节 离合器异响故障的诊断

【故障现象】

当发动机怠速运转时,离合器在分离、接合或汽车起步等不同时刻出现异响。

【故障原因】

1) 分离轴承缺少润滑油或损坏。
2) 变速器输入轴轴承损坏严重。
3) 从动盘铆钉松动,钢片破裂或减振弹簧折断。
4) 离合器踏板或分离轴承回位弹簧折断或脱落等。
5) 从动盘花键孔与变速器输入轴花键齿磨损严重。
6) 离合器盖与压盘连接松旷。

【故障诊断】

1) 若发动机运转过程中出现"嚓嚓"的摩擦声,则应先检查离合器踏板自由行程,若无自由行程,但离合器踏板在放松后还能用力抬起少许且异响随之消失,则说明离合器踏板回位弹簧过软或折断;若离合器踏板不能抬起,则说明调整不当。

2) 在发动机怠速运转时,踏下离合器踏板少许,若此时发响,则为分离轴承响。此时应注入润滑油后再试,若响声消失或减弱,则说明轴承缺油;若仍有响声，并且在少许踏下离合器踏板并略提高发动机转速后出现金属破碎声，则说明分离轴承损坏；若声响增大，则说明轴承磨损严重。

3）在踏下离合器踏板的过程中并无异响，将其踏到底后出现金属敲击声，且随着发动机转速的升高而加重，但在发动机中速稳定运转时声响明显减弱或消失，抬起离合器踏板时响声并不重现，则说明压盘与离合器盖连接松旷。

4）连续踏离合器踏板，若在即将分离或接合的瞬间有异响，则说明摩擦片铆钉松动、外露。

5）汽车起动时出现金属干摩擦声并伴有发抖现象，说明从动盘毂铆钉松动或钢片破裂。若在离合器接合时出现一次撞击声，则故障一般为从动盘花键孔与变速器输入轴花键齿配合松旷或减振弹簧折断。

6）若踏下离合器踏板时响声在离合器前面出现，则说明曲轴后端孔内导向轴承损坏；若抬起离合器时响声在离合器后面，则说明变速器内有故障，应对变速器进一步进行检查。

❖❖❖ 第二节　变速器异响故障的诊断

【故障现象】

在汽车行驶过程中变速器有响声。

【故障原因】

1）齿轮啮合间隙过小或过大。

2）常啮合齿轮磨损成梯形或轮齿损坏。

3）齿轮齿面金属剥落或个别轮齿折断。

4）中间轴、第二轴弯曲。

5）第二轴花键与滑动齿轮配合松旷。

6）各轴的轴承间隙过大或损坏。

7）变速器壳体变形。

8）润滑油太稀或过少、变质。

9）变速杆弯曲或操纵机构的各连接处松动。

【故障诊断】

1）将变速杆置于空挡位置，使发动机怠速运转，若听到"咯噔"声，并且踏下离合器踏板后响声消失，则说明第一轴后轴承响；若听到均匀的噪声，并且在拉紧驻车制动器操纵杆后声响更大，在踏下离合器踏板后声响消失，则说明常啮合齿轮啮合不良。

2）若空挡时异响并不明显，但在汽车起步或换挡的瞬间发出强烈的金属摩擦声，而在离合器完全接合后声响消失，则说明第一轴前轴承损坏。

3）若在汽车低速行驶时变速器发出一种"咔啦"声，而车速提高后变为"嘎嘎"声，则说明齿轮啮合不良或损坏。若汽车在某挡运行时变速器有响声，则该响声一般是由该挡齿轮引起的。

4）在发动机不运转的情况下，将变速杆置于空挡，放松驻车制动器操纵杆，用手径向晃动第二轴凸缘，若其晃动量大，则说明第二轴后轴承松旷或损坏。

5）若变速器直接挡工作无异响，其他挡位均有异响，则说明第二轴前轴承损坏。

6）若车速急剧变化时响声加大，而车速相对稳定时响声消失，则说明齿轮间隙过大。若响声是一种连续的"呜呜"声，且随着车速增大而增大，有时换挡困难，则说明齿轮间隙过小。

7）若高速行驶时有明显响声，且忽然加速时响声很清晰，则故障多为滑动齿与花键配合松旷。

8）若在任何挡位、任何车速下均有"吱吱"声，且伴有过热现象，则说明变速器缺油或油质变坏。

◆◆◆ 第三节 万向传动装置（后轮驱动）异响故障的诊断

【故障现象】

汽车起步时车身发抖并能听到"咔啦、咔啦"的撞击声，且在车速变化时响声更加明显；当车辆以高速小负荷行驶时，响声增强，抖动更严重。

【故障原因】

1）万向节十字轴及滚针轴承磨损松旷或滚针碎裂。

2）传动轴花键齿与叉管花键槽磨损松旷。

3）各连接部位的螺栓松动。

4）传动轴万向节叉等速排列破坏。

5）中间支承轴内圈过盈配合松旷。

6）万向节轴承壳压得过紧。

7）中间支承轴承损坏。

8）变速器第二轴（输出轴）花键齿与连接凸缘花键槽磨损严重。

【故障诊断】

1）在汽车行驶过程中变化车速和进行节气门试验时，若出现"咔啦、咔啦"的撞击声，则故障多是轴承磨损松旷或缺油。

2）若在起步时出现"咣当"一声响或声响较杂乱，在缓坡上向后倒车时出现"嘎巴、嘎巴"的断续声，则故障一般是滚针折断、碎裂或丢失。

3）若行驶中声响杂乱无规则，时而出现金属撞击声，则说明传动轴万向节叉等速排列破坏。

4）在行驶中忽然改变车速时，若出现一种金属敲击声，则故障一般是个别凸缘或万向节十字轴轴承磨损松旷。

5）在起步和变换车速时，若有明显的撞击声，并且低速时比高速时明显，则故障多为中间支承轴承内圈过盈配合松旷。

6）若在起步或行驶中始终有明显的"咔啦"异响，并伴有振抖，则说明中间轴承支承架固定螺栓松动。

7）若低速行驶时出现清脆而有节奏的金属撞击声，脱挡滑行时声响清晰存在，则故障多为万向节轴承壳压紧力过大，使其转动不灵活。

8）在汽车行驶时，声响随着车速的增大而增大，若声响混浊、沉闷而连续，则说明中间支承轴承散架；若声响是连续的"呜呜"声，则检查中间支承轴承支架的橡胶垫环、紧固螺栓是否过紧或过松。

9）为了进一步验证以上诊断，可在停车时检视并晃动传动轴各部位，查看其安装是否正确，表面有无损伤，连接是否松动，间隙是否过大。用手前后拉动中间传动轴凸缘，若松旷，则说明十字轴滚动轴承松旷，或变速器第二轴花键松旷，以及中间传动轴花键轴键齿松旷和中间传动轴后端螺母松动。

第四节 轮胎异常磨损故障的诊断

【故障现象】

轮胎磨损速度增大，胎面形状出现异常。

【故障原因】

1）轮胎气压不符合要求。

2）轮胎长期未换位。

3）前轮定位不正确，尤其是前束与外倾角配合不正确，造成轮胎外侧或内侧出现偏磨。

4）纵横拉杆、转向器、轮毂轴承松旷或转向节与主销松旷。

5）钢板弹簧U形螺栓松动或钢板弹簧衬套与主销松旷。

6）车轮动不平衡、车轮径向圆跳动误差和轴向圆跳动误差太大，造成前轮摆振。

7）前轴与车架纵向中心线不垂直或两侧轴距不等。

8）前桥刚度不足，转向横拉杆或横拉杆臂刚度不足，产生弯、扭变形。

9）轮胎螺栓松动。

10）轮胎质量不佳。

11）经常超载、偏载、起步过急、高速转弯或制动过猛。

12）转向梯形改变，出现过度转向或不足转向。

【故障诊断】

1）查看胎面磨损是否有规律性，若无规律性，则磨损是由零部件松旷、变形以及轮胎质量不佳或车辆使用不当造成的；若有规律，则查看胎面中部磨损严重还是两侧胎肩磨损严重。

2）胎面中部磨损严重是由轮胎气压过高导致的，两侧胎肩磨损严重是由轮胎气压过低导致的。

3）胎面外侧胎肩磨损严重是由前轮外倾角过大造成的。

4）胎面内侧胎肩磨损严重是由前轮负外倾、轮胎长期不换位或前桥在垂直平面内中部向下弯曲导致的。

5）若胎面的磨损是外重内轻且磨痕从外向内，则说明前束过大或前桥在水平平面内两端向前弯曲。

6）若胎面的磨损情况是内重外轻且磨痕从内向外，则说明前束过小或负前束以及前桥在水平平面内两端向后弯曲。

7）若胎面呈羽毛状磨损，则说明前束过大或负前束。

8）若胎面呈锯齿状磨损，则说明长期超载行驶而又未按期给轮胎换位。

9）若胎面呈鳞片状或波浪状磨损，则说明车轮不平衡，车轮径向圆跳动误差和轴向圆跳动误差太大，或轮毂轴承、转向节、横拉杆悬架等处松旷。

◈◈◈ 第五节　前轮摆振故障的诊断

【故障现象】

汽车在高速行驶时，两前轮左、右摆振严重，握转向盘的手有麻木感，甚至整个车头晃动。

【故障原因】

1）前轮旋转质量不平衡，产生动不平衡。

2）前轮径向圆跳动误差或轴向圆跳动误差太大。

3）前轮定位（四轮定位）失准。

4）前梁或车架弯、扭变形。

5）转向系统与前悬架的运动发生干涉。

6）转向系统横、纵拉杆球头松旷，轮毂轴承松旷。

7）前减振器失效。

8）转向系统刚度太低，左右悬架高度或刚度不一致。

【故障诊断】

1）检查前轮、转向系统、前悬架各处是否松旷，若松旷，则应予以调整。

2）检查左右两个前悬架的高度或刚度是否一致，若不一致，则应进行调整。

3）检查前悬架的减振器效能是否一致，若不一致，则应修理或更换。

4）检查前轮的径向圆跳动、轴向圆跳动误差和车轮动平衡，若不符合要求，则应予以调整。

5）检查前轮定位是否符合要求，若不符合要求，则故障为前轮外倾角太小、前束太大、主销为负后倾或左右轮主销后倾不一致。

6）检查前梁、车架的弯、扭变形，若超过标准，则应进行修理。

7）检查转向系统与前悬架运动是否干涉，若干涉，则应予以调整。

◈◈◈ 第六节　液压制动系统制动跑偏故障的诊断

【故障现象】

在正常路面上紧急制动时，车辆出现向左或向右的扎头或甩尾现象。

【故障原因】

1）制动时车辆左右车轮制动器的制动力相差过大或制动时刻不一致。

2）左右车轮轮胎的磨损情况或胎压相差过大。

3）车架变形或悬架系统故障。

【故障诊断】

1）进行路试，观察在紧急制动时车辆的跑偏方向。

2）检查左右车轮轮胎的磨损情况或胎压，若发现异常，则应予以排除。

3）检查车架是否变形，悬架系统是否存在连接松旷及部件损坏现象，若发现异常，则应予以排除。

4）检查左右车轮制动器的制动间隙是否相差过大，若是，则应按规定予以调整。

5）检查左右制动器的制动轮缸有无漏油现象，若发现异常，则应予以排除。

6）检查制动系统中是否有空气，若是，则应按规定予以排气。

7）最后拆检制动器，检查制动鼓（盘）、摩擦片是否严重磨损，是否有油污，轮缸或制动钳是否卡死等，若是，则应予以排除。

第九章　诊断与排除底盘故障

❖❖❖ 第七节　液压制动系统制动力不足故障的诊断

【故障现象】

制动距离过长或者在制动试验台上检测出的制动力达不到国家标准要求，甚至无制动力。

【故障原因】

1）轮胎气压不足或者轮胎磨损严重。
2）制动器的制动间隙过大。
3）制动器的制动摩擦片磨损严重。
4）制动器的制动轮缸漏油或者制动轮缸活塞犯卡、锈死。
5）液压制动系统中的制动液不足。
6）真空助力器漏气或不起作用。
7）液压制动主缸存在故障。

【故障诊断】

1）检查轮胎气压是否符合规定，若不符合规定，则应调整气压。
2）支起车轮，检查制动器的制动间隙是否过大，若过大，则应将其调整到规定的范围内。
3）拆下车轮，打开制动器，检查制动片是否严重磨损，制动轮缸是否漏油或卡滞。若制动片磨损严重，则应更换制动摩擦片；若制动轮缸漏油或卡滞，则应更换制动轮缸。
4）检查制动系统中制动液的液位是否正常，若液位过低，则应按规定添加。
5）检查制动系统中的真空助力器是否有效。踩住制动踏板，在起动发动机的瞬间，感觉制动踏板是否有明显下沉现象，若是，则说明真空助力器正常，否则应对真空助力器进行检修或更换。
6）拆检制动主缸，看其是否有故障，若有故障，则应修理或更换。

❖❖❖ 第八节　防抱死制动装置失效故障的诊断

【故障现象】

制动时车轮抱死，ABS 无作用且制动性能降低。

【故障原因】

可能的故障原因为 ABS 控制系统部件或线路故障。

【故障诊断】

1）常规检查。检查制动液、制动器、制动主缸与轮缸、制动踏板及制动管路等，若有问题，则应予以排除。

2）读取故障码。若有故障码，则按故障码的含义检修故障；若无故障码，则检查车轮转速传感器的安装是否正常，车轮转速传感器信号是否正常，不正常时应拆检或更换车轮转速传感器。

3）拔下 ABS 的 ECU 插接器，检查线束侧插接器各插脚间的通断情况，若不正常，则检修与之连接的部件和线束。

4）拔出转速传感器线束侧插接器，检测传感器信号是否正常，若正常，则为传感器线束或插接器不良。

5）检查制动压力调节器是否正常，若不正常，则检修或更换制动压力调节器。

6）若不是以上故障，则更换 ABS 的 ECU。

❖❖❖ 第九节 诊断与排除底盘故障技能训练

● 训练1 诊断与排除前轮摆振故障

1. 操作准备

1）车辆准备：桑塔纳轿车 1 辆，预热至正常温度。

2）仪器设备准备：举升机、车轮动平衡机、车轮定位仪、侧滑试验台各 1 台。

3）工具：常用工具 1 套，轮胎气压表 1 块，轮胎花纹深度尺 1 把。

2. 操作要求

按照维修工艺规范和设备安全操作规范进行操作。

3. 操作时间

45min。

4. 技术标准

车辆行驶平稳、前轮无摆振、转向盘无抖振现象。

5. 基本操作步骤

　　操作步骤描述：确认故障现象→检查轮胎→检查轮毂轴承→检查悬架系统→检查转向系统→车轮动平衡→检查、调整前轮定位→检测侧滑量→确认并排除故障→验证故障排除效果。

第九章　诊断与排除底盘故障

步骤1：确认故障现象

当汽车以某一特定行驶速度（或速度范围）运行时，两前轮在水平平面内产生有规律的绕转向节主销的摆动，且在垂直平面内产生有规律的上、下跳动的现象称为前轮摆振。通常把包含车轮和车桥在内的全部转向装置的振动总称为前轮摆振。前轮摆振包括：轮胎和悬架相对于车身的横向振动，前轮绕主销的角振动，前桥在汽车纵向垂直平面内绕其中点的角振动。

轻度前轮摆振时，前轮有小幅度摆动，转向盘也有小幅度的回转摆动，手有被震麻的感觉；中度前轮摆振时，前轮行驶的轨迹呈现轻度弯曲的蛇形，转向盘有较明显的摆振，驾驶室有轻微的震感；重度前轮摆振时，前轮大幅度摇摆，行驶的轨迹呈明显的蛇形曲线，转向盘做较大幅度的回转摆动，驾驶室左右两侧甚至会出现明显的此起彼伏现象。

步骤2：检查轮胎

1）轮胎规格和型号应一致，且符合原厂规定，不允许装用翻新胎。
2）检查轮胎是否有异常磨损、鼓包等现象，若有，则应更换轮胎。
3）轮胎花纹深度不得小于1.6mm，胎侧不允许有长度大于25mm、露出帘线层的裂纹。
4）轮胎气压应为0.23~0.25MPa，否则应予调整。

步骤3：检查轮毂轴承

举升车辆至前轮离地，上下扳动车轮，不应有明显的间隙感，否则应予调整或更换轮毂轴承。

步骤4：检查悬架系统

上下、左右扳动车轮，检查下摆臂球头、稳定杆胶套是否松旷，减振器上座是否松旷，减振器是否漏油，发现异常时应予以维修。

步骤5：检查转向系统

分别扳动车轮和转动转向盘，检查转向拉杆及球头、转向器及支架、转向轴及万向节等是否松旷，以及转向系统和悬架系统有无干涉，发现异常时应予以排除。

步骤6：车轮动平衡

在车轮动平衡机上首先对两前轮的径向圆跳动误差和轴向圆跳动误差进行检测，然后进行动平衡检测。若径向圆跳动误差和轴向圆跳动误差不符合技术要求，则应视情更换轮胎或轮辋；若动平衡不符合技术要求，则应在仪器指示的位置加装平衡块，直至符合要求。但要注意，车轮每侧的平衡块数量不能多于3块，总质量应不大于100g。

步骤7：检查、调整前轮定位

在前轮定位仪（或四轮定位仪）上对前轮定位进行检查。对于桑塔纳2000

型轿车，其前轮外倾角应为 $-15'±15'$（左右允许误差为 $10'$），主销后倾角应为 $1°30'±30'$（不可调），前轮前束角应为 $8'±8'$（空载）。若不符合要求，则应进行调整或对车身进行校正。

步骤8：检测前轮侧滑量

在侧滑试验台上对前轮侧滑量进行检测，应小于 5mm/m，若不符合要求，则应重新调整前束。

步骤9：确认并排除故障

通过以上检查和测量，确定故障原因、部位，通过调整、修理予以排除。

步骤10：验证故障排除效果

将故障排除后，通过试车验证前轮摆振现象已排除。

6. 评分标准

诊断与排除前轮摆振故障的评分标准见素材文件中的附表21。

- **训练2　诊断与排除离合器异响故障**

1. 操作准备

1）车辆准备：桑塔纳轿车1辆，预热至正常温度。

2）仪器设备准备：异响检测仪1台，举升机1台。

3）常用工具1套。

2. 操作要求

按照维修工艺规范和设备安全操作规范进行操作。

3. 操作时间

30min。

4. 技术标准

离合器在接合、分离等工况下均不得有异响。

5. 基本操作步骤

> 操作步骤描述：确认故障现象→故障诊断→确认并排除故障→验证故障排除效果。

步骤1：确认故障现象

在汽车行驶过程中，踩下离合器踏板时有异响，放松离合器踏板时异响消失，或踩下、放松离合器踏板时都有异响。

步骤2：故障诊断

1）不踩离合器踏板时，离合器位置发出间断且无节奏的"哗哗"声。当发动机转速升高时，响声加强，但用脚向上勾一下离合器踏板，响声消失，说明踏

第九章 诊断与排除底盘故障

板不能回位,原因是踏板回位弹簧弹力不足或折断,应更换回位弹簧。

2)用钢直尺检查离合器踏板的自由行程,如果不符合要求,则应予以调整。

3)慢慢踩离合器踏板,直到分离杠杆与分离轴承刚好接触,若此时出现"沙沙"声,但抬起离合器踏板时响声消失,则原因是分离轴承缺少润滑油,应润滑或更换分离轴承。

4)如果踩下离合器踏板时听到少许"哗啦、哗啦"的响声,但抬起离合器踏板时响声随即消失,则说明轴承滚动体破碎或滚珠保持架损坏,应更换分离轴承。

5)若在刚踏下或刚抬起离合器踏板时(离合器分离或接合的瞬间),离合器发出"咯噔"一下的响声,则可能是从动盘盘毂与变速器第一轴花键齿严重磨损,因配合松旷而产生碰击响声,此时应更换从动盘。

6)在汽车起步时,刚放松离合器踏板就听到尖锐的"嘎嘎"声,随即踏下离合器踏板,响声消失,则可能是从动盘钢片断裂、破碎,或铆钉头外露刮碰压盘,或飞轮以及从动盘钢片与花键毂的联接铆钉松动所致。

步骤3:确认并排除故障

通过以上检查和测量,确定故障原因和部位,通过调整或修理予以排除。

步骤4:验证故障排除效果

将故障排除后,通过试车验证离合器异响故障已排除。

6. 评分标准

诊断与排除离合器异响故障的评分标准见素材文件中的附表22。

● 训练3 诊断与排除变速器异响故障

1. 操作准备

1)车辆准备:轻型普通货车1辆,预热至正常温度。

2)仪器设备准备:异响检测仪1台,举升机1台。

3)常用工具1套。

2. 操作要求

按照维修工艺规范和设备安全操作规范进行操作。

3. 操作时间

30min。

4. 技术标准

变速器在任何挡位(含空挡)工作时均不得有异响。

5. 基本操作步骤

  操作步骤描述:确认故障现象→基本检查→故障诊断→确认并排除故障→验证故障排除效果。

步骤1：确认故障现象

变速器异响是指变速器内发出不正常的响声，主要表现为：变速器在空挡工作时有异响；变速器直接挡工作时无异响，在其他挡工作时均有异响；变速器在低速挡工作时有异响，在高速挡工作时响声减弱或消失；变速器在个别挡工作时有异响；变速器在各挡工作时均有异响等。

步骤2：基本检查

检查变速器液位，应符合要求，否则应予以调整。

步骤3：故障诊断

1) 拉紧驻车制动操纵杆，挂入空挡，起动发动机并保持怠速运转，若听到无节奏的"呼隆、呼隆"声，但踩下离合器踏板后响声消失，则多为第一轴轴承或常啮合齿轮发响。

2) 挂入各前进挡行驶时变速器都有"哗啦啦"声，并随着车速改变而改变，但挂入空挡时此响声消失，则说明中间轴和第二轴及轴承有问题。若在变换车速时才能听到轴承异响，则多为输出轴后轴承异常。

3) 变速器在某挡位工作时产生连续、较尖细的"刚啷、刚啷"相互撞击的声响，并与道路条件有关。当车速相对稳定时，响声减弱或消失；当变速器温度升高、润滑油较稀时，响声较为严重。此种响声应为该挡齿轮啮合异响。

4) 若挂上某挡时出现断续、沉闷的冲击声，则该挡个别齿折断。

5) 在汽车运行过程中异响时有时无，尤其在不平路面上行驶时，发出一种较为沉闷、无节奏的声音，并伴随变速杆摆动，握住变速杆后响声即可消失。此异响一般为变速拨叉与滑动齿轮工作面严重磨损，二者互相撞击时所发出的响声。

步骤4：确认并排除故障

通过以上检查，确定异响部位，必要时拆检变速器查找故障原因，并通过调整或修理的方法排除故障。

步骤5：验证故障排除效果

将故障排除后，通过试车验证变速器异响故障已排除。

6. 评分标准

诊断与排除变速器异响故障的评分标准见素材文件中的附表23。

- 训练4　诊断与排除万向传动装置故障

1. 操作准备

1) 车辆准备：轻型普通货车1辆，预热至正常温度。

2) 仪器设备准备：传动系统游动角间隙检测仪1台，异响检测仪1台，举升机1台。

3) 常用工具1套。

第九章 诊断与排除底盘故障

2. 操作要求

按照维修工艺规范和设备安全操作规范进行操作。

3. 操作时间

30min。

4. 技术标准

1）万向传动装置游动角间隙不大于15°。

2）万向传动装置在变速器处于任何挡位工作时均不得有异响、振动。

5. 基本操作步骤

操作步骤描述：确认故障现象→基本检查→故障诊断→确认并排除故障→验证故障排除效果。

步骤1：确认故障现象

在汽车起步、停车或速度变化时，万向传动装置发出单一或连续的撞击声，有时伴有转向盘和车身等振抖现象。

步骤2：基本检查

检查万向传动装置各连接部位的紧固螺栓是否松动，各配合部位是否松旷，发现异常时应予以排除。

步骤3：故障诊断

1）在汽车起步时，若在听到"咯噔"一声撞击响后传动轴才开始运转，同时可感到车辆在发抖，则故障一般是万向节轴承缺油、滚针断损或万向节花键过于松旷。

2）汽车在行驶过程中突然改变车速时，总有一声金属敲击响，多为个别凸缘或万向节轴承松旷，可用传动系统游动角间隙检测仪分段检测万向传动装置各部位的间隙。要求万向传动装置总游动角间隙应不大于15°。

3）在起步和改变车速时撞击声明显，低速行驶比高速行驶时异响明显，则故障为中间轴承内座圈过盈配合松动。

4）在汽车起步或行驶过程中，始终有明显异响并有振动感，则故障为中间轴承支架固定螺栓严重松动。

5）在汽车低速行驶时出现清脆而有节奏的金属敲击声，脱挡滑行时声响仍清晰存在，则故障多为万向节轴承壳过度压紧使之转动不灵活（一般发生在维修之后）。

6）在汽车行驶过程中，车速加大时响声增大，脱挡滑行时响声尤为明显，直到停车后响声才消失，一般为中间轴承响。若响声混浊、沉闷而连续，则说明轴承散架，可拆下传动轴挂挡运转，验证响声是否出自中间轴承。若响声是连续的"鸣鸣"声，则应检查中间轴承支架橡胶垫圈、紧固螺钉是否过紧或过松而使轴承位置偏斜。旋松轴承盖螺栓，若响声消失，则表明中间轴承安装偏斜；若仍有响声，则应检查轴承的润滑情况。如果响声杂乱，时而出现不规则的撞击声，则应检查传动轴万向节叉的等速排列情况。

7）高速时传动轴有异响，脱挡滑行时异响也不消失，则应检查中间轴承座圈表面是否有损伤以及支架的安装情况。

步骤4：确认并排除故障

通过以上检查，确定异响部位，并通过调整或修理的方法排除故障。

步骤5：验证故障排除效果

将故障排除后，通过试车验证万向传动装置异响故障已排除。

6. 评分标准

诊断与排除万向传动装置故障的评分标准见素材文件中的附表24。

复习思考题

1. 如何诊断离合器异响故障？
2. 如何诊断变速器异响故障？
3. 如何诊断万向传动装置（后轮驱动）异响故障？
4. 如何诊断轮胎异常磨损故障？
5. 如何诊断前轮摆振故障？
6. 如何诊断液压制动系统制动跑偏故障？
7. 如何诊断液压制动系统制动力不足故障？
8. 如何诊断防抱死制动装置失效故障？

第十章

诊断与排除电器设备故障

培训学习目标 通过对本章的学习,掌握灯光系统和空调系统故障诊断的基本思路和方法。

◆◆◆ 第一节 灯光系统故障的诊断

一、灯光系统的组成

汽车灯光系统由照明装置和灯光信号装置两部分组成。根据安装位置和用途的不同,照明和灯光信号装置又有内部和外部之分。

外部照明装置主要包括前照灯、雾灯、牌照灯、倒车灯;内部照明装置主要包括仪表灯、顶灯、杂物厢灯、行李箱灯等。

外部灯光信号装置主要包括转向信号灯、危险警告灯、制动灯、示廓灯、停车灯、倒车灯;内部灯光信号装置泛指仪表板上与灯光有关的指示灯,主要包括转向指示灯、危险警告指示灯、驻车制动指示灯、车门未关指示灯、行李箱未关指示灯等。

应注意,前雾灯和倒车灯既是照明装置也是灯光信号装置。

二、灯光系统的控制

按操作方式的不同可将灯光控制系统分为拨杆式和旋钮式两类。

拨杆式常见于日、韩和我国自主品牌车型。拨杆式灯光控制系统将所有的控制功能集中在一根拨杆上,顺序旋转操作杆端部便可以依次打开各种灯光,而雾灯控制则位于操作杆的内侧,同样依靠旋转进行控制,变换远近光和转向灯则依靠向不同方向推拉操作杆来实现。有些车型的雾灯控制还可以双方向旋转,以实现单独开启后雾灯的功能。这种近在手边的模式十分利于操作。

旋钮式常见于欧、美车型。旋钮式灯光控制系统将所有的操作分为两部分，用于控制示廓灯、近光灯、前后雾灯的开关位于转向盘左侧的控制台上。示廓灯、近光灯依靠旋转旋钮进行控制，雾灯则依靠向外拉起旋钮进行控制，拉起第一级为前雾灯开启，拉起第二级为前后雾灯同时开启，基本上无法实现后雾灯的单独开启。另一部分灯光的常用控制，如远近光变换、转向灯开启等，仍然依靠转向盘下的操作杆控制。这种模式将常用和非常用的操作分离开，可以有效减少误操作。

三、灯光系统工作电路

灯光系统工作电路通常为：电源（正极）→熔丝/继电器→开关→灯→搭铁（负极）。图 10-1 为上海通用凯越乘用车前照灯电路图。

四、灯光系统故障的诊断方法

1. 照明装置

汽车照明装置的常见故障一般有灯光不亮、灯光亮度低、灯泡频繁烧坏等。在进行故障诊断时，应根据电路图对电路进行检查，判断出故障部位。

（1）灯光不亮　引起灯光不亮的原因主要有灯泡损坏、熔断器熔断、灯光开关或继电器损坏以及电路短路或断路故障等。

1）检查灯泡。如果只有一只灯不亮，则通常为该灯的灯丝烧断，可将灯泡拆下后检查。

2）检查熔断器。如果是几只灯都不亮，再按喇叭，喇叭也不响，则是总熔断器熔断或断路器断开；如果同属于一个熔断器的灯泡都不亮，则可能是该支路的熔断器熔断。

处理熔断器熔断或断路器断开故障时，应查找出超负荷的原因。其方法是：将熔断器所接各灯的线束侧连接线从灯座上断开，用万用表的电阻挡测量灯的供电端与搭铁之间的电阻，若电阻较小或为 0，则可断定电源电路有对地短路故障。排除故障后，再更换熔断器或把断路器复位。

3）检查继电器。将继电器线圈直接供电，可检查出继电器是否能正常工作，若不能正常工作，则应更换继电器。

4）检查灯光开关。可用万用表检查开关各挡位的通断情况，若与要求不符，则应更换灯光开关。

5）检查电路。在检查电路时，可用万用表或试灯逐段检查，以便找出短路或断路故障点。

（2）灯光亮度下降　若灯光亮度不够，则多为蓄电池电量不足或发电机和

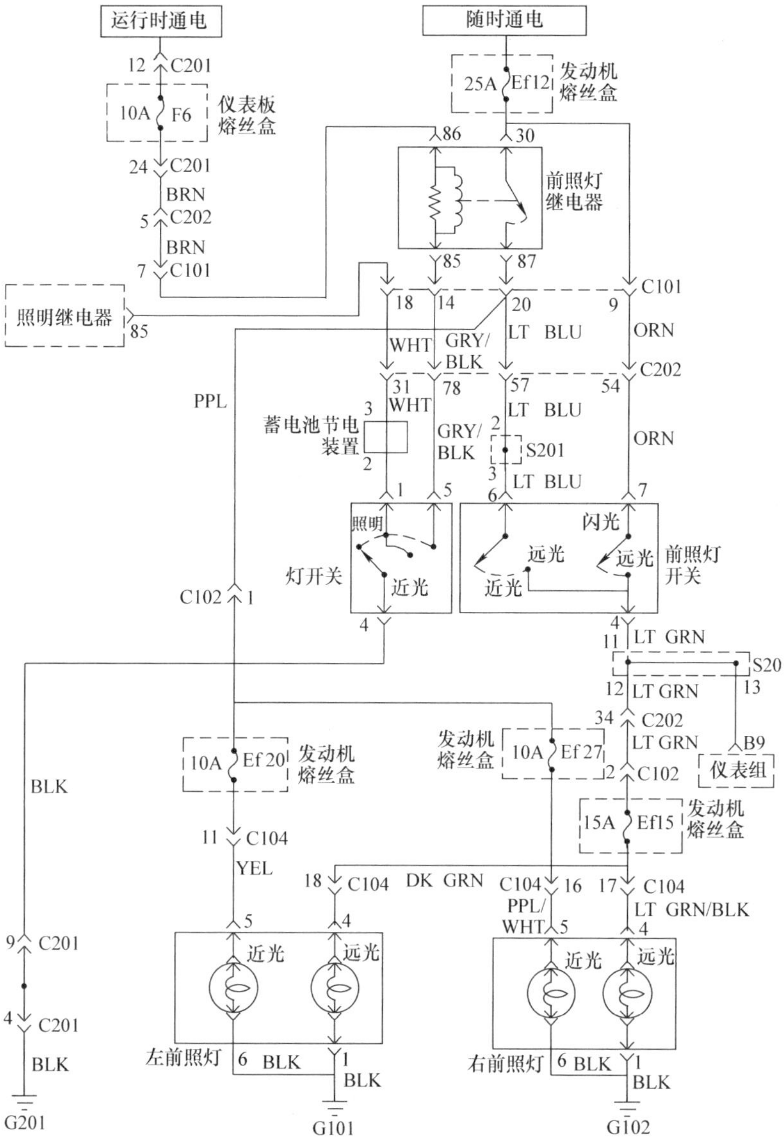

第十章 诊断与排除电器设备故障

图 10-1 上海通用凯越乘用车前照灯电路图

调节器有故障。另外，导线接头松动或接触不良、导线过细或搭铁不良、散光镜损坏或反射镜有尘垢、灯泡玻璃表面发黑或功率过低以及灯丝没有位于反射镜的焦点上，均可导致灯光暗淡，需要逐一检查排除。

　　检查时，首先要检查蓄电池和发电机的工作状态，若不符合要求，则应先恢复电源系统的正常工作电压。在电源正常的状态下，再检查电路的连接情况及灯具是否良好。

（3）灯泡频繁烧坏　灯泡频繁烧坏通常是由电压调节器损坏或失调造成的发电机输出电压过高所致。此外，灯具插接器的接触不良也是造成灯泡频繁烧坏的原因。此时应先恢复系统电压，再检查插接器。

2. 转向信号灯常见故障

（1）转向指示灯闪烁频率增大　当将转向开关打到左侧或右侧时，转向指示灯闪烁的速度比正常情况时的快。这种故障现象说明这一侧的转向灯灯泡的灯丝烧断或转向灯的插接器接触不良、搭铁不良。

排除方法：更换灯泡。若插接器接触不良或搭铁不良，则视情况进行处理。

（2）左、右转向灯均不亮　这种故障的原因可能是熔断器烧断、闪光继电器损坏、转向灯开关故障或电源电路断路等。

排除方法：检查熔断器和闪光器，若正常，则检查转向灯开关及其插接器，视情况修理或更换。

当左、右转向灯均不亮时，除以上检查方法外，还可以先打开危险警告开关，若左、右转向灯都不亮，则说明闪光器有故障。

第二节　空调系统故障的诊断

一、空调系统故障的诊断方法

在维修汽车空调系统时，为了能快速准确地判断出故障部位，必须按照一定的步骤进行检查。诊断汽车空调系统故障时应掌握"先整车后系统，先系统后总成，先总成后部件，先外部后内部"的原则。具体操作上应掌握"先简单后复杂，先外部后内部，先电气线路后制冷系统"的原则。

当空调系统出现不工作或工作不正常等故障现象时，通常采用直观检查或利用专用仪器检测或两者相结合的方法进行诊断。直观检查主要是通过询问、鼻闻、眼看、耳听、手摸进行的基本检查；专用仪器检测则是通过歧管压力表、检漏仪等专用工具，空调诊断仪、制冷剂抽空/回收加注机等专用设备进行测试分析。

维修人员首先应听取驾驶人对故障的详细介绍，然后察看整车、系统、总成和各设备的工作情况，细听空调压缩机的运转声音，用手触摸各设备相关部位的温度，对故障的部位和原因作出初步判断，接下来再利用仪器设备检测温度、压力与泄漏等状况，根据检测结果进行综合分析，确定故障原因，最后进行修理。

1. 询问

应注意向车主了解有关信息，如故障症状、汽车使用历史、故障发生时的情况、在哪里维修过、维修过哪些项目等，以便诊断故障时有选择地使用。

(1) 空调已经使用的年限　有助于对故障性质作出初步判断。

(2) 产生故障的过程　应了解故障是突然发生的还是逐步恶化的，是静止性的还是时有时无的。这样有助于对故障性质作出准确判断和采用较为合理的修理方法。

(3) 是否修理过　应问清修理过程，是否调节过空调的某些可调器件，是否更换过电子元件或零部件。这样可以较快地判断一些由于误修或误换元件造成的故障。

(4) 询查有关资料　应当确保从汽车上、车主和汽车制造商处获得所有需要的信息，包括故障诊断图表、电气电路图、维修技术数据、特殊诊断程序、维修技术简报等，若没有，则应设法查找。

(5) 核实故障现象　排除那些由于操作不当引起的"假故障"，明确故障发生时的环境条件是否可以重复再现。

2. 鼻闻

鼻闻是指凭嗅觉快速判断空调系统电控元件是否短路烧损，如压缩机继电器、放大器、控制面板、鼓风机电动机等。因为这些电器及其电路烧焦时，会发出难闻的气味。

3. 耳听

耳听就是在空调系统工作时，用耳朵仔细听察空调系统是否有异常的声音，依据运转声音的不同来判断其运行情况。例如，听压缩机运转时有无杂音、撞击声，鼓风机、散热器风扇、风门电动机等运转时是否有杂音等。

(1) 压缩机异响　压缩机正常运转时，会发出清脆而均匀的阀片跳动声。

1) 不接通压缩机，而在压缩机处有异响，说明轴承损坏，压缩机和托架紧固螺栓松动。

2) 接通压缩机后外部有异响，说明传动带过松、磨损或离合器有故障，应检查或更换传动带，检查电磁离合器线圈或离合器间隙。

3) 接通压缩机后内部有异响，说明压缩机活塞等机件有故障。

4) 接通压缩机后内部有异响，但放出一些制冷剂后异响消失，说明系统内制冷剂过多或膨胀阀开度过大，致使制冷剂在未被完全汽化的情况下被吸入压缩机而产生"液击"。

(2) 风扇异响　这种情况既可能是风扇叶片碰擦引起的，也可能是风扇轴承缺油或严重磨损造成的，应根据实际情况查明原因。

4. 眼看

首先观察空调系统各种开关、按键、旋钮等是否处于正确位置，熔断器有无松动现象等，然后观察下列情况：

(1) 观察冷凝器表面是否清洁　看冷凝器叶片（散热片）是否阻塞或损坏，若阻塞，则应用水冲洗（注意：不能用高压水冲洗，避免散热片变形）。

(2) 观察连接部件或接缝处是否有油渍　对于 R12 制冷系统，有油渍之处，均有制冷剂泄漏。

除了管路连接处易产生泄漏外，压缩机轴封、前后盖板的密封垫、检修阀、安全阀、冷凝器等部件以及冷凝器、蒸发器等表面的刮伤变形处产生泄漏的概率也较高，所以这些部位也是直观检查的重点。

(3) 观察各软管的状况　检查空调系统各软管，主要是看其有无老化、鼓泡、碰擦、割伤、磨损等现象，是否有裂纹和渗漏的油渍。

(4) 观察发动机冷却液的液位　如果不正确，则应检查冷却系统。

(5) 观察空气过滤器　观察空气过滤器是否清洁和有无明显泄漏点。

(6) 观察传动带是否安装正确　看传动带是否正确装入带轮槽，传动带是否歪斜。

(7) 观察散热器风扇电动机是否转动　用手拨动风扇叶片，应转动灵活，无碰擦现象。在制冷系统工作时，散热器风扇应持续低速运转且无异响。只有当冷却液温度过高或制冷剂压力过高时，散热器风扇才会高速运转。

(8) 观察电磁离合器的工作状况　看压缩机电磁离合器的工作是否正常。离合器吸合后转动且无异常响声为正常。

(9) 观察怠速转速　对于电喷发动机，当电磁离合器接合时，发动机转速应当保持不变或稍有增加。

(10) 观察风道和送风口控制机构　看其操纵是否灵活。

(11) 观察鼓风机工作状况　看鼓风机开关置于各不同位置时鼓风机是否工作，若不工作或部分不工作，则应检查相关电路。

(12) 观察 A/C 控制装置的性能　改变气流分配的方向，看其流量是否正常；改变气流温度，看混合情况是否正常。

(13) 观察低压回路的结霜情况　看制冷系统低压回路的结霜情况，表面结霜为正常。

(14) 观察蒸发器渗水情况　制冷系统运行约 8min 后，水从蒸发器接水盘流出为正常。

(15) 观察视液镜内制冷剂的流动情况　如图 10-2 所示，对于 R12 制冷系统，可以使用视液镜作为辅助诊断手段。对于 R134a 制冷系统，由于通过视液镜观察时呈乳白色，因而很少使用。

观察前首先起动发动机，将空调置于最大制冷和内循环工作状态，将鼓风机置于最大转速工作状态，并使发动机以 1500~2000r/min 的转速运行 5min，然后再通过视液镜察看制冷剂的循环流动情况。

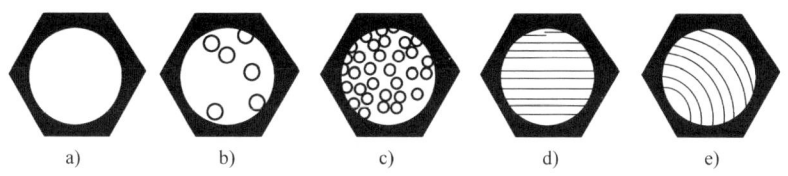

图 10-2 视液镜内制冷剂的流动情况
a) 清澈 b) 气泡 c) 泡沫状 d) 条纹状 e) 云层状

1) 制冷剂清澈。如图 10-2a 所示，若在制冷系统起动的初期看到视液镜内有气泡流动，但不久后气泡消失，则说明制冷剂量正确；若制冷系统起动后视液镜内一直无气泡，则表明制冷剂可能过多；若制冷系统不能起动，则表明 A/C 系统可能严重缺乏或根本没有制冷剂，可通过连接加注设备并察看压力表读数进一步加以确认。

2) 制冷剂偶有气泡。如图 10-2b 所示，在制冷系统起动后可观察到视液镜中的制冷剂偶尔或者缓慢地有少量气泡流过，表明系统中的制冷剂量可能稍有不足或是制冷系统的干燥剂已经饱和，也可能是制冷剂内混入了水分。可通过观察膨胀阀有无结霜来进一步区分是由哪一种原因引起的。若膨胀阀没有结霜现象，则说明制冷剂量不足；若膨胀阀结霜，在视液镜中有时还能见到变颜色的干燥剂，则说明制冷剂中含有水分。

3) 制冷剂有大量气泡或泡沫。如图 10-2c 所示，在制冷系统起动后可观察到视液镜内的制冷剂有大量气泡或泡沫流过，且蒸发器低压回路表面不结霜，这种状况说明系统内制冷剂量严重不足，且系统内渗入了大量的空气和水分。若往冷凝器上溅水后气泡消失，则说明制冷剂过多。

4) 视液镜出现条纹状油渍或黑油状泡沫。如图 10-2d 所示，在制冷系统起动运转一段时间并停止运行后，观察视液镜内的油渍干净，表明制冷剂可能略少，但冷冻润滑油可能过多；若视液镜内的油渍呈黑色或有杂物，则说明冷冻润滑油变质或被污染。若压缩机不工作，且视液镜内的油渍呈条纹状，则说明制冷剂全部漏光（仅有冷冻机油附着在视液镜内）。

5) 视液镜出现云层状油渍。如图 10-2e 所示，在制冷系统起动运转一段时间并停止运行后，观察视液镜内的油渍出现云层状条纹，表明储液干燥器中含有的干燥剂被分解并在系统中循环。

5. 手摸（拔、拉）

手摸（拔、拉）就是用手去摸并轻拉各种电器连线、传动带盘，摸连接管路表面及各零部件的温度，凭手感来判断它们接触是否牢固，松紧程度是否正常，温度是否在正常范围内。

1) 当压缩机工作时，用手触摸压缩机的低、高压管路，低压端冰凉而高压端微烫为正常。

2）用手触摸储液干燥器。当压缩机工作时，正常情况下储液干燥器应是热的，如果表面出现水珠，则说明储液干燥剂破碎，阻碍了制冷剂流通；若进口是热的，出口是冷的，说明储液干燥器内部堵塞，应更换储液干燥器。

3）用手触摸膨胀阀进、出口处，进口处应是热的，而出口处应是冰凉的且有水珠。若发现膨胀阀出口处有霜冻现象，则说明膨胀阀口堵塞，应清洗或更换膨胀阀。

4）当冷凝器正常工作时，冷凝器入口管温度为70℃左右，而出口管温度为50℃左右。冷凝器热为正常，且冷凝器从下至上有温差为正常。

5）干燥过滤器温热，且进口与出口无明显温差为正常。

6）制冷系统工作时，车内送风口吹出的风有冰凉的感觉为正常。

6. 检测

通过看、听、摸、嗅，只能确定有不正常的现象，但要做出最后的诊断结论，还要借助于有关仪器、仪表和设备。

(1) 压力检测　所谓压力检测就是将压力表接到压缩机的高、低压阀上，在压缩机静止和运转状态下，根据压力表的读数确定故障部位和原因。因为系统低压侧的压力代表经过计量的，通过蒸发器并回到压缩机的制冷剂量；系统高压侧的压力代表系统的负荷，反映了需要通过冷凝器散发掉的热量。

通常制冷系统将低压侧压力控制在一个点上或一定范围内，见表10-1。

表10-1　制冷系统低压侧压力控制点

制冷系统名称		低压侧压力/MPa	备　　注
固定孔管（FOT）		0.15~0.29	循环开关控制点
膨胀阀（TXV）	普通	0.2	—
	恒温	0.07	—
蒸发压力调节器（EPR）		0.2	控制点
可变排量压缩机		0.2	

对于具有低压循环开关的FOT系统，通常利用低压值、高压值和压力开关循环时间（ON/OFF）三个参数进行诊断。

在环境温度达20℃以上时，发动机以1500~2000r/min的转速运转，风扇以最高转速运转，冷气开在最大。对于R12制冷系统，低压侧的正常压力为0.147~0.196MPa，高压侧的正常压力为1.421~1.470MPa；对于R134a制冷系，低压侧的正常压力为0.15~0.25MPa，高压侧的正常压力为1.37~1.57MPa。当系统不正常时，压力表会有以下显示：

① 高、低压管侧压力都不正常。其原因是：制冷剂不足、润滑油过多、有空气、制冷剂泄漏。

② 高、低压管侧压力都偏低，说明膨胀阀堵塞或感温包泄漏。

③ 高压管侧压力过高，而低压管侧压力过低（甚至出现负压），说明储液干燥器严重堵塞。

④ 高压管侧压力过低，而低压管侧压力过高，说明压缩机磨损或传动带打滑。

⑤ 高压管侧压力正常，而低压管侧压力过高，高、低压之差远小于 8kPa，说明压缩机效率低；若高、低压之差略小于 8kPa，则应更换膨胀阀。

⑥ 若低压管侧压力有时为负值，有时正常，系统间歇制冷，则应更换干燥过滤器，再反复充、放制冷剂，排除水分。

⑦ 高压管侧压力偏低，而低压管侧为负压，在干燥过滤器或膨胀阀的前后管路上可以看到霜和露珠，说明制冷剂不循环。

必须指出，由于不同的车型所配备的制冷装置不同，各总成的具体布置也不同，加之匹配参数不同等因素，其检测结果等会有差异，但都应符合各车型使用说明书的规定。

（2）泄漏检查　制冷剂有很强的渗透性，由于制冷剂中含有压缩机润滑油，因此制冷系统的连接处一旦有油渍，就可以判断该处有制冷剂泄漏。这种油污检测法只适用于 R12 制冷系统，当然也可以采用卤素电子检漏仪检测法进行检漏。对于 R134a 制冷系统，因为冷冻润滑油能够蒸发，因此油污检测法就不适用，应采用 UV（紫外线灯）示踪剂检测法或电子检漏仪检测法进行检漏。常规的真空检测法和压力检测法对两种制冷系统同样有效。

（3）电路检查　可以用万用表和示波器检查空调电路是否接通，各电器元件的电压是否正常；用控制面板的 LCD/图文显示进行自诊断；用汽车故障电脑诊断仪进行故障码检查、数据流动态检查、执行器检查、数据记录仪检查等；用专用测试接线盒或直接连接模块插接器进行"端子与端子"间的电路检测等。通过检查可以准确判断电路的故障点。例如，对于高、低压开关，当系统压力正常时，用万用表的电阻挡测量，低压开关应是闭合的，而高压开关应是断开的。若低压开关没有闭合，则可用跨接线短接两端子，再按下 A/C 开关。若此时压缩机工作，则说明低压开关损坏，应进行更换。若按下 A/C 开关后压缩机工作正常且散热器风扇低速运转，则用导线跨接高压开关两端子，散热器风扇应高速转运转，否则说明高压开关损坏，应进行更换。

（4）温度检测

1）定点温度测量。用干湿球温度计或激光测温仪等在空调系统某一位置测量制冷部件的温度，能够使技术人员确认系统内发生的变化。表 10-2 给出了制冷剂通过空调系统部件流动时的温度参考值。

表 10-2　空调系统部件表面温度

序　号	检测部位	温　度
1	压缩机	高达80℃
2	高压管接头	高达80℃
3	冷凝器	高达70℃
4	干燥器	高达60℃
5	膨胀阀	60℃降至-4℃
6	蒸发器	比-4℃高一点
7	低压管接头	比-4℃高一点

测量汽车内部某一位置的气流温度，可以使技术人员明确气流分配系统是否工作正常。

放置温度探头并改变混合风门位置，以便确认系统能够提供的温度范围以及该温度范围可以传递的速度。在不同的出风口测量温度和空气流动速率，以检测气流分配的状态。

2）温度比较。一些重要的温度比较如下：

① 大气温度和冷凝器温度。

② 中央出风口温度和大气温度（最小温差为20℃）。

③ 空调系统高压侧和低压侧的温度。

④ 冷凝器进口和出口温度（温差为15~30℃）。若温差过大，则表明管路存在类似于固定孔管堵塞的情况；若温差小，则表明冷凝器效率低。并联管式冷凝器应从左到右进行测量，蛇形管式冷凝器应从上到下进行测量，温差必然是逐渐变化的。

⑤ 蒸发器的进口和出口温度（最大温度差4℃）。这一检查也叫做"Delta"（ΔT）检查，主要用于固定孔管系统，因为这种系统能够方便地使技术人员接近蒸发器的进口。记录蒸发器进口和出口温度，并将记录结果与图表中的数据进行比较。图表数据表明了要求加入系统中的制冷剂的量。若温差过大，则说明加注的制冷剂太少，不能吸收大量的热。确定加注量最准确的方法是回收制冷剂并检查其重量。这是唯一推荐使用的正确方法。

处于低制冷负荷的系统在中央出风口仍可能产生低的温度，但在高负荷时，可能会出现制冷效能不足的现象。测量系统各部分的温度并进行比较，可以使技术人员估计和判断空调系统在多大的负荷下工作，以及在该负荷下的工作情况如何。

(5) 风速检测　将风速仪放在不同的出风口处测量空气流动速率，以检测气流分配的状态。空气流动速率为0.2~0.4m/s时正常。

第十章　诊断与排除电器设备故障

以上检查的基本方法也适用于采暖系统,只是采暖系统检查的重点和部位不同。当采暖系统发生故障时,首先也要例行检查各个总成的外观,观察发动机和采暖系统各个总成的工作状态,检查发动机冷却系统循环管路中的冷却液是否充足,是否滴漏;其次按使用说明书检查独立式采暖机组的工作状况。仪器检查中的电路检查方法同样适用于采暖系统控制电路方面的故障检查。

二、空调系统故障的诊断与排除

汽车空调系统的常见故障一般出现在制冷、暖风、电器、机械等功能部件上。由制冷剂、冷冻润滑油引起的故障也是其常见故障。

(1) 制冷方面的故障　一般为制冷剂加注过多或由于泄漏导致的制冷剂过少,制冷剂被杂质污染或渗入空气,鼓风机、压缩机等制冷装置故障等。

(2) 暖风方面的故障　一般为暖风开关(机械式的为拉线)损坏,暖风水箱堵塞,风门电动机损坏或风门损坏,鼓风机故障,风道断裂或泄漏等。

(3) 电器方面的故障　一般为熔断器熔断,导线接头松动,元件损坏等。

(4) 机械方面的故障　一般为运动件磨损或破损,连接件不密封,管道堵塞或破裂等。

上述故障集中表现为无暖风或暖风不足,系统不制冷,制冷不足,间断制冷或产生异常噪声等。

1. 系统不制冷

起动发动机,打开空调开关和鼓风机开关,出风口无冷气吹出。这种故障一般是电器或机械方面的故障。首先检查开关接头和电器元件电路,其次检查制冷剂,最后检查压缩机。

(1) 电器故障　系统不制冷主要是压缩机不工作引起的。空调开关、空调继电器、电磁离合器继电器、高压开关、低压开关以及恒温开关或温控放大器等都与压缩机的电磁离合器保持理论上的串联关系,只要有一个元器件发生故障,空调压缩机就要停止工作。如果空调压缩机工作,但鼓风机不工作,同样不会制冷。

1) 检查熔断器。如果熔断器熔断,则说明电路中可能有某个地方短路。这时应检查导线的绝缘层有无损坏以及有无短路烧坏的迹象。在未查明原因之前不要随便接上熔断器进行试机,以免电器系统遭受更大的损坏。

2) 检查电磁离合器。断开压缩机电磁离合器的线束插接器,直接将电源线引到电磁离合器。若离合器工作,则说明电磁离合器本身正常,应继续检查其他方面;若电磁离合器不工作,则应更换电磁离合器。

3) 检查电路中的空调开关、空调继电器、电磁离合器继电器、高压开关、低压开关以及恒温开关或温控放大器。先检查高、低压开关,再检查空调继电器和恒温开关或蒸发器热敏电阻,然后观察温控放大器和电磁离合器继电器,最后检查空调开关。若有故障,应视情况修理或更换。

4)检查鼓风机。检查鼓风机电动机、鼓风机继电器和鼓风机减速电阻的工作状况,必要时进行修理或更换。

(2)机械故障 在确认电器系统工作正常的情况下,需要进行机械方面的检查。

1)压缩机传动带断裂,压缩机无法工作,应更换传动带。

2)制冷系统堵塞,制冷剂无法循环,从而导致系统不制冷。用歧管压力表检测系统内的压力,其结果应是低压侧压力很低,高压侧压力非常高。系统最可能产生的是储液干燥器脏堵和膨胀阀冰堵故障,应查明原因,按说明书提示的方法排除。

3)膨胀阀感温包破裂,制冷剂无法流向蒸发器,因此系统无法制冷。感温包破裂后,应更换膨胀阀。

4)制冷剂全部漏失。检测时可用歧管压力表检测系统的压力,若高、低压侧的压力都很低,则说明制冷剂已经泄漏。如果出现这种情况,则应用检漏仪详细检查确定其泄漏部位,然后进行修复。修复后要对系统抽真空,然后按规定加注制冷剂及冷冻润滑油。

5)压缩机进、排气阀片折断或阀板严重磨损,导致高、低压腔串通,从而使制冷剂无法循环而丧失制冷能力。可用歧管压力表检测系统内的压力,其结果应是高、低压侧的压力接近相等。进、排气阀片损坏后,要拆卸压缩机进行修理或换用新件。

6)压缩机缸盖密封垫损坏导致高、低压腔串通,无法制冷,应查明原因,更换密封垫。

2. 空调系统制冷不足

汽车空调制冷系统的性能是依据车厢内的温度及湿度是否能达到预定的指标来衡量的。若空调系统正常运转,则其出风口的温度应为 0~5℃,此时车厢内的温度应保持在 20~25℃之间(外界气温为 34℃左右)。

检查时首先考虑电器元件和电路问题,其次是制冷剂问题,最后是压缩机问题。

(1)电器故障

1)热敏电阻故障。检查热敏电阻,若失效,则更换。

2)放大器或恒温开关故障。查明原因,若失效,则分别予以更换。

(2)制冷剂和冷冻润滑油方面的故障。

1)制冷系统中制冷剂过多或不足。查明原因,按使用说明书的规定和操作规程,抽出多余的制冷剂或补充适量的制冷剂。

第十章　诊断与排除电器设备故障

2）系统内有空气。此时应按照排除系统内空气的操作方法将制冷剂放出，并将系统抽成真空状态，然后再加注规定量的制冷剂。

3）压缩机润滑油过多。此时应排除多余的润滑油。

4）储液干燥器堵塞。更换管接口滤网后，若还存在故障，则应更换储液干燥器。

5）膨胀阀堵塞。应清洗管接口滤网或更换膨胀阀。

6）孔管式制冷系统的孔管堵塞。卸下滤网进行清洗，并更换气液分离器。

(3) 压缩机方面的故障

1）压缩机工作性能下降。检查气缸及活塞的磨损情况，必要时修理或更换压缩机。

2）压缩机传动带打滑。检查压缩机传动带磨损和松紧情况，必要时调整或更换传动带。

3）电磁离合器打滑。检查油污、磨损情况，压板与带轮的间隙以及工作电压，必要时进行调整、修理或更换电磁离合器。

4）压缩机进、排气阀片关闭不严或进、排气腔串通，应更换相关零部件或压缩机。

(4) 蒸发器、冷凝器、膨胀阀方面的故障

1）鼓风机转速慢。检查插接器是否松动，调速电阻是否失效，若均正常，则应更换鼓风机。

2）膨胀阀工作不良。应调整或更换膨胀阀。

3）冷凝器的气流不畅通。应清理冷凝器表面，修正弯曲的散热片。

4）蒸发器结霜或结霜后堵塞。应调整恒温开关或膨胀阀。

5）蒸发器的气流不畅通。应清理蒸发器表面，修理温度混合风门。

(5) 其他故障　冷凝器风扇转速下降，车身密封不良等，应进行修理。

◆◆◆ 第三节　诊断与排除电器设备故障技能训练

● 训练1　诊断与排除空调系统完全不制冷故障

1. 操作准备

1）桑塔纳3000型手动空调乘用车一辆。

2）制冷剂回收、净化、加注机1台，空调检漏仪1台，常用工具1套。

3）数字万用表1块，干湿球式温度计、数字式温度计各1只。

4）桑塔纳3000型手动空调乘用车维修手册1本。

319

2. 操作要求

按照设备使用规程以及维修工艺规范和安全生产技术规范进行操作。

3. 操作时间

60min。

4. 技术标准

空调制冷性能符合桑塔纳3000型手动空调乘用车维修手册和《汽车空调制冷剂回收、净化、加注工艺规范》(JT/T 774—2010)的有关规定。

5. 基本操作步骤

> 操作步骤描述:确认故障现象→基础检查→制冷循环系统故障的诊断→排除制冷循环系统故障→验证制冷循环系统故障排除效果→空调系统电器故障的诊断→排除空调系统电器故障→验证空调系统电器故障排除效果。

步骤1:确认故障现象

1)将车辆停放在阴凉通风处,打开车窗、车门和发动机舱盖。

2)打开所有空调出风口,并调节到全开。

3)起动发动机,将温度旋钮调至最大制冷位置,将风速调整为最大,将风向调整为直吹,将内外循环风门调整为外循环。

4)按下空调开关,观察空调压缩机电磁离合器是否接合,若未接合,则说明空调电路有故障或因缺少制冷剂而造成空调压缩机未工作,从而导致空调系统完全不制冷。

步骤2:基础检查

1)检查空调压缩机传动带是否磨损、老化、开裂,若是,则应更换传动带。

2)检查空调压缩机传动带是否过松,若过松,则应进行调整。

3)检查空调压缩机、冷凝器、蒸发器、干燥过滤器、高低压开关、高低压气门阀以及高低压管路有无明显的泄漏痕迹,若有,则说明该处存在制冷剂泄漏现象,应进行修复。

4)检查冷凝器是否堵塞,散热片是否变形。

5)检查冷却风扇叶片是否损坏,转动是否灵活。

6)检查空调压缩机、冷却风扇、高低压开关及相关电路插接器的连接情况,观察有无脱落或破损现象,若有问题,则应进行修复。

7)检查空调滤清器有无损坏、堵塞现象。

8)检查鼓风机在各挡位的工作是否正常,若有故障,则应进行修复。

9)将鼓风机的风速调整为最大,然后调节风向旋钮,气流应在各个出风口

第十章 诊断与排除电器设备故障

之间变化,且流速在各个出风口上大致相同,否则应进一步检查风门是否灵活、到位、密封,风道是否漏气或堵塞。

10)转动温度调节旋钮,出风口温度应能随之变化,否则应检查风门是否灵活、到位、密封。

步骤3:制冷循环系统故障的诊断

1)清洁并拧下高、低压气门阀防尘帽。

2)关闭制冷剂回收、净化、加注机的手动高、低压阀。

3)将制冷剂回收、净化、加注机低压侧的蓝色软管和高压侧的红色软管分别与汽车空调制冷系统的低、高压侧气门阀可靠连接。

4)打开手动高、低压阀。

5)观察并记录高、低压表的读数,此压力即为当前环境温度下的平衡压力。R134a制冷循环系统压力与环境温度的关系见表10-3。

表10-3 R134a制冷循环系统压力与环境温度的关系

环境温度/℃	压力/kPa	环境温度/℃	压力/kPa	环境温度/℃	压力/kPa
-9	106	16	392	47	1114
-8	115	18	438	48	1149
-7	124	21	487	49	1185
-6	134	24	540	50	1222
-4	144	27	609	51	1260
-3	155	30	655	52	1298
-2	166	32	718	53	1337
-1	177	35	786	54	1377
0	188	38	857	57	1481
1	200	39	887	60	1590
2	212	40	917	63	1704
3	225	41	948	66	1823
4	238	42	980	68	1948
7	272	43	1012	71	2079
10	310	44	1045	74	2215
13	350	46	1079	77	2358

例如:在环境温度为30℃时,平衡压力应为655kPa。若低于此压力,则意味着制冷剂不足;若高于此压力,则意味着制冷剂不纯;若压力表指示为零,则说明制冷循环系统内无制冷剂。

步骤4：排除制冷循环系统故障

1）对于无制冷剂故障，应选择真空检漏、加压检漏、电子检漏或荧光检漏法进行泄漏检查。在找到并排除泄漏点后，应再次选择上述检漏法进行检漏，直至制冷系统无泄漏现象。

2）用制冷剂回收、净化、加注机对空调制冷系统进行抽真空操作，直至低压侧压力表显示的真空度低于-90kPa，再继续抽真空15min以上。

3）按照维修手册规定的型号和重量首先加注冷冻机油，然后从高压侧定量加注制冷剂。注意：此时不要起动发动机。

4）在制冷剂加注完毕后，断开制冷剂回收、净化、加注机与空调制冷系统的连接管路，用检漏仪对气门阀进行检测，确认无泄漏现象。

5）起动发动机，用检漏仪对气门阀进行检测，确认无泄漏现象。

步骤5：验证制冷循环系统故障排除效果

1）将干湿球式温度计安置在空调进风口位置。

2）打开所有空调出风口，并调节到全开。

3）将数字式温度计的探头插入空调中央出风口内50mm处。

4）将温度旋钮调至最大制冷位置，将风向调整为直吹，将风门调整为外循环。

5）起动发动机，打开空调开关，将风速调整为最大。

6）将发动机转速控制在1500~2000r/min，在温度计显示值趋于稳定后，记录室内、外温度计的显示值和高、低压侧压力表的指示值。室内温度至少比室外温度低17℃为正常。也就是说如果空调进风口温度为30℃，那么室内中央出风口的温度必须低于13℃。

7）将所测得的高、低压侧压力，以及相对湿度、空调进风温度、空调出风温度与汽车制造商提供的空调性能参数进行比较，如果压力表显示的高、低压侧压力和空调出风口的温度不在规定范围内，则应对制冷循环系统做进一步的诊断。

步骤6：空调系统电器故障的诊断

桑塔纳3000型乘用车手动空调电路原理图如图10-3所示。

(1) 空调请求信号电路故障诊断　空调请求信号电路故障的现象是空调压缩机不工作，诊断的关键是掌握空调请求信号电路的工作条件。

1）用数字万用表检查空调压力开关（F129）的1端与2端是否导通，若不导通，则可确认空调压力开关（F129）损坏。

2）观察室外温度计的示值，确认境温度是否大于4℃，若是，则应用数字万用表检查室温开关（F38）的1端与2端是否导通，不导通时可确认室温开关（F38）损坏。

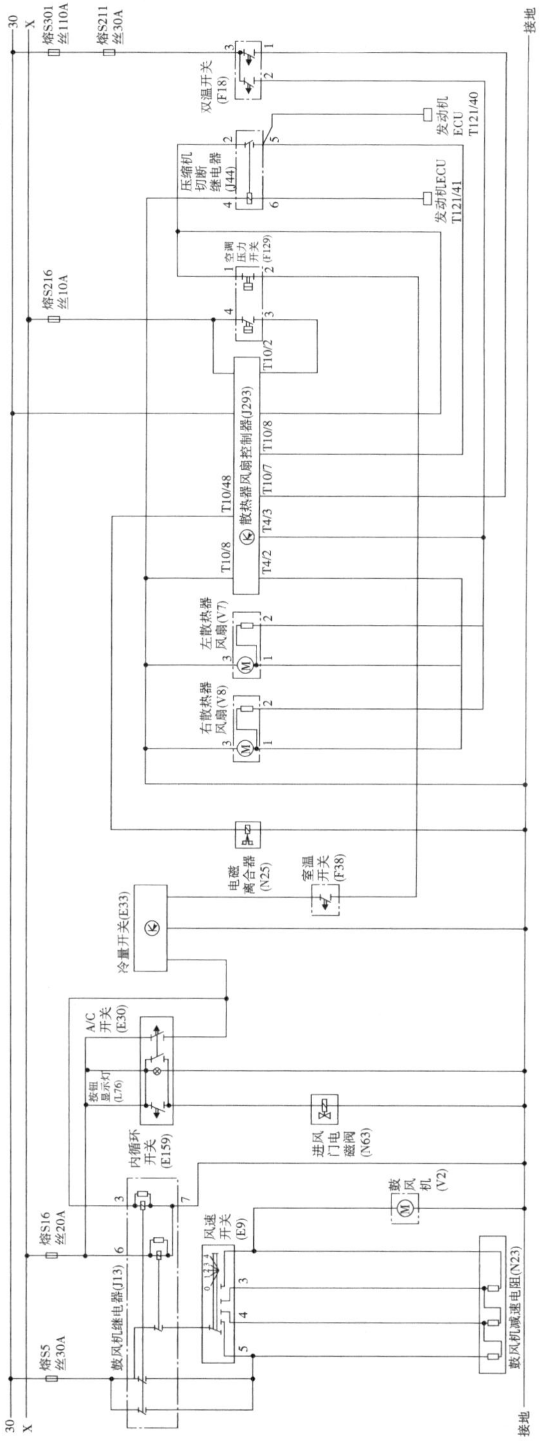

第十章　诊断与排除电器设备故障

图10-3　桑塔纳3000型乘用车手动空调电路原理图

323

3）打开点火开关，按下 A/C 开关，用数字万用表检查 A/C 开关输出端的电压，应为 12V，否则应检查熔丝 S16、A/C 开关是否损坏，其连接线是否断路。

4）打开点火开关，按下 A/C 开关，用数字万用表检查冷量开关（E33）输出端的电压，应为 12V，否则应检查其与 A/C 开关的连接线以及接地线是否断路。

5）关闭点火开关，用数字万用表检查冷量开关（E33）、室温开关（F38）、空调压力开关（F129）和散热器风扇控制器之间的连接线是否断路或对地短路。

（2）空调起动允许信号电路诊断　空调起动允许信号电路故障的现象是空调压缩机不工作。在确认空调请求信号电路无故障后，可进行以下检查：

1）起动发动机，用汽车故障电脑诊断仪检测冷却液温度，若温度大于 120℃，且与实际温度不符，则应检查冷却液温度传感器是否损坏。

2）打开点火开关，用汽车故障电脑诊断仪检测节气门开度。当缓慢将加速踏板踩到底时，节气门开度应逐渐增大到 100%，若始终显示 100%，则可进一步确认加速踏板位置传感器、节气门控制组件或发动机控制单元是否损坏。

3）起动发动机，按下 A/C 开关，用数字万用表检查压缩机切断继电器 6/86 端的电压，应为 12V，否则，应检查发动机 ECU T121/41 端与压缩机切断继电器的连接线是否断路或对地短路，压缩机切断继电器线圈是否断路。

4）起动发动机，按下 A/C 开关，用数字万用表检查压缩机切断继电器 5/87a 端的电压，应为 12V，否则，应检查散热器风扇控制器 T10/8 端与压缩机切断继电器的连接线是否断路或对地短路，压缩机切断继电器常闭触点是否断路。

步骤 7：排除空调系统电器故障

按照空调系统电器故障诊断结果进行零部件更换和电路修理，以排除故障。

步骤 8：验证空调系统电器故障排除效果

1）起动发动机，按下 A/C 开关，观察空调压缩机电磁离合器，应接合，两个冷却风扇应低速运转。在温度计显示值趋于稳定后，读取压力表和温度计的显示值。

2）将所测得的高、低压侧的压力，以及相对湿度、空调进风温度、空调出风温度与汽车制造商提供的空调性能参数进行比较，应在规定范围内。

6. 评分标准

诊断与排除空调系统完全不制冷故障的评分标准见素材文件中的附表 25。

- 训练 2　诊断与排除空调系统制冷不足故障

1. 操作准备

1）桑塔纳 3000 型手动空调乘用车 1 辆。

第十章 诊断与排除电器设备故障

2）制冷剂回收、净化、加注机 1 台；空调检漏仪、制冷剂鉴别仪、风速仪各 1 台。

3）数字万用表 1 块，干湿球式温度计、数字式温度计各 1 只。

4）汽车故障电脑诊断仪 1 台；常用工具 1 套。

5）桑塔纳 3000 型手动空调乘用车维修手册一本。

2. 操作要求

按照设备使用规程以及维修工艺规范和安全生产技术规范进行操作。

3. 操作时间

60min。

4. 技术标准

空调制冷性能符合桑塔纳 3000 型手动空调乘用车维修手册和《汽车空调制冷剂回收、净化、加注工艺规范》（JT/T 774—2010）的有关规定。

5. 基本操作步骤

操作步骤描述：确认故障现象→基础检查→制冷循环系统故障的诊断→排队制冷循环系统故障→验证制冷循环系统故障排除效果→空调系统电器故障的诊断→排除空调系统电器故障→验证空调系统电器故障排除效果。

步骤 1：确认故障现象

1）将车辆停放在阴凉通风处，打开车窗、车门和发动机舱盖。

2）打开所有空调出风口，并调节到全开。

3）将干湿球式温度计安置在空调进风口位置。

4）将数字式温度计的探头插入空调中央出风口内 50mm 处。

5）将温度旋钮调至最大制冷位置，将风速调整为最大，将风向调整为直吹，将内外循环风门调整为外循环。

6）起动发动机，按下空调开关，观察压缩机电磁离合器是否接合，若接合，则说明空调压缩机工作。

7）用手感觉空调中央出风口的出风温度，应有凉的感觉。

8）将发动机转速控制在 1500～2000r/min，在数字式温度计显示值趋于稳定后，读取显示值。此时空调中央出风口处的温度应比环境温度低 17℃ 以上，否则可判定为空调系统制冷不足。

步骤 2：基础检查

1）检查空调压缩机传动带是否磨损、老化、开裂，若是，则应更换传动带。

2）检查空调压缩机传动带是否过松，若过松，则应进行调整。

3) 检查空调压缩机、冷凝器、蒸发器、干燥过滤器、高低压开关、高低压气门阀以及高低压管路有无明显的泄漏痕迹,若有,则说明该处存在制冷剂泄漏现象,应进行修复。

4) 检查冷凝器是否堵塞,散热片是否变形。

5) 检查冷却风扇叶片是否损坏,转动是否灵活。

6) 检查空调压缩机、冷却风扇、高低压开关及相关电路插接器的连接情况,观察有无脱落或破损现象,若有问题,则应进行修复。

7) 检查空调滤清器有无损坏、堵塞现象。

8) 检查鼓风机在各挡位的工作是否正常,若有故障,则应进行修复。

9) 将鼓风机的风速调整为最大,然后调节风向旋钮,气流应在各个出风口之间变化,且流速在各个出风口上大致相同,否则应进一步检查风门是否灵活、到位、密封,风道是否漏气或堵塞。

10) 转动温度调节旋钮,出风口温度应能随之变化,否则应检查风门是否灵活、到位、密封。

步骤3:制冷循环系统故障的诊断

1) 清洁并拧下高、低压气门阀防尘帽。

2) 关闭制冷剂回收、净化、加注机的手动高、低压阀。

3) 将制冷剂回收、净化、加注机低压侧的蓝色软管和高压侧的红色软管分别与汽车空调制冷系统的低、高压侧气门阀可靠相连。

4) 打开手动高、低压阀。

5) 观察并记录高、低压表的读数,此压力即为当前环境温度下的平衡压力。根据环境温度,按表10-3查找对应的标准平衡压力。若实际平衡压力低于标准值,则意味着制冷剂不足;若高于标准值,则意味着制冷剂不纯。这两种情况均会造成空调系统制冷不足的故障。

6) 起动发动机,按照第六章第四节训练4中的压力表诊断法对空调制冷循环系统进行故障诊断,并确定故障原因和部位。

步骤4:排除制冷循环系统故障

1) 若制冷剂不足或制冷剂压力过高,则应首先检查制冷剂的纯度。可将制冷剂鉴别仪与空调低压气门阀连接,然后起动仪器,检查制冷剂类型和纯度。桑塔纳3000型手动空调乘用车的空调系统要求使用R134a制冷剂,其纯度必须大于96%。

2) 若制冷循环系统中的制冷剂为单一制冷剂且纯度大于96%,则当其平衡压力在30~35kPa之间时,可选择电子检漏法或荧光检漏法进行制冷剂泄漏情况的检查。也可将制冷剂回收后选择真空检漏、加压检漏、电子检漏或荧光检漏法进行泄漏检查。若制冷剂为单一类型制冷剂,但纯度小于96%,则可用冷媒回

第十章 诊断与排除电器设备故障

收加注机进行回收净化,然后重新加注。若制冷剂为两种或两种以上类型的制冷剂,则不应使用作业用的制冷剂回收、净化、加注机进行回收,而应采用另外的制冷剂回收设备进行回收和排放制冷剂。

3)在找到并排除泄漏点或更换制冷循环系统零部件后,应再次选择真空检漏、加压检漏、电子检漏或荧光检漏法进行泄漏情况的检查,直至制冷系统无泄漏现象。

4)在确认制冷系统无泄漏现象后,若制冷剂仍不足,则应用制冷剂回收、净化、加注机先进行制冷剂回收,然后进行抽真空操作,直至低压侧压力表显示的真空度低于 -90kPa,再继续抽真空 15min 以上。

5)按照维修手册规定的型号和重量加注冷冻机油,然后从高压侧定量加注制冷剂。注意:此时不要起动发动机。

6)在制冷剂加注完毕后,断开设备与制冷系统的连接管路,用检漏仪对气门阀进行检测,确认无泄漏现象。

7)起动发动机,用检漏仪对气门阀进行检测,确认无泄漏现象。

步骤5:验证制冷循环系统故障排除效果

1)打开车窗、车门和发动机舱盖。

2)打开所有空调出风口,并调节到全开。

3)将温度旋钮调至最大制冷位置,将风向调整为直吹,将风门调整为外循环。

4)起动发动机,打开空调开关,将风速调整为最大。

5)将发动机转速控制在 1500~2000r/min,在温度计显示值趋于稳定后,记录室内、外温度计的显示值和高、低压侧压力表的指示值。通常室内温度至少比室外温度低 17℃。也就是说,如果空调进风口温度为 30℃,那么室内中央出风口的温度必须低于 13℃。

6)将所测得的高、低压侧压力,以及相对湿度、空调进风温度、空调出风温度与汽车制造商提供的空调性能参数进行比较,若压力表显示的高、低压侧压力和空调出风口温度不在规定范围内,则应对制冷循环系统做进一步的诊断。

步骤6:空调系统电器故障的诊断

(1)散热器风扇工作电路故障的诊断 散热器风扇工作电路故障的现象主要有:两个散热器风扇低速均不运转,但可以高速运转;某一个散热器风扇低速不运转,但可以高速运转;某一个散热器风扇高速不运转,但可以低速运转。上述散热器风扇工作电路故障均会引起空调系统制冷不足。

1)两个散热器风扇低速均不运转,但可以高速运转

①若空调压缩机工作,则可在两个散热器风扇低速均不运转期间用数字万用表检查散热器风扇控制器 T4/3 端的电压:若为 12V,则可确认散热器风扇控

制器 T4/3 端与散热器风扇 2 端的连接线断路；若为 0V，则可确认散热器风扇控制器损坏。

② 若空调压缩机工作，则可在两个散热器风扇高速运转期间用数字万用表检查散热器风扇控制器 T10/2 端的电压：若为 0V，则可确认散热器风扇控制器 T10/2 端与空调压力开关 3 端的连接线断路；若为 12V，则可确认双温开关损坏或双温开关 1 端与散热器风扇控制器 T10/7 端的连接线断路。

③ 若空调压缩机不工作，则可在两个散热器风扇低速均不运转期间用数字万用表检查双温开关 2 端的电压：若为 12V，则可确认双温开关 2 端与散热器风扇 2 端的连接线断路；若为 0V，则可确认双温开关损坏。

2) 当某一个散热器风扇低速不运转，但可以高速运转时，可以确认该风扇串联电阻断路。

3) 当某一个散热器风扇高速不运转，但可以低速运转时，可以确认该风扇 1 端与散热器风扇控制器 T4/2 端的连接线断路。

(2) 鼓风机电路故障的诊断 鼓风机电路故障现象主要有：鼓风机始终不工作、仅某一挡位不工作、仅某一挡位工作。可打开点火开关，转动鼓风机风速旋钮并在每个挡位上停留，以确认故障现象。鼓风机电路故障将会造成空调系统严重制冷不足或在鼓风机的某一挡位严重制冷不足。

1) 当鼓风机始终不工作时，可用数字万用表检查熔丝 S16 和 S5、鼓风机继电器（J13）、风速开关（E9）、鼓风机减速电阻（N23）是否损坏，各器件之间的连接线是否断路或对地短路。

2) 若仅某挡位不工作，则说明鼓风机正常，故障原因是与故障挡位对应的鼓风机开关（E9）与鼓风机减速电阻（N23）之间的连接线断路。

3) 若仅某挡位工作，则说明鼓风机正常，故障原因是与故障挡位对应的减速电阻损坏或其与鼓风机的连接线断路。

步骤 7：排除空调系统电器故障

按照空调系统电器故障的诊断结果进行零部件更换和线路修理，以排除故障。

步骤 8：验证空调系统电器故障排除效果

1) 起动发动机，转动鼓风机开关，鼓风机在各挡位均应工作正常。

2) 起动发动机，按下 A/C 开关，观察两个冷却风扇，应低速运转。在温度计显示值趋于稳定后，读取压力表和温度计的显示值，应符合要求。

3) 将所测得的高、低压侧的压力，以及相对湿度、空调进风温度、空调出风温度与汽车制造商提供的空调性能参数进行比较，应在规定范围内。

6. 评分标准

诊断与排除空调系统制冷不足故障的评分标准见素材文件中的附表 26。

第十章 诊断与排除电器设备故障

复习思考题

1. 汽车灯光系统由哪些部件组成？
2. 汽车灯光系统故障诊断方法有哪些？
3. 转向信号灯常见故障及原因有哪些？
4. 空调系统故障诊断应掌握的原则是什么？
5. 简述汽车空调故障直观检查方法及内容。
6. 什么是空调压力检测？
7. 空调泄漏检查方法有哪几种？
8. 简述汽车空调常见故障现象、发生部位及原因。

试 题 库

知识要求试题

一、判断题（对的画"√"，错的画"×"）

1. 离车式平衡机与就车式平衡机比较具有精度高的特点。（　）
2. 电控汽油喷射发动机怠速空气阀调节的空气不经过空气流量计的计量。（　）
3. 拔下电控汽油喷射发动机燃油压力调节器的真空管后，喷油压力会变小。（　）
4. 电控汽油喷射发动机喷油器的喷油量取决于系统的油压。（　）
5. 汽车电子控制系统一般由电控单元、传感器、执行器三部分组成。（　）
6. 发动机的袋状卷筒式汽油滤芯安装在管路中没有方向性。（　）
7. 汽车 ABS 能有效提高汽车制动时的方向稳定性。（　）
8. 汽车 ABS 出现故障时，由 ECU 控制 ABS 警告灯点亮。（　）
9. OBDⅡ故障诊断仪的故障码含义对任何车型都是统一的。（　）
10. OBDⅡ连接插座有统一的安装位置，都在仪表盘的左下方横装或竖装。（　）
11. 汽车空调制冷系统主要由压缩机、制冷剂、冷凝器、蒸发器组成。（　）
12. 汽车空调蒸发器的结构和冷凝器的类似，由铝制芯管和散热片组成。（　）
13. 乘用车和货车的新鲜空气进口都在车头部位，这个位置属于负压区。（　）
14. 汽车 ABS 在滑路上的工作效果并不理想。（　）
15. 当汽车 ABS 工作时，制动踏板有明显的反弹感是正常现象。（　）
16. 普通汽车 ABS 只管制动防抱死，而前后轮制动力的分配仍由比例阀来完成。（　）
17. 车辆技术档案一般由车队的车管技术员负责填写和管理。（　）
18. 安全气囊系统是否引爆主要取决于车速传感器和碰撞传感器。（　）
19. 安全气囊系统警告灯在点火开关打开后闪亮几秒钟属于不正常。（　）
20. 燃油压力脉动缓冲器用于吸收燃油油压的脉动，使燃油压力保持稳定。（　）
21. 闭环控制是一种利用氧传感器对燃油喷射量进行智能修正的喷射控制。（　）
22. 怠速空气量的控制只有控制节气门旁通道的空气流量一种方法。（　）
23. 只要前碰撞传感器产生动作，汽车 SRS 就引爆。（　）

24. 汽车 SRS 从引爆到泄气整个过程只有几秒钟的时间。（   ）
25. 车辆从购置到报废全过程的技术管理应系统地记入车辆技术档案。（   ）
26. 汽车修理工艺规程是在一定的生产条件下选定的最科学合理的修理过程。（   ）
27. 汽车修理工艺过程是指汽车修理的各项作业按一定方式组合协调、排序进行的过程。

（   ）
28. 要制订经济合理的汽车修理工艺规程，应先考虑新技术和修理质量。（   ）
29. 汽车修理工艺卡是具体安排和指导各工序进行生产的依据。（   ）
30. 汽车修理工艺卡片包括拆卸工艺卡片、技术检验工艺卡片等综合工艺卡片。（   ）
31. 加工应力大的加工工序，应尽量安排在精加工或定型加工的前面。（   ）
32. 气缸应隔缸镗削，各缸应镗成原厂尺寸或同一级修理尺寸。（   ）
33. 用固定式镗缸机镗缸时，应选用气缸体的上平面作为定位基准。（   ）
34. 曲轴安装前不需要进行动平衡试验，可直接装机使用。（   ）
35. 锻造后的变速器齿轮毛坯在机械加工前需正火，以利于切削加工。（   ）
36. 汽车变速器齿轮应有足够高的强度和韧性以及一定疲劳强度。（   ）
37. 变速器壳铸造后的表面或焊接后的表面，由于冷却速度快、硬度高，不利于切削加工。为了降低硬度，改善切削性能，必须使变速器壳体进行高温退火。（   ）
38. 乘用车水泵轴与带轮轮毂的配合为过盈配合。（   ）
39. 传动轴花键与花键毂装配时，箭头标记应对齐，以保证原有动平衡。（   ）
40. 为了检查曲轴不易被发现的或内部的裂纹，检验曲轴时应使用探伤机。（   ）
41. 根据扭曲变形检验结果，可确定曲轴是否需要进行压力校正。（   ）
42. 若采用局部更换法，则在确定半轴花键轴长度时，应考虑在电阻焊时由于熔化而缩短的尺寸。（   ）
43. 确定主轴颈、连杆轴颈的修理尺寸时，应按磨损量最小的轴颈选择。（   ）
44. 凸轮轴修磨后，其最小轴颈应小于凸轮总高度。（   ）
45. 镗削制动鼓时的定位基准为制动鼓的内圆。（   ）
46. 零件修理到最后一级修理尺寸时必须报废。（   ）
47. 中级过盈配合的过盈量为 0.15～0.25mm。（   ）
48. 镶套修复的最大优点是能恢复较多的磨损量，缺点是修复过程中需高温加热。

（   ）
49. 用胶粘剂修复的最大缺点是零件变形大。（   ）
50. 厌氧树脂胶粘剂与环氧树脂胶粘剂相比，其主要优点是抗高温能力强。（   ）
51. 压力校正后的时效处理是为了得到稳定的校正变形。（   ）
52. 加热减应焊的加热温度应低于 350℃。（   ）
53. 振动堆焊时零件和焊丝的熔化主要在短路期。（   ）
54. 过盈配合副装配的关键是要保证过盈量。（   ）
55. 客车大修送修标志是发动机和其他两个总成符合大修条件。（   ）
56. 挂车大修送修标志是挂车车架和货厢符合大修条件。（   ）
57. 汽车车架断裂、锈蚀、扭曲、弯曲变形严重，车架大部分铆钉松动或铆钉孔磨损时，

应进行大修。( )

58. 因特殊原因不能行驶以及零部件短缺的车辆和总成送修在签订合同时要有相应的规定和说明。( )

59. 车辆和总成送修时,应将有关说明书和购车发票一并送承修单位。( )

60. 车架铆接件的接合面必须贴紧,铆钉应充满钉孔,铆钉头不得有裂纹、歪斜、残缺,所有铆钉不得以螺栓代替。( )

61. 在汽车电器万能试验台上试验晶体管电压调节器时,发电机在半载状态下晶体管电压调节器所保持的电流应符合原厂规定,否则应予更换。( )

62. 转向灯及危险报警闪光灯的闪光频率应为(1.0±0.5)Hz。( )

63. 汽车大修竣工后的验收包括路试前外部检视、路试中检查、路试后检查以及全车综合性能的检测。( )

64. 在汽车大修竣工验收时,变速器、驱动桥、车轮轮毂不得过热。( )

65. 汽车大修质量的评定采用关键项次合格率来衡量。( )

66. 汽车发动机大修竣工后,不允许活塞销有轻微而均匀的响声。( )

67. 气缸体上平面的平面度误差在50mm×50mm范围内的使用极限应大于0.10mm。( )

68. 汽车变速器壳体的位置误差包括直线度误差、平面度误差、平行度误差。( )

69. 镶缸套时必须按顺序压入,以防止气缸套变形。( )

70. 发动机曲轴圆度误差和圆柱度误差的检测既可用游标卡尺也可用千分尺。( )

71. 经过修理的汽车传动轴,由于零件已按照技术要求经过了严格检验,因此装合后无需进行动平衡试验。( )

72. 连杆校正时,一般应先校正扭曲变形,后校正弯曲变形。( )

73. 实际尺寸就是零件的真实尺寸。( )

74. 极限尺寸与公称尺寸的代数差叫尺寸偏差。( )

75. 尺寸公差等于上极限尺寸减下极限尺寸的代数差。公差始终为正值。( )

76. 在汽车维修过程中,只要控制了人、设备、材料、工艺和环境,就能控制维修质量的波动。( )

77. 汽车制动时,如果后轮始终不被抱死,即使前轮先抱死,也不可能发生严重的后轴侧滑现象。( )

78. 装有防抱死制动装置的汽车在制动时,其侧向附着力可达到最大。( )

79. 只有当混合气的空燃比在理论空燃比附近时,经三效催化转化器排出的气体才能得到有效净化。( )

80. 当汽车空调冷凝器发生严重堵塞时,将会引起空调压缩机频繁动作。( )

81. 电控燃油喷射系统中的电动燃油泵可安装在油箱内,其优点是可防止燃料泄漏和气阻。( )

82. 制动距离是指在一定制动速度下,汽车从驾驶人踩制动踏板开始到停车为止所驶过的距离。( )

83. 废气再循环的作用是将尾气中的可燃气体引入发动机气缸中再做功,以提高发动机

燃油经济性。( )

84. 在发动机电子控制系统中，若空气流量计失效，则可通过氧传感器调节混合气的浓度。( )

85. 气缸盖平面的铣削加工将使燃烧室容积发生变化，甚至出现怠速不稳，增加爆燃倾向。( )

86. 磨损后的气缸，在其活塞环有效行程内总是呈上小下大的锥形。( )

87. 曲轴主轴颈承受的负荷比连杆轴颈承受的大，所以磨损要比连杆轴颈严重。( )

88. 修理气门座斜面时，应先修理气门座斜面，后修理气门斜面。( )

89. 在汽车路试制动性能时，车轮向左方跑偏，如果是前轮的原因，则左前轮制动力小于右前轮制动力。( )

90. 汽车空调高压保护开关在制冷系统压力高于2.8MPa时断开电磁离合器电路，使压缩机停止工作；当压力降到2.2MPa时，压缩机恢复工作。( )

91. 起动机主动小齿轮端面与驱动端座上止块间的距离应在3.5～5.5mm之间。( )

92. 柴油机喷油器的喷孔堵塞时可用钢丝疏通。( )

93. 汽车的液压制动系统、动力转向系统的传动方式均属于容积式液压传动。( )

94. 砂轮的旋转方向应使磨屑向下方飞离砂轮。( )

95. 铰削操作时，为保证孔的光洁，应正反向旋转铰刀。( )

96. 汽车修理过程中的检验是汽车修理质量控制的核心。( )

97. 曲轴裂纹一般采用磁力探伤和浸油敲击法进行检查。( )

98. 汽车制动性能台试检测项目中包含车轮阻滞力的检测。( )

99. 装配尺寸链是指在装配过程中，各零件相互关联的尺寸彼此连接，构成封闭外形的总称。( )

100. 汽车车架变形可用对角线法检查。( )

101. 工作质量就是对与产品质量有关的工作的保证程度。( )

102. 汽车装用蒸发污染控制系统收集汽油蒸气。( )

103. 修理工艺卡片是有具体操作规范的。( )

104. 为防止积炭影响气门与气门座的密封性，常用气门旋转器代替进气门的气门弹簧座。
( )

105. 曲轴主轴颈和轴瓦修理尺寸应该是一致的。( )

106. 对零件草图进行审核，内容只有尺寸标准、技术要求。( )

107. 人员少、占地小、成本低的修理厂应选择就车修理法。( )

108. 汽车车架上的铆钉被剪断时，可用螺栓代替。( )

109. 汽车车轮制动器间隙的调整应在轮毂轴承预紧力调好后进行。( )

110. 汽车变速器齿轮及轴严重磨损是变速器总成大修送修标志之一。( )

111. 若汽车主减速器齿轮磨损严重，则驱动桥总成必须进行大修。( )

112. 装上离合器压盘固定螺栓后按规定力矩将其拧紧即可，不必交叉进行。( )

113. 一般汽车差速器壳体轴承座孔与半轴齿轮轴颈的配合间隙应不大于0.15mm。
( )

114. 检验货车车架变形情况时，只进行裂纹、铆钉松动、变形检查即可。（　　）
115. 车长大于6m的客车必须设置电源开关。（　　）
116. 为确保客车产品主要方面的质量，特制订四个关键项和四个重要项评定指标。
（　　）
117. 当发动机转速达到某一值时，耗油率达到最低。（　　）
118. 汽车行驶时受到的空气阻力与汽车行驶速度的平方成正比。（　　）
119. 汽车在车轮抱死时，横向稳定性极差。（　　）
120. 通常将车身振动的固有频率作为汽车平顺性的评价指标。（　　）
121. 一般汽车底盘输出最大驱动力功率简称为底盘输出最大功率。（　　）
122. 汽车左右车轮制动力不一致会造成行驶跑偏。（　　）
123. 在汽车零件修复中，修理尺寸法是一种恢复零件原有尺寸，使其具有正确几何形状的机械加工法。（　　）
124. 发动机在正常运转期间，ECU控制的实际点火提前角包括初始点火提前角、基本点火提前角及修正点火提前角三部分。（　　）
125. 汽车变速器齿轮的热处理工艺包括正火，其目的是消除应力，为渗碳、淬火做好组织准备。（　　）
126. 检验发动机曲轴轴颈磨损情况时，需选取三个截面进行检测。（　　）
127. 汽车上有较多的传感器，其中有源传感器是指工作时能产生电动势的传感器。
（　　）
128. 点火提前角与所用汽油有关，辛烷值越高，点火提前角越小。（　　）
129. 汽车连续制动时，制动蹄片和轮毂的摩擦因数不变。（　　）
130. 一般汽车前照灯检验仪应安装在自动检测线的中间工位上。（　　）
131. 检测曲轴扭曲程度时，需将曲轴放在平板上，用V形块支承好，然后转动曲轴，使同平面上最外侧两个连杆轴颈平行于平板，测量两个连杆轴颈的高度差即可。（　　）
132. 发动机进入正常工作温度后，氧传感器的输出电压应为0～2V。（　　）
133. 汽车电器部件都与车身直接搭铁。（　　）
134. 在任何条件下，36V电压都是安全的。（　　）
135. 一般汽车用电器维修设备的接地线不少于两根。（　　）
136. 连杆弯、扭会使气缸磨损成椭圆形。（　　）
137. 用凸轮轴转角表示的进、排气门开启和持续时间称为配气相位。（　　）
138. 采用液压挺柱的配气机构不需要进行气门调整。（　　）
139. 量缸表是用来测量发动机气缸的磨损量以及圆度和圆柱度误差的，其分度值为0.01mm。（　　）
140. 电喷汽油机的喷油压力比柴油机喷油压力低得多。（　　）

二、选择题（将正确答案的序号填入括号内）

1. 在企业的经营活动中，下列选项中不属于职业道德功能表现的是(　　)。
   A. 激励作用　　　　B. 决策能力　　　　C. 规范行为　　　　D. 遵纪守法

2. 为了促进企业的规范化发展,需要发挥企业文化的( )功能。
   A. 娱乐　　　　B. 主导　　　　C. 决策　　　　D. 自律
3. 职业道德通过( ),起着增强企业凝聚力的作用。
   A. 协调员工之间的关系　　　　B. 增加职工福利
   C. 为员工创造发展空间　　　　D. 调节企业与社会的关系
4. 在商业活动中,不符合待人热情要求的是( )。
   A. 严肃待客,表情冷漠　　　　B. 主动服务,细致周到
   C. 微笑大方,不厌其烦　　　　D. 亲切友好,宾至如归
5. 在市场经济条件下,( )不违反职业道德规范中关于诚实守信的要求。
   A. 通过诚实合法劳动,实现利益最大化
   B. 打进对手内部,增强竞争优势
   C. 根据服务对象来决定是否遵守承诺
   D. 只要是有利于增大企业利益的行为就做
6. 下列事项中属于办事公道的是( )。
   A. 顾全大局,一切听从上级　　　B. 大公无私,拒绝亲戚求助
   C. 知人善任,努力培养知己　　　D. 坚持原则,不计个人得失
7. 下列关于勤劳节俭的论述中,正确的是( )。
   A. 勤劳一定能使人致富　　　　B. 勤劳节俭有利于企业持续发展
   C. 新时代需要巧干,不需要勤劳　D. 新时代需要创造,不需要节俭
8. 在企业生产经营活动中,要求员工遵纪守法是( )。
   A. 约束人的体现　　　　　　　B. 保证经济活动正常进行所决定的
   C. 领导者人为的规定　　　　　D. 追求利益的体现
9. 在企业生产经营活动中,促进员工之间平等尊重的措施是( )。
   A. 互利互惠,平均分配　　　　B. 加强交流,平等对话
   C. 只要合作,不要竞争　　　　D. 人心叵测,谨慎行事
10. 电与磁都是物质运动的基本形式,两者之间密不可分,统称为( )。
    A. 电磁现象　　B. 磁化　　　C. 磁场　　　D. 磁力
11. 1kW·h等于( )J。
    A. 3.6×10^6　B. 3.6×10^5　C. 3.6×10^4　D. 3.6×10^3
12. 穿透电流( ),晶体管的稳定性越好,工作越稳定。
    A. 越大　　　B. 越小　　　C. 不变　　　D. 等于零
13. 液压传动以油液作为工作介质,依靠油液内部的( )来传递动力。
    A. 变化　　　B. 分子　　　C. 压强　　　D. 压力
14. ( )回路是实现液压放大的回路。
    A. 调压　　　B. 减压　　　C. 增压　　　D. 换向
15. 在液压传动系统中,( )是动力元件。
    A. 液压泵　　B. 液压缸　　C. 液压控制阀　D. 液压辅件
16. 液压油在管道中输送时压力信号反应与电信号相比( )。

A. 慢 B. 快 C. 相同 D. 不相同

17. 目前,除少数重型汽车外,其余多采用( )式动力转向装置。
A. 常流式 B. 常压式 C. 电动式 D. 其他形式

18. ( )时,液压系统不能稳定工作。
A. 高温 B. 低温 C. 常温 D. 高温或低温

19. 发动机怠速时,点火提前角处于( )值。
A. 最大 B. 较大 C. 较小 D. 最小

20. 在电子点火系统中,点火提前角由( )决定。
A. 蓄电池电压和发动机冷却液温度 B. 使用汽油的牌号
C. 发动机转速和发动机负荷 D. 以上三者均是

21. 皮质件一般用( )清洗后,再用清水冲洗。
A. 肥皂水 B. 汽油 C. 柴油 D. 酒精

22. 电压调节器是稳定汽车发电机( )的装置。
A. 输出电流 B. 输出电压 C. 输入电流 D. 输入电压

23. 在装配传动轴时,其伸缩节要对正记号,目的是( )。
A. 保持传动轴原有的动平衡 B. 缩小传动轴的长度
C. 使传动轴长度可变 D. 使传动轴便于安装

24. 一般发动机火花塞的电极间隙为( )mm。
A. 0.35~0.45 B. 0.7~0.9 C. 0.9~1.0 D. 1.1~1.5

25. 驾驶人可控制高级汽车( )车窗的升降。
A. 左侧 B. 右侧 C. 左前侧 D. 所有

26. 能把微弱的电信号放大,转换成较强的电信号的电路称为( )。
A. 放大电路 B. 滤波电路 C. 稳压电路 D. 整流电路

27. 线性集成电路属于( )集成电路。
A. 模拟 B. 数字 C. 放大 D. 任意

28. 门电路有( )个输入端。
A. 一 B. 多 C. 两 D. 一个或多

29. 正温度系数热敏电阻随着温度升高阻值( )。
A. 不变 B. 下降 C. 上升 D. 不确定

30. 在配制电解液时,应用( )容器。
A. 陶瓷 B. 玻璃 C. 陶瓷或玻璃 D. 金属

31. 发动机活塞环选配的间隙检验项目至少应有( )项。
A. 五 B. 四 C. 三 D. 二

32. 过量空气系数越大,着火延迟期越( )。
A. 长 B. 短 C. 不确定 D. 不变

33. ( )是柴油机排气的主要有害成分之一。
A. CO B. HC C. NO_x D. 炭烟

34. 汽车行驶阻力和附着力的关系是( )。

A. 汽车行驶阻力大于附着力　　　　　B. 汽车行驶阻力等于附着力
C. 汽车行驶阻力小于或等于附着力　　D. 汽车行驶阻力小于附着力

35. 汽车涉水后，制动效能（　　）。
A. 不受影响　　B. 下降　　C. 严重下降　　D. 不能恢复

36. 在汽车修理工艺规程中要写明总的要求并（　　）写明每一工序如何操作。
A. 具体　　B. 不具体　　C. 分清　　D. 确定

37. 用（　　）评价不同型号汽车的经济性。
A. 耗油率　　B. 百公里油耗　　C. 经济车速　　D. 尾气成分

38. 汽车零件或总成的检、修、装、试的卡片属于（　　）形式。
A. 装配工艺卡片　　　　　B. 技术检验卡片
C. 综合工艺卡片　　　　　D. 修复工艺卡片

39. 汽车主要零件的修复方法有机械加工法、焊接法、振动堆焊法、电镀法、刷镀法、喷涂法、电火花加工法以及（　　）。
A. 胶粘法　　B. 局部更换法　　C. 调整翻转法　　D. 压力加工修复法

40. 以下废气净化装置中对燃烧室内的燃烧没有任何影响的是（　　）。
A. EGR 阀　　　　　　　B. 二次空气喷射系统
C. 汽油蒸气吸附系统　　D. PCV 阀

41. 发动机干式气缸磨损超过最后一级修理尺寸时，应采取（　　）进行修复。
A. 修理尺寸法　　B. 镶套法　　C. 珩磨法　　D. 镀铬法

42. 下列选项中，不能用泡沫灭火的是（　　）。
A. 汽油　　B. 电失火　　C. 氰化钠　　D. 酒精

43. 一般汽车变速器壳体的材料选用（　　）。
A. 高碳合金钢　　B. 低碳合金钢　　C. 碳素工具钢　　D. 铸钢

44. 在发动机的零部件中，（　　）是采用球墨铸铁制造的。
A. 曲轴　　B. 缸体　　C. 凸轮轴　　D. 气缸

45. 汽车侧滑的原因是（　　）。
A. 前束不适　　　　　　　　　B. 前轴变形
C. 前束与前轮外倾角配合不适当　　D. 转向主销内倾与后倾配合不适当

46. 在齿轮传动中，采用（　　）方法，可防止或减轻啮合的两齿轮齿面之间的胶合失效现象。
A. 增大模数　　　　　　　B. 降低齿高
C. 增大滑动系数　　　　　D. 使啮合两齿轮材料不相同

47. 要求车辆停修时间短，并且保修车辆多，车型单一时，应采用（　　）进行修理。
A. 就车修理法　　B. 总成互换法　　C. 固定作业法　　D. 综合作业法

48. 全部修理作业是在几个连续的工位进行的，此种作业方式为（　　）。
A. 固定工位作业法　　　　B. 流水作业法
C. 专业分工法　　　　　　D. 就车修理法

49. 起动机在全制动试验时电流小、转速高，表示（　　）。

A. 电枢局部短路　　　　　　　　B. 电枢局部开路
C. 单向离合器打滑　　　　　　　D. 起动开关接通过早

50. 胶粘法用于修理汽车零件的裂纹，其主要缺点是（　　）。

A. 设备复杂，操作困难　　　　　B. 易产生热应力
C. 易造成腐蚀　　　　　　　　　D. 抗冲击能力差，不耐高温

51. 一般汽车零件的裂纹、烧蚀、剥落、老化等缺陷是通过（　　）来判断的。

A. 外部检视或探伤　　B. 量具　　　C. 水压法　　　D. 检验器具

52. 下列选项中，不属于曲轴轴承选配检查项目的是（　　）。

A. 根据曲轴轴颈选配　　　　　　B. 定位凸起
C. 弹性　　　　　　　　　　　　D. 硬度

53. 凸轮轴轴颈磨损量应用（　　）进行测量。

A. 千分尺　　　B. 百分表　　　C. 游标卡尺　　　D. 金属直尺

54. 清除发动机铝制缸盖积炭的溶液中不得加入（　　）。

A. 肥皂　　　　B. 重铬酸钾　　C. 水玻璃　　　　D. 氢氧化钠

55. 下列汽车零件中，（　　）不是用镶套法进行修复的。

A. 转向节　　　　　　　　　　　B. 气门座
C. 发动机缸套　　　　　　　　　D. 传动轴万向节轴承座孔

56. 汽车总成装配连接方法很多，其中拆装方便的是（　　）。

A. 铆接　　　B. 过盈配合连接　　C. 螺栓联接　　　D. 焊接

57. 装配尺寸链中，增环属于（　　）。

A. 组成环　　　B. 减环　　　C. 补偿环　　　D. 封闭环

58. 在使用废气分析仪检测废气时，测量头插入排气管的深度应该不少于（　　）。

A. 100mm　　　B. 200mm　　　C. 300mm　　　D. 400mm

59. 以下对车轮侧滑影响较大的是（　　）。

A. 车轮前束值　　B. 主销后倾角　　C. 主销内倾角　　D. 转向盘自由行程

60. 对于汽车空调控制电路，以下说法正确的是（　　）。

A. 制冷系统中设温控开关，能够对蒸发器温度进行控制
B. 制冷系统中设温控开关，能够任意地设定车厢内温度
C. 为避免蒸发器表面结霜或结冰采用了温度控制电路
D. 过热开关安装在紧靠蒸发器的入口处，是一个温度传感开关

61. 汽车转向节最常见的断裂部位是（　　）。

A. 转向节上耳根部　　　　　　　B. 转向节内外轴承轴颈之间
C. 转向节指轴颈的根部　　　　　D. 转向节下耳根部

62. 在检修机械循环球式转向器，装复螺杆螺母时，甲说："两组钢球应成组交换装入导管螺纹孔。"乙说："两组钢球放在一起挑选分组装入导管螺纹孔。"丙说："两组钢球应分别装入原来的导管螺纹孔。"其中说法正确的是（　　）。

A. 甲　　　　B. 乙　　　　C. 丙　　　　D. 甲和乙

63. 国际通用的 OBD Ⅱ 规定的故障码统一由（　　）位字母及数字组成。

A. 4 B. 3 C. 2 D. 5

64. 某蒸发器表面结有冰块，以下说法正确的是（　　）。

A. 这是正常的 B. 通过膨胀阀的制冷剂过少

C. 通过膨胀阀的制冷剂过多 D. 制冷系统高压侧的压力过高

65. 空调系统在加注 R134a 制冷剂时，以下说法正确的是（　　）。

A. 在压缩机转动时，应从高压侧加注 R134a 制冷剂

B. 在压缩机不转动时，应从低压侧加注 R134a 制冷剂

C. 以上都正确

D. 以上都不正确

66. R134a 制冷管路上的维修阀通常不是（　　）型式。

A. 管螺纹接头 B. 快装接头 C. 弹簧偶合 D. 以上都正确

67. 对于定车牵引的半挂车进厂大修，以下说法正确的是（　　）。

A. 牵引车必须单独进厂大修 B. 挂车必须单独进厂大修

C. 挂车与牵引车同时进厂大修 D. 没有具体规定

68. 下列选项中，不是发动机总成大修送修标志的是（　　）。

A. 气缸磨损 B. 最大功率下降 C. 燃料消耗异常 D. 异响

69. 对于变速器总成大修送修标志，下列说法不正确的是（　　）。

A. 变速器轴承承孔磨损逾限 B. 变速器壳体破裂

C. 变速器轴及齿轮恶性磨损 D. 变速器操纵机构松动

70. 下列选项中，（　　）不是汽车驱动桥总成大修送修标志。

A. 主减速器齿轮恶性磨损 B. 差速器壳支承轴承响

C. 桥壳破裂、变形 D. 半轴套管承孔磨损逾限

71. 汽车前轴出现裂纹、变形，主销承孔磨损严重是（　　）总成大修送修标志。

A. 前桥 B. 中桥 C. 后桥 D. 前轮

72. 客车车身总成大修送修的标志是（　　）。

A. 车身有轻微锈蚀 B. 蒙皮破损

C. 车厢骨架变形严重 D. 驾驶室锈蚀

73. 车辆纵横梁腐朽，底板、栏板破损面积较大，是（　　）大修送修标志。

A. 货车车身总成 B. 客车车身总成 C. 挂车 D. 车架

74. 对于车辆送修的规定，甲说："车辆送修时，承修单位与送修单位必须签订合同。"乙说："车辆送修时，没有必要将有关技术档案送承修单位。"其中（　　）的说法是正确的。

A. 甲和乙 B. 乙 C. 甲 D. 甲和乙均不正确

75. 某汽车 R134a 空调系统制冷不足，经检测高、低压侧的压力分别为 1.95～2.45MPa 和 0.30～0.40MPa，以下说法正确的是（　　）。

A. 制冷剂正常 B. 制冷剂不足 C. 制冷剂过量 D. 制冷剂中有水分

76. 汽车进厂后，外部检验项目不包括（　　）。

A. 车容 B. 轮胎状况

C. 电气设备工作状况　　　　　　　　D. 离合器工作状况

77. 某汽油喷射发动机有一缸工作不良,在寻找该缸时,以下说法正确的是(　　)。

A. 应逐缸拔下火花塞帽并观察怠速状况

B. 应逐缸拆下电磁式汽油喷射器的线束插头并观察怠速状况

C. 使用手提式诊断仪控制各缸电磁式汽油喷射器的开、闭并观察怠速状况

D. 以上都正确

78. 某电磁式汽油喷射器的喷油孔堵塞后,以下说法正确的是(　　)。

A. 在计算机中可读取该喷射器的故障码

B. 计算机中可能出现其他传感器或执行器的故障码

C. 以上都正确

D. 以上都不正确

79. 如果拆下蓄电池连接线,(　　)中存储的内容通常将会丢失。

A. EPROM　　　　B. ROM　　　　C. RAM　　　　D. 以上都正确

80. 对于货车车架,不需检验的项目是(　　)。

A. 变形　　　　B. 油漆　　　　C. 裂纹　　　　D. 磨损

81. 用百分表检查起动机电枢轴的弯曲状况,若径向圆跳动误差大于(　　)mm,则应进行校正。

A. 0.1　　　　B. 0.2　　　　C. 0.5　　　　D. 0.15

82. 汽油机凸轮轴的凸轮基圆径向圆跳动使用极限为(　　)mm。

A. 0.05　　　　B. 0.04　　　　C. 0.02　　　　D. 0.06

83. 以下不是由电控单元的输出电流直接驱动的是(　　)。

A. 汽油喷射器电磁阀

B. 空调继电器

C. DIS(无分电器点火系统)点火线圈的初级回路

D. 电动汽油泵

84. 关于二次空气喷射系统,以下说法正确的是(　　)。

A. 降低了排气中的氮氧化合物　　　　B. 降低了排气中的HC和CO

C. 以上都正确　　　　　　　　　　　D. 以上都不正确

85. 汽车道路试验中,(　　)是要进行的项目。

A. 制动液的检查　　　　　　　　　　B. 动力性能的检查

C. 离合器踏板自由行程的检查　　　　D. 转向盘自由行程的检查

86. 汽车竣工验收时,转向性能检查不包括的内容是(　　)。

A. 转向轻便　　　　　　　　　　　　B. 无跑偏和摇摆

C. 最小转弯半径符合规定　　　　　　D. 最大爬坡度

87. 汽车行驶时某一缸的火花塞高压线脱落,以下说法正确的是(　　)。

A. 排气中的CO值增高　　　　　　　B. 排气中会出现大量黑烟

C. 三元催化转换器会过热并损坏　　　D. PCV阀自动关闭

88. 汽车大修合格证应有(　　)。

A. 检验记录 B. 走合期规定
C. 技术状况说明 D. 处理意见

89. 汽车发动机大修后，怠速运转稳定，转速波动不大于（ ）r/min。
A. 100 B. 50 C. 80 D. 150

90. 机动车最大设计车速大于或等于100km/h，其转向盘的最大自由转动量，从中间位置向左或向右转角均不得大于（ ）。
A. 5° B. 10° C. 15° D. 30°

91. 汽车车身大修质量检查评定方法得分值为80，应评定为（ ）等级。
A. 一等 B. 合格 C. 不合格 D. 优良

92. 汽车空调制冷气系统制冷剂的年泄漏量，不得大于充填量的（ ）。
A. 15% B. 10% C. 12% D. 5%

93. 80W/90中负荷汽车齿轮油，使用环境温度在（ ）以上的地区四季通用。
A. 10℃ B. 0℃ C. -12℃ D. -26℃

94. 冰点为-35℃的汽车冷却液为（ ）号。
A. -20 B. -25 C. -35 D. -45

95. 关于柴油机的输油泵，以下说法正确的是（ ）。
A. 在柴油机飞车时减少燃油供应
B. 供油量为柴油机最大负荷的3倍以上
C. 根据柴油机负荷的变化自动调节喷油器的压力
D. 使喷射泵内产生开启喷油器的高压

96. （ ）会影响发动机的充气效率。
A. 润滑油品质 B. 空燃比
C. 进气终了时的压力 D. 气缸容积

97. 合理选择（ ）可以提高发动机的充气效率。
A. 进气迟开角 B. 排气迟开角 C. 排气早闭角 D. 进气迟闭角

98. 在汽油机内汽油燃烧过程中，火焰中心在（ ）形成。
A. 着火延迟期 B. 急燃期 C. 补燃期 D. 后燃期

99. 发动机负荷对汽油机内的燃烧（ ）。
A. 影响较大 B. 无影响 C. 影响较小 D. 可能有影响

100. 关于表面点火，下列说法不正确的是（ ）。
A. 是一种不正常燃烧 B. 表面点火危害小于爆燃
C. 表面点火形成原因有两种 D. 表面点火危害较大

101. 在柴油机进气行程中进入气缸的是（ ）。
A. 混合气 B. 纯空气
C. 先空气后混合气 D. 雾化的柴油

102. 发动机每小时耗油量大，则（ ）。
A. 动力性好 B. 经济性越差
C. 经济性不一定差 D. 耗油率一定大

103. 柴油机耗油率曲线较汽油机耗油率曲线（　　）。
　　A. 平坦　　　　B. 弯曲　　　　C. 无法比较　　　　D. 不确定
104. 比较不同转速下的柴油机负荷特性，甲说："同一功率下，速度高的耗油率高。"乙说："同一功率下，速度高的耗油率低。"则下列说法正确的是（　　）。
　　A. 甲正确　　　B. 乙正确　　　C. 甲乙都不正确　　　D. 甲乙都正确
105. 下列不属于车辆检测诊断内容的是（　　）。
　　A. 主减速器啮合印痕　　　　B. 发动机异响
　　C. 底盘功率　　　　　　　　D. 排放性
106. 柴油机尾气检测的主要项目是（　　）。
　　A. 烟度　　　B. CO 含量　　　C. NO_x 含量　　　D. HC 含量
107. 车辆技术管理的原则要求对车辆定期检测，（　　），视情况修理。
　　A. 定期维护　　B. 自愿维护　　C. 强制维护　　D. 按需维护
108. 柴油中的（　　）对柴油机喷油系统的精密偶件的危害最大。
　　A. 水　　　B. 微生物　　　C. 石蜡　　　D. 十六烷
109. （　　）可作为发放、审核营运证的主要依据之一。
　　A. 汽车生产厂家　　B. 车辆技术档案　　C. 驾驶人驾龄　　D. 市场行情
110. 在评定车辆是否为完好车时，对投入运行年限（　　）。
　　A. 有要求　　B. 无要求　　C. 未规定　　D. 要求在 2 年内
111. 机动车制动完全释放时间应不大于（　　）s。
　　A. 1　　　B. 0.8　　　C. 2　　　D. 3
112. 一般货车最大爬坡度为（　　）左右。
　　A. 10°　　　B. 16.7°　　　C. 25°　　　D. 28°
113. 某柴油机动力不足同时排气中有过多的黑烟，以下说法不正确的是（　　）。
　　A. 燃油中有过多水分　　　　B. 气缸压力过低
　　C. 喷油器漏油　　　　　　　D. 喷射正时过早
114. 汽车行驶阻力和附着力的关系是（　　）。
　　A. 汽车行驶阻力大于附着力　　　　B. 汽车行驶阻力等于附着力
　　C. 汽车行驶阻力小于或等于附着力　　D. 汽车行驶阻力小于附着力
115. 在相同的发动机功率下，车速越高，汽车驱动力（　　）。
　　A. 越大　　　B. 越小　　　C. 不变　　　D. 无法确定
116. 在紧急制动时，（　　）情况最危险。
　　A. 前轮先于后轮抱死时　　　　B. 后轮先于前轮抱死时
　　C. 前后轮滑移率很小时　　　　D. 车轮将要抱死时
117. 汽车制动器制动力（　　）。
　　A. 随着踏板力的增加而增加　　　　B. 与地面制动力同步增长
　　C. 与附着力有关　　　　　　　　　D. 始终小于附着力
118. 下列选项中，可作为汽车制动效能评价指标的是（　　）。
　　A. 制动距离　　B. 制动释放时间　　C. 制动时间　　D. 制动协调时间

119. 下列关于汽车制动跑偏和制动侧滑关系的说法中，正确的是（　　）。
A. 制动跑偏不会引起制动侧滑　　　　B. 制动侧滑不会引起制动跑偏
C. 严重的制动跑偏会引起制动侧滑　　D. 二者在概念上是一致的

120. 汽车制动侧滑与（　　）有关。
A. 制动力大小　　　　　　　　　　　B. 地面附着系数
C. 制动力增长速度　　　　　　　　　D. 同一轴上两车轮制动力的增长速度

121. 汽车设置走合期的目的是（　　）。
A. 改善零件摩擦表面的几何微观形状　B. 减少油耗，提高经济性
C. 增加输出功率，提高动力性　　　　D. 减少汽车的排污性

122. 子午线轮胎的滚动阻力小，与一般斜交胎相比可节油（　　）。
A. 8%～10%　　B. 20%～40%　　C. 40%～60%　　D. 60%～80%

123. 子午线轮胎侧偏刚度比普通斜交胎（　　）。
A. 小　　　　　B. 大　　　　　C. 一样　　　　D. 不能确定

124. 汽车过多转向特性（　　）。
A. 能使转向操纵轻便　　　　　　　　B. 能使车轮自动回正
C. 会导致侧滑　　　　　　　　　　　D. 为理想转向特性

125. 汽车振动的固有频率理想值为（　　）次/min。
A. 30～40　　　B. 40～50　　　C. 55～70　　　D. 60～85

126. 越野车要爬很大的坡，要求最大动力因数（　　）。
A. 较小　　　　B. 较大　　　　C. 适中　　　　D. 比轿车小

127. 用发动机无外载测功仪测量的发动机功率为（　　）。
A. 额定功率　　B. 总功率　　　C. 净功率　　　D. 机械损失功率

128. 几何公差符号"◎"的定义为（　　）。
A. 位置度　　　B. 同轴度　　　C. 圆柱度　　　D. 线轮廓度

129. 若起动机开关上的保持线圈开路，则在起动时会形成（　　）现象。
A. 无驱动反应　　　　　　　　　　　B. 出现"嗒嗒"声，不能起动发动机
C. 起动电流增大　　　　　　　　　　D. 起动压降变大

130. 汽车转向节臂变形会造成（　　）。
A. 转向沉重　　B. 前轮摆头　　C. 行驶跑偏　　D. 制动跑偏

131. 下列因素中，变速器乱挡的原因之一是（　　）。
A. 轮齿磨成锥形　B. 自锁装置失效　C. 互锁装置失效　D. 倒挡锁失效

132. 对液压制动的汽车连续踏几次制动踏板后，制动踏板能升高，但踏制动踏板时感觉有弹性，则原因是（　　）。
A. 主缸皮碗破坏、顶翻　　　　　　　B. 液压系统有空气或制动液汽化
C. 液压系统渗漏　　　　　　　　　　D. 制动液牌号不对

133. 汽车制动解除时，若排气缓慢或不排气而造成全车制动鼓发热，则应检查（　　）。
A. 制动气室　　　　　　　　　　　　B. 制动蹄回位弹簧
C. 制动操纵机构　　　　　　　　　　D. 储气筒

134. 发动机废气分析仪取样导管长度规定为（　　）m。
A. 3　　　　　　　B. 4　　　　　　　C. 5　　　　　　　D. 6

135. 在路试检测汽车油耗时，一般采用油耗传感器与（　　）配合使用。
A. 秒表　　　　　　　　　　　　　B. 汽车仪表
C. 第五轮仪　　　　　　　　　　　D. 任何计时装置和汽车转速表

136. 目前，我国车辆性能检测站所用的制动检测设备多为（　　）。
A. 单轴反力式　　B. 二轴反力式　　C. 多轴反力式　　D. 平板式

137. 汽车侧滑试验台的测量装置主要有（　　）两种。
A. 电位计式和应变仪式　　　　　　B. 差动变压器式和应变仪式
C. 电磁感应式和电位计式　　　　　D. 电位计式和差动变压器式

138. 汽车数字式示波器（　　）。
A. 波形轨迹为即时状态　　　　　　B. 显示比模拟式示波器快
C. 图像不可以保存记录　　　　　　D. 图像比较稳定，不会闪烁

139. 当发动机曲轴中心线弯曲量大于（　　）mm时，必须加以校正。
A. 0.05　　　　　B. 0.10　　　　　C. 0.15　　　　　D. 0.20

140. 发动机排气管上的三元催化转换器主要用于降低（　　）的排放。
A. CO 和 HC　　B. HC 和 NO　　C. CO 和 NO　　D. CO、HC 和 NO

141. 下列说法中不正确的是（　　）。
A. 汽车轮胎气压偏低会增加油耗　　B. 汽车轮胎的形式和规格影响油耗
C. 要充分利用汽车滑行性能节油　　D. 尽可能用汽车中间挡行驶

142. 发动机电子点火波形的低压波形在充磁阶段电压没有上升，说明（　　）。
A. 电路限流作用失效　　　　　　　B. 点火线圈损坏
C. 高压线损坏　　　　　　　　　　D. 传感器故障

143. 需在汽车某钢质零件上攻制基本螺纹 M8，预先钻孔的直径应为（　　）。
A. $\phi 6mm$　　B. $\phi 6.3mm$　　C. $\phi 6.7mm$　　D. $\phi 7.0mm$

144. 汽车修理时挤压强化用于（　　）的加工。
A. 曲轴曲柄圆角　　B. 内孔　　C. 气门　　D. 连杆

145. 下列选项中，属于遇湿易燃物品的是（　　）。
A. 硫黄　　　　　B. 白磷　　　　　C. 碳化钙　　　　D. 烧碱

146. 与化油器发动机相比，电控汽油喷射发动机的优点是（　　）。
A. 动力性好　　　B. 经济性好　　　C. 排放性好　　　D. 以上都正确

147. 影响蓄电池电动势的因素是（　　）。
A. 蓄电池的内阻及端电压　　　　　B. 电解液中硫酸的含量
C. 电解液相对密度和温度　　　　　D. 充电电流的大小

148. 电控汽油喷射发动机喷油器的喷油量由（　　）决定。
A. 喷油时间　　　B. 进气管真空　　C. 系统油压　　　D. 驱动电压或电流

149. 下面关于电控电子点火的说法中，正确的是（　　）。
A. 无分电器点火系统即独立点火系统　　B. 在小负荷时提供较大的点火提前角

C. 不能实现闭环控制　　　　　　　　D. 取消了分电器

150. 汽车 ABS 在紧急制动时有（　　）种工作状态。

A. 一　　　　B. 二　　　　C. 三　　　　D. 四

151. 目前，多数汽车 ABS 均采用（　　）的控制方式。

A. 以车轮减速度为控制参数

B. 以车轮滑移率为控制参数

C. 以车轮减速度、加速度及滑移率为控制参数

D. 模仿

152. 下列传感器中，（　　）用于汽车 ABS 的各种控制方式。

A. 车速传感器　　B. 轮速传感器　　C. 减速度传感器　　D. 高度传感器

153. 安全气囊中的辅助电源采用（　　）作为储能元件。

A. 镍氢电池　　　　　　　　　　B. 空气电池

C. 大容量的电容器　　　　　　　D. 压电式电感器

154. 某二灯式汽油车的前照灯，远光灯泡功率为60W，则前照灯远光总电流为（　　）。

A. 3A　　　　B. 5A　　　　C. 10A　　　　D. 20A

155. OBDⅡ第二代随车自诊断系统的诊断座统一为（　　）。

A. 2×8 双排十六针　　　　　　B. 2×7 双排十四针

C. 1×8 单排八针　　　　　　　D. 半圆形 17 针

156. 汽车空调储液干燥过滤器视液镜有乳白色霜状物，说明（　　）。

A. 制冷剂足量　　　　　　　　B. 制冷剂过多

C. 制冷剂不足　　　　　　　　D. 干燥剂从干燥过滤器中逸出

157. 发动机的最佳点火时刻是使气缸压力出现在（　　）的时刻。

A. 上止点 0°时　　　　　　　　B. BTDC 10°～15°时

C. ATDC 10°～15°时　　　　　D. 与转速成正比

158. 汽车空调高压侧低压保护（　　）。

A. 采用高压开关　　　　　　　B. 装在低压侧

C. 限制高压的最低值　　　　　D. 对压缩机无保护作用

159. 汽车水暖式取暖系统在发动机温度达（　　）时能正常工作。

A. 50℃　　　B. 60℃　　　C. 80℃　　　D. 90℃

160. 安全气囊属于汽车的（　　）安全装置。

A. 被动性　　B. 主动性　　C. 强制性　　D. 稳定性

161. 柴油滤清器附近的电加热器是防止柴油中的（　　）堵塞滤芯。

A. 机械杂质　　B. 石蜡　　C. 锈垢　　D. 以上都正确

162. 柴油机每个循环的供油量是由（　　）确定的。

A. 出油阀　　　　　　　　　　B. 柱塞的有效行程

C. 喷油器针阀弹簧　　　　　　D. 喷射泵在柴油机上的安装位置

163. 某柴油机热车后发生爆燃现象，以下说法不正确的是（　　）

A. 应更换柴油滤清器　　　　　B. 空气滤清器堵塞

C. 喷油器漏油　　　　　　　　　　　D. 喷射正时不正确

164. 曲轴轴颈的磨损是不均匀的，其连杆轴颈磨损较严重的一侧为（　　）。

A. 内侧　　　　　　　　　　　　　　B. 外侧

C. 靠近曲轴中部侧　　　　　　　　　D. 靠近曲轴两端侧

165. 某车总重与货物分配在后桥的载荷分别为 2.0t 及 1.8t，货物重心近左偏离后桥中心 20cm，设两后轮距为 2m，则右轮负荷为（　　）t。

A. 1.5　　　　B. 1.52　　　　C. 1.88　　　　D. 1.9

166. 所谓 EGR 率是指（　　）。

A. $\dfrac{废气再循环量}{进气量} \times 100\%$　　　　B. $\dfrac{废气再循环量}{进气量 + 废气再循环量} \times 100\%$

C. $\dfrac{进气量}{废气再循环量} \times 100\%$　　　　D. $\dfrac{进气量 + 废气再循环量}{废气再循环量} \times 100\%$

167. 集成式点火装置包括（　　）。

A. 曲轴转速及曲轴位置传感信号发生器

B. 点火放大器、点火线圈

C. 高压分电部分

D. 以上都有

168. 某手动变速器，只有在直接挡时没有明显的异响，而在其他挡位时则有明显异响，则可能的原因是（　　）。

A. 第一轴前轴承损坏　　　　　　　　B. 齿轮磨坏，啮合不良

C. 中间轴及第二轴前端轴承损坏　　　D. 第二轴后轴承松旷严重

169. 当发动机处于（　　）工况时，"炭罐"才能起净化作用。

A. 暖车　　　　B. 大负荷　　　　C. 中负荷　　　　D. 怠速

170. 后驱的某车以传动比为 0.8 的五挡行驶，若发动机转速为 1440r/min，主减速器的主、从动锥齿轮的齿数分别为 32 及 144，右后轮转速为 350r/min，则左后轮为（　　）r/min。

A. 350　　　　B. 450　　　　C. 550　　　　D. 650

171. 热处理的钢质零件在汽车上得到广泛应用，半轴、连杆、齿轮等零部件一般均采用（　　）处理。

A. 退火　　　　B. 回火　　　　C. 正火　　　　D. 调质

172. 某油缸活塞面积为 $7 \times 10^{-3} m^2$，进油流量为 $4.9 \times 10^{-4} m^3/s$，则该活塞运动速度为（　　）。

A. 0.7m/s　　　B. 7cm/s　　　C. 1.7m/s　　　D. 7m/s

173. 在转向盘保持某一固定转角的情况下，车辆缓慢加速或以不同车速行驶时，随着车速的增加，转向半径增大，这种现象称为（　　）。

A. 过多转向　　　B. 不足转向　　　C. 中性转向　　　D. 过渡转向

174. 车用润滑油的牌号一般按（　　）划分。

A. 10℃流动性　　　　　　　　　　　B. 100℃运动粘度

C. 10℃运动粘度　　　　　　　　　　D. 100℃流动性

175. 利用五轮仪可以测试汽车的（　　）性能。

　　A. 转向　　　　　B. 制动　　　　　C. 平顺　　　　　D. 经济

176. 国家标准《机械制图　图样画法　图线》（GB/T 4457.4—2002）中规定，细实线可用于绘制物体的（　　）。

　　A. 可见轮廓线　　B. 剖面线　　　　C. 断裂处边界线　　D. 剖视的分界线

177. 下列叙述不正确的是（　　）。

　　A. 十字接头常用于传动轴，它没有等速特性

　　B. 主减速齿轮具有改变动力传输方向及降低转速以增加扭力的功能

　　C. 主减速器传动比就是整车总减速比

　　D. 一般而言，如果离合器片被磨损，则离合器踏板的自由行程减少

178. 当发动机满负荷时，用（　　）的方法来消除爆燃现象。

　　A. 增加点火提前角　　　　　　　　B. 推迟点火提前角

　　C. 降低转速　　　　　　　　　　　D. 提高转速

179. 角传动比越大，则（　　）。

　　A. 转向越不灵　　B. 转向力越大　　C. 转向半径越小　　D. 转向半径越大

180. 若前轮高速时摆动，则说明（　　）。

　　A. 前钢板弹簧刚度过小　　　　　　B. 前轮过载

　　C. 车架变形　　　　　　　　　　　D. 前轮气压不足

181. 惯性制动试验台不可以直接测试（　　）。

　　A. 制动力　　　　B. 制动距离　　　C. 制动时间　　　　D. 制动减速度

182. 盘式车轮制动器的制动间隙由（　　）决定。

　　A. 活塞尺寸　　　B. 安装位置　　　C. 活塞橡胶圈　　　D. 回位弹簧张力

183. 蓄电池在车行驶时的充电属于（　　）。

　　A. 定电流充电　　B. 定电压充电　　C. 快速充电　　　　D. 脉冲充电

184. 锁环式同步器不能同步的原因是（　　）。

　　A. 锁环内端面磨损及滑块槽变宽　　　B. 滑叉及定位弹簧变形

　　C. 齿键槽、内锥面磨损　　　　　　　D. 齿环内锥面磨损，滑块槽变宽

185. 清洁空调管路内壁时不宜使用（　　）。

　　A. 压缩空气　　　B. 无水酒精　　　C. 制冷剂　　　　　D. 氮气

186. 在电控汽油喷射发动机的空气系统中，质量流量方式利用（　　）。

　　A. 进气歧管绝对压力和发动机转速计算吸入的空气量

　　B. 节流阀的开度和发动机转速计算吸入的空气量

　　C. 节流阀的开度和进气歧管发动机转速计算吸入的空气量

　　D. 空气流量计直接测量吸入的空气量

187. 控制发动机排气中的 NO_x 的浓度主要采取（　　）办法。

　　A. 增加燃烧温度　B. 增加空燃比　　C. 减小空燃比　　　D. 废气再循环

188. 治理发动机"窜气"污染的方法是（　　）。

　　A. 安装炭罐　　　　　　　　　　　B. 进行二次空气燃烧

C. 安装 PCV 阀 D. 进行废气再循环
189. 如果从高压端加注制冷剂,则发动机应处于( )状态。
A. 怠速运转 B. 转速小于 2200r/min
C. 转速为 1000r/min~2000r/min D. 停转
190. 如果气门座圈外表面的粗糙度值大,则在镶套后会使实际过盈量( )。
A. 变大 B. 不变化 C. 减小 D. 视材料而定
191. 汽车安全检测站的主要检测设备不包括( )。
A. 发动机分析仪 B. 侧滑试验台 C. 废气分析仪 D. 制动试验台
192. 汽车零件承受载荷后将会产生变形,其基本变形形式不包括( )。
A. 拉伸变形 B. 压缩变形 C. 塑性变形 D. 扭转变形
193. 自诊断时发现轮速传感器不良,下列说法不正确的是( )。
A. 传感器肯定损坏 B. 传感头表面可能有金属或其他脏物
C. 传感头与齿圈的空气隙可能失调 D. 传感器可能损坏
194. 以对曲轴的机械磨损规律叙述不正确的是( )。
A. 主轴颈圆周方向呈椭圆形 B. 连杆轴颈长度方向有一定锥度
C. 主轴颈的磨损程度比连杆轴颈的严重 D. 连杆轴颈磨损量最大的部位是曲拐的内侧
195. 汽车零件的修复方法不包括( )。
A. 机械加工法 B. 热处理加工法 C. 电镀加工法 D. 胶粘法
196. 影响汽油燃烧和使用的主要指标是( )。
A. 馏程 B. 四乙铅 C. 干点 D. 酸度
197. 柴油与汽油相比( )。
A. 自燃温度高 B. 粘度大 C. 易点燃 D. 燃烧快
198. 废气涡轮增压装置的作用是( )。
A. 增加功率 B. 降低噪声 C. 减少 HC D. 减少 CO
199. 我国内燃机标定功率不包括( )。
A. 指示功率 B. 15min 功率 C. 1h 功率 D. 12h 功率
200. 电子点火系统的控制项目有( )。
A. 初级通电时间及电流值 B. 次级电压及初级电压
C. 点火能量及点火提前角 D. 闭合角及点火提前角
201. 下列措施中用于提高发动机充气效率的是( )。
A. 采用长进气管 B. 可变进气系统 C. 加装动力腔 D. 以上全是
202. D 型电控汽油喷射发动机喷油器的喷油由( )决定。
A. 喷油时间 B. 进气管真空度 C. 系统油压 D. 驱动电压或电流
203. 汽车电子控制防抱死制动系统由( )组成。
A. 传感器、电控单元、电磁阀 B. 传感器、电控单元、比例阀
C. 传感器、电控单元、液压调节器 D. 传感器、电控单元、制动压力调节器
204. 电控汽油喷射发动机怠速控制阀的作用是( )。
A. 冷起动 B. 测量进气量 C. 自动调整怠速 D. 海拔补偿

205. 电控汽油喷射发动机空气流量计的作用是（   ）。
A. 测量进气压力　　　　　　　　　　B. 测量吸入的空气流量
C. 测量进气的质量　　　　　　　　　D. 测量进气密度

206. 为保证发动机的性能，电控单元取消废气再循环控制的条件是（   ）。
A. 发动机冷却液温度低于 50℃
B. 怠速或小负荷运转
C. 高速运转（转速大于 4500r/min）以及突然加速或减速
D. 以上三者全是

207. 电子控制防抱死制动系统在汽车紧急制动时（   ）。
A. 制动距离长，但稳定性好　　　　　B. 制动距离短，但易跑偏
C. 制动距离短，不易侧滑　　　　　　D. 在滑路上易侧滑

208. 用于汽车 ABS 的轮速传感器的主要类型有（   ）。
A. 电磁式　　　B. 霍尔效应式　　　C. 光电式　　　D. 电磁式和霍尔效应式

209. 乘用车加热系统的热源一般来自（   ）。
A. 电热线　　　B. 排气管　　　C. 发动机防冻液　　　D. 排气管或冷却液

210. 空调系统的通风装置一般分为（   ）方式。
A. 自然通风　　　　　　　　　　　　B. 强制通风
C. 自然通风和强制通风　　　　　　　D. 行车通风

211. 汽车空调取暖系统按热量的来源分为（   ）。
A. 余热式(冷却液、机体热风)和独立式　B. 水暖式和气暖式
C. 水暖式和电暖式　　　　　　　　　D. 冷却液和废气式

212. 不属于汽车安全气囊系统零部件的是（   ）。
A. 碰撞传感器　　B. 螺旋导线　　C. 气囊组件　　D. 爆燃传感器

213. 汽车 SRS 气体发生剂引燃后产生大量的（   ）。
A. NO_2　　　B. N_2　　　C. O_2　　　D. CO_2

214. OBDⅡ统一的故障码含义，第一位字母代表测试系统，P 代表（   ）。
A. 发动机和变速器系统　　　　　　　B. 车身系统
C. 底盘系统　　　　　　　　　　　　D. 转向系统

215. 紧急制动时根据防抱死的需要，先后有（   ）三种调节状态。
A. 升压、降压和保压　　　　　　　　B. 保压、升压和降压
C. 降压、升压和保压　　　　　　　　D. 降压、保压和升压

216. 汽车修理工艺过程不应包括（   ）。
A. 外部清洗　　　　　　　　　　　　B. 总成的装配与调试
C. 总成件的采购　　　　　　　　　　D. 出厂检验

217. 某一汽车零件修理工艺规程的最佳方案（   ）。
A. 有多个　　　B. 有两个　　　C. 有一个　　　D. 无

218. 确定汽车修理工艺规程的原则不包括（   ）。
A. 技术上先进性　　B. 经济上合理性　　C. 质量上可靠性　　D. 性能稳定性

219. 在确定汽车修理工艺规程的原则时,关于技术上先进性,甲说:"要尽量用新技术、新工艺,采用先进检测手段,要不断增强自动化程度。"乙说:"不论条件如何,都应优先使用新技术、新工艺。"其中说法不正确的是(　　)。
   A. 甲　　　　　　B. 乙　　　　　　C. 甲和乙　　　　D. 甲和乙都不正确
220. 汽车修理工艺卡片内容不包括(　　)。
   A. 工序号　　　　B. 工位图　　　　C. 技术要求　　　D. 操作细节
221. 检验发动机气缸盖和气缸体裂纹时,可用压力为(　　)kPa的压缩空气,保持5min,无泄漏为好。
   A. 294～392　　　B. 192～294　　　C. 392～490　　　D. 353～441
222. 变速器齿轮需经(　　)处理。
   A. 退火　　　　　　　　　　　　　B. 正火
   C. 渗碳、淬火、低温回火　　　　　D. 高温回火
223. 球墨铸铁曲轴正火后会在铸件内引起一定的内应力,故在正火后要进行一次(　　)。
   A. 退火　　　　　　B. 正火　　　　　C. 低温回火　　　　D. 高温回火
224. 环氧树脂胶是高分子有机化合物,能与许多种材料表面形成(　　)。
   A. 化学键　　　　　　　　　　　　B. 比较强的分子间力
   C. 比较强的粘合力　　　　　　　　D. 化学键和较强的粘合力
225. 环氧树脂胶粘修复工艺的关键是(　　)。
   A. 保证胶粘时的温度　　　　　　　B. 所开坡口的角度和大小
   C. 粘前的清洁和处理　　　　　　　D. 粘后的保温
226. 压力校正的关键是合理控制(　　)。
   A. 压力　　　　　　　　　　　　　B. 加压时间
   C. 校正后的时效加热温度　　　　　D. 反变形量
227. 电焊与气焊相比最大的优点是(　　)。
   A. 零件的变形量小　　　　　　　　B. 焊缝质量好
   C. 零件疲劳强度降低少　　　　　　D. 工人劳动条件好
228. 加热减应区应该选择在(　　)。
   A. 零件强度较高的部位　　　　　　B. 裂缝位置
   C. 零件强度较低的位置　　　　　　D. 比较平坦或圆滑的位置
229. 装配过盈配合件时,为了易于安装,应(　　)。
   A. 加热包容件　　B. 加热被包容件　C. 冷却包容件　　D. 两个件全部加热
230. 客车大修送修标志是(　　)。
   A. 以车厢为主,结合发动机总成　　B. 以发动机为主,结合车架总成
   C. 以车架为主,结合两个总成　　　D. 只以车厢为标志
231. 定车牵引的半挂车和铰接式大客车送修标志,按照(　　)标志与牵引车同时进行大修。
   A. 挂车车架大修　B. 发动机大修　　C. 汽车大修　　　D. 车厢大修
232. 发动机功率比规定降低(　　)以上为发动机大修送修标志。

350

A. 15% B. 20% C. 25% D. 30%

233. (   ) 不是汽车前桥总成的大修送修标志。
A. 钢板弹簧座磨损 B. 前轴出现裂纹
C. 前轴变形严重 D. 主销承孔磨损逾限

234. 车辆送修时，承修单位与送修单位应签订合同，商定送修要求和(   )等。
A. 修理车日和质量保证 B. 修车时间
C. 修理材料 D. 修理人员

235. 关于总成送修，甲说："总成送修时，应在装合状态，附件、零件不能短缺。"乙说："总成送修时，没必要在装合状态，只要附件、零件不短缺就可以。"以下说法正确的是(   )。
A. 甲正确 B. 乙正确 C. 甲和乙均正确 D. 甲和乙均不正确

236. 汽车进厂后要进行性能检验，不需检验的项目是(   )。
A. 汽车起步情况 B. 发动机功率 C. 制动性能 D. 转向轮定位

237. 发动机连杆轴承轴向间隙使用极限为(   ) mm。
A. 0.40 B. 0.50 C. 0.30 D. 0.60

238. 变速器常啮合齿轮的啮合印痕应在轮齿啮合面中部，且不小于啮合面的(   )。
A. 50% B. 60% C. 70% D. 80%

239. 汽车车架的变形检验用(   )即可进行。
A. 拉线和直尺 B. 直尺 C. 水平仪 D. 拉线

240. 12V 系统继电器的触点吸合电压一般为(   )，触点释放电压一般为 3~5.5V。
A. 4.5~5V B. 5~5.5V C. 6~7.6V D. 7.6~8V

241. 前照灯远光光束照射位置：四灯制前照灯其远光单光束的中心离地高度为 $0.85H$ ~ $0.90H$，水平方向位置要求左灯向左偏不得大于 100mm，向右偏不得大于 170mm，右灯向左偏或向右偏均不得大于(   )。
A. 160mm B. 170mm C. 180mm D. 190mm

242. 送修汽车修复合格后，承修单位应签发出厂合格证并将(   )和合格证移交托修方。
A. 维修资料 B. 修理工艺卡 C. 行驶证 D. 大修竣工检验单

243. 汽车竣工验收路试中要进行的检验是(   )。
A. 滑行试验 B. 喇叭音质 C. 灯光性能 D. 制动踏板自由行程

244. 汽车的安全性能检测不包括(   )的检测。
A. 制动性能 B. 侧滑 C. 前照灯 D. 最高车速

245. 汽车发动机大修竣工后，允许有轻微的(   )响声。
A. 正时齿轮 B. 活塞销 C. 连杆轴承 D. 活塞敲缸

246. 车身修竣后，汽车整备质量及轴荷分配不得超过原设计的(   )。
A. 5% B. 4% C. 3% D. 2%

247. 甲说："客车车身蒙皮漆膜光泽度不低于 90%。"乙说："货车车身蒙皮漆膜光泽度不低于 85%。"其中(   )。

A. 甲说法正确　　　　　　　　B. 乙说法正确

C. 甲、乙说法均正确　　　　　D. 都不正确

248. 下列关于汽车修大修进厂验收的目的说法不正确的是（　　）。

A. 掌握技术状况　　　　　　　B. 确定更换零部件

C. 确定工时、费用及修竣时间　D. 确定汽车零件清洗方法

249. 当发动机干式气缸磨损严重超过最后一级修理尺寸时，应采取（　　）修理。

A. 修理尺寸法　B. 镶套法　　C. 珩磨法　　D. 镀铬法

250. 发动机气缸体轴承座孔同轴度检验仪主要由定心轴套、定心轴、球形触头、百分表以及（　　）组成。

A. 等臂杠杆　　B. 千分表　　C. 卡尺　　　D. 定心器

251. 零件产生动不平衡的原因是（　　）。

A. 制造质量不均匀　　　　　　B. 零件材料强度不够

C. 零件材料硬度不符合要求　　D. 零件化学稳定性差

252. 同一台发动机各缸燃烧室容积差一般不大于其平均值的（　　）。

A. 3%　　　　B. 4%　　　　C. 5%　　　　D. 6%

253. 检验发动机曲轴裂纹时最好可选用（　　）。

A. 磁力探伤法或渗透法　　　　B. 敲击法

C. 检视法　　　　　　　　　　D. 荧光探伤法

254. 发动机曲轴磨削的目的是恢复曲轴轴颈的几何尺寸、几何精度和表面粗糙度，同时纠正曲轴的（　　）。

A. 几何误差　B. 形状误差　C. 同轴度误差　D. 位置误差

255. 凸轮轴的修理级别一般分四个等级，级差为（　　）mm。

A. 0.10　　　B. 0.20　　　C. 0.30　　　D. 0.40

256. 在汽车零件修复时，（　　）不是用镶套法进行的。

A. 转向主销　　　　　　　　　B. 气门座

C. 发动机缸套　　　　　　　　D. 传动轴万向节轴承座孔

257. 用直角尺和试棒配合检查汽车前轴的变形，如果直角尺与试棒上端贴合有间隙，则说明（　　）变形。

A. 前轴向上弯曲　　　　　　　B. 前轴向下弯曲

C. 前轴向前弯曲　　　　　　　D. 前轴向后扭曲

258. 利用机械加工方法修复汽车前轴主销孔时，应以（　　）作加工定位基准。

A. 前轴上平面　　　　　　　　B. 前轴下平面

C. 前轴主销孔上平面　　　　　D. 钢板弹簧连接孔

259. 修理后和换新的制动盘，其端面平面度误差应不大于（　　）mm，两端面平行度误差应不大于 0.0125mm。工作表面粗糙度值不大于 $Ra0.8\mu m$。

A. 0.01　　　B. 0.02　　　C. 0.03　　　D. 0.04

260. 对于汽车 ABS，希望实现前后轮在急制动时（　　）。

A. 都不抱死　　　　　　　　　B. 前轮先于后轮抱死

C. 后轮先于前轮抱死　　　　　　　D. 后轮先于前轮起作用

261. 汽车在行驶中后桥出现连续的"嗷嗷"声响，车速加快时声响也加大，滑行时稍有减弱，说明（　　）。

A. 主、从动锥齿轮啮合间隙过大　　B. 主、从动锥齿轮啮合间隙过小
C. 主、从动锥齿轮啮合轮齿折断　　D. 半轴花键损坏

262. 柴油发动机怠速游车的原因有（　　）。

A. 怠速转速过高　　　　　　　　　B. 怠速转速过低
C. 发动机温度过低　　　　　　　　D. 发动机温度过高

263. 发动机冷却液温度过高的原因有（　　）。

A. 节温器卡在最大开度位置　　　　B. 冷却液温度传感器损坏
C. 风扇冷却液温度开关损坏　　　　D. 使用空调

264. 电喷发动机加速不良的原因有（　　）。

A. 喷油器脏堵　　　　　　　　　　B. 怠速转速过高
C. 爆燃传感器损坏　　　　　　　　D. 点火提前角大

265. 汽油机排放污染物的有害成分不包含（　　）。

A. CO　　　　B. HC　　　　C. NO_x　　　　D. 碳烟颗粒物

266. 发动机电控燃油喷射系统按喷射时序分为（　　）喷射。

A. 缸内和缸外　　　　　　　　　　B. 缸内和进气管
C. 间歇和连续　　　　　　　　　　D. 同时、分组和顺序

267. 电控汽油喷射发动机燃油压力调节器的作用是（　　）。

A. 回油　　　　　　　　　　　　　B. 缓冲
C. 保证喷油压力恒定不变　　　　　D. 保持油管中压力不变

268. 随车自诊断系统的故障判别方法有（　　）。

A. 时域法　　　B. 值域法　　　C. 逻辑法　　　D. 前三者全是

269. 通过测试发动机排气中 CO_2 的含量，可以判断（　　）。

A. 发动机是否烧机油
B. 发动机的效率
C. PCV（曲轴箱强制通风）阀的工作状态
D. EGR（废气再循环）阀的工作状态

270. 装有催化转换器的汽车，尾气中 CO_2 含量的检测值应为（　　）%（体积分数）。

A. 2～3　　　B. 5～6　　　C. 7～12　　　D. 14～16

271. 夏季人体感到舒适的温度通常为（　　）℃。

A. 18　　　B. 21　　　C. 25　　　D. 29

272. 汽车空调冷凝器一般采用（　　）。

A. 管片式　　　　　　　　　　　　B. 管带式
C. 管片式或管带式　　　　　　　　D. 铝制管片式

273. R134a 制冷系统在正常工作时高压侧的压力通常为（　　）MPa。

A. 0.15～0.25　　B. 2.50～3.00　　C. 1.57～1.87　　D. 1.37～1.57

274. 以下不是空调歧管压力表用途的是（　　）。
  A. 制冷系统抽真空   B. 清洗制冷系统内部
  C. 向制冷系统内补充润滑油   D. 从制冷系统中排出制冷剂

275. 当汽车离合器被动盘（从动盘）花键套键槽磨损严重时，会造成（　　）。
  A. 起步时发响   B. 匀速行驶时发响
  C. 起步时发抖   D. 离合器磨损不均匀

276. 汽车 ABS 循环压力调节器的电磁阀多采用（　　）电磁阀。
  A. 二位三通   B. 二位二通   C. 三位三通   D. 三位四通

277. 安全气囊系统碰撞传感器外壳上的安装标记方向朝（　　）。
  A. 后   B. 左   C. 前   D. 右

278. 汽车修理工艺是指利用生产工具按一定的（　　）修理汽车的方法。
  A. 要求   B. 组合   C. 排列   D. 集合

279. 汽车修理工艺卡是（　　）的具体体现。
  A. 零件采购   B. 零件加工   C. 国家法规   D. 工艺规程

280. 曲轴应进行动平衡试验，每端不平衡量应不大于（　　）g·cm。
  A. 1   B. 10   C. 100   D. 1000

281. 一般零件修理尺寸的级差为（　　）mm。
  A. 0.15   B. 0.20   C. 0.25   D. 0.50

282. 校正后时效处理的目的是（　　）。
  A. 得到稳定的校正变形   B. 消除校正应力
  C. 提高零件韧性   D. 提高零件的耐磨性

283. 反变形量的多少根据经验确定，一般中碳钢零件的压力校正变形量为弯曲量的（　　）。
  A. 2 倍左右   B. 5 倍左右   C. 10 倍左右   D. 15 倍左右

284. 分段焊的优点是（　　）。
  A. 可以减小焊接应力和变形   B. 提高焊层与基体的结合强度
  C. 减少夹渣   D. 减少气孔

285. 装配时重点要保证（　　）。
  A. 配合副的配合精度   B. 零件的平衡
  C. 相互位置关系   D. 密封性

286. 车架总成左、右纵梁上平面应在同一平面内，其平面度公差为（　　）。
  A. 1/1000   B. 1.5/1000   C. 2.0/1000   D. 2.5/1000

287. 用数字万用表的二极管挡测量交流发电机的整流二极管和励磁二极管时，其读数均应为（　　），否则要更换二极管底板。
  A. ≤0.1V   B. 0.3~0.7V   C. 1V   D. >1V

288. 前照灯发光强度：对于安装一只或两只前照灯的机动车，每只灯的发光强度应为 15000cd 以上；对于安装四只制前照灯的机动车，每只灯的发光强度应为（　　）以上。
  A. 12000cd   B. 13000cd   C. 14000cd   D. 15000cd

289. 汽车发动机大修后，最大功率和最大扭矩不允许低于原设计额定值的（　　）。
A. 80%　　　　　B. 85%　　　　　C. 90%　　　　　D. 95%

290. 汽车大修基本检验技术文件是三单一证，"一证"是指（　　）。
A. 行驶证　　　　　　　　　　B. 汽车产品合格证
C. 大修合格证　　　　　　　　D. 汽车产品保修证

291. 汽车车身大修质量评定分为（　　）级。
A. 五　　　　　　B. 四　　　　　　C. 三　　　　　　D. 二

292. 发动机曲轴轴承座孔轴线与气缸轴线应用（　　）误差评价。
A. 平行度　　　　B. 垂直度　　　　C. 同轴度　　　　D. 位置度

293. 引起车轮动不平衡的原因是（　　）。
A. 车轮质心与车轮回转中心不重合
B. 车轮质量分布相对车轮纵向对称中心面不对称
C. 平衡块使用数量过多
D. 平衡块安装不集中

294. 曲轴弯曲的校正常采用冷压校正法，校正后还应进行（　　）。
A. 时效处理　　　B. 淬水处理　　　C. 正火处理　　　D. 化学热处理

295. 传动轴由于零件的磨损、变形及安装位置不正确等，会使传动轴的临界转速（　　）。
A. 提高　　　　　B. 降低　　　　　C. 不变　　　　　D. 不确定

296. 分析查找电路故障一般参考（　　）。
A. 接线图　　　　B. 线路图　　　　C. 电路原理图　　D. 线束图

297. 根据"回路原则"分析电路，主要是分析电路的（　　）。
A. 电压　　　　　B. 电阻　　　　　C. 电流　　　　　D. 电源

298. 不会引起发动机油耗超标的因素是（　　）。
A. 离合器打滑　　　　　　　　B. 车轮的阻滞力
C. 使用暖风设施　　　　　　　D. 空气滤清器脏

299. 不会引起汽油发动机排放超标的是（　　）。
A. 汽油滤清器脏　　　　　　　B. 点火正时错误
C. 气缸磨损严重　　　　　　　D. 离合器打滑

300. 发动机在急速运转时，真空度过低的原因有（　　）。
A. 进气管漏气　　　　　　　　B. 排气管漏气
C. 发动机温度太高　　　　　　D. 发动机温度太低

技能要求试题

试题一：检测调整柴油机喷油器

检测调整柴油机喷油器的评分标准见表1。

表1 检测调整柴油机喷油器的评分标准

序号	作业项目	考核内容	配分	评分标准	评分记录	扣分	得分
1	分解	解体工艺	15	分解工艺不正确扣5分			
				分解方法不正确每次扣3分			
2	清洗	清洗方法	10	清洗工艺不正确扣3分			
				清洗方法不正确每次扣2分			
3	检验	检验方法及结果	10	检验方法不正确每次扣3分			
				检验结果不正确扣5分			
4	装配	装配方法与工艺	15	装配工艺不正确扣5分			
				装配方法不正确每次扣3分			
5	调试	针阀密封性试验方法与工艺	15	试验工艺不正确扣5分			
				试验方法不正确每次扣3分			
		喷油压力调试方法与工艺	15	调试工艺不正确扣5分			
				调试方法不正确每次扣3分			
		喷油质量检查方法与工艺	10	检查工艺不正确扣3分			
				检查方法不正确每次扣2分			
6	安全文明生产	遵守安全操作规程，正确使用工量具，操作现场整洁	10	不符合要求每项扣2分，扣完为止			
		安全用电，防火，无人身、设备事故		因违规操作而发生重大人身和设备事故，此题按0分计			
7	分数合计		100				

评分人：　　　　年　月　日　　　　核分人：　　　　年　月　日

试题二：检测发动机燃油、点火和排放系统

检测发动机燃油、点火和排放系统的评分标准见表2。

表2 检测发动机燃油、点火和排放系统的评分标准

序号	作业项目	考核内容	配分	评分标准	评分记录	扣分	得分
1	检测燃油系统压力	压力检测工艺和压力表使用方法	20	工艺不正确扣7分 使用方法不正确每次扣4分			
2	检测点火提前角	点火提前角检测工艺和仪器使用方法	20	工艺不正确扣7分 使用方法不正确每次扣4分			
3	检测点火线圈	点火线圈检测工艺和方法	15	工艺不正确扣5分 方法不正确每次扣3分			
4	检测霍尔传感器	霍尔传感器检测工艺和方法	15	工艺不正确扣5分 方法不正确每次扣3分			
5	检测排气	排气检测工艺和仪器使用方法	20	工艺不正确扣7分 使用方法不正确每次扣4分			
6	安全文明生产	遵守安全操作规程，正确使用工量具，操作现场整洁	10	不符合要求每项扣2分，扣完为止			
		安全用电，防火，无人身、设备事故		因违规操作而发生重大人身和设备事故，此题按0分计			
7	分数合计		100				

评分人：　　　　　　　年　月　日　　　核分人：　　　　　　　年　月　日

试题三：装配发动机总成

装配发动机总成的评分标准见表3。

表3 装配发动机总成的评分标准

序号	作业项目	考核内容	配分	评分标准	评分记录	扣分	得分
1	操作准备	零件质量检验和清洁	10	零件质量检验方法不正确每次扣2分 零件清洁方法不正确每次扣2分			
2	安装曲轴	安装方法和工艺	10	安装工艺不正确扣3分 安装方法不正确每次扣2分			

(续)

序号	作业项目	考核内容	配分	评分标准	评分记录	扣分	得分
3	安装活塞连杆组	安装方法和工艺	10	安装工艺不正确扣3分			
				安装方法不正确每次扣2分			
4	安装机油泵	安装方法和工艺	3	安装工艺不正确扣1分			
				安装方法不正确每次扣1分			
5	安装曲轴前后油封	安装方法和工艺	5	安装工艺不正确扣2分			
				安装方法不正确每次扣1分			
6	安装油底壳	安装方法和工艺	3	安装工艺不正确扣1分			
				安装方法不正确每次扣1分			
7	安装飞轮和离合器	安装方法和工艺	5	安装工艺不正确扣2分			
				安装方法不正确每次扣1分			
8	安装气门与气门驱动组	安装方法和工艺	10	安装工艺不正确扣3分			
				安装方法不正确每次扣2分			
9	安装气缸盖	安装方法和工艺	5	安装工艺不正确扣2分			
				安装方法不正确每次扣1分			
10	安装水泵	安装方法和工艺	3	安装工艺不正确扣1分			
				安装方法不正确每次扣1分			
11	安装正时齿带	安装方法和工艺	10	安装工艺不正确扣3分			
				安装方法不正确每次扣2分			
12	安装气缸盖罩	安装方法和工艺	3	安装工艺不正确扣1分			
				安装方法不正确每次扣1分			
13	安装机油滤清器	安装方法和工艺	3	安装工艺不正确扣1分			
				安装方法不正确每次扣1分			
14	安装发动机外部零部件	安装方法和工艺	10	安装工艺不正确扣3分			
				安装方法不正确每次扣2分			
15	安全文明生产	遵守安全操作规程，正确使用工量具，操作现场整洁	10	不符合要求每项扣2分，扣完为止			
		安全用电，防火，无人身、设备事故		因违规操作而发生重大人身和设备事故，此题按0分计			
16	分数合计		100				

评分人：　　　　　年　月　日　　　　核分人：　　　　　年　月　日

试题四：检修手动变速器（三轴）

检修手动变速器（三轴）的评分标准见表4。

表4 检修手动变速器（三轴）的评分标准

序号	作业项目	考核内容	配分	评分标准	考核记录	扣分	得分
1	准备	清洗	2	清洗工艺错误扣1分			
				清洗洁净度差扣1分			
2	拆卸	拆卸变速器盖	2	操作错误每处扣1分			
		拆卸第一轴	2	操作错误每处扣1分			
		拆卸第二轴	6	操作错误每处扣1分			
		拆卸倒挡轴	2	操作错误每处扣1分			
		拆卸中间轴	6	操作错误每处扣1分			
		分解变速器盖总成	6	操作错误每处扣1分			
3	清洗	清洗	2	设备操作错误酌情扣分			
4	检修	变速器壳	8	检查结果错误每处扣2分			
				修理方法错误每处扣2分			
		变速器轴	6	检查结果错误每处扣2分			
				修理方法错误每处扣2分			
		变速器齿轮	4	检查结果错误每处扣2分			
				修理方法错误每处扣2分			
		同步器	4	检查结果错误每处扣2分			
				修理方法错误每处扣2分			
		滚针轴承	2	检查结果错误每处扣2分			
				修理方法错误每处扣2分			
		球轴承	2	检查结果错误每处扣2分			
				修理方法错误每处扣2分			
		油封	2	检查结果错误每处扣2分			
				修理方法错误每处扣2分			
		变速器盖总成	5	检查结果错误每处扣2分			
				修理方法错误每处扣2分			

(续)

序号	作业项目	考核内容	配分	评分标准	考核记录	扣分	得分
5	装配	装配变速器盖总成	6	操作错误每处扣1分			
		装配中间轴	6	操作错误每处扣1分			
		装配倒挡轴	2	操作错误每处扣1分			
		装配第二轴	6	操作错误每处扣1分			
		装配第一轴	2	操作错误每处扣1分			
		安装变速器盖	2	操作错误每处扣1分			
6	调整	间隙的调整	5	调整方法错误扣3分			
				调整结果错误扣3分			
7	安全文明生产	遵守安全操作规程，正确使用量具，操作现场整洁	10	不符合要求每项扣3分，扣完为止			
		安全用电、防火，无人身、设备事故		因违规操作而发生重大人身和设备事故，此题按0分计			
8		分数合计	100				

评分人：　　　　　　　　年　月　日　　　　核分人：　　　　　　　　年　月　日

试题五：检修后桥主减速器

检修后桥主减速器的评分标准见表5。

表5　检修后桥主减速器的评分标准

序号	作业项目	考核内容	配分	评分标准	考核记录	扣分	得分
1	准备	外部清洗	5	清洗工艺错误扣2分			
				清洁度差扣2分			
2	拆卸	拆卸零件	10	操作错误每处扣2分			
3	清洗	清洗零件	10	清洗工艺错误扣2分			
				清洁度差扣2分			
4	检修	主减速器的检修	15	检查方法错误每处扣3分			
				修理结果错误扣3分			
		差速器的检修	10	检查方法错误每处扣2分			
				修理结果错误每处扣2分			
5	装配	零件的装配	20	操作错误每处扣4分			

(续)

序号	作业项目	考核内容	配分	评分标准	考核记录	扣分	得分
6	调整	轴承预紧度的调整	10	调整方法错误每处扣2分			
				调整结果错误每处扣2分			
		锥齿轮啮合的调整	10	调整方法错误每处扣2分			
				调整结果错误每处扣2分			
7	安全文明生产	遵守安全操作规程，正确使用量具，操作现场整洁	10	不符合要求每项扣3分，扣完为止			
		安全用电，防火，无人身、设备事故		因违规操作而发生重大人身和设备事故，此题按0分计			
8		分数合计	100				

评分人：　　　　　　　　年　月　日　　　　核分人：　　　　　　　　年　月　日

试题六：检修动力转向器

检修动力转向器的评分标准见表6。

表6　检修动力转向器的评分标准

序号	作业项目	考核内容	配分	评分标准	考核记录	扣分	得分
1	拆卸	拆卸总成	10	操作错误每处扣2分			
2	分解	分解总成	15	操作错误每处扣2分			
3	清洗	清洗零件	10	清洗工艺错误扣2分			
				清洁度差扣2分			
4	零件的检修	检修方法	15	检查方法错误每处扣2分			
				检修结果错误每处扣2分			
5	零件的装复	装配方法	15	操作错误每处扣2分			
6	总成的装复	装配方法	15	操作错误每处扣2分			
7	密封性的检查	检查方法	10	检查方法错误扣5分			
				检查部位每少一处扣2分			
8	安全文明生产	遵守安全操作规程，正确使用量具，操作现场整洁	10	不符合要求每项扣3分，扣完为止			
		安全用电，防火，无人身、设备事故		因违规操作而发生重大人身和设备事故，此题按0分计			
9		分数合计	100				

评分人：　　　　　　　　年　月　日　　　　核分人：　　　　　　　　年　月　日

试题七：发电机的性能测试与修理

发电机的性能测试与修理的评分标准见表7。

表7 发电机的性能测试与修理的评分标准

序号	作业项目	考核内容	配分	评分标准	评分记录	扣分	得分
1	分解交流发电机	分解方法和工艺	15	分解工艺不正确每次扣3分			
				分解方法不正确扣5分			
2	检查交流发电机主要零件（零件修理方法可口述）	转子总成的检修	10	检验方法不正确扣6分			
				检验结果不正确扣2分			
				修理方法不正确扣2分			
		定子绕组的检验	5	检验方法不正确扣3分			
				检验结果不正确扣2分			
		电刷总成的检修	5	检验方法不正确扣3分			
				检验结果不正确扣1分			
				修理方法不正确扣1分			
		检查整流器	10	检查方法不正确扣7分			
				检查结果不正确扣3分			
		检查其他零件	10	检查方法不正确扣7分			
				检查结果不正确扣3分			
3	装配交流发电机	装配方法和工艺	15	装配工艺不正确每次扣3分			
				装配方法不正确扣5分			
4	人工检验	检验方法和结果	5	检验方法不正确扣3分			
				检验结果不正确每项扣2分			
5	试验台试验	空载试验和满载试验	15	试验方法不正确扣10分			
				试验结果不正确每项扣2分			
6	安全文明生产	遵守安全操作规程，正确使用工量具，现场整洁	10	不符合要求每项扣3分，扣完为止			
		安全用电，防火，无人身、设备事故		因违规操作而发生重大人身和设备事故，此题按0分计			
7	分数合计		100				

评分人： 年 月 日 核分人： 年 月 日

试题八：检查空调系统压力

检查空调系统压力的评分标准见表8。

表8 检查空调系统压力的评分标准

序号	作业项目	考核内容	配分	评分标准	评分记录	扣分	得分
1	安装压力表组	安装方法	10	操作错误每处扣3分			
2	起动并预热发动机	预热温度	10	达不到预热温度酌情扣分			
3	检查空调通风系统	工作状况	10	检查不到位每处扣3分			
4	安装室外和室内温度计	安装位置	5	安装位置错误扣3分			
5	起动制冷系统并读数	操作方法	15	操作错误每处扣3分			
6	压力表的诊断	根据压力表读数和相关参数判断制冷系统故障（可口述）	30	故障点判断错误每处扣5分			
7	拆卸压力表组	拆卸方法	10	操作错误每处扣3分			
8	安全文明生产	遵守安全操作规程，正确使用工量具，操作现场整洁	10	不符合要求每项扣2分，扣完为止			
		安全用电，防火，无人身、设备事故		因违规操作而发生重大人身和设备事故，此题按0分计			
9	分数合计		100				

评分人：　　　　　　　　年　月　日　　　　核分人：　　　　　　　　年　月　日

试题九：诊断与排除空调系统完全不制冷故障

诊断与排除空调系统完全不制冷故障的评分标准见表9。

表9 诊断与排除空调系统完全不制冷故障的评分标准

序号	考核内容	配分	评分标准	考核记录	扣分	得分
1	正确使用工具、仪器、仪表	10	使用方法错误扣10分			
			使用不当酌情扣分			

(续)

序号	考核内容	配分	评分标准	考核记录	扣分	得分
2	分析并查找故障原因	35	检查方法错误扣10分			
			检查程序错误扣10分			
			检查结果错误扣15分			
3	明确故障部位	10	不能确定故障部位扣10分			
4	排除故障	25	不能排除故障扣25分			
			自制一处故障扣5分			
			不能完全排除故障酌情扣分			
5	验证故障排除效果	10	不进行验证扣10分			
6	遵守安全操作规程，操作现场整洁	10	不符合要求每项扣2分，扣完为止			
7	无人身、设备事故		因违规操作而发生人身和设备事故，此题按0分计			
8	分数总计	100				

评分人：　　　　年　月　日　　　　核分人：　　　　年　月　日

模拟试卷样例

汽车修理工（高级）理论知识试卷

注意事项

1. 考试时间：120min。
2. 请在试卷标封处填写姓名、准考证号和所在单位的名称。
3. 请仔细阅读答题要求，在规定位置填写答案。
4. 不要在试卷上乱写乱画，不要在标封区填写无关的内容。

	一	二	总 分
得 分			

得 分	
评分人	

一、选择题（第1题～第160题。选择一个正确的答案，将相应的字母填入题内的括号中。每题0.5分，满分80分）

1. 职业道德承载着企业（　　），影响深远。
   A. 文化　　　　B. 制度　　　　C. 信念　　　　D. 规划
2. 职业意识是指（　　）。
   A. 人们对职业的认识
   B. 人们对理想职业的认识
   C. 人们对求职择业和职业劳动的各种认识的总和
   D. 人们对各行业的评价
3. 职业道德是与人们的职业活动紧密联系的符合职业特点所要求的道德准则、道德情操与（　　）的总和。
   A. 职业守则　　B. 多元化　　　C. 人生观　　　D. 道德品质
4. 所谓职业道德评价，就是根据一定社会或阶级的（　　）或规范，对他人或自己的行为进行善恶判断，表明褒贬态度。
   A. 职业守则　　B. 从业人员　　C. 道德原则　　D. 道德品质

5. 职业意识是指人们对职业岗位的评价、（　　）和态度等心理成分的总和，其核心是爱岗敬业精神，在本职岗位上能够踏踏实实地做好工作。
    A. 接受　　　　　B. 态度　　　　　C. 情感　　　　　D. 许可
6. 职业素质是劳动者对社会职业了解与适应能力的一种综合体现，其主要表现在职业兴趣、（　　）、职业个性及职业情况等方面。
    A. 消费者　　　　B. 职业能力　　　C. 生产者　　　　D. 个人
7. 中国共产党领导的多党合作和政治协商制度是一项具有中国特色的（　　）。
    A. 基本制度　　　　　　　　　　　B. 政治制度
    C. 社会主义制度　　　　　　　　　D. 基本政治制度
8. （　　）是每一个员工的基本职业素质体现。
    A. 放纵他人　　　B. 严于同事　　　C. 放纵自己　　　D. 严于律己
9. 质量意识是以质量为（　　），自觉保证工作质量的意识。
    A. 核心内容　　　B. 个人利益　　　C. 集体利益　　　D. 技术核心
10. 劳动纠纷是指劳动关系双方当事人在执行（　　）、法规或履行劳动合同的过程中持不同的主张和要求而产生的争执。
    A. 合同法　　　　B. 劳动法律　　　C. 个人权利　　　D. 法规
11. 常用的台虎钳有（　　）和固定式两种。
    A. 齿轮式　　　　B. 回转式　　　　C. 蜗杆式　　　　D. 齿条式
12. 零件图的标题栏应包括零件的名称、材料、数量、图号和（　　）等内容。
    A. 比例　　　　　B. 公差　　　　　C. 热处理　　　　D. 表面粗糙度
13. 正弦交流电是指电流的大小和方向按（　　）规律变化的交流电。
    A. 正弦　　　　　B. 余弦　　　　　C. 直线　　　　　D. 正切
14. 液压传动系统由动力装置、执行装置、控制装置（　　）等组成。
    A. 其他装置　　　　　　　　　　　B. 输出装置
    C. 液压传动装置　　　　　　　　　D. 辅助装置
15. 液压辅件是液压系统的一个重要组成部分，它包括蓄能器、过滤器、（　　）、热交换器、压力表开关和管系元件等。
    A. 蓄能器　　　　B. 粗滤器　　　　C. 液压泵　　　　D. 油箱
16. 传动系统由（　　）等组成。
    A. 离合器、变速器、冷却装置、主减速器、差速器、半轴
    B. 离合器、变速器、起动装置、主减速器、差速器、半轴
    C. 离合器、变速器、万向传动装置、主减速器、差速器、半轴
    D. 离合器、变速器、电子控制装置、主减速器、差速器、半轴
17. 发动机的缸体曲轴箱组包括气缸体、下曲轴箱、（　　）、气缸盖和气缸垫等。
    A. 上曲轴箱　　　B. 活塞　　　　　C. 连杆　　　　　D. 曲轴
18. 汽车灯具可分为（　　）、雾灯、顶灯、前照灯和工作灯等。
    A. 仪表灯　　　　B. 牌照灯　　　　C. 远光灯　　　　D. 示宽灯
19. 风窗洗涤装置按照控制方式的不同分为手动控制、脚踏控制和（　　）三种。

A. 开环控制　　　　B. 电动机驱动　　　　C. 闭环控制　　　　D. 自动控制

20. (　　) 与血红蛋白结合，造成血液输氧能力下降，导致人体缺氧。

A. 固体颗粒　　　　B. HC　　　　C. 氮氧化物　　　　D. CO

21. 汽车空调储液干燥器的作用是 (　　)。

A. 防止系统中水分与制冷剂发生化学作用

B. 防止膨胀阀处结冰

C. 随时向系统补充制冷剂

D. 以上答案全对

22. OBD Ⅱ 统一的故障码含义，第一位字母代表测试系统，C 代表 (　　)。

A. 发动机和变速器系统　　　　B. 车身系统

C. 底盘系统　　　　D. 转向系统

23. 汽油机的爆燃响声和柴油机的工作粗暴声属于 (　　) 异响。

A. 机械　　　　B. 燃烧　　　　C. 空气动力　　　　D. 电磁

24. 用诊断仪器诊断和排除电控发动机怠速不稳故障时，若仪器上有故障码，则 (　　)。

A. 检查故障码　　　　B. 检查点火正时

C. 检查喷油器　　　　D. 检查喷油压力

25. 下列属于发动机连杆轴承响原因的是 (　　)。

A. 气缸压力高　　　　B. 曲轴将要折断

C. 连杆轴承合金烧毁或脱落　　　　D. 曲轴弯曲变形

26. 发动机活塞敲缸异响发出的声音是 (　　) 声。

A. "铛铛"　　　　B. "啪啪"　　　　C. "嗒嗒"　　　　D. "噗噗"

27. 发动机活塞销异响的原因是 (　　)。

A. 活塞销与活塞上的销座孔配合松旷

B. 连杆弯曲、扭曲变形

C. 连杆轴承盖的联接螺纹松动

D. 活塞销质量差

28. 汽油机点火过早异响的现象是 (　　)。

A. 发动机温度变化时响声不变化

B. 单缸断火时响声不减弱

C. 发动机温度越高，负荷越大，响声越强烈

D. 变化不明显

29. 在起动柴油机时排气管不排烟，将喷油泵放气螺钉松开，扳动手油泵，观察泵的放气螺钉处是否流油，若不流油或有气泡冒出，则表明 (　　)。

A. 低压油路有故障　　　　B. 高压油路有故障

C. 回油油路有故障　　　　D. 高、低压油路都有故障

30. 柴油机起动时排气管冒白烟，其原因是 (　　)。

A. 燃油箱无油或存油不足　　　　B. 柴油滤清器堵塞

C. 高压油管内有空气　　　　D. 燃油中有水

31. 柴油发动机不能起动现象表现为：利用起动机起动时（   ），排气管没有烟排出。
   A. 听不到爆发声　　　　　　　　B. 可听到不连续的爆发声
   C. 发动机运转不均匀　　　　　　D. 发动机运转无力

32. （   ）是汽车发动机不能起动的主要原因。
   A. 油路不过油　　　　　　　　　B. 混合气过稀或过浓
   C. 点火过迟　　　　　　　　　　D. 点火过早

33. 如果发动机完全不能起动，并且毫无着火迹象，一般是由于燃油没有喷射引起的，需要检查（   ）。
   A. 转速信号系统　　　　　　　　B. 火花塞
   C. 起动机　　　　　　　　　　　D. 点火线圈

34. 柴油机动力不足，这种故障往往伴随着（   ）。
   A. 气缸敲击声　　　　　　　　　B. 气门敲击声
   C. 排气烟色不正常　　　　　　　D. 排气烟色正常

35. 发动机加速发闷，转速不易提高的常见原因是（   ）。
   A. 火花塞间隙不符合标准　　　　B. 少数缸不工作
   C. 空气滤清器堵塞　　　　　　　D. 排气系统阻塞

36. 柴油发动机燃油油耗超标的原因是（   ）。
   A. 配气相位失准　　　　　　　　B. 气缸压力低
   C. 喷油器调整不当　　　　　　　D. 机油变质

37. 发动机机油油耗超标的原因是（   ）。
   A. 机油粘度过大　　　　　　　　B. 润滑油道堵塞
   C. 润滑油漏损　　　　　　　　　D. 机油压力表或传感器有故障

38. 若汽油机燃料消耗量过大，则检查（   ）。
   A. 进气管是否漏气　　　　　　　B. 空气滤清器是否堵塞
   C. 燃油泵是否存在故障　　　　　D. 油压是否过大

39. 发动机排放超标的原因有（   ）。
   A. 真空管漏气　　　　　　　　　B. 点火系统有故障
   C. 各缸缸压升高　　　　　　　　D. 润滑系统有故障

40. 若发动机排放超标，则应检查（   ）。
   A. 排气歧管　　　　　　　　　　B. 排气管
   C. 三元催化转化器　　　　　　　D. EGR 阀

41. 若发动机过热，且上水管与下水管温差很大，则可判断（   ）不工作。
   A. 水泵　　　　B. 节温器　　　　C. 风扇　　　　D. 散热器

42. 发动机产生爆燃的原因是（   ）。
   A. 压缩比过小　　　　　　　　　B. 汽油辛烷值过低
   C. 点火过晚　　　　　　　　　　D. 发动机温度过低

43. 发动机运转时，产生加速敲缸响，视为（   ）。
   A. 回火　　　　　　　　　　　　B. 爆燃

C. 失速 D. 回火、爆燃、失速均正确

44. 电控发动机继电器的电源断开，会引起（ ）。
A. 发动机正常起动 B. 发动机不能正常起动
C. 无影响 D. 以上三者均正确

45. 发动机怠速运转不好，可能（ ）运转不良。
A. 中速 B. 高速 C. 低速 D. 以上三者均正确

46. 汽车起步时，车身发抖并能听到"咔啦、咔啦"的撞击声，且在车速变化时响声更加明显。车辆在高速挡用小节气门行驶时，响声增强，抖动更严重，其原因可能是（ ）。
A. 常啮合齿轮磨损成梯形或轮齿损坏
B. 分离轴承缺少润滑油或损坏
C. 接合齿轮磨损成梯形或轮齿损坏
D. 传动轴万向节叉等速排列破坏

47. 离合器盖与压盘连接松旷会导致（ ）。
A. 万向传动装置异响 B. 离合器异响
C. 手动变速器异响 D. 驱动桥异响

48. 变速器工作时发出不均匀碰击声，其原因可能是（ ）。
A. 分离轴承缺少润滑油或损坏
B. 从动盘铆钉松动，钢片破裂或减振弹簧折断
C. 常啮合齿轮磨损成梯形或轮齿损坏
D. 传动轴万向节叉等速排列破坏

49. 曲轴的材料一般用（ ）。
A. 灰铸铁 B. 球墨铸铁或中碳钢
C. 高碳钢 D. 低碳钢

50. 在车辆行驶过程中，声响杂乱无规则，时而出现金属撞击声，说明（ ）。
A. 中间支承轴承内圈过盈配合松旷
B. 中间轴承支承架固定螺栓松动
C. 万向节轴承壳压得太紧，使之转动不灵活
D. 传动轴万向节叉等速排列破坏

51. 变速器直接挡工作时无异响，其他挡位工作时均有异响，说明（ ）。
A. 齿轮啮合不良或损坏 B. 第二轴后轴承松旷或损坏
C. 齿轮间隙过小 D. 第二轴前轴承损坏

52. 在读取故障码之前，应先（ ）。
A. 检查汽车蓄电池电压是否正常
B. 打开点火开关，将它置于"ON"位置，但不要起动发动机
C. 按下超速挡开关，使之置于"ON"位置
D. 根据自动变速器故障警告灯的闪亮规律读出故障码

53. 下列现象不属于轮胎异常磨损的是（ ）。
A. 轮胎胎面磨损不均匀 B. 胎冠两肩磨损

C. 胎壁擦伤　　　　　　　　　　D. 轮胎气压偏低

54. （　　）会导致胎冠由内侧向外侧呈锯齿状磨损。

A. 前轮前束过小

B. 横直拉杆或转向机构松旷

C. 轮毂轴承松旷或转向节与主销松旷

D. 前轮前束过大

55. 下列属于前轮摆振现象的是（　　）。

A. 轮胎胎面磨损不均匀，胎冠两肩磨损，胎壁擦伤

B. 汽车行驶时，有时出现两前轮各自围绕主销进行角振动的现象

C. 胎冠由外侧向里侧呈锯齿状磨损，胎冠呈波浪状磨损，胎冠呈碟边状磨损

D. 胎冠中部磨损，胎冠外侧或内侧单边磨损

56. 下列不属于前轮摆振故障产生原因的是（　　）。

A. 经常行驶在拱度较大的路面上

B. 转向器内主、从动部分啮合间隙或轴承间隙过大

C. 转向垂臂与垂臂轴配合松旷

D. 纵横拉杆球关节配合松旷

57. 若发现轮胎胎面中部磨损严重，则为（　　）所致。

A. 轮胎气压过高

B. 各部松旷、变形、使用不当或轮胎质量不佳

C. 前轮外倾过小

D. 轮胎气压过低

58. 给轮胎按标准充气，为保持轮胎缓和路面冲击的能力，充气标准可（　　）最高气压。

A. 等于　　　　B. 略低于　　　　C. 略高于　　　　D. 高于

59. 前轮摆振诊断程序中的第二步是（　　）。

A. 检查前桥与转向系统各连接部位是否松旷

B. 检查前轮是否装用翻新轮胎

C. 检查前钢板弹簧 U 形螺栓

D. 检查前轮的径向圆跳动和轴向圆跳动

60. 对于直接驱动式转向器用手抓住转向盘，沿转向轴轴线方向做上下拉压动作，如果感到有明显的松旷量，则故障为（　　）。

A. 转向器内主、从动部分啮合部位松旷或垂臂轴承松旷

B. 转向盘与转向轴之间松旷

C. 转向器主动部分轴承松旷

D. 转向器在车架上固定不好

61. 下列不属于制动跑偏现象的是（　　）。

A. 制动突然跑偏　　　　　　　　B. 向右转向时制动跑偏

C. 有规律的单向跑偏　　　　　　D. 无规律的忽左忽右跑偏

62. 下列不是制动跑偏原因的是（　　）。

A. 制动踏板损坏

B. 有一侧钢板弹簧错位或折断

C. 转向桥或车架变形，左右轴距相差过大

D. 两侧主销后倾角或车轮外倾角不等，前束不符合要求

63. 在汽车行驶一定里程后，用手触摸制动鼓感觉发热，这种现象属于（　　）。
   A. 制动跑偏　　　B. 制动抱死　　　C. 制动拖滞　　　D. 制动失效

64. 制动主缸皮碗发胀，复位弹簧过软，致使皮碗堵住旁通孔不能回油，会导致（　　）。
   A. 制动跑偏　　　B. 制动抱死　　　C. 制动拖滞　　　D. 制动失效

65. 感觉制动防抱死系统工作不正常，该现象说明（　　）。
   A. 制动拖滞　　　　　　　　　　B. 制动跑偏
   C. 制动抱死　　　　　　　　　　D. 防抱死制动装置失效

66. 就一般制动防抱死系统而言，下列叙述正确的是（　　）。
   A. 紧急制动时，可避免车轮抱死而造成方向失控或不稳定现象
   B. ABS故障时，制动系统将会完全丧失制动力
   C. ABS故障时，转向盘的转向力将会加重
   D. 可提高行车舒适性

67. 整车大修时对乘用车轮胎进行评定，其花纹深度不得小于（　　）mm。
   A. 1.0　　　B. 1.6　　　C. 2.0　　　D. 3.2

68. 出现制动跑偏故障时，如果轮胎气压一致，用手触摸跑偏一边的制动鼓和轮毂轴承感觉过热，应（　　）。
   A. 检查左右轴距是否相等
   B. 检查前束是否符合要求
   C. 检查两侧主销后倾角或车轮外倾角是否不等
   D. 调整制动间隙或轮毂轴承

69. 若制动拖滞故障的原因在制动主缸，应先检查（　　）。
   A. 制动踏板自由行程是否过小
   B. 制动踏板复位弹簧弹力是否不足
   C. 制动踏板轴及连杆机构的润滑情况是否良好
   D. 回油情况

70. 排除制动防抱死装置失效故障后应该（　　）。
   A. 检验驻车制动操纵杆是否完全释放
   B. 清除故障码
   C. 进行路试
   D. 检查制动液液位是否在规定的范围内

71. 一般ABS自诊断插接器在（　　）。
   A. 电控单元旁边　　B. 转向盘左侧　　C. 转向盘右侧　　D. 转向盘下侧

72. 前照灯近光灯丝损坏，会造成前照灯（　　）。
   A. 全不亮　　　B. 一侧不亮　　　C. 无近光　　　D. 无远光

73. 造成前照灯光暗淡的主要原因是电路（　　）。
    A. 断路　　　　B. 短路　　　　C. 接触不良　　　　D. 电压过高
74. 用试灯判断照明系统电路断路故障时，试灯一端搭铁，另一端接（　　）。
    A. 搭铁　　　　　　　　　　　　B. 蓄电池正极
    C. 灯泡供电线各点　　　　　　　D. 灯泡搭铁线各点
75. 用万用表检测照明灯电路某点，无电压显示，说明此点前方的电路（　　）。
    A. 断路　　　　　　　　　　　　B. 短路
    C. 搭铁　　　　　　　　　　　　D. 接触电阻较大
76. 充电系统电压调整过高，对照明灯的影响有（　　）。
    A. 灯光暗淡　　　　　　　　　　B. 灯泡烧毁
    C. 熔丝烧断　　　　　　　　　　D. 闪光频率增加
77. 连接闪光器上的两个接线柱，转向灯亮起，说明（　　）。
    A. 供电线断路　　　　　　　　　B. 转向开关损坏
    C. 闪光器损坏　　　　　　　　　D. 灯泡损坏
78. 若左转向灯搭铁不良，则将转向开关拨至左转向时的现象是（　　）。
    A. 左、右转向灯都不亮　　　　　B. 只有右转向灯亮
    C. 只有左转向灯亮　　　　　　　D. 左、右转向灯微亮
79. 打开右转向时，右转向灯闪光频率加快，原因是（　　）。
    A. 左侧转向灯个别损坏　　　　　B. 右侧转向灯个别损坏
    C. 右侧转向灯功率较大　　　　　D. 闪光器内部故障
80. 鼓风机不转会造成（　　）。
    A. 不制冷　　　　　　　　　　　B. 冷气量不足
    C. 系统太冷　　　　　　　　　　D. 噪声大
81. 空调系统外循环空气管道打开，会造成（　　）。
    A. 无冷气产生　　　　　　　　　B. 系统太冷
    C. 间断制冷　　　　　　　　　　D. 冷空气量不足
82. 压缩机排量减小会导致（　　）。
    A. 不制冷　　　　　　　　　　　B. 间歇制冷
    C. 供暖不足　　　　　　　　　　D. 制冷量不足
83. 空调系统鼓风电动机松动或磨损会造成（　　）。
    A. 系统噪声大　　　　　　　　　B. 系统太冷
    C. 间断制冷　　　　　　　　　　D. 无冷气产生
84. 膨胀阀卡住在开启最大位置，会导致（　　）。
    A. 冷气不足　　　　　　　　　　B. 系统太冷
    C. 无冷气产生　　　　　　　　　D. 间断制冷
85. 空调系统外循环风道空气不足，会造成（　　）。
    A. 冷空气不足　　　　　　　　　B. 无冷气产生
    C. 系统太冷　　　　　　　　　　D. 间断制冷

86. 制冷系统中有水蒸气，故障部位间断结冰，会造成（　　）。
   A. 无冷气产生　　　　　　　　　　B. 冷气不足
   C. 间断制冷　　　　　　　　　　　D. 系统太冷
87. 制冷系统高压侧压力过高，并且膨胀阀发出噪声，说明（　　）。
   A. 系统中有空气　　　　　　　　　B. 系统中有水蒸气
   C. 制冷剂不足　　　　　　　　　　D. 干燥过滤器堵塞
88. 发动机节温器失效，会造成（　　）。
   A. 冷气不足　　B. 暖气不足　　C. 不制冷　　D. 过热
89. 打开鼓风机开关，鼓风机只能在高速挡位上运转，说明（　　）。
   A. 鼓风机开关损坏　　　　　　　　B. 调速电阻损坏
   C. 鼓风机损坏　　　　　　　　　　D. 供电断路
90. 热水开关关不死会造成（　　）。
   A. 制冷剂泄漏　　　　　　　　　　B. 冷却水泄漏
   C. 冷却油泄漏　　　　　　　　　　D. 以上均有可能
91. 除霜热风出口位于（　　）。
   A. 仪表台下方　　B. 仪表台上方　　C. 仪表台后方　　D. 变速杆前方
92. 发动机曲轴冷压校正后，再进行时效热处理，其加热后的保温时间是（　　）h。
   A. 0.5～1　　　B. 1～2　　　C. 2～3　　　D. 2～4
93. 当发动机曲轴圆度误差和圆柱度误差超过（　　）mm 时，应按规定的修理尺寸进行修磨。
   A. 0.5　　　　B. 0.25　　　C. 0.025　　　D. 0.015
94. 发动机气缸盖上的气门座裂纹最好的修理方法是（　　）。
   A. 胶粘法　　B. 镶套法　　C. 焊修法　　D. 堵漏法
95. 气缸体翘曲变形多用（　　）进行检测。
   A. 百分表和塞尺　　　　　　　　　B. 塞尺和直尺
   C. 游标卡尺和直尺　　　　　　　　D. 千分尺和塞尺
96. 用气缸压力表测试气缸压力前，应使发动机运转至（　　）。
   A. 怠速状态　　　　　　　　　　　B. 正常工作温度
   C. 正常工作状况　　　　　　　　　D. 大负荷工况状态
97. 对于领从蹄式制动器，制动蹄摩擦片与制动鼓的接触面积应大于摩擦片总面积的（　　），并应保证两端首先接触，贴合印痕两端重、中间轻。
   A. 60%　　　　B. 75%　　　C. 80%　　　D. 85%
98. 变速器增加超速挡的目的是（　　）。
   A. 提高发动机转速　　　　　　　　B. 降低发动机负荷
   C. 提高经济性　　　　　　　　　　D. 提高动力性
99. 在使用 1 级精度以下的发动机废气分析仪之前，应先接通电源，预热（　　）min 以上。
   A. 20　　　　B. 30　　　C. 40　　　D. 60

100. 使用FLUKE 98型汽车示波器测试有分电器点火系统二次电压波形时，信号拾取器应夹在（ ）缸的火花塞引线上。
   A. 1   B. 2   C. 3   D. 4
101. 下列属于发动机电子控制系统利用仪器诊断最准确方法的是（ ）。
   A. 读取数据流   B. 读取故障码   C. 经验诊断   D. 自诊断
102. 高压侧加注制冷剂时，发动机应处于（ ）状态。
   A. 怠速   B. 停机   C. 中速   D. 高速
103. 新195和190型柴油机是通过增减喷油泵与机体之间的铜垫片来调整供油提前角的。增加垫片，供油时间变（ ）。
   A. 晚   B. 早   C. 先早后晚   D. 先晚后早
104. 用数字万用表的（ ）可检查点火线圈是否有故障。
   A. 欧姆挡   B. 电压挡   C. 千欧挡   D. 兆欧挡
105. 检测电控燃油喷射系统燃油压力时，应将油压表接在供油管和（ ）之间。
   A. 燃油泵   B. 燃油滤清器   C. 分配油管   D. 喷油器
106. 发动机连杆的修理技术标准为连杆在100mm长度上弯曲值应不大于（ ）mm。
   A. 0.01   B. 0.03   C. 0.5   D. 0.8
107. 对于汽车修理进厂检验，下面说法不正确的是（ ）。
   A. 应察看气缸体有无漏水现象   B. 不必进行路试检验
   C. 不必检查油量   D. 应察听有无爆燃声
108. 一般金属材料的电阻值（ ）。
   A. 随着温度的升高而下降   B. 随着温度的升高而升高
   C. 变化不定   D. 与温度无关
109. 安装活塞销时，先将活塞置于水中加热到（ ）℃取出。
   A. 50～60   B. 60～70   C. 70～80   D. 80～90
110. 日本丰田轿车采用（ ）调整气门间隙。
   A. 两次调整法 B. 逐缸调整法 C. 垫片调整法 D. 不用调整
111. 桑塔纳2000GSI型轿车AJR型发动机气缸盖螺栓应分（ ）次拧紧。
   A. 3   B. 4   C. 5   D. 2
112. 检验气门密封性，常用且简单可行的方法是用（ ）。
   A. 水压   B. 煤油或汽油渗透
   C. 口吸   D. 仪器
113. 就车式平衡机按（ ）原理工作。
   A. 静平衡   B. 动平衡   C. 平衡   D. A或B
114. （ ）属于压燃式发动机。
   A. 汽油机   B. 煤气机
   C. 柴油机   D. 汽油机、煤气机、柴油机均不对
115. 下列关于汽车制动试验台第三滚筒说法不正确的是（ ）。
   A. 当两个第三滚筒中有一个被压下时，驱动电动机电路便接通

B. 既可以自转，又可以上下摆动

C. 可以保护电动机

D. 可以防止滚筒剥伤轮胎

116. 当发动机转速升高时，经常发生烧坏用电设备的情况，其可能原因是（　　）有故障。

　　A. 转子总成　　　B. 定子总成　　　C. 整流器　　　D. 电压调节器

117. 变速器壳体前后端面对第一、二轴轴承孔公共轴线的圆跳动误差可用（　　）进行检测。

　　A. 内径千分尺　　　　　　　　B. 百分表

　　C. 高度游标卡尺　　　　　　　D. 塞尺

118. 变速器输出轴修复工艺规程的第一步应该（　　）。

　　A. 彻底清理输出轴内外表面

　　B. 根据全面检验的结论，确定修理内容及修复工艺

　　C. 输出轴轴承的修复和选配

　　D. 输出轴变形的修复

119. 编制差速器壳的修理工艺卡时，下列属于技术检验工艺卡项目的是（　　）。

　　A. 左右差速器壳内外圆柱面的轴线及对接面的检验

　　B. 主动锥齿轮花键与凸缘键槽侧隙的检验

　　C. 差速器轴承与壳体及轴颈配合的检验

　　D. 主动圆柱齿轮轴承与轴颈配合间隙的检验

120. 关于汽车修理工艺过程的进厂检验，甲说："应先咨询了解汽车技术状况，然后进行外表检查和行驶检查。"乙说："只咨询了解汽车技术状况，就可以进行维修了。"其中，（　　）的说法正确。

　　A. 甲　　　　　B. 乙　　　　　C. 甲和乙　　　　　D. 都不正确

121. 发动机曲轴材料要求较高的耐疲劳强度和耐磨性，轴颈表面要经过（　　）。

　　A. 渗氮和高频感应淬火　　　　B. 正火

　　C. 回火　　　　　　　　　　　D. 退火

122. 转弯半径是指由转向中心到（　　）。

　　A. 内转向轮与地面接触点间的距离　　B. 外转向轮与地面接触点间的距离

　　C. 内转向轮之间的距离　　　　　　　D. 外转向轮之间的距离

123. 检修盘式制动器的制动块时首先第一步应该（　　）。

　　A. 支起汽车前部，拆下需要检修一侧的车轮

　　B. 拧出制动液箱注液孔的塞子，用聚乙烯塑料盖住注液孔并塞上塞子，以便在拆软管时减少制动液泄漏

　　C. 抽出2个R形夹子，拔出制动蹄压板的止动销，拆下压板

　　D. 拉出制动蹄，并注意哪一面朝外

124. 汽车零件分类的主要依据是（　　）。

　　A. 尺寸、几何误差、表面质量　　　B. 尺寸、形状

C. 材料性能、尺寸、形状　　　　　　D. 硬度、位置误差

125. 减振器装合后，各密封件应该（　　）。
 A. 良好　　　　B. 不漏　　　　C. 以上均不对　　　　D. 以上均正确

126. 凸轮轴的修理级别一般分四个等级，级差为（　　）mm。
 A. 0.10　　　　B. 0.20　　　　C. 0.30　　　　D. 0.40

127. 汽车耗油量的测量采用（　　）。
 A. 路试　　　　B. 台架　　　　C. 路试或台架　　　　D. 发动机测功仪

128. （　　）制动踏板时，必须测量调整制动踏板的自由行程。
 A. 修理　　　　B. 修复　　　　C. 更换　　　　D. 以上均正确

129. 若缸孔出现裂纹，则应该（　　）。
 A. 更换新件　　　　B. 修复　　　　C. 继续使用　　　　D. 以上均正确

130. 传动轴在装配时，其伸缩节要对正记号，其目的是（　　）。
 A. 保持传动轴原有的动平衡　　　　B. 缩小传动轴的长度
 C. 传动轴长度可变　　　　D. 便于安装传动轴

131. 分动器里程表软轴的弯曲半径不得小于（　　）mm。
 A. 50　　　　B. 150　　　　C. 100　　　　D. 200

132. 万向节球毂花键磨损松旷时，应（　　）。
 A. 更换内万向节球毂　　　　B. 更换球笼壳
 C. 更换万向节总成　　　　D. 更换外万向节球毂

133. 手动变速器总成竣工验收时，首先应该（　　）。
 A. 进行无负荷和有负荷试验　　　　B. 加注清洁变速器油
 C. 用普通声级计测定噪声　　　　D. 检视密封状况

134. 汽车车身一般包括车前、车底、侧围、顶盖和（　　）等部件。
 A. 车后　　　　B. 后围　　　　C. 车顶　　　　D. 前围

135. 在制动性能台试检验的技术要求中，机动车制动完全释放时间对单车来说不得大于（　　）s。
 A. 0.2　　　　B. 0.5　　　　C. 0.8　　　　D. 1.2

136. 在将转向传动机构的横、直拉杆的球头销按顺序装好后，要对其进行（　　）的调整。
 A. 侧隙　　　　B. 间隙　　　　C. 紧固　　　　D. 预紧度

137. 下列属于驱动桥装配验收项目的是（　　）。
 A. 检查转向盘的自由行程　　　　B. 调整前轮前束
 C. 调整最大转向角　　　　D. 装复车轮制动器

138. 汽车转向轮侧滑量的检测方法前提条件是，将车辆对正侧滑试验台，并使转向盘处于（　　）位置。
 A. 左极限　　　　B. 右极限　　　　C. 正中间　　　　D. 自由

139. 电解液相对密度是指温度为25℃时的值，环境温度每升高1℃则应（　　）0.0007。
 A. 加上　　　　B. 减去　　　　C. 乘以　　　　D. 除以

140. 计算出蓄电池的容量与数量，使之符合自己的使用要求，这是免维护蓄电池的（　　）原则。
A. 安全选择　　　　B. 性价比选择　　　C. 按需选择　　　D. 按适应性选择

141. 检测蓄电池电解液的相对密度时应使用（　　）。
A. 密度计　　　　　B. 电压表　　　　　C. 高率放电计　　　D. 玻璃管

142. 初次使用干荷蓄电池时，只需按规定加足电解液后，静放（　　）即可装车使用。
A. 24h　　　　　　B. 12h　　　　　　C. 1h　　　　　　　D. 20~30min

143. 发电机"N"与"E"或"B"间的反向阻值应为（　　）。
A. 40~50Ω　　　　B. 65~80Ω　　　　C. 710kΩ　　　　　D. 10Ω

144. 将机械式万用表的正测试棒（红色）接二极管引出极，将负测试棒（黑色）接二极管的另一极，测其电阻值大于10kΩ，则该二极管为（　　）。
A. 正极管　　　　　B. 负极管　　　　　C. 励磁二极管　　　D. 稳压二极管

145. 发电机的空载充电电压应（　　）参考电压。
A. 高于　　　　　　B. 等于　　　　　　C. 低于　　　　　　D. 时高时低

146. 关于发动机活塞环与活塞的组装，甲说："应注意活塞环的安装方向，各气环开口角度要均匀。"乙说："装油环时一般先装中间衬环。"丙说："组合油环上下刮片开口应错开120°。"其中说法正确的是（　　）。
A. 甲　　　　　　　B. 乙　　　　　　　C. 丙　　　　　　　D. 甲和乙

147. 接通电路，测量调节器大功率晶体管的管压降过低（小于0.6V），说明晶体管（　　）。
A. 短路　　　　　　B. 断路　　　　　　C. 搭铁　　　　　　D. 良好

148. 用万用表测量交流发电机整流二极管和励磁二极管的电阻值，均应为（　　）Ω，否则应更换二极管底板。
A. 40~60　　　　　B. 50~80　　　　　C. 20~30　　　　　D. 30~50

149. 汽车和无轨电车车轮阻滞力均不得大于该轴荷的（　　）。
A. 2%　　　　　　B. 5%　　　　　　C. 7%　　　　　　D. 10%

150. 若用万用表测量起动机接线柱和绝缘电刷之间的电阻值为无穷大，则说明（　　）存在断路故障。
A. 电枢绕组　　　　B. 磁场绕组　　　　C. 吸引线圈　　　　D. 保持线圈

151. 对于起动机供电路，应重点检测电路各接点的（　　）。
A. 电流　　　　　　B. 压降　　　　　　C. 电动势　　　　　D. 电阻

152. 汽车暖风装置除能完成其主要功能外，还能起到（　　）的作用。
A. 除湿　　　　　　B. 除霜　　　　　　C. 去除灰尘　　　　D. 降低噪声

153. 天气寒冷时，向车内提供暖气，以提高车厢内温度的装置是（　　）。
A. 制冷装置　　　　B. 暖风装置　　　　C. 送风装置　　　　D. 加湿装置

154. 废气水暖式加热系统属于（　　）。
A. 余热加热式　　　　　　　　　　　　B. 独立热源加热式
C. 冷却水加热式　　　　　　　　　　　D. 火焰加热式

155. 高压表用于检测空调装置的（　　）。
 A. 吸气压力　　　　B. 排气压力　　　　C. 蒸发压力　　　　D. 以上压力均可测
156. 用于连接制冷装置低压侧接口与低压表接口的软管颜为（　　）。
 A. 蓝色　　　　　　B. 红色　　　　　　C. 黄色　　　　　　D. 绿色
157. 用塞尺检查电磁离合器四周的空气间隙，应在（　　）范围内。
 A. 0.1~0.5mm　　　B. 0.2~0.8mm　　　C. 0.4~0.8mm　　　D. 0.6~1mm
158. 在制冷剂装置的检漏方法中，最简单易行的方法是（　　）。
 A. 肥皂水检漏法　　　　　　　　　　B. 卤素灯检漏法
 C. 电子检漏仪检漏法　　　　　　　　D. 荧光检漏法
159. R134a 制冷剂是（　　）气体。
 A. 有颜色、无气味　　　　　　　　　B. 有颜色、有气味
 C. 有气味、无颜色　　　　　　　　　D. 无颜色、无气味
160. 制冷装置在拆卸调换部件时，在充注制冷剂之前必须（　　）。
 A. 清洗　　　　　　B. 加压　　　　　　C. 抽空　　　　　　D. 加油

得　分	
评分人	

二、判断题（第 161 题~第 200 题。将判断结果填入括号中。正确的填 "√"，错误的填 "×"。每题 0.5 分，满分 20 分）

（　　）161. 职业道德兼有强烈的纪律性。
（　　）162. 工件旋转时，可以用千分尺测量其尺寸。
（　　）163. 润滑脂的使用性能主要有稠度、高温性能、高温性能和抗水性等。
（　　）164. 单相直流稳压电源由电源变压器、滤波元件、硅整流元件和稳压电路组成。
（　　）165. 举升器按控制方式只分为电动式、气动式两种。
（　　）166. 活塞环拆装钳是一种专门用于拆装气门弹簧的工具。
（　　）167. 在车底下工作时，不要直接躺在地上，应尽量使用卧板。
（　　）168.《合同法》规定，当事人订立合同，应当具有相应的民事权利能力和民事义务能力。
（　　）169. 汽车修理技术规范主要指零件尺寸、表面粗糙度、精度和配合公差。
（　　）170. 若发动机曲轴主轴承响，则其响声随着发动机转速的提高而减小。
（　　）171. 气门脚响和气门座圈异响统称为气门响。
（　　）172. 当柴油机起动困难时，应从喷油时刻、燃油雾化、压缩终了时的气缸压力温度等方面找原因。
（　　）173. 若发动机机油油耗超标，则检查活塞、活塞环与气缸壁的磨损情况。
（　　）174. 电控发动机加速无力故障现象为发动机工作时好时坏。
（　　）175. 燃油系统压力不稳定，不可以造成发动机工作不稳。

(   ) 176. 发动机大修中常用的修理尺寸为+0.5mm、+1.00mm、+1.50mm三级。
(   ) 177. 加速发抖会造成电控汽车驾驶性能不良。
(   ) 178. 示波器为电控发动机诊断的通用仪表。
(   ) 179. 踏下离合器踏板,若响声在离合器前面,则说明变速器内有故障。
(   ) 180. 用百分表检测凸轮轴的弯曲度前应校表。
(   ) 181. 对于受力不大、工作温度低于100℃的气缸盖裂纹大部分可以采用胶粘法修复。
(   ) 182. 当蜡式节温器中的石蜡泄漏时,发动机冷却系统中只有小循环。
(   ) 183. 用连杆检验仪检验连杆变形时,若三点规的3个测点都与检验平板接触,则说明连杆已弯曲变形。
(   ) 184. 曲轴轴颈表面不允许有横向裂纹。
(   ) 185. 检测凸轮轴轴颈磨损的工具是游标卡尺。
(   ) 186. 轴承的钢球(柱)和滚道上不得有伤痕、剥落、破裂、严重黑斑或烧损变色等缺陷。
(   ) 187. 差速器壳体修复工艺过程的第一步是彻底清理差速器壳体内外表面。
(   ) 188. 盘式制动器各部件装配完毕后,直接加注制动液即可。
(   ) 189. 制动鼓内径随着使用时间的延长而逐渐减小。
(   ) 190. 用游标卡尺测量膜片弹簧的深度和宽度,若磨损深度大于0.6mm,宽度大于5mm,则应予以更换。
(   ) 191. 变速器前、后壳体,以及后盖、侧盖间各密封衬垫拆卸后必须换用新件。
(   ) 192. 半轴套管中间两轴颈的径向圆跳动误差不得大于0.05mm。当变形超过规定时,可采用高温高压校正的方法。
(   ) 193. 用万用表检测发电机各接线端子的电阻,若均符合规定,则说明该发电机不存在故障。
(   ) 194. 测试调节器所用的万用表为普通低内阻型万用表。
(   ) 195. 检查起动机电枢绕组是否短路时应使用电枢检验器。
(   ) 196. 起动机进行全制动试验时,若驱动齿轮不转而电枢轴有缓慢的转动,则说明单向离合器打滑。
(   ) 197. 检测起动电路时要求起动电路的连接应符合原车技术要求。
(   ) 198. 试验起动系统电路时应防止检测短路。
(   ) 199. 蓄电池电解液相对密度一般以1.26~1.28为宜。
(   ) 200. 衡量汽车空调质量的指标主要有风量、温度、压力和清洁度。

汽车修理工（高级）操作技能试卷

操作技能考核准备通知单

一、考场准备

1. 操作场地应光线充足，整洁无干扰，具有安全防火措施。
2. 操作场地应具有地沟和车辆举升机。
3. 考评员与考生比例为1∶5。

二、车辆、设备、工量具、辅料准备

1. 发动机曲轴几何误差的检测

1）韩国现代2.0轿车发动机曲轴1根。

2）测量平台1个，V形架2个，25～50mm、50～75mm外径千分尺各1把，高度游标尺1把，带磁力表座百分表1块，方箱1个。

2. 电喷发动机无法起动故障的诊断与排除

1）完好的桑塔纳3000型轿车1辆，并按本模块故障设置的要求设置故障。

2）桑塔纳3000型轿车维修手册。

3）数字万用表、检查插接器、发动机转速表、电脑检测仪各1件（台）。

4）点火正时灯、气缸压力表、汽油压力表各1件。

5）常用工具1套。

6）故障设置及选取原则

序号	故障设置	选取原则
1	燃油泵故障	在所列故障中任意选取一项
2	电源故障	
3	喷油器或线路故障	
4	点火系统故障	
5	ECU电源电路故障	
6	主要传感器故障	

操作技能考核试卷

考生姓名：_____ 准考证号：_____ 工作单位：_____

一、说明

1. 本试卷的编制命题是从实际出发，以可行性、技术性和通用性为原则。
2. 本试卷依据《中华人民共和国职业技能鉴定规范》编制。
3. 本试卷适用于考核高级汽车修理工。
4. 本试卷无地域限制。
5. 本试卷含修理、故障诊断与排除试题各一道。
6. 修理试题配分为 55 分，故障诊断与排除试题配分为 45 分，试卷满分为 100 分。

二、试题

1. 发动机曲轴几何误差的检测

（1）考核要求

1）测量两道连杆轴颈和主轴颈，判断是否需要修磨，并确定修理尺寸。

2）检测曲轴弯曲和扭曲变形情况。

3）测量某道连杆轴颈的曲柄半径。

4）判断曲轴能否继续使用。

（2）考核时间　60min。

2. 电喷发动机无法起动故障的诊断与排除

（1）考核要求

1）根据电喷发动机无法起动的故障现象，找出故障原因。

2）根据故障原因，运用正确的方法排除故障。

（2）考核时间　50min。

汽车修理工（高级） 第2版

操作技能考核评分记录表

考生姓名：_____ 准考证号：_____ 工作单位：_____

1. 发动机曲轴几何误差的检测

序号	作业项目	考核内容	配分	评分标准	考核记录	扣分	得分
1	曲轴支撑	曲轴支撑位置，调平方法和调平质量	6	支撑位置错误扣3分 调整方法错误扣2分 调整有误差扣1分			
2	测量轴颈尺寸并确定修理尺寸	测量轴颈尺寸，判断是否需要修磨，并确定修理尺寸	16	测量一处错误扣3分，共6分 结论错误扣6分 修理尺寸确定错误扣4分			
3	检测弯曲情况	检测径向圆跳动误差和端面圆跳动误差的方法和检测结果	6	检测方法一处错误扣1分 检测结果一处错误扣1分			
4	检测扭曲情况	检测方法和检测结果	6	检测方法一处错误扣1分 检测结果一处错误扣1分			
5	测量曲柄半径	测量方法和测量结果	6	测量方法一处错误扣1分 测量结果错误扣1分			
6	结论	判断曲轴能否继续使用	9	判断一处错误扣2分，共9分			
7	安全文明生产	遵守安全操作规程，正确使用工量具，操作现场整洁	6	不符合要求每项扣1分，扣完为止			
		安全用电、防火、无人身、设备事故		因违规操作而发生触电、火灾、人身和设备事故，此题按0分计			
8	分数合计		55				

评分人：_____ 年 月 日　　　核分人：_____ 年 月 日

2. 电喷发动机无法起动故障的诊断与排除

序号	考核内容	配分	评分标准	考核记录	扣分	得分
1	正确使用工具、仪表	5	使用工具、仪表错误扣5分			
			个别使用不当酌情扣分			
2	根据故障现象分析故障原因	15	检查方法错误扣5分			
			检查程序错误扣5分			
			检查结果错误扣5分			
3	明确故障部位（口述）	5	不能明确的扣5分			
4	运用正确方法排除故障	10	不能排除故障的扣10分			
			自制一处故障扣5分			
5	验证排除效果	5	不验证或验证方法错误扣5分			
6	遵守安全操作规程，正确使用工量具，操作现场整洁	5	不符合要求每项扣1分，扣完为止			
	安全用电，防火，无人身、设备事故		因违规操作而发生触电、火灾、人身和设备事故，此题按0分计			
7	分数总计	45				

评分人：　　　　　　　年　月　日　　　　核分人：　　　　　　　年　月　日

答案部分

知识要求试题答案

一、判断题

1. ✓ 2. × 3. × 4. × 5. ✓ 6. × 7. ✓ 8. ✓ 9. ✓ 10. ✓
11. × 12. ✓ 13. × 14. ✓ 15. ✓ 16. ✓ 17. ✓ 18. × 19. × 20. ✓
21. ✓ 22. × 23. × 24. × 25. ✓ 26. ✓ 27. ✓ 28. × 29. ✓ 30. ✓
31. ✓ 32. ✓ 33. × 34. × 35. ✓ 36. ✓ 37. ✓ 38. ✓ 39. ✓ 40. ✓
41. ✓ 42. ✓ 43. × 44. ✓ 45. × 46. × 47. ✓ 48. ✓ 49. × 50. ✓
51. × 52. ✓ 53. ✓ 54. ✓ 55. ✓ 56. ✓ 57. ✓ 58. ✓ 59. × 60. ✓
61. × 62. × 63. ✓ 64. ✓ 65. ✓ 66. ✓ 67. ✓ 68. ✓ 69. × 70. ×
71. × 72. ✓ 73. ✓ 74. ✓ 75. ✓ 76. ✓ 77. ✓ 78. × 79. ✓ 80. ✓
81. × 82. ✓ 83. × 84. × 85. ✓ 86. × 87. ✓ 88. ✓ 89. × 90. ✓
91. ✓ 92. × 93. ✓ 94. ✓ 95. ✓ 96. ✓ 97. ✓ 98. ✓ 99. ✓ 100. ✓
101. ✓ 102. ✓ 103. ✓ 104. ✓ 105. ✓ 106. × 107. ✓ 108. × 109. ✓ 110. ✓
111. × 112. × 113. × 114. × 115. × 116. ✓ 117. ✓ 118. ✓ 119. ✓ 120. ✓
121. ✓ 122. ✓ 123. × 124. ✓ 125. ✓ 126. × 127. × 128. × 129. × 130. ✓
131. ✓ 132. × 133. × 134. × 135. ✓ 136. ✓ 137. × 138. ✓ 139. ✓ 140. ✓

二、选择题

1. B 2. D 3. A 4. A 5. A 6. D 7. B 8. B 9. B 10. A
11. A 12. B 13. D 14. C 15. A 16. A 17. A 18. D 19. D 20. D
21. A 22. B 23. A 24. B 25. D 26. A 27. D 28. D 29. C 30. C
31. C 32. C 33. D 34. C 35. B 36. B 37. D 38. C 39. A 40. B
41. B 42. C 43. D 44. A 45. C 46. D 47. B 48. B 49. C 50. D

答案部分

51. A	52. D	53. A	54. D	55. A	56. C	57. A	58. D	59. A	60. C
61. C	62. C	63. D	64. C	65. D	66. A	67. C	68. D	69. D	70. B
71. A	72. C	73. A	74. C	75. C	76. D	77. D	78. B	79. C	80. D
81. A	82. B	83. D	84. B	85. B	86. D	87. C	88. B	89. B	90. C
91. B	92. B	93. D	94. C	95. B	96. C	97. D	98. A	99. A	100. C
101. B	102. C	103. A	104. C	105. A	106. A	107. C	108. A	109. B	110. A
111. B	112. B	113. A	114. C	115. B	116. B	117. B	118. A	119. C	120. B
121. A	122. A	123. B	124. C	125. D	126. B	127. C	128. B	129. C	130. C
131. C	132. B	133. C	134. C	135. C	136. A	137. D	138. D	139. B	140. D
141. D	142. A	143. C	144. B	145. C	146. D	147. C	148. A	149. C	150. B
151. C	152. B	153. C	154. C	155. C	156. D	157. C	158. C	159. C	160. A
161. B	162. B	163. C	164. A	165. C	166. B	167. D	168. C	169. C	170. C
171. D	172. B	173. B	174. A	175. B	176. B	177. C	178. B	179. A	180. C
181. A	182. C	183. B	184. D	185. C	186. D	187. D	188. C	189. D	190. C
191. A	192. C	193. A	194. C	195. B	196. A	197. B	198. A	199. A	200. D
201. D	202. A	203. D	204. C	205. B	206. D	207. C	208. D	209. C	210. C
211. A	212. D	213. B	214. A	215. D	216. C	217. C	218. D	219. D	220. D
221. A	222. C	223. D	224. C	225. C	226. D	227. C	228. A	229. C	230. A
231. C	232. C	233. A	234. C	235. A	236. A	237. B	238. B	239. A	240. C
241. B	242. C	243. C	244. D	245. A	246. C	247. C	248. D	249. B	250. A
251. A	252. A	253. A	254. C	255. B	256. A	257. B	258. A	259. B	260. A
261. B	262. B	263. C	264. C	265. D	266. D	267. C	268. D	269. D	270. D
271. C	272. C	273. D	274. B	275. A	276. C	277. C	278. A	279. D	280. C
281. C	282. B	283. C	284. A	285. A	286. B	287. B	288. C	289. C	290. C
291. B	292. B	293. A	294. A	295. B	296. C	297. C	298. C	299. D	300. A

模拟试卷样例答案

一、选择题

1. A	2. C	3. D	4. C	5. C	6. B	7. D	8. D	9. A	10. B
11. B	12. A	13. A	14. D	15. D	16. C	17. A	18. A	19. D	20. D
21. B	22. C	23. B	24. A	25. C	26. C	27. A	28. C	29. A	30. D

31. A 32. A 33. A 34. C 35. D 36. C 37. C 38. D 39. B 40. C
41. B 42. B 43. B 44. B 45. C 46. D 47. B 48. C 49. B 50. D
51. D 52. A 53. D 54. A 55. B 56. A 57. A 58. B 59. A 60. C
61. B 62. A 63. C 64. C 65. D 66. A 67. B 68. D 69. A 70. B
71. A 72. C 73. C 74. C 75. A 76. B 77. C 78. D 79. B 80. A
81. D 82. D 83. A 84. C 85. A 86. C 87. B 88. B 89. B 90. B
91. B 92. A 93. C 94. B 95. B 96. B 97. A 98. C 99. B 100. A
101. A 102. B 103. A 104. A 105. C 106. B 107. B 108. B 109. D 110. C
111. B 112. B 113. A 114. C 115. A 116. D 117. B 118. A 119. C 120. A
121. A 122. B 123. A 124. A 125. B 126. B 127. C 128. C 129. A 130. A
131. C 132. C 133. B 134. B 135. C 136. D 137. D 138. C 139. A 140. C
141. A 142. D 143. C 144. A 145. A 146. D 147. A 148. B 149. B 150. B
151. B 152. B 153. B 154. A 155. B 156. A 157. C 158. A 159. D 160. C

二、判断题

161. √ 162. × 163. × 164. × 165. × 166. × 167. √ 168. √ 169. √ 170. ×
171. √ 172. √ 173. √ 174. × 175. × 176. √ 177. √ 178. √ 179. × 180. √
181. √ 182. √ 183. × 184. √ 185. √ 186. √ 187. √ 188. × 189. × 190. √
191. √ 192. × 193. × 194. × 195. √ 196. √ 197. √ 198. × 199. √ 200. ×

参 考 文 献

[1] 吴际璋. 当代汽车电控系统结构原理与维修 [M]. 北京：人民交通出版社，2002.
[2] 苏霆. 汽车修理工（技师）[M]. 济南：山东科学技术出版社，2002.
[3] 徐通法. 汽车维护、检测、诊断技术规范 [M]. 长春：吉林科学技术出版社，2002.
[4] 徐通法. 汽车维修质量检验员岗位（培训教材）[M]. 北京：科学技术文献出版社，1999.
[5] 张茂国. 汽车电气设备修理实习 [M]. 北京：中国劳动出版社，1999.
[6] 唐艺. 新编汽车修理工艺 [M]. 北京：机械工业出版社，1998.
[7] 张立新，等. 桑塔纳2000系列乘用车维修手册 [M]. 沈阳：辽宁科学技术出版社，2000.
[8] 戴冠军. 汽车修理工程 [M]. 北京：人民交通出版社，2001.
[9] 上海教育委员会职教办. 汽车修理 [M]. 2版. 上海：上海科学技术出版社，1991.
[10] 上海市汽车驾驶专业技校联合部. 汽车维修大全 [M]. 上海：百家出版社，1993.
[11] 代汝泉. 汽车运行性能 [M]. 北京：国防工业出版社，2003.
[12] 童孟羲. 汽车维修从业人员安全知识培训教材 [M]. 北京：人民交通出版社，2002.
[13] 于春鹏. 空调系统 [M]. 北京：化学工业出版社，2005.
[14] 祖国海. 汽车修理工（高级）考前辅导 [M]. 北京：机械工业出版社，2009.
[15] 吴明. 汽车维修工程 [M]. 北京：机械工业出版社，1998.
[16] 吴显强. 汽车发动机构造与维修 [M]. 北京：机械工业出版社，2008.
[17] 王耀斌，宋年秀. 汽车维修工程 [M]. 北京：北京理工大学出版社，2007.
[18] 吴文琳. 新型汽车空调系统检修自学读本 [M]. 北京：中国电力出版社，2009.
[19] 黄俊平. 汽车发动机维修实训 [M]. 北京：机械工业出版社，2009.
[20] 朱民生，赵惠民. 东风康明斯柴油车结构与维修手册 [M]. 上海：上海科学技术出版社，2001.
[21] 刘伟俭，朱自清. 发动机电控系统构造与检修 [M]. 南京：江苏教育出版社，2009.
[22] 刘东亚，王清娟. 汽车底盘构造与维修 [M]. 北京：北京大学出版社，2009.
[23] 李栓成，刘志顺. 汽车底盘构造与维修 [M]. 北京：金盾出版社，2008.
[24] 边焕鹤. 汽车电器与电子设备 [M]. 北京：人民交通出版社，1997.
[25] 何丹娅. 汽车电器与电子设备 [M]. 北京：人民交通出版社，2002.
[26] 楚宜民，高群钦. 新编汽车故障速排300问 [M]. 南京：江苏科学技术出版社，2008.

汽车修理工需学习下列课程：
初级：机械识图、机械基础（初级）、钳工常识、电工识图、电工基础、汽车修理工（初级）
中级：机械制图、电子技术基础、汽车修理工（中级）
高级：液气压传动、汽车修理工（高级）
技师和高级技师：汽车修理工（技师和高级技师）

国家职业资格培训教材

丛书介绍：深受读者喜爱的经典培训教材，依据最新国家职业标准，按初级、中级、高级、技师（含高级技师）分册编写，以技能培训为主线，理论与技能有机结合，书末有配套的试题库和答案。所有教材均免费提供 PPT 电子教案，部分教材配有 VCD 实景操作光盘（注：标注★的图书配有 VCD 实景操作光盘）。

读者对象：本套教材是各级职业技能鉴定培训机构、企业培训部门、再就业和农民工培训机构的理想教材，也可作为技工学校、职业高中、各种短训班的专业课教材。

- ◆ 机械识图
- ◆ 机械制图
- ◆ 金属材料及热处理知识
- ◆ 公差配合与测量
- ◆ 机械基础（初级、中级、高级）
- ◆ 液气压传动
- ◆ 数控技术与 AutoCAD 应用
- ◆ 机床夹具设计与制造
- ◆ 测量与机械零件测绘
- ◆ 管理与论文写作
- ◆ 钳工常识
- ◆ 电工常识
- ◆ 电工识图
- ◆ 电工基础
- ◆ 电子技术基础
- ◆ 建筑识图
- ◆ 建筑装饰材料
- ◆ 车工（初级★、中级、高级、技师和高级技师）
- ◆ 铣工（初级★、中级、高级、技师和高级技师）
- ◆ 磨工（初级、中级、高级、技师和高级技师）
- ◆ 钳工（初级★、中级、高级、技师和高级技师）
- ◆ 机修钳工（初级、中级、高级、技师和高级技师）
- ◆ 锻造工（初级、中级、高级、技师和高级技师）
- ◆ 模具工（中级、高级、技师和高级技师）
- ◆ 数控车工（中级★、高级★、技师和高级技师）
- ◆ 数控铣工/加工中心操作工（中级★、高级★、技师和高级技师）
- ◆ 铸造工（初级、中级、高级、技师

和高级技师）
- ◆ 冷作钣金工（初级、中级、高级、技师和高级技师）
- ◆ 焊工（初级★、中级★、高级★、技师和高级技师★）
- ◆ 热处理工（初级、中级、高级、技师和高级技师）
- ◆ 涂装工（初级、中级、高级、技师和高级技师）
- ◆ 电镀工（初级、中级、高级、技师和高级技师）
- ◆ 锅炉操作工（初级、中级、高级、技师和高级技师）
- ◆ 数控机床维修工（中级、高级和技师）
- ◆ 汽车驾驶员（初级、中级、高级、技师）
- ◆ 汽车修理工（初级★、中级、高级、技师和高级技师）
- ◆ 摩托车维修工（初级、中级、高级）
- ◆ 制冷设备维修工（初级、中级、高级、技师和高级技师）
- ◆ 电气设备安装工（初级、中级、高级、技师和高级技师）
- ◆ 值班电工（初级、中级、高级、技师和高级技师）
- ◆ 维修电工（初级★、中级★、高级、技师和高级技师）
- ◆ 家用电器产品维修工（初级、中级、高级）
- ◆ 家用电子产品维修工（初级、中级、高级、技师和高级技师）
- ◆ 可编程序控制系统设计师（一级、二级、三级、四级）
- ◆ 无损检测员（基础知识、超声波探伤、射线探伤、磁粉探伤）
- ◆ 化学检验工（初级、中级、高级、技师和高级技师）
- ◆ 食品检验工（初级、中级、高级、技师和高级技师）
- ◆ 制图员（土建）
- ◆ 起重工（初级、中级、高级、技师）
- ◆ 测量放线工（初级、中级、高级、技师和高级技师）
- ◆ 架子工（初级、中级、高级）
- ◆ 混凝土工（初级、中级、高级）
- ◆ 钢筋工（初级、中级、高级、技师）
- ◆ 管工（初级、中级、高级、技师和高级技师）
- ◆ 木工（初级、中级、高级、技师）
- ◆ 砌筑工（初级、中级、高级、技师）
- ◆ 中央空调系统操作员（初级、中级、高级、技师）
- ◆ 物业管理员（物业管理基础、物业管理员、助理物业管理师、物业管理师）
- ◆ 物流师（助理物流师、物流师、高级物流师）
- ◆ 室内装饰设计员（室内装饰设计员、室内装饰设计师、高级室内装饰设计师）
- ◆ 电切削工（初级、中级、高级、技师和高级技师）
- ◆ 汽车装配工
- ◆ 电梯安装工
- ◆ 电梯维修工

变压器行业特有工种国家职业资格培训教程

丛书介绍：由相关国家职业标准的制定者——机械工业职业技能鉴定指导中心组织编写，是配套用于国家职业技能鉴定的指定教材，覆盖变压器行业5个特有工种，共10种。

读者对象：可作为相关企业培训部门、各级职业技能鉴定培训机构的鉴定培训教材，也可作为变压器行业从业人员学习、考证用书，还可作为技工学校、职业高中、各种短训班的教材。

- ◆ 变压器基础知识
- ◆ 绕组制造工（基础知识）
- ◆ 绕组制造工（初级 中级 高级技能）
- ◆ 绕组制造工（技师 高级技师技能）
- ◆ 干式变压器装配工（初级、中级、高级技能）
- ◆ 变压器装配工（初级、中级、高级、技师、高级技师技能）
- ◆ 变压器试验工（初级、中级、高级、技师、高级技师技能）
- ◆ 互感器装配工（初级、中级、高级、技师、高级技师技能）
- ◆ 绝缘制品件装配工（初级、中级、高级、技师、高级技师技能）
- ◆ 铁心叠装工（初级、中级、高级、技师、高级技师技能）

国家职业资格培训教材——理论鉴定培训系列

丛书介绍：以国家职业技能标准为依据，按机电行业主要职业（工种）的中级、高级理论鉴定考核要求编写，着眼于理论知识的培训。

读者对象：可作为各级职业技能鉴定培训机构、企业培训部门的培训教材，也可作为职业技术院校、技工院校、各种短训班的专业课教材，还可作为个人的学习用书。

- ◆ 车工（中级）鉴定培训教材
- ◆ 车工（高级）鉴定培训教材
- ◆ 铣工（中级）鉴定培训教材
- ◆ 铣工（高级）鉴定培训教材
- ◆ 磨工（中级）鉴定培训教材
- ◆ 磨工（高级）鉴定培训教材
- ◆ 钳工（中级）鉴定培训教材
- ◆ 钳工（高级）鉴定培训教材
- ◆ 机修钳工（中级）鉴定培训教材
- ◆ 机修钳工（高级）鉴定培训教材
- ◆ 焊工（中级）鉴定培训教材
- ◆ 焊工（高级）鉴定培训教材
- ◆ 热处理工（中级）鉴定培训教材
- ◆ 热处理工（高级）鉴定培训教材
- ◆ 铸造工（中级）鉴定培训教材
- ◆ 铸造工（高级）鉴定培训教材

- ◆ 电镀工（中级）鉴定培训教材
- ◆ 电镀工（高级）鉴定培训教材
- ◆ 维修电工（中级）鉴定培训教材
- ◆ 维修电工（高级）鉴定培训教材
- ◆ 汽车修理工（中级）鉴定培训教材
- ◆ 汽车修理工（高级）鉴定培训教材
- ◆ 涂装工（中级）鉴定培训教材
- ◆ 涂装工（高级）鉴定培训教材
- ◆ 制冷设备维修工（中级）鉴定培训教材
- ◆ 制冷设备维修工（高级）鉴定培训教材

国家职业资格培训教材——操作技能鉴定实战详解系列

丛书介绍： 用于国家职业技能鉴定操作技能考试前的强化训练。特色：
- 重点突出，具有针对性——依据技能考核鉴定点设计，目的明确。
- 内容全面，具有典型性——图样、评分表、准备清单，完整齐全。
- 解析详细，具有实用性——工艺分析、操作步骤和重点解析详细。
- 练考结合，具有实战性——单项训练题、综合训练题，步步提升。

读者对象： 可作为各级职业技能鉴定培训机构、企业培训部门的考前培训教材，也可供职业技能鉴定部门在鉴定命题时参考，也可作为读者考前复习和自测使用的复习用书，还可作为职业技术院校、技工院校、各种短训班的专业课教材。

- ◆ 车工（中级）操作技能鉴定实战详解
- ◆ 车工（高级）操作技能鉴定实战详解
- ◆ 车工（技师、高级技师）操作技能鉴定实战详解
- ◆ 铣工（中级）操作技能鉴定实战详解
- ◆ 铣工（高级）操作技能鉴定实战详解
- ◆ 钳工（中级）操作技能鉴定实战详解
- ◆ 钳工（高级）操作技能鉴定实战详解
- ◆ 钳工（技师、高级技师）操作技能鉴定实战详解
- ◆ 数控车工（中级）操作技能鉴定实战详解
- ◆ 数控车工（高级）操作技能鉴定实战详解
- ◆ 数控车工（技师、高级技师）操作技能鉴定实战详解
- ◆ 数控铣工/加工中心操作工（中级）操作技能鉴定实战详解
- ◆ 数控铣工/加工中心操作工（高级）操作技能鉴定实战详解
- ◆ 数控铣工/加工中心操作工（技师、高级技师）操作技能鉴定实战详解
- ◆ 焊工（中级）操作技能鉴定实战详解
- ◆ 焊工（高级）操作技能鉴定实战详解
- ◆ 焊工（技师、高级技师）操作技能鉴定实战详解

- 维修电工（中级）操作技能鉴定实战详解
- 维修电工（高级）操作技能鉴定实战详解
- 维修电工（技师、高级技师）操作技能鉴定实战详解
- 汽车修理工（中级）操作技能鉴定实战详解
- 汽车修理工（高级）操作技能鉴定实战详解

技能鉴定考核试题库

丛书介绍：根据各职业（工种）鉴定考核要求分级编写，试题针对性、通用性、实用性强。

读者对象：可作为企业培训部门、各级职业技能鉴定机构、再就业培训机构培训考核用书，也可供技工学校、职业高中、各种短训班培训考核使用，还可作为个人读者学习自测用书。

- 机械识图与制图鉴定考核试题库
- 机械基础技能鉴定考核试题库
- 电工基础技能鉴定考核试题库
- 车工职业技能鉴定考核试题库
- 铣工职业技能鉴定考核试题库
- 磨工职业技能鉴定考核试题库
- 数控车工职业技能鉴定考核试题库
- 数控铣工/加工中心操作工职业技能鉴定考核试题库
- 模具工职业技能鉴定考核试题库
- 钳工职业技能鉴定考核试题库
- 机修钳工职业技能鉴定考核试题库
- 汽车修理工职业技能鉴定考核试题库
- 制冷设备维修工职业技能鉴定考核试题库
- 维修电工职业技能鉴定考核试题库
- 铸造工职业技能鉴定考核试题库
- 焊工职业技能鉴定考核试题库
- 冷作钣金工职业技能鉴定考核试题库
- 热处理工职业技能鉴定考核试题库
- 涂装工职业技能鉴定考核试题库

机电类技师培训教材

丛书介绍：以国家职业标准中对各工种技师的要求为依据，以便于培训为前提，紧扣职业技能鉴定培训要求编写。加强了高难度生产加工，复杂设备的安装、调试和维修，技术质量难题的分析和解决，复杂工艺的编制，故障诊断与排除以及论文写作和答辩的内容。书中均配有培训目标、复习思考题、培训内容、试题库、答案、技能鉴定模拟试卷样例。

读者对象：可作为职业技能鉴定培训机构、企业培训部门、技师学院培训鉴

定教材，也可供读者自学及考前复习和自测使用。

- ◆ 公共基础知识
- ◆ 电工与电子技术
- ◆ 机械制图与零件测绘
- ◆ 金属材料与加工工艺
- ◆ 机械基础与现代制造技术
- ◆ 技师论文写作、点评、答辩指导
- ◆ 车工技师鉴定培训教材
- ◆ 铣工技师鉴定培训教材
- ◆ 钳工技师鉴定培训教材
- ◆ 焊工技师鉴定培训教材
- ◆ 电工技师鉴定培训教材
- ◆ 铸造工技师鉴定培训教材
- ◆ 涂装工技师鉴定培训教材
- ◆ 模具工技师鉴定培训教材
- ◆ 机修钳工技师鉴定培训教材
- ◆ 热处理工技师鉴定培训教材
- ◆ 维修电工技师鉴定培训教材
- ◆ 数控车工技师鉴定培训教材
- ◆ 数控铣工技师鉴定培训教材
- ◆ 冷作钣金工技师鉴定培训教材
- ◆ 汽车修理工技师鉴定培训教材
- ◆ 制冷设备维修工技师鉴定培训教材

特种作业人员安全技术培训考核教材

丛书介绍：依据《特种作业人员安全技术培训大纲及考核标准》编写，内容包含法律法规、安全培训、案例分析、考核复习题及答案。

读者对象：可用作各级各类安全生产培训部门、企业培训部门、培训机构安全生产培训和考核的教材，也可作为各类企事业单位安全管理和相关技术人员的参考书。

- ◆ 起重机司索指挥作业
- ◆ 企业内机动车辆驾驶员
- ◆ 起重机司机
- ◆ 金属焊接与切割作业
- ◆ 电工作业
- ◆ 压力容器操作
- ◆ 锅炉司炉作业
- ◆ 电梯作业
- ◆ 制冷与空调作业
- ◆ 登高作业

读者信息反馈表

亲爱的读者：

您好！感谢您购买《汽车修理工（高级）第2版》（卞良勇 主编）一书。为了更好地为您服务，我们希望了解您的需求以及对我社教材的意见和建议，愿这小小的表格在我们之间架起一座沟通的桥梁。另外，如果您在培训中选用了本教材，我们将免费为您提供与本教材配套的电子课件。

姓　名		所在单位名称	
性　别		所从事工作（或专业）	
通信地址		邮　编	
办公电话		移动电话	
E-mail		QQ	

1. 您选择图书时主要考虑的因素（在相应项后面画"√"）
   出版社（　）内容（　）价格（　）其他：_____
2. 您选择我们图书的途径（在相应项后面画"√"）
   书目（　）书店（　）网站（　）朋友推介（　）其他：_____

希望我们与您经常保持联系的方式：
　　　　　　　□ 电子邮件信息　　□ 定期邮寄书目
　　　　　　　□ 通过编辑联络　　□ 定期电话咨询

您关注（或需要）哪些类图书和教材：

您对本书的意见和建议（欢迎您指出本书的疏漏之处）：

您近期的著书计划：

请联系我们——
　　地　　址　　北京市西城区百万庄大街22号　机械工业出版社技能教育分社
　　邮　　编　　100037
　　社长电话　（010）88379083　88379080
　　传　　真　（010）68329397
　　营销编辑　（010）88379534　88379535
　　免费电子课件索取方式：
　　网上下载　　www.cmpedu.com
　　邮箱索取　　jnfs@cmpbook.com